5년 최다 **전체 수석** 합격자 배출

브랜드만족
1위
박문각

2025

1차
___
문제집

근거자료
후면표기

동영상 강의 www.pmg.co.kr

이준희
행정법

박문각 행정사연구소 편_이준희

박문각

박문각 행정사

머리말

본 교재는 다음과 같은 특징을 가지고 있습니다.

첫째, 행정사 1차 시험에 출제된 모든 문제를 구성하고 충실한 해설을 함께 수록

행정사 1차 시험은 기출문제만으로 대비하기에는 조금 불안합니다. 그러나 합격을 위해서 기출문제만으로 공부하셔도 됩니다. 서로 다른 모순이 되는 말이 아닙니다. 단순히 출제된 지문에 대한 기계적인 암기로는 합격이 힘듭니다. 그러나 출제된 지문에 대한 정확한 이해와 분석이 함께라면 기출문제만으로도 충분히 합격할 수 있습니다. 따라서 출제 지문과 충실한 해설이 필요합니다.

둘째, 행정사 1차 시험에 출제 가능한 영역에 대한 기본 이론과 법령 그리고 판례를 모두 정리

역대 기출을 분석하여 보면 행정사 1차 시험은 기본적인 개념과 중요 판례에서 반복하여 출제되고 있습니다. 따라서 기출로 출제된 영역의 기본 이론과 법령 그리고 판례를 정확히 정리하여 문제에 적용할 수 있도록 서술하였습니다.

셋째, 기출문제를 정확히 이해하기 위한 문제 추가

행정사 시험에서 기출로 출제된 문제를 정확히 이해하기 위해 해당 영역에서 다른 시험의 빈출 지문을 수정하여 문제로 구성하였습니다. 추가된 문제까지 학습하시면 기출문제를 이해하시는 데 큰 도움이 될 것입니다.

행정사 시험을 앞두고 이 교재를 반복하여 회독한다면 합격을 위한 효율적인 공부방법이 될 것이라고 확신합니다. 이 교재로 공부하는 수험생 여러분들께서 최종합격의 결실을 맺기를 기원합니다.

2024년 7월 14일

이준희 행정사 드림

행정사 시험 정보

1. **자격 분류:** 국가 전문 자격증
2. **시험 기관 소관부처:** 행정안전부(주민과)
3. **실시 기관:** 한국산업인력공단
4. **시험 일정:** 매년 1차, 2차 실시

구분	원서 접수	시험 일정	합격자 발표
1차	2024년 4월 22일~4월 26일	2024년 6월 1일	2024년 7월 3일
2차	2024년 7월 29일~8월 2일	2024년 10월 5일	2024년 12월 4일

〈2024년 제12회 행정사 시험 기준〉

5. **응시자격:** 제한 없음. 다만, 행정사법 제5·6조의 결격사유가 있는 자와 행정사법 시행령 제19조에 따라 부정행위자로 처리되어, 그 처분이 있은 날부터 5년이 지나지 않은 자는 시험에 응시할 수 없다.

6. **시험 면제대상**
   - 1차 시험에 합격한 사람에 대하여는 다음 회의 시험에서만 1차 시험을 면제한다(단, 경력서류 제출로 1차 시험이 면제된 자는 행정사법이 개정되지 않는 한 계속 면제).
   - 행정사 자격이 있는 사람으로서 다른 종류의 행정사 자격시험에 응시하는 사람은 1차 시험을 면제한다.
   - 행정사법 제9조 및 동법 부칙 제3조에 따라, 공무원으로 재직하였거나 외국어 전공 학위를 받고 외국어 번역 업무에 종사한 경력이 있는 사람 등은 행정사 자격시험의 전부 또는 일부가 면제된다(1차 시험 면제, 1차 시험 전부와 2차 시험 일부 면제, 1·2차 시험 전부 면제).

7. **시험 과목 및 시간**
   - **● 1차 시험(공통)**

교시	입실 시간	시험 시간	시험 과목	문항 수	시험 방법
1교시	09:00	09:30~10:45 (75분)	① 민법(총칙) ② 행정법 ③ 행정학개론(지방자치행정 포함)	과목당 25문항	5지택일

● **2차 시험**

교시	입실시간	시험 시간	시험 과목	문항 수	시험 방법
1교시	09:00	09:30~11:10 (100분)	**[공통]** ① 민법(계약) ② 행정절차론(행정절차법 포함)	과목당 4문항 (논술 1문제, 약술 3문제)	논술형 및 약술형 혼합
2교시	11:30	· 일반·해사행정사 11:40~13:20 (100분) · 외국어번역행정사 11:40~12:30 (50분)	**[공통]** ③ 사무관리론 (민원 처리에 관한 법률, 행정업무의 운영 및 혁신에 관한 규정 포함) **[일반행정사]** ④ 행정사실무법 (행정심판사례, 비송사건절차법) **[해사행정사]** ④ 해사실무법 (선박안전법, 해운법, 해사안전기본법, 해사교통안전법, 해양사고의 조사 및 심판에 관한 법률) **[외국어번역행정사]** ④ 해당 외국어(외국어능력검정시험으로 대체하며 영어, 중국어, 일본어, 프랑스어, 독일어, 스페인어, 러시아어의 7개 언어에 한함)		

8. 합격 기준

· 과목당 100점을 만점으로 하여 모든 과목의 점수가 40점 이상이고, 전 과목의 평균 점수가 60점 이상인 사람(2차 시험의 해당 외국어시험 제외)
· 단, 제2차 시험 합격자가 최소선발인원보다 적은 경우, 최소선발인원이 될 때까지 전 과목의 점수가 40점 이상인 사람 중에서 전 과목 평균 점수가 높은 순으로 합격자를 추가로 결정한다. 동점자로 인해 최소선발인원을 초과하는 경우 동점자 모두를 합격자로 한다.

9. 외국어능력검정시험 성적표 제출(외국어번역행정사)

외국어번역행정사 2차 시험의 '해당 외국어' 과목은 원서접수 마감일부터 거꾸로 계산하여 5년이 되는 날이 속하는 해의 1월 1일 이후에 실시된 외국어능력검정시험에서 취득한 성적으로 대체(행정사법 시행령 제9조 제3항, 별표 2)

● **외국어 과목을 대체하는 외국어능력검정시험 종류 및 기준점수**

시험명	기준점수	시험명	기준점수
TOEFL	쓰기 시험 부문 25점 이상	IELTS	쓰기 시험 부문 6.5점 이상
TOEIC	쓰기 시험 부문 150점 이상	신HSK	6급 또는 5급 쓰기 영역 60점 이상
		DELE	C1 또는 B2 작문 영역 15점 이상
TEPS	쓰기 시험 부문 71점 이상 ※ 청각장애인: 쓰기 시험 부문 64점 이상	DELF/DALF	· C2 독해와 작문 영역 25점 이상 · C1 또는 B2 작문 영역 12.5점 이상
G-TELP	GWT 작문 시험 3등급 이상	괴테어학	· C2 또는 B2 쓰기 모듈 60점 이상 · C1 쓰기 영역 15점 이상
FLEX	쓰기 시험 부문 200점 이상	TORFL	4단계 또는 3단계 또는 2단계 또는 1단계 쓰기 영역 66% 이상

행정법 1차 시험 총평

출제 경향

행정사 1차 시험은 행정사 자격을 최종적으로 취득하기 위한 하나의 관문입니다. 최종합격이 2차 시험에서 결정되는 만큼 1차 시험의 난도는 합격자를 선별하기 위함이 아닌 기본적인 소양을 측정하는 데 그 목적이 있습니다. 매년 실시되는 1차 시험의 난도를 분석하면서 드는 생각입니다.

올해 역시 예년과 비슷한 난도와 단원별 출제 비율로 시험이 출제되었습니다. 행정작용편과 행정구제편의 행정쟁송 파트에서 전체의 과반이 넘는 13문항이 출제되었고, 그 외에는 파트별로 1문항 정도씩 출제되었습니다.

행정법각론 부분은 작년과 동일하게 올해도 7문항이 출제되었습니다. 또 기존에 주로 출제되고 있는 조직·지방자치·공무원·공물 파트에서만 출제되었습니다. 따라서 향후 시험을 준비할 수험전략에는 큰 변화가 없습니다.

수험전략

행정사 시험은 판례 문제의 비중보다는 조문과 개념에 대한 정확한 이해 여부를 묻는 문제의 비중이 높은 편입니다. 따라서 판례는 기존의 주요 판례들 위주로 꼼꼼히 학습하시는 것을 추천합니다. 이것이 행정법을 이해하고 기본적 소양을 갖추는 데 가장 큰 효율적인 학습법입니다. 그러나 이때 모든 판례를 이해하고 암기하려고 접근하면 안 됩니다. 다시 말씀드리지만 주요 판례 위주의 학습을 추천합니다. 그리고 나머지 판례들은 객관식 시험에 맞게 결론만을 단순 암기해야 합니다.

2차 시험과 관련이 있으면서 1차 시험에서도 출제 비율이 높은 행정작용편, 행정절차편 그리고 행정구제편의 행정쟁송 파트는 이론과 법령의 철저한 암기가 필요합니다. 이는 향후 1차 시험을 합격하고 바로 2차 시험을 준비해야 할 수험생들에게 큰 도움이 됩니다.

각론 파트는 기출 중심으로 출제가능성이 높은 부분(조직·지방자치·공무원·공물)만을 학습하시길 권합니다. 나머지 부분에 대한 학습은 1~2문제의 정답을 찾기 위해 투자하는 시간이 너무 많을 수 있습니다. 행정사 1차 시험에서는 버릴 부분에 대해서는 과감히 버리는 결단이 필요합니다.

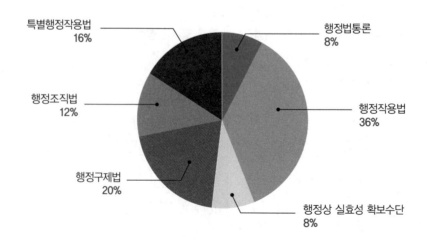

특별행정작용법 16%
행정법통론 8%
행정조직법 12%
행정작용법 36%
행정구제법 20%
행정상 실효성 확보수단 8%

행정법 출제 경향 분석

◁ 2013~2024 행정법 출제 경향 분석

구분		출제 비율
행정법통론	행정	1.4%
	행정법	4.6%
	행정상 법률관계	3.2%
행정작용법	행정입법	4.6%
	행정행위	13.6%
	기타의 행정작용	5.7%
	행정절차·정보공개·개인정보보호	12.1%
행정상 실효성 확보수단	행정강제	4.6%
	행정벌	3.2%
	새로운 의무이행확보수단	0.7%
행정구제법	청원 및 고충민원처리제도	0.0%
	행정상 손해전보제도	5.0%
	행정쟁송	15.4%
행정조직법	행정조직법 개관	6.1%
	지방자치법	5.4%
	공무원법	3.6%
특별행정 작용법	경찰행정법	2.9%
	급부행정법(공물법)	3.9%
	공용부담법	1.4%
	국토개발행정법(토지행정법)	0.7%
	환경행정법	0.0%
	재무행정법	1.8%
총계		100.0%

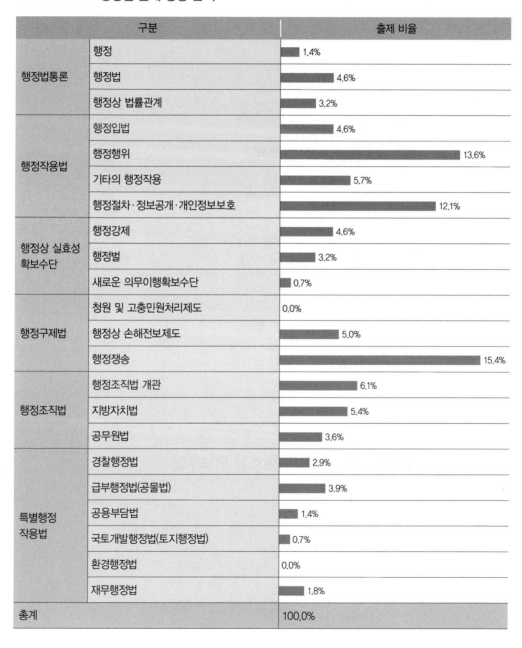

차 례

Part 01 행정법통론 •12

Part 02 행정작용 •48

Part 03 행정절차 •130

Part 04 행정의 실효성 확보수단 •156

Part 05   **행정구제**   •188

Part 06   **행정쟁송**   •216

Part 07   **행정법각론**   •266

행정사
이준희 행정법

행정법통론

행정법통론

01 **행정법의 대상이 되는 행정에 관한 설명으로 옳지 않은 것은?** 2015년 제3회

① 헌법의 구체화법인 행정법의 대상으로서 행정은 권력분립원리에 따라 확립된 개념이다.

② 행정의 목표로서 공익의 개념은 명백한 것이기 때문에 공익의 개념은 시간의 흐름에 따라 변하지 않는 고정적인 것이다.

③ 우리나라의 경우 대통령의 통치행위를 판례에서 인정한 바 있다.

④ 행정을 공법상 행정과 사법상 행정으로 구분하는 주된 실익은 양자에 적용되는 실체법이 다르고, 권리구제 방식 등이 다르기 때문이다.

⑤ 급부행정은 공법적인 방식 외에 사법적인 방식으로도 이루어진다.

해설 ① 행정은 국가권력을 입법권, 사법권, 행정권으로 분류하는 전통적인 권력분립원리와 함께 등장하였다.
② 공익의 개념은 시간의 흐름에 따라 변할 수 있다.
③ 남북정상회담 개최 여부, 비상계엄 선포, 대통령의 서훈 수여 등의 판례에서 대통령의 통치행위를 인정한 바 있다.
④ 공법상 행정은 공법의 규율을 받으므로 항고소송이나 당사자소송을 통하여 분쟁을 해결한다. 반면에 사법상 행정에 관한 법적 분쟁은 민사소송의 대상이 된다.
⑤ 급부행정은 사법적인 방식으로도 가능하다.

02 **통치행위에 해당하지 않는 것은? (다툼이 있으면 판례에 따름)** 2019년 제7회

① 대통령의 서훈취소   ② 사면

③ 이라크파병결정   ④ 남북정상회담의 개최

⑤ 대통령의 비상계엄선포

해설

✦ 대법원의 입장

통치행위 긍정	통치행위 부정
• 남북정상회담 개최 여부 • 비상계엄 선포 • 대통령의 서훈 수여	• 대북송금행위 • 국헌문란의 목적으로 행해진 비상계엄 • 유신헌법 긴급조치 • 대통령의 서훈취소

✦ 헌법재판소의 입장

통치행위 긍정	통치행위 긍정 (기본권 침해 → 사법심사 대상)	통치행위 부정
• 이라크파병 • 사면	• 긴급재정경제명령 • 신행정수도건설이나 수도이전의 문제를 국민투표에 부칠지 여부 • 개성공단 전면중단 조치	• 한미연합군사훈련 • 신행정수도건설이나 수도이전의 문제

03 통치행위에 관한 설명으로 옳은 것을 모두 고른 것은? (다툼이 있으면 판례에 따름)

2024년 제12회

> ㉠ 고도의 정치적 성격을 띤 국가행위로 사법심사 대상에서 제외된다.
> ㉡ 대통령의 서훈취소는 통치행위가 아니다.
> ㉢ 통치행위에 해당하는지의 최종적 판단은 오로지 사법부에 의하여 이루어져야 한다.
> ㉣ 남북정상회담 개최 과정에서 주무부 장관에게 신고하지 아니하거나 승인 없이 북한 측에 사업권의 대가 명목으로 송금한 행위는 통치행위가 아니다.

① ㉠, ㉢
② ㉠, ㉣
③ ㉠, ㉡, ㉣
④ ㉡, ㉢, ㉣
⑤ ㉠, ㉡, ㉢, ㉣

해설 ㉠ 국민의 권리·의무와 관계되는 국가의 모든 작용에 대해 원칙상으로는 사법심사가 가능하다(개괄주의). 그러나 통치행위는 예외적으로 사법심사가 제한된다.
㉡ 서훈취소가 대통령이 국가원수로서 행하는 행위라고 하더라도 법원이 사법심사를 자제하여야 할 고도의 정치성을 띤 행위라고 볼 수는 없다(2012두26920).
㉢ 통치행위 여부의 판단은 오로지 사법부만에 의하여 이루어져야 한다(2003도7878). 다만, 헌법재판소도 통치행위 여부에 대한 판단을 한다는 점과, 판례와 다르게 지문은 '최종적 판단'이라고 표시된 점 등에 대하여 수험생들의 이의신청이 인정되어 최초 가답안(정답 ⑤)을 변경하여 최종 답안은 전항 정답으로 확정하였다.
㉣ 남북정상회담의 개최과정에서 재정경제부장관에게 신고하지 아니하거나 통일부장관의 협력사업 승인을 얻지 아니한 채 북한측에 사업권의 대가 명목으로 송금한 행위 자체는 헌법상 법치국가의 원리와 법 앞에 평등원칙 등에 비추어 볼 때 사법심사의 대상이 된다(2003도7878).

Answer 1. ② 2. ① 3. 전항 정답

04 통치행위에 대한 판례의 입장으로 옳지 않은 것은?

① 고도의 정치적 성격을 지니는 남북정상회담 개최과정에서 정부에 신고하지 아니하거나 협력사업 승인을 얻지 아니한 채 북한 측에 사업권의 대가 명목으로 송금한 행위 자체는 사법심사의 대상이 된다.

② 대통령의 사면권행사는 국가원수의 고유한 권한을 의미하며, 사법부의 판단을 변경하는 제도로서 권력분립 원리에 대한 예외이다.

③ 신행정수도건설이나 수도이전문제는 그 자체로 고도의 정치적 결단을 요하므로 사법심사의 대상에서 제외되고, 그것이 국민의 기본권 침해와 관련되는 경우에도 헌법재판소의 심판대상이 될 수 없다.

④ 외국에의 국군 파견결정은 그 성격상 국방 및 외교에 관련된 고도의 정치적 결단을 요하는 문제로서, 헌법과 법률이 정한 절차가 지켜진 것이라면 대통령과 국회의 판단은 존중되어야 하고 사법적 기준만으로 이를 심판하는 것은 자제되어야 한다.

⑤ 통치행위의 개념을 인정한다고 하더라도 과도한 사법심사의 자제가 기본권을 보장하고 법치주의 이념을 구현하여야 할 법원의 책무를 태만히 하거나 포기하는 것이 되지 않도록 그 인정을 지극히 신중하게 하여야 하며, 그 판단은 오로지 사법부에 의하여 이루어져야 한다.

[해설] ③ 신행정수도건설이나 수도이전문제 그 자체는 고도의 정치적 결단이 아니므로 사법심사의 대상이 된다. 신행정수도건설이나 수도이전문제를 국민투표에 붙일지 여부에 관한 대통령의 의사결정은 고도의 정치적 결단에 해당하지만, 국민의 기본권 침해와 직접 관련되는 사항이므로 사법심사의 대상이 된다.

05 법치행정원리에 관한 설명으로 옳은 것은? 2020년 제8회

① 법률우위의 원칙에서 말하는 법률은 국회가 제정한 형식적 의미의 법률만을 말한다.

② 법률우위의 원칙은 사법형식의 행정작용에는 적용되지 않는다.

③ 법률우위의 원칙에 위반한 행정행위는 무효이다.

④ 법률유보의 원칙에서 말하는 법률에는 법률의 위임에 의해 제정된 법규명령도 포함된다.

⑤ 법률유보의 범위와 관련하여 본질성설에 따르는 경우 행정입법에의 위임은 금지된다.

[해설] ① 법률우위의 원칙에서 말하는 법률은 헌법, 법률, 그 밖에 성문법·불문법을 포함한 모든 법규를 말하는 것으로서 행정법의 일반원칙도 포함한다. 단, 행정규칙은 포함되지 아니한다.
② 법률우위의 원칙은 모든 행정작용에 적용된다(국가와 사인 간의 사법상 계약에도 적용).
③ 법률우위의 원칙에 위반되는 행정작용은 위법하다. 따라서 중대·명백설에 따라 무효 또는 취소의 대상이 된다.
④ 법률유보의 원칙에서 말하는 법률은 형식적 의미의 법률을 말한다. 법률의 위임에 의한 법규명령은 법률에 포함된다.
⑤ 법률유보의 범위와 관련하여 본질성설에 따르는 경우 본질적인 부분은 법률에 규정되어야 하고, 그 외의 세부적 사항을 행정입법에 위임하는 것은 허용된다.

06 **판례에 의할 때 (   )에 들어갈 것은?** 2018년 제6회

> 토지등소유자가 도시환경정비사업을 시행하는 경우 사업시행인가 신청시 필요한 토지 등 소유자의 동의는, 개발사업의 주체 및 정비구역 내 토지등소유자를 상대로 수용권을 행사하고 각종 행정처분을 발할 수 있는 행정주체로서의 지위를 가지는 사업시행자를 지정하는 문제이므로, 사업시행인가 신청에 필요한 동의정족수를 토지등소유자가 자치적으로 정하여 운영하는 규약에 정하도록 한 것은 (   )원칙에 위반된다.

① 평등   ② 비례   ③ 법률유보
④ 신뢰보호   ⑤ 적법절차

[해설] 사업시행인가 신청에 필요한 토지소유자의 동의정족수는 법률에 직접 규정하여야 하는 중요한 사항에 해당한다. 따라서 사업시행인가 신청에 필요한 동의정족수를 토지등소유자가 자치적으로 정하여 운영하는 규약에 정하도록 한 것은 법률유보원칙에 위반된다.

∥비교∥ 사업시행인가 신청에 필요한 토지소유자의 동의정족수를 설립조합의 정관에 정하는 것은 법률에 직접 규정하여야 하는 중요한 사항이 아니다.

07 **행정의 법원칙에 관한 판례의 내용이다. (   )에 들어갈 것은?** 2023년 제11회

> 텔레비전방송수신료 금액의 결정은 수신료에 관한 본질적인 중요한 사항이므로 국회가 스스로 행하여야 하는 사항에 속하는 것임에도 불구하고 한국방송공사법에서 국회의 결정이나 관여를 배제한 채 한국방송공사로 하여금 수신료금액을 결정해서 문화관광부장관의 승인을 얻도록 한 것은 (   )원칙에 위반된다.

① 비례   ② 평등   ③ 신뢰보호
④ 법률유보   ⑤ 부당결부금지

[해설] 오늘날 법률유보원칙은 단순히 행정작용이 법률에 근거를 두기만 하면 충분한 것이 아니라, 국가공동체와 그 구성원에게 기본적이고도 중요한 의미를 갖는 영역, 특히 국민의 기본권실현과 관련된 영역에 있어서는 국민의 대표자인 입법자가 그 본질적 사항에 대해서 스스로 결정하여야 한다는 요구까지 내포하고 있다(의회유보원칙). 그런데 텔레비전방송수신료는 대다수 국민의 재산권 보장의 측면이나 한국방송공사에게 보장된 방송자유의 측면에서 국민의 기본권실현에 관련된 영역에 속하고, 수신료금액의 결정은 납부의무자의 범위 등과 함께 수신료에 관한 본질적인 중요한 사항이므로 국회가 스스로 행하여야 하는 사항에 속하는 것임에도 불구하고 한국방송공사법 제36조 제1항에서 국회의 결정이나 관여를 배제한 채 한국방송공사로 하여금 수신료금액을 결정해서 문화관광부장관의 승인을 얻도록 한 것은 법률유보원칙에 위반된다(98헌바70).

Answer   4. ③   5. ④   6. ③   7. ④

08 법치행정의 원리에 대한 설명으로 가장 옳은 것은?

① 법률우위의 원칙에서 법은 형식적 법률뿐 아니라 법규명령과 관습법 등을 포함하는 넓은 의미의 법이다.

② 법치행정원리의 현대적 의미는 실질적 법치주의에서 형식적 법치주의로의 전환이다.

③ 법률유보원칙에서 '법률의 유보'라고 하는 경우의 '법률'에는 국회에서 법률제정의 절차에 따라 만들어진 형식적 의미의 법률뿐만 아니라 국회의 의결을 거치지 않은 명령이나 불문법원으로서의 관습법이나 판례법도 포함된다.

④ 법률의 시행령은 법률에 의한 위임 없이도 법률이 규정한 개인의 권리·의무에 관한 내용을 변경·보충하거나 법률에 규정되지 아니한 새로운 내용을 규정할 수 있다.

⑤ 법률유보의 원칙에 요구되는 법적 근거는 조직법적 근거를 의미한다.

[해설] ② 법치행정원리의 현대적 의미는 실질적 법치주의를 의미한다.
③ 법률유보원칙에서 말하는 '법률'은 국회에서 법률제정의 절차에 따라 만들어진 형식적 의미의 법률을 의미한다.
⑤ 법률유보의 원칙에 요구되는 법적 근거는 작용법적 근거를 의미한다.

09 법치행정에 관한 설명으로 옳지 않은 것은? (단, 다툼이 있는 경우 판례에 따름)

① 법률우위의 원칙은 침해적 행정에만 적용된다.

② 법률유보의 원칙에 반하는 행정작용은 위법하다.

③ 기본권 제한의 형식이 반드시 법률의 형식일 필요는 없다.

④ 한국방송공사의 TV수신료금액 결정은 법률유보(의회유보)사항이다.

⑤ 행정작용은 법률에 위반되어서는 아니 되며, 국민의 권리를 제한하거나 의무를 부과하는 경우와 그 밖에 국민생활에 중요한 영향을 미치는 경우에는 법률에 근거해야 한다.

[해설] ① 법률우위의 원칙은 침해적 행정뿐만 아니라 수익적 행정에도 적용된다. 즉 행정의 전 영역에 적용된다.
③ 법률유보의 원칙은 '법률에 의한 규율'만을 요청하는 것이 아니라 '법률에 근거한 규율'을 요청하는 것이기 때문에 기본권의 제한에는 법률의 근거가 필요할 뿐이고 기본권 제한의 형식이 반드시 법률의 형식일 필요는 없다(2003헌마289).

10 법치행정에 관한 설명으로 옳지 않은 것은? (단, 다툼이 있는 경우 판례에 따름)

① 헌법재판소는 법률이 공법적 단체 등의 정관에 자치법적 사항을 위임하는 경우에도 국민의 권리와 의무에 관련되는 것일 경우에는 의회유보원칙이 적용된다.

② 헌법재판소는 법률에 근거를 두면서 헌법 제75조가 요구하는 위임의 구체성과 명확성을 구비하는 경우에는 위임입법에 의하여도 기본권을 제한할 수 있다고 한다.

③ 개인택시운송사업자의 운전면허가 아직 취소되지 않았더라도 운전면허 취소사유가 있다면 행정청은 명문규정이 없더라도 개인택시운송사업면허를 취소할 수 있다.

④ 대법원은 구 도시 및 주거환경정비법 제28조 제4항 본문이 사업시행인가 신청 시의 동의요건을 조합의 정관에 포괄적으로 위임한 것은 헌법 제75조가 정하는 포괄위임입법금지에 위배되지 않는다고 하였다.

⑤ 대법원은 지방의회의원에 대하여 유급보좌인력을 두는 것은 지방의회의원의 신분·지위 및 그 처우에 관한 현행 법령상의 제도에 중대한 변경을 초래하는 것으로서, 이는 개별 지방의회의 조례로써 규정할 사항이 아니라 국회의 법률로써 규정할 입법사항이라고 하였다.

[해설] ③ 운전면허 취소사유만으로 개인택시운송사업면허를 취소할 수 있는 명문규정이 없다면 행정청은 면허를 취소할 수 없다(2007두26001).

11 법률유보원칙에 대한 판례의 입장으로 가장 옳지 않은 것은?

① 지방자치단체는 법령에 위반되지 않는 범위 내에서 자치사무에 관하여 주민의 권리를 제한하거나 의무를 부과하는 사항이 아닌 한 법률의 위임 없이 조례를 제정할 수 있다.

② 담배자동판매기의 설치를 금지하고 설치된 판매기를 철거하도록 하는 조례는 기존 담배자동판매기업자의 직업의 자유와 재산권을 제한하는 조례이므로 법률의 위임이 필요하다.

③ 영유아 보육시설 종사자의 정년을 조례로 규정하고자 하는 경우에는 법률의 위임이 필요 없다.

④ 군민의 출산을 장려하기 위하여 세 자녀 이상 세대 중 세 번째 이후 자녀에게 양육비 등을 지원할 수 있도록 하는 조례의 제정에는 법률의 위임이 필요 없다.

⑤ 토지 등 소유자가 도시환경정비사업을 시행하는 경우 사업시행인가 신청에 필요한 토지 등 소유자의 동의정족수를 토지 등 소유자가 자치적으로 정하여 운영하는 규약에 정하도록 한 것은 법률유보원칙에 위반된다.

Answer 8.① 9.① 10.③ 11.③

[해설] ③ 권리를 제한하는 조례이므로 법률의 위임이 필요하다.
④ 주민의 편의 및 복리증진에 관한 사항은 법률의 위임이 필요 없다.
⑤ 토지 등 소유자의 동의정족수를 규약에 정하도록 한 것은 법률유보원칙에 위반된다(2010헌바1).

12 행정법의 법원(法源)에 해당하지 않는 것은? 2022년 제10회

① 대한민국헌법
② 건축법시행규칙
③ 서울특별시 성동구 조례
④ 헌법재판소규칙
⑤ 사실인 관습

[해설] 판례·사실인 관습·행정규칙의 법원성은 원칙적으로 부정한다.

13 행정법의 법원(法源)에 관한 설명으로 옳지 않은 것은? (다툼이 있으면 판례에 따름) 2016년 제4회

① 행정법의 일반원칙은 법원의 성격을 갖는다.
② 행정법에는 헌법, 민법, 형법과 같은 단일 법전(法典)이 없다.
③ 위법한 행정처분이라 하더라도 수차례에 걸쳐 반복적으로 행해져 행정관행이 되었다면 행정청에 대하여 자기구속력을 갖는다.
④ 대법원의 판례가 법률해석의 일반적인 기준을 제시하였어도 사안이 서로 다른 사건을 재판하는 하급심법원을 직접 기속하는 것은 아니다.
⑤ '남북 사이의 화해와 불가침 및 교류협력에 관한 합의서'는 국가 간 맺은 조약이 아니므로 국내법과 동일한 효력을 가지는 것은 아니다.

[해설] ① 행정법의 법원은 행정에 관한 법의 존재형식을 말한다. 성문법주의를 원칙으로 하고 있으나 모든 행정을 성문법으로 규율하는 것이 곤란하므로 행정법의 일반원칙도 법원의 성격을 갖는다.
② 현재 행정법에는 단일 법전이 없으며, 행정관련 법령의 집합으로 구성되어 있다.
③ 자기구속의 원칙은 재량영역에서의 행정작용일 것, 동일 행정청이 동종 사안에 대하여 재량준칙을 적용할 것, 선례가 존재할 것, 행정관행이 적법할 것이 요구된다. 따라서 위법한 행정처분이 수차례에 걸쳐 반복적으로 행하여졌다 하더라도 그러한 처분이 위법한 것인 때에는 행정청에 대하여 자기구속력을 갖게 된다고 할 수 없다(2008두13132).
④ 대법원의 판례가 법률해석의 일반적인 기준을 제시한 경우에 유사한 사건을 재판하는 하급심법원의 법관은 판례의 견해를 존중하여 재판하여야 하는 것이나, 판례가 사안이 서로 다른 사건을 재판하는 하급심법원을 직접 기속하는 효력이 있는 것은 아니다(96다31307).
⑤ 남북 사이의 화해와 불가침 및 교류협력에 관한 합의서는 남북관계가 '나라와 나라 사이의 관계가 아닌 통일을 지향하는 과정에서 잠정적으로 형성되는 특수관계'임을 전제로 남북한 당국이 각기 정치적인 책임을 지고 상호간에 그 성의 있는 이행을 약속한 것이기는 하나 법적 구속력이 있는 것은 아니어서 이를 국가 간의 조약 또는 이에 준하는 것으로 볼 수 없고, 따라서 국내법과 동일한 효력이 인정되는 것도 아니다(98두14525).

14 행정법의 법원에 관한 설명으로 옳지 않은 것은? (다툼이 있으면 판례에 따름)

① 사회의 거듭된 관행으로 생성된 사회생활규범이 관습법으로 승인되었다고 하더라도 사회구성원들이 그러한 관행의 법적 구속력에 대하여 확신을 갖지 않게 되었다면 그러한 관습법은 법적 규범으로서의 효력이 부정될 수밖에 없다.

② 국제법규도 행정법의 법원에 해당하지만, 사인이 제기한 취소소송에서 WTO협정과 같은 국제협정 위반을 독립된 취소사유로 주장할 수는 없다.

③ '남북 사이의 화해와 불가침 및 교류협약에 관한 합의서'는 국가 간의 조약이다.

④ 대통령의 긴급명령과 긴급재정·경제명령은 행정법의 법원이 된다.

⑤ '1994년 관세 및 무역에 관한 일반협정'에 위반되는 조례는 무효이다.

해설 } ③ '남북 사이의 화해와 불가침 및 교류협약에 관한 합의서'는 국가 간의 조약이 아니다.

15 행정법의 법원(法源)에 관한 설명으로 옳은 것은? (다툼이 있으면 판례에 따름)

① 대법원 확정판결의 효력은 성문법보다 우선한다.

② 중앙선거관리위원회규칙은 행정법의 법원이 아니다.

③ 지방자치단체의 학생인권조례는 행정법의 법원이 된다.

④ 민중적 관습법을 명문으로 인정하고 있는 예는 없다.

⑤ 행정규칙이 법규성을 가지는 경우에도 법원성을 인정할 수 없다.

해설 } ① 판례는 법원이 아니다. 따라서 법원인 성문법의 효력은 대법원 확정판결보다 우선한다.
② 중앙선거관리위원회규칙은 법규명령에 해당하므로 행정법의 법원이다.
③ 조례는 지방의회에서 만드는 자치법규로서 성문법원이다.
④ 수산업법은 민중적 관습법인 입어권의 존재를 명문으로 인정하고 있다.
⑤ 행정규칙이 법규성을 가지는 경우 즉 법령보충적 행정규칙과 같이 예외적인 경우 법원성을 인정할 수 있다.

Answer 12. ⑤ 13. ③ 14. ③ 15. ③

16 다음의 설명 중 가장 옳은 것은? (다툼이 있는 경우 판례에 의함)

① 헌법재판소 판례에 의하면 감사원규칙은 헌법에 근거가 없으므로 법규명령으로 인정되지 않는다.

② 보충적 법원으로서의 조리에 따라 재판할 수 있다.

③ 관습법은 성문법령의 흠결을 보충하기 때문에 법률유보원칙에서 말하는 법률에 해당한다.

④ 행정법의 일반원칙은 다른 법원(法源)과의 관계에서 보충적 역할만을 한다.

⑤ 판례는 국제행정상 비과세의 관행을 일종의 행정선례법으로 인정하지 아니한다.

해설 ① 헌법이 인정하는 위임입법의 형식은 예시적이다. 따라서 감사원규칙도 법규명령으로 인정된다.
③ 법률유보원칙에서 말하는 '법률'은 국회에서 법률제정의 절차에 따라 만들어진 형식적 의미의 법률을 의미한다.
④ 비례의 원칙, 평등의 원칙 등 행정법의 일반원칙은 다른 법원(法源)과의 관계에서 보충적 역할에 그치지 않으며 헌법적 효력을 갖기도 한다.
⑤ 대법원은 국제행정상 비과세의 관행을 일종의 행정선례법으로 인정하고 있다(86누571).

17 행정의 법원칙 중 행정기본법에 명문으로 규정하고 있는 것이 아닌 것은? 2021년 제9회

① 행정의 자기구속의 원칙　　　　② 부당결부금지의 원칙
③ 성실의무 및 권한남용금지의 원칙　　④ 비례의 원칙
⑤ 평등의 원칙

해설 재량행위의 영역에서 행정청은 같은 사안에서 이미 제3자에게 행한 결정과 같은 결정을 상대방에게 하여야 한다. 이러한 행정의 자기구속의 원칙은 행정기본법상 명문으로 규정되어 있는 것은 아니나, 평등의 원칙이나 신뢰보호의 원칙에서 그 근거가 도출된다.

18 판례에 의할 때 (   ) 안에 들어갈 행정법의 일반원칙은? 2014년 제2회

> 국가 산하 '진실·화해를 위한 과거사정리위원회'가 피해자 등의 진실규명신청에 따라 진실규명신청 대상자를 희생자로 확인 또는 추정하는 진실규명결정을 하고 피해자 등이 그 결정에 기초하여 상당한 기간 내에 권리행사를 한 경우, 국가가 소멸시효의 완성을 주장하는 것은 (   )에 반하는 권리남용에 해당하여 허용될 수 없다.

① 부당결부금지원칙
② 비례원칙
③ 평등원칙
④ 신의성실원칙
⑤ 최소침해원칙

[해설] 국가가 과거사정리법의 적용 대상인 피해자의 진실규명신청을 받은 경우 피해자 등에 대하여 소멸시효의 완성을 주장하는 것은 신의성실원칙에 반하는 권리남용에 해당한다(2013다217467·217474).

19 행정법의 일반원칙에 관한 설명으로 옳지 않은 것은? (다툼이 있으면 판례에 따름) 2019년 제7회

① 행정의 자기구속원칙의 인정근거는 평등원칙 또는 신뢰보호원칙이다.
② 행정관행이 위법한 경우 명문의 규정이 없는 한 행정청은 자기구속을 당하지 않는다.
③ 비례의 원칙은 헌법상의 원칙이다.
④ 신뢰보호원칙에서 법률에 대한 신뢰는 신뢰보호의 대상이 되지 않는다.
⑤ 신뢰보호원칙에서 특정 개인에 대한 공적인 견해표명이 있어야 하는 것은 아니다.

[해설] ① 행정의 자기구속의 원칙은 행정기본법상 명문으로 규정되어 있는 것은 아니나, 평등의 원칙이나 신뢰보호의 원칙에서 그 근거가 도출된다.
② 자기구속의 원칙은 재량영역에서의 행정작용일 것, 동일 행정청이 동종 사안에 대하여 재량준칙을 적용할 것, 선례가 존재할 것, 행정관행이 적법할 것이 요구된다.
③ 헌법 제37조 제2항에 의하면 국민의 기본권을 법률로써 제한하는 것이 가능하다고 하더라도 그 본질적인 내용을 침해할 수 없고 또한 과잉금지의 원칙에도 위배되어서는 아니되는 바, 과잉금지의 원칙이라 함은 국민의 기본권을 제한함에 있어서 국가작용의 한계를 명시한 것으로서 목적의 정당성·방법의 적정성·피해의 최소성·법익의 균형성 등을 의미하며 그 어느 하나에라도 저촉이 되면 위헌이 된다는 헌법상의 원칙을 말한다(95헌가17).
④, ⑤ 법령의 개정에서 신뢰보호원칙이 적용되어야 하는 이유는 법적 안정성을 확보하기 위함이다(2005두4649 전원합의체). 따라서 특정 개인에 대한 공적인 견해표명이 있어야 하는 것은 아니며, 법률에 대한 신뢰도 신뢰보호의 대상이 된다.

Answer 16. ② 17. ① 18. ④ 19. ④

20 행정상 신뢰보호원칙의 적용요건에 관한 설명으로 옳은 것은? (다툼이 있으면 판례에 따름)

2022년 제10회

① 공적 견해표명은 묵시적으로 할 수 없다.

② 신뢰보호의 대상은 특정 개인에 대한 행정작용에 한정되며, 법률에 대한 신뢰는 신뢰보호의 대상이 되지 않는다.

③ 행정청이 공적 견해표명을 한 후, 사정변경이 있는 경우에는 특별한 사정이 없는 한 행정청이 그 견해표명에 반하는 처분을 하더라도 신뢰보호원칙에 위반된다고 할 수 없다.

④ 귀책사유의 유무는 상대방을 기준으로 판단하며 상대방으로부터 신청행위를 위임받은 수임인 등 관계자는 고려하지 않는다.

⑤ 단순히 착오로 어떠한 처분을 계속하다가 처분청이 추후 오류를 발견하여 합리적인 방법으로 변경할 경우 신뢰보호원칙에 위배된다.

[해설] ① 국세기본법 제18조 제3항에 규정된 비과세관행이 성립하려면, 상당한 기간에 걸쳐 과세를 하지 아니한 객관적 사실이 존재할 뿐만 아니라, 과세관청 자신이 그 사항에 관하여 과세할 수 있음을 알면서도 어떤 특별한 사정 때문에 과세하지 않는다는 의사가 있어야 하며, 위와 같은 공적 견해나 의사는 명시적 또는 묵시적으로 표시되어야 하지만 묵시적 표시가 있다고 하기 위하여는 단순한 과세누락과는 달리 과세관청이 상당기간의 불과세 상태에 대하여 과세하지 않겠다는 의사표시를 한 것으로 볼 수 있는 사정이 있어야 한다(2001두7855).

② 신뢰보호원칙은 특정 개인에 대한 공적인 견해표명이 있어야 하는 것은 아니며, 법률에 대한 신뢰도 신뢰보호의 대상이 된다.

③ 행정청이 상대방에게 장차 어떤 처분을 하겠다고 확약 또는 공적인 의사표명을 하였다고 하더라도, 그 자체에서 상대방으로 하여금 언제까지 처분의 발령을 신청을 하도록 유효기간을 두었는데도 그 기간 내에 상대방의 신청이 없었다거나 확약 또는 공적인 의사표명이 있은 후에 사실적·법률적 상태가 변경되었다면, 그와 같은 확약 또는 공적인 의사표명은 행정청의 별다른 의사표시를 기다리지 않고 실효된다(95누10877).

④ 귀책사유의 유무는 상대방과 그로부터 신청행위를 위임받은 수임인 등 관계자 모두를 기준으로 판단하여야 한다(2001두1512).

⑤ 단순히 착오로 처분을 반복한 경우에는 신뢰보호원칙이 적용되지 않는다(2020두33824).

21 주택사업계획을 승인하면서 그 주택사업과는 아무런 관련이 없는 토지를 기부채납하도록 부관을 붙인 경우 위법 판단의 근거로 제시할 수 있는 행정법의 일반원칙은? ^{2013년 제1회}

① 신뢰보호의 원칙　　　　　② 부당결부금지의 원칙
③ 평등의 원칙　　　　　　　④ 투명성의 원칙
⑤ 행정의 자기구속의 원칙

[해설] 지방자치단체장이 사업자에게 주택사업계획승인을 하면서 그 주택사업과는 아무런 관련이 없는 토지를 기부채납하도록 하는 부관을 주택사업계획승인에 붙인 경우, 그 부관은 부당결부금지의 원칙에 위반되어 위법하다(96다49650).

22 다음은 행정의 자기구속에 관한 판례의 내용이다. ㉠과 ㉡에 들어갈 행정법의 일반원칙으로 옳은 것은?

> 재량권 행사의 준칙인 행정규칙이 그 정한 바에 따라 되풀이 시행되어 행정관행이 이루어지게 되면 (㉠)이나 (㉡)에 따라 행정기관은 그 상대방에 대한 관계에서 그 규칙에 따라야할 자기구속을 받게 되므로, 이러한 경우에는 특별한 사정이 없는 한 그를 위반하는 처분은 (㉠)이나 (㉡)에 위배되어 재량을 일탈·남용한 위법한 처분이 된다.

	㉠	㉡
①	비례의 원칙	신뢰보호의 원칙
②	평등의 원칙	신뢰보호의 원칙
③	비례의 원칙	부당결부금지의 원칙
④	평등의 원칙	부당결부금지의 원칙
⑤	평등의 원칙	비례의 원칙

[해설] 행정의 자기구속의 원칙은 행정기본법상 명문으로 규정되어 있는 것은 아니나, 평등의 원칙이나 신뢰보호의 원칙에서 그 근거가 도출된다.

Answer 20. ③ 21. ② 22. ②

23 행정법의 일반원칙에 관한 설명으로 옳지 않은 것은? (다툼이 있으면 판례에 따름)

① 신뢰보호원칙을 적용하기 위해서는 신뢰의 대상이 되는 행정청의 공적인 견해표명은 적극적 행위인가 소극적 행위인가를 가리지 않으며, 명시적 행위인가 묵시적 행위인가도 가리지 않는다.

② 반복적으로 행해진 행정처분이 위법하더라도 행정의 자기구속의 원칙에 따라 행정청은 선행처분에 구속된다.

③ 행정의 자기구속의 원칙은 법적으로 동일한 사실관계, 즉 동종의 사안에서 적용이 문제되는 것으로 주로 재량의 통제법리와 관련된다.

④ 재량준칙이 공표된 것만으로는 행정의 자기구속의 원칙이 적용될 수 없고, 재량준칙이 되풀이 시행되어 행정관행이 성립한 경우에 행정의 자기구속의 원칙이 적용될 수 있다.

⑤ 행정청의 확약 또는 공적 견해표명이 있은 후에 사실적·법률적 상태가 변경되었다면, 그와 같은 확약 또는 공적 의사표명은 행정청의 별다른 의사표시를 기다리지 않고 실효된다.

[해설] ② 행정의 자기구속의 원칙은 관행이 위법한 경우에는 적용될 수 없다.

24 신뢰보호원칙의 요건에 대한 설명으로 가장 옳지 않은 것은? (다툼이 있는 경우 판례에 의함)

① 행정청이 개인에 대하여 신뢰의 대상이 되는 적법한 공적인 견해표명을 하여야 한다.

② 행정청의 견해표명이 정당하다고 신뢰한 데에 대하여 그 개인에게 귀책사유가 없어야 한다.

③ 개인이 행정청의 견해표명을 신뢰하고 이에 상응하는 어떠한 행위를 하였어야 한다.

④ 행정청이 그 견해표명에 반하는 처분을 함으로써 견해표명을 신뢰한 개인의 이익이 침해되는 결과가 초래되어야 한다.

⑤ 행정청이 공적 견해를 표명하였는지를 판단할 때는 반드시 행정조직상의 형식적인 권한분장에 구애될 것은 아니다.

[해설] ① 신뢰보호원칙의 요건으로 행정청의 선행조치는 적법한 행정행위뿐만 아니라 위법한 행정행위도 포함한다.

25 신뢰보호원칙에 대한 설명으로 옳지 않은 것은? (다툼이 있는 경우 판례에 의함)

① 건축허가 신청 후 건축허가기준에 관한 관계 법령 및 조례의 규정이 신청인에게 불리하게 개정된 경우, 당사자의 신뢰를 보호하기 위해 처분시가 아닌 신청시 법령에서 정한 기준에 의하여 건축허가 여부를 결정하는 것이 원칙이다.

② 행정절차법과 국세기본법에서는 법령 등의 해석 또는 행정청의 관행이 일반적으로 국민에게 받아들여졌을 때와 관련하여 신뢰보호의 원칙을 규정하고 있다.

③ 신뢰보호원칙에서 행정청의 견해표명이 정당하다고 신뢰한 데에 대한 개인의 귀책사유의 유무는 상대뿐만 아니라 그로부터 신청행위를 위임받은 수임인 등 관계자 모두를 기준으로 판단하여야 한다.

④ 서울지방병무청 총무과 민원팀장이 국외영주권을 취득한 사람의 상담에 응하여 법령의 내용을 숙지하지 못한 채 민원봉사차원에서 현역입영대상자가 아니라고 답변하였다면 그것이 서울지방병무청장의 공적인 견해표명이라 할 수 없다.

⑤ 재량권 행사의 준칙인 행정규칙의 공표만으로 상대방은 보호가치 있는 신뢰를 갖게 되었다고 보기 어렵다.

[해설] ① 건축허가 신청 후 건축허가기준에 관한 관계 법령 및 조례의 규정이 개정된 경우, 처분 당시에 시행되는 개정법령에서 정한 기준에 의하여 건축허가 여부를 결정하는 것이 원칙이다.
⑤ 2009두7967

26 신뢰보호원칙에 대한 설명으로 옳지 않은 것은? (다툼이 있는 경우 판례에 의함)

① 신뢰보호원칙 위반은 국가배상법상의 위법 개념을 충족시킨다.

② 수익적 행정처분의 하자가 당사자의 사실 은폐에 의한 신청행위에 기인한 것이라면 당사자는 그 처분에 관한 신뢰이익을 원용할 수 없다.

③ 면허세의 근거법령이 제정되어 폐지될 때까지의 4년 동안 과세관청이 면허세를 부과할 수 있음을 알면서도 수출확대라는 공익상 필요에서 한 건도 부과한 일이 없었다면 비과세의 관행이 이루어졌다고 보아도 무방하다.

④ 행정청이 상대방에게 장차 어떤 처분을 하겠다고 공적인 의사표명을 하면서 상대방에게 언제까지 처분의 발령을 신청하도록 유효기간을 둔 경우, 그 기간 내에 상대방의 신청이 없었다면 그 공적인 의사표명은 행정청의 별다른 의사표시를 기다리지 않고 실효된다.

⑤ 신뢰보호의 원칙과 행정의 법률적합성의 원칙이 충돌하는 경우 국민보호를 위해 원칙적으로 신뢰보호의 원칙이 우선한다.

[해설] ⑤ 신뢰보호의 원칙과 행정의 법률적합성의 원칙이 충돌하는 경우에는 이익형량을 하여 결정한다.

Answer 23. ② 24. ① 25. ① 26. ⑤

27 신뢰보호원칙에 대한 설명으로 옳지 않은 것은? (다툼이 있는 경우 판례에 의함)

① 개발이익환수에 관한 법률에 정한 개발사업을 시행하기 전에, 행정청이 민원예비심사로서 관련부서 의견으로 '저촉사항 없음'이라고 기재한 것은 공적인 견해표명에 해당하지 않는다.

② 사후에 선행조치가 변경될 것을 사인이 예상하였거나 중대한 과실로 알지 못한 경우 또는 사인의 사위나 사실은폐 등이 있는 경우에는 보호가치가 있는 신뢰라고 보기 어렵다.

③ 입법예고를 통해 법령안의 내용을 국민에게 예고한 적이 있다고 하더라도 그것이 법령으로 확정되지 아니한 이상 국가가 이해관계자들에게 그 법령안에 관련된 사항을 약속하였다고 볼 수 없으며 이러한 사정만으로 어떠한 신뢰를 부여하였다고 볼 수도 없다.

④ 폐기물처리 사업계획에 대하여 적정통보를 하였다면, 이것은 당해 사업을 위해 필요한 그 사업부지 토지에 대하여 국토이용계획 변경신청을 승인하여 주겠다는 취지의 공적인 견해표명을 한 것으로 볼 수 있다.

⑤ 도시계획구역 내 생산녹지로 답(畓)인 토지에 대하여 종교회관 건립을 이용목적으로 하는 토지거래계약의 허가를 받으면서 담당공무원이 관련법규상 허용된다고 하여 이를 신뢰하고 건축물 준비를 하였으나 그 후 토지형질변경허가신청을 불허가한 것은 신뢰보호의 원칙에 위반된다.

해설 ④ 폐기물처리 사업계획에 대한 적정통보는 국토이용계획변경신청을 승인하여 주겠다는 취지의 공적인 견해표명에 해당하지 않는다(2004두8828).

28 행정법의 일반원칙에 관한 설명으로 옳지 않은 것은? (다툼이 있으면 판례에 따름)

① 행정기본법은 비례의 원칙을 명문으로 규정하고 있다.

② 공적 견해표명 당시의 사정이 사후에 변경된 경우 특별한 사정이 없는 한 행정청이 그 견해표명에 반하는 처분을 하더라도 신뢰보호원칙에 위반된다고 할 수 없다.

③ 고속도로 관리청이 고속도로 부지와 접도구역에 송유관 매설을 허가하면서, 상대방과 체결한 협약에 따라 송유관 시설을 이전하게 될 경우 그 비용을 상대방에게 부담하도록 한 부관은 부당결부금지의 원칙에 반하지 않는다.

④ 행정절차법은 행정지도의 원칙으로 비례원칙을 규정하고 있다.

⑤ 임용 당시 공무원임용 결격사유가 있었더라도 국가의 과실로 임용결격자임을 밝혀내지 못하였다면 신뢰보호의 원칙이 적용되고 임용취소권은 시효로 소멸된다.

[해설] ⑤ 임용 당시 공무원임용결격사유가 있었다면 이는 무효인 하자에 해당한다. 따라서 신뢰보호원칙이 적용되지 않으며, 임용취소권은 시효로 소멸하지 않는다.

29 행정법의 일반원칙에 대한 설명으로 옳은 것은? (다툼이 있는 경우 판례에 의함)

① 비례의 원칙은 행정에만 적용되는 원칙이므로 입법에서는 적용될 여지가 없다.

② 행정청이 공적인 의사표명을 하였다면 이후 사실적·법률적 상태의 변경이 있더라도 행정청이 이를 취소하지 않는 한 여전히 공적인 의사표명은 유효하다.

③ 동일한 사항을 다르게 취급하는 것은 합리적 이유가 없는 차별이므로, 같은 정도의 비위를 저지른 자들은 비록 개전의 정이 있는지 여부에 차이가 있다고 하더라도 징계 종류의 선택과 양정에 있어 동일하게 취급받아야 한다.

④ 재량권 행사의 준칙인 행정규칙이 그 정한 바에 따라 되풀이 시행되어 행정관행이 이루어지게 되면 평등의 원칙이나 신뢰보호의 원칙에 따라 행정기관은 그 상대방에 대한 관계에서 그 규칙에 따라야 할 자기구속을 받게 된다.

⑤ 헌법재판소의 위헌결정은 행정청이 개인에 대해 공적인 견해를 표명한 것으로 그 결정에 관련한 개인의 행위는 신뢰보호의 원칙이 적용된다.

[해설] ① 비례의 원칙은 행정뿐만 아니라 국가작용 전체에 적용되는 원칙이다.
② 행정청이 공적인 의사표명을 하였더라도 이후 사실적·법률적 상태의 변경이 있다면 행정청이 이를 별도로 취소하지 않아도 공적인 의사표명은 실효된다.
③ 같은 정도의 비위를 저지른 자들이더라도 개전의 정이 있는지 여부에 차이가 있다면 징계 종류의 선택과 양정에 있어 차별적으로 취급하는 것은 합리적 이유가 있는 차별에 해당한다.
⑤ 헌법재판소의 위헌결정은 행정청의 공적인 견해표명에 해당하지 않는다.

30 다음은 법령 등 공포에 관한 법률상 시행일에 관한 내용이다. (   )에 들어갈 숫자로 옳은 것은?

2016년 제4회

> 대통령령, 총리령 및 부령은 특별한 규정이 없으면 공포한 날부터 (   )일이 경과함으로써 효력을 발생한다.

① 10　　　　　　　　　　　② 14
③ 15　　　　　　　　　　　④ 20
⑤ 30

[해설] 법령은 시행일에 관하여 특별한 규정이 없는 경우에는 공포한 날로부터 20일을 경과한 날로부터 효력을 발생한다. 다만 국민의 권리제한 또는 의무부과와 직접 관련되는 법률, 대통령령, 총리령 및 부령은 긴급히 시행하여야 할 특별한 사유가 있는 경우를 제외하고는 공포일부터 적어도 30일이 경과한 날부터 시행되도록 하여야 한다.

Answer　27. ④　28. ⑤　29. ④　30. ④

31 행정법의 효력에 관한 설명으로 옳은 것은? (다툼이 있으면 판례에 따름) 2015년 제3회

① 대통령령, 총리령 및 부령은 특별한 규정이 없으면 공포한 날부터 15일이 경과함으로 써 효력을 발생한다.

② 법령은 지역적으로 대한민국의 영토전역에 걸쳐 효력을 가지는 것이 원칙이나 예외적 으로 일부지역에만 적용될 수 있다.

③ 일반국민의 이해에 직접 관계가 없는 경우 등 특별한 사정이 있는 경우라도 법령의 소급적용은 허용되지 아니한다.

④ 인·허가신청 후 처분 전에 관계법령이 개정 시행된 경우, 행정행위는 신청 당시에 시행 중인 법령과 허가기준에 의하여 하는 것이 원칙이다.

⑤ 법령은 대한민국의 영토 내에 있는 모든 사람에게 적용되는 것이 원칙이므로 외국인 에 대하여 특칙을 두거나 상호주의가 적용될 수 없다.

해설 ① 대통령령, 총리령 및 부령은 특별한 규정이 없으면 공포한 날부터 20일이 경과함으로써 효력을 발 생한다.
② 국가의 법령이 영토의 일부지역에만 적용되는 경우도 있다(예 수도권정비계획법, 제주도국제자유도시특별 법 등).
③ 진정소급입법은 원칙적으로 허용되지 않는다. 다만, 진정소급입법이라 하더라도 이를 허용할 공익적 필요성 이 있는 경우에는 예외적으로 허용될 수 있다. 헌법재판소도 '진정소급입법이 허용되는 예외적인 경우로서 1) 일반적으로 국민이 소급입법을 예상할 수 있었거나, 2) 법적 상태가 불확실하고 혼란스러워 보호할 만한 신뢰 이익이 적은 경우와, 3) 소급입법에 의한 당사자의 손실이 없거나 아주 경미한 경우, 그리고 4) 신뢰보호의 요 청에 우선하는 심히 중대한 공익상의 사유가 소급입법을 정당화하는 경우 등이 있다'고 판시하였다.
④

행정기본법 제14조【법 적용의 기준】 ① 새로운 법령등은 법령등에 특별한 규정이 있는 경우를 제외하고는 그 법 령등의 효력 발생 전에 완성되거나 종결된 사실관계 또는 법률관계에 대해서는 적용되지 아니한다.
② 당사자의 신청에 따른 처분은 법령등에 특별한 규정이 있거나 처분 당시의 법령등을 적용하기 곤란한 특별한 사정이 있는 경우를 제외하고는 처분 당시의 법령등에 따른다.
③ 법령등을 위반한 행위의 성립과 이에 대한 제재처분은 법령등에 특별한 규정이 있는 경우를 제외하고는 법령등 을 위반한 행위 당시의 법령등에 따른다. 다만, 법령등을 위반한 행위 후 법령등의 변경에 의하여 그 행위가 법령등 을 위반한 행위에 해당하지 아니하거나 제재처분 기준이 가벼워진 경우로서 해당 법령등에 특별한 규정이 없는 경우에는 변경된 법령등을 적용한다.

⑤ 행정법규는 속지주의가 원칙이므로 영토 또는 구역 내에 있는 모든 사람에게 일률적으로 적용된다. 다만, 외국인에 대하여 특칙을 두거나, 상호주의가 적용되는 경우도 있다(예 국가배상법).

32 법령등 시행일의 기간 계산에 관한 설명으로 옳은 것을 모두 고른 것은? 2021년 제9회

> ⊙ 법령등을 공포한 날부터 시행하는 경우에는 공포한 날을 시행일로 한다.
> ⓛ 법령등을 공포한 날부터 일정 기간이 경과한 날부터 시행하는 경우 법령을 공포한 날을 첫날에 산입하지 아니한다.
> ⓒ 법령등을 공포한 날부터 일정 기간이 경과한 날부터 시행하는 경우 그 기간의 말일이 토요일 또는 공휴일인 때에는 그 말일로 기간이 만료한다.
> ⓔ 대통령령은 특별한 규정이 없으면 공포한 날부터 10일이 경과함으로써 효력을 발생한다.

① ㉠, ㉡
② ㉠, ㉣
③ ㉢, ㉣
④ ㉠, ㉡, ㉢
⑤ ㉡, ㉢, ㉣

[해설]

행정기본법
제6조【행정에 관한 기간의 계산】 ① 행정에 관한 기간의 계산에 관하여는 이 법 또는 다른 법령등에 특별한 규정이 있는 경우를 제외하고는 「민법」을 준용한다.
② 법령등 또는 처분에서 국민의 권익을 제한하거나 의무를 부과하는 경우 권익이 제한되거나 의무가 지속되는 기간의 계산은 다음 각 호의 기준에 따른다. 다만, 다음 각 호의 기준에 따르는 것이 국민에게 불리한 경우에는 그러하지 아니하다.
  1. 기간을 일, 주, 월 또는 연으로 정한 경우에는 기간의 첫날을 산입한다.
  2. 기간의 말일이 토요일 또는 공휴일인 경우에도 기간은 그 날로 만료한다.

제7조【법령등 시행일의 기간 계산】 법령등(훈령·예규·고시·지침 등을 포함한다. 이하 이 조에서 같다)의 시행일을 정하거나 계산할 때에는 다음 각 호의 기준에 따른다.
  1. 법령등을 공포한 날부터 시행하는 경우에는 공포한 날을 시행일로 한다.
  2. 법령등을 공포한 날부터 일정 기간이 경과한 날부터 시행하는 경우 법령등을 공포한 날을 첫날에 산입하지 아니한다.
  3. 법령등을 공포한 날부터 일정 기간이 경과한 날부터 시행하는 경우 그 기간의 말일이 토요일 또는 공휴일인 때에는 그 말일로 기간이 만료한다.

제7조의2【행정에 관한 나이의 계산 및 표시】 행정에 관한 나이는 다른 법령등에 특별한 규정이 있는 경우를 제외하고는 출생일을 산입하여 만(滿) 나이로 계산하고, 연수(年數)로 표시한다. 다만, 1세에 이르지 아니한 경우에는 월수(月數)로 표시할 수 있다.

Answer 31. ② 32. ④

33 행정기본법상 법 적용의 기준에 관한 내용이다. (   )에 들어갈 것으로 옳은 것은?

2023년 제11회

> • 당사자의 신청에 따른 처분은 법령등에 특별한 규정이 있거나 (㉠) 당시의 법령등을 적용하기 곤란한 특별한 사정이 있는 경우를 제외하고는 (㉠) 당시의 법령등에 따른다.
> • 법령등을 위반한 행위의 성립과 이에 대한 제재처분은 법령등에 특별한 규정이 있는 경우를 제외하고는 (㉡) 당시의 법령등에 따른다. 다만, 법령등을 위반한 행위 후 법령등의 변경에 의하여 그 행위가 법령등을 위반한 행위에 해당하지 아니하거나 제재처분 기준이 가벼워진 경우로서 해당 법령등에 특별한 규정이 없는 경우에는 변경된 법령등을 적용한다.

① ㉠: 신청, ㉡: 제재처분　　　　② ㉠: 신청, ㉡: 법령등을 위반한 행위

③ ㉠: 처분, ㉡: 판결　　　　　　④ ㉠: 처분, ㉡: 법령등을 위반한 행위

⑤ ㉠: 판결, ㉡: 제재처분

해설

> **행정기본법 제14조【법 적용의 기준】** ① 새로운 법령등은 법령등에 특별한 규정이 있는 경우를 제외하고는 그 법령등의 효력 발생 전에 완성되거나 종결된 사실관계 또는 법률관계에 대해서는 적용되지 아니한다.
> ② 당사자의 <u>신청에 따른</u> 처분은 법령등에 특별한 규정이 있거나 <u>처분 당시의 법령등을 적용하기 곤란한</u> 특별한 사정이 있는 경우를 제외하고는 <u>처분 당시의 법령등에 따른다.</u>
> ③ 법령등을 위반한 행위의 성립과 이에 대한 <u>제재처분</u>은 법령등에 특별한 규정이 있는 경우를 제외하고는 <u>법령등을 위반한 행위 당시의 법령등에 따른다.</u> 다만, 법령등을 위반한 행위 후 법령등의 변경에 의하여 그 행위가 법령등을 위반한 행위에 해당하지 아니하거나 <u>제재처분 기준이 가벼워진 경우</u>로서 해당 법령등에 특별한 규정이 없는 경우에는 <u>변경된 법령등을 적용한다.</u>

34 행정법의 효력에 관한 설명으로 옳지 않은 것은? (다툼이 있으면 판례에 따름)

① 특정 지역만을 규율대상으로 하는 법률은 무효이다.

② 행정법령의 대인적 효력은 속지주의를 원칙으로 한다.

③ 대통령령은 특별한 규정이 없으면 공포한 날부터 20일이 경과함으로써 효력을 발생한다.

④ 개인의 신뢰보호의 요청에 우선하는 심히 중대한 공익상의 사유가 소급입법을 정당화하는 경우에는 예외적으로 진정소급입법이 허용된다.

⑤ 행정법령에서 시행일을 규정하고 있는 경우에는 공포 후 시행일로부터 효력이 발생한다.

해설 ① 국회에서 제정된 법률 중 일부지역에서만 효력을 갖는 경우도 있다(예 수도권정비계획법, 제주도국제자유도시특별법 등).

35 **행정법의 시간적 효력에 대한 판례의 입장으로 옳지 않은 것은?**

① 법령을 소급적용하더라도 일반국민의 이해에 직접 관계가 없는 경우나 오히려 그 이익을 증진하는 경우, 불이익이나 고통을 제거하는 경우에는 예외적으로 법령의 소급적용이 허용된다.

② 진정소급입법의 경우에는 신뢰보호의 이익을 주장할 수 있으나 부진정소급입법의 경우에는 신뢰보호의 이익을 주장할 수 없다.

③ 법률조항에 대하여 헌법재판소가 헌법불합치결정을 하여 그 법률조항을 합헌적으로 개정 또는 폐지하는 임무를 입법자의 행정재량에 맡긴 이상, 그 개선입법의 소급적용 여부와 소급적용의 범위는 원칙적으로 입법자의 재량에 달려 있다.

④ 법령의 효력이 시행일 이전에 소급하지 않는다는 것은 시행일 이전에 이미 종결된 사실에 대하여 법령이 적용되지 않는다는 것을 의미하는 것이지, 시행일 이전부터 계속되는 사실에 대하여도 법령이 적용되지 않는다는 의미가 아니다.

⑤ 소득세법이 개정되어 세율이 인상된 경우, 법 개정 전부터 개정법이 발효된 후까지 걸쳐 있는 과세기간(1년)의 전체 소득에 대하여 인상된 세율을 적용하는 것은 부진정소급입법의 경우에 해당되므로 적법하다.

[해설] ② 새로운 법령에 의한 신뢰이익의 침해는 새로운 법령이 과거의 사실 또는 법률관계에 소급적용되는 경우에 한하여 문제되는 것은 아니고, 과거에 발생하였지만 완성되지 않고 진행 중인 사실 또는 법률관계 등을 새로운 법령이 규율함으로써 종전에 시행되던 법령의 존속에 대한 신뢰이익을 침해하게 되는 경우에도 신뢰보호의 원칙이 적용될 수 있다(2003두12899 전원합의체).

36 판례에 의할 때 공법상 법률관계에 해당하는 것을 모두 고른 것은? 2018년 제6회

> ㉠ 재개발조합과 조합임원 사이의 해임에 관한 법률관계
> ㉡ 국가의 부가가치세 환급세액 지급관계
> ㉢ 국가에서 근무하는 청원경찰의 근무관계
> ㉣ 일반재산인 국유림의 대부관계

① ㉠, ㉡

② ㉠, ㉢

③ ㉠, ㉣

④ ㉡, ㉢

⑤ ㉢, ㉣

해설

✦ **암기사항**(관련문제 : 36번, 37번, 38번)

사법관계로 파악한 경우	공법관계로 파악한 경우
• 전기·전화·가스·철도 • 사립학교와 소속 교원·학생 • 손실보상청구권 • 환매 • 일반재산의 대부행위·사용료 • 부당이득반환청구(⬛ 무효인 과세처분에 의한 과오납금 반환청구) • 협의취득 • 행정상 손해배상 • 한국마사회의 기수면허 취소 • 재개발조합과 조합임원 사이의 법률관계	• 수도 이용관계 • 하천법상 손실보상청구권, 사업폐지에 대한 손실보상청구권 • 변상금부과처분 • 일반재산의 사용료 미납시 징수 • 행정재산을 기부채납한 사인에 대한 그 행정재산의 사용허가 • 청원경찰(국가나 지방자치단체) • 국립의료원 부설 주차장에 관한 위탁관리용역운영계약(특허) • 부가가치세 환급세액 지급 청구 • 공공조합과 조합원

37 판례에 의할 때 공법상 법률관계에 해당하는 것을 모두 고른 것은? 2017년 제5회

> ㉠ 무효인 과세처분에 의한 과오납금반환 채권과 채무
> ㉡ 국가에 대한 납세의무자의 부가가치세 환급세액 지급청구
> ㉢ 행정재산을 기부채납한 사인에 대한 그 행정재산의 사용허가
> ㉣ 공익사업을 위한 토지 등의 취득 및 보상에 관한 법령에 따른 토지의 협의취득

① ㉠, ㉡   ② ㉠, ㉢

③ ㉠, ㉣   ④ ㉡, ㉢

⑤ ㉢, ㉣

[해설] ㉡ 납세의무자에 대한 국가의 부가가치세 환급세액 지급의무는 그 납세의무자로부터 어느 과세기간에 과다하게 거래징수된 세액 상당을 국가가 실제로 납부받았는지와 관계없이 부가가치세법령의 규정에 의하여 직접 발생하는 것으로서, 그 법적 성질은 정의와 공평의 관념에서 수익자와 손실자 사이의 재산상태 조정을 위해 인정되는 부당이득 반환의무가 아니라 부가가치세법령에 의하여 그 존부나 범위가 구체적으로 확정되고 조세 정책적 관점에서 특별히 인정되는 공법상 의무라고 봄이 타당하다. 그렇다면 납세의무자에 대한 국가의 부가가치세 환급세액 지급의무에 대응하는 국가에 대한 납세의무자의 부가가치세 환급세액 지급청구는 민사소송이 아니라 행정소송법 제3조 제2호에 규정된 당사자소송의 절차에 따라야 한다(2011다95564 전원합의체).

38 공법상의 법률관계에 해당하는 것은? (다툼이 있는 경우에는 판례에 의함) 2014년 제2회

① 일반재산인 국유림의 대부
② 조세부과처분이 당연무효임을 전제로 한 이미 납부한 세금의 반환청구
③ 한국마사회의 기수면허 취소
④ 공익사업을 위한 토지 등의 취득 및 보상에 관한 법령에 따른 협의취득
⑤ 국유 일반재산의 무단점유에 대한 변상금부과

[해설] 국유재산의 무단점유자에 대하여는 대부 또는 사용, 수익허가 등을 받은 경우에 납부하여야 할 대부료 또는 사용료 상당액 외에도 그 징벌적 의미에서 국가측이 일방적으로 그 2할 상당액을 추가하여 변상금을 징수토록 하고 있으며 동조 제2항은 변상금의 체납시 국세징수법에 의하여 강제징수토록 하고 있는 점 등에 비추어 보면 국유재산의 관리청이 그 무단점유자에 대하여 하는 변상금부과처분은 순전히 사경제 주체로서 행하는 사법상의 법률행위라 할 수 없고 이는 관리청이 공권력을 가진 우월적 지위에서 행한 것으로서 행정소송의 대상이 되는 행정처분이라고 보아야 한다(87누1046·1047).

Answer 36. ④ 37. ④ 38. ⑤

39 공법관계에 관한 소송이 아닌 것은? (다툼이 있으면 판례에 따름) 2024년 제21회

① 행정재산의 사용허가 신청에 대한 거부를 다투는 소송

② 서울시립무용단 단원의 해촉에 관한 소송

③ 공익사업으로 인하여 이주하게 된 주거용 건축물의 세입자에게 인정되는 주거이전비 보상을 둘러싼 소송

④ 주민등록전입신고와 그 수리 여부에 관한 소송

⑤ 한국마사회 기수의 면허취소를 다투는 소송

[해설] ⑤ 한국마사회가 조교사 또는 기수의 면허를 부여하거나 취소하는 것은 국가 기타 행정기관으로부터 위탁받은 행정권한의 행사가 아니라 일반 사법상의 법률관계에서 이루어지는 단체 내부에서의 징계 내지 제재 처분이다(2005두8269).

40 다음의 설명 중 옳은 것은? (다툼이 있으면 판례에 따름)

① 행정절차법은 공법관계는 물론 사법관계에 대해서도 적용된다.

② 공법관계는 행정소송 중 항고소송의 대상이 되며, 사인 간의 법적 분쟁에 관한 사법관계는 행정소송 중 당사자소송의 대상이 된다.

③ 법률관계의 한쪽 당사자가 행정주체인 경우에는 공법관계로 보는 것이 판례의 일관된 입장이다.

④ 조달청장이 법령에 근거하여 입찰참가자격을 제한하는 것은 사법관계에 해당한다.

⑤ 국유재산의 무단점유에 대한 변상금부과는 공법관계이다.

[해설] ① 행정절차법은 사법관계에 적용되지 않는다.

② 공법관계는 행정소송(항고소송 또는 당사자소송)의 대상이 되며, 사인 간의 법적 분쟁에 관한 사법관계는 민사소송의 대상이 된다.

③ 법률관계의 한쪽 당사자가 행정주체인 경우에도 사법관계가 성립할 수 있다. 일반재산의 대부행위는 국가와 행해지는 사법상 계약에 해당한다.

④ 조달청장이 법령에 근거하여 입찰참가자격을 제한하는 것은 항고소송의 대상인 처분에 해당한다(공법관계).

41 판례의 입장으로 옳지 않은 것은?

① 국유재산법상 일반재산의 대부는 행정처분이 아니며 그 계약은 사법상 계약이다.

② 구 지방재정법에 따른 행정재산의 사용허가는 강학상 특허에 해당한다.

③ 하천법상 하천구역에의 편입에 따른 손실보상청구권은 공법상 권리이다.

④ 공익사업을 위한 토지 등의 취득 및 보상에 관한 법률에 의한 협의취득은 공법상 계약이다.

⑤ 국유재산 중 행정재산의 사용허가는 공법관계이다.

[해설] ④ 토지보상법에 의한 협의취득은 사법상 계약이다.

42 공법관계와 사법관계에 대한 설명으로 옳은 것은? (다툼이 있는 경우 판례에 의함)

① 구 예산회계법에 따른 입찰보증금의 국고귀속조치는 국가가 공법상의 재산권의 주체이며, 그 행위는 공법행위에 속한다.

② 공유재산의 관리청이 행하는 행정재산의 사용·수익에 대한 허가는 순전히 사경제주체로서 행하는 사법상의 법률행위이다.

③ 개발부담금 부과처분이 취소된 후의 부당이득으로서의 과오납금 반환에 관한 법률관계는 공법상 법률관계이다.

④ 납세의무자가 국가에 대해 부가가치세 환급세액 지급을 청구하는 것의 법적 성질은 부당이득 반환청구이므로 민사소송절차에 따라야 한다.

⑤ 공유재산의 관리청이 기부채납된 행정재산에 대하여 하는 사용·수익의 허가는 사법상의 대부가 아니라 행정처분에 해당한다.

[해설] ① 입찰보증금의 국고귀속조치는 사법상의 법률행위이다(81누366).
② 공유재산의 관리청이 행하는 행정재산의 사용·수익에 대한 허가는 강학상 특허에 해당하는 공법상의 법률행위이다.
③ 개발부담금 부과처분이 취소된 후의 부당이득으로서의 과오납금 반환에 관한 법률관계는 사법상 법률관계이다.
④ 부가가치세 환급세액 지급을 청구하는 것은 부가가치세법령에 의한 법률관계로서 당사자소송절차에 따라야 한다.

Answer 39. ⑤ 40. ⑤ 41. ④ 42. ⑤

43 행정상 당사자에 관한 설명으로 옳지 않은 것은? (다툼이 있으면 판례에 따름)

① 국가나 지방자치단체는 행정청과는 달리 당사자소송의 당사자가 될 수 있고 국가배상 책임의 주체가 될 수 있다.

② 법인격 없는 단체도 공무수탁사인이 될 수 있다.

③ 도시 및 주거환경정비법에 따른 주택재건축정비조합은 공법인으로서 행정주체의 지위를 가진다.

④ 공무수탁사인은 수탁받은 공무를 수행하는 범위 내에서 행정주체이고, 행정절차법이나 행정소송법에서는 행정청이다.

⑤ 지방자치단체는 행정주체이지 행정권 발동의 상대방인 행정객체는 될 수 없다.

[해설] ⑤ 지방자치단체는 행정주체이면서 국가나 다른 공공단체와의 관계에서는 행정객체가 될 수 있다.

44 다음의 설명 중 옳지 않은 것은? (다툼이 있으면 판례에 따름)

① 경찰과의 계약을 통해 주차위반 차량을 견인하는 민간사업자도 공무수탁사인에 해당한다.

② 국가가 공무수탁사인의 공무수탁사무 수행을 감독하는 경우 수탁사무 수행의 합법성뿐만 아니라 합목적성까지도 감독할 수 있다.

③ 행정처분에 있어서 불이익 처분의 상대방은 직접 개인적 이익의 침해를 받은 자로서 취소소송의 원고적격이 인정되지만 수익적 처분의 상대방은 그의 권리나 법률상 보호되는 이익이 침해되었다고 볼 수 없으므로 달리 특별한 사정이 없는 한 취소를 구할 이익이 없다.

④ 상수원 보호구역 설정의 근거가 되는 규정은 상수원의 확보와 수질 보전일 뿐이고, 그 상수원에서 급수를 받고 있는 지역주민들이 가지는 이익은 상수원의 확보와 수질 보호라는 공공의 이익이 달성됨에 따라 반사적으로 얻게 되는 이익에 불과하다.

⑤ 개인적 공권은 사권처럼 자유롭게 포기할 수 없다.

[해설] ① 경찰과 차량을 견인하는 민간사업자는 단순히 사법상 계약을 맺은 관계로 공무수탁사인에 해당하지 않는다.

45 공법상 부당이득에 대한 설명으로 가장 옳은 것은? (다툼이 있는 경우 판례에 의함)

① 무효인 조세부과처분에 기하여 납부한 세금의 반환을 구하는 것은 무효확인소송 절차에 따라야만 한다.

② 부가가치세 환급세액 지급청구는 당사자소송을 통해 다투어야 한다.

③ 국가는 국유재산의 무단점유자에 대하여 변상금 부과·징수권의 행사와는 별도로 민사상 부당이득 반환청구의 소를 제기할 수 없다.

④ 제3자가 국세징수법에 따라 체납자의 명의로 체납액을 완납한 경우 국가에 대하여 부당이득 반환을 청구할 수 있다.

⑤ 공법상 부당이득의 경우 행정주체는 반환청구를 주장할 수 없다.

[해설] ① 무효인 조세부과처분에 기하여 납부한 세금의 반환을 구하는 것은 민사상 부당이득반환청구소송 절차에 따라야 한다.

③ 국가는 국유재산의 무단점유자에 대하여 변상금 부과·징수권의 행사와는 별도로 민사상 부당이득반환청구의 소를 제기할 수 있다.

④ 제3자가 체납자의 명의로 체납액을 완납한 경우 이로 인하여 국가의 조세채권은 소멸하므로, 국가가 법률상원인 없이 체납액을 취득하는 것이 아니다. 따라서 제3자는 국가에 대하여 부당이득반환을 청구할 수 없다.

⑤ 공법상 부당이득에는 사인이 부당이득을 취한 경우도 포함된다. 이때 행정주체는 사인에게 부당이득반환청구가 가능하다.

46 판례에 따를 때 수리를 요하지 않는 신고에 해당하는 것은? 2022년 제10회

① 다른 법률에 의한 인·허가의제 효과를 수반하는 건축법상 건축신고

② 건축법 제14조 제1항에 따른 건축신고

③ 수산업법상 어업의 신고

④ 노인장기요양보험법상 장기요양기관의 폐업신고

⑤ 식품위생법상 영업양도에 따른 지위승계신고

[해설]

자기완결적 신고(수리를 요하지 않는 신고)	행위요건적 신고(수리를 요하는 신고)
① 축산물판매업 신고, 수산업법상의 수산제조업신고	① 영업양도에 따른 지위승계신고
② 당구장 영업신고	② 주민등록신고
③ 일반적 건축신고(건축법 제14조 제1항-담장설치공사신고)·건축물의 용도변경신고	③ 건축주명의변경신고
	④ 인·허가의제 효과를 수반하는 건축신고
④ 원격평생교육신고	⑤ 장기요양기관의 폐업신고, 노인의료복지시설의 폐지신고
⑤ 의원개설신고	⑥ 수산업법상 어업의 신고
⑥ 부가가치세법상 사업자 등록	⑦ 유료노인복지주택의 설치신고
⑦ 골프연습장 이용료 변경신고	⑧ 납골당설치신고
⑧ 출생신고, 사망신고	⑨ 혼인신고
⑨ 숙박업, 목욕장업, 미용업의 신고	⑩ 학교환경위생정화구역 내에서의 체육시설업(당구장업)신고
	⑪ 개발제한구역 내 건축신고
	⑫ 개발제한구역 내 골프연습장신고

Answer 43. ⑤ 44. ① 45. ② 46. ②

47 사인(私人)의 공법행위로서 신고에 관한 설명으로 옳지 않은 것은? (다툼이 있으면 판례에 따름) 2016년 제4회

① 법령상 신고사항이 아닌 신고를 수리한 경우, 그 수리는 항고소송의 대상이 되지 않는다.

② 행정청은 필요한 구비서류가 첨부되어 있지 않은 신고서가 제출된 경우에는 지체 없이 상당한 기간을 정하여 신고인에게 보완을 요구하여야 한다.

③ 법상 금지되어 있는 행위를 해제시키는 기능을 갖는 신고의 경우 그 신고 없이 한 행위는 위법하다.

④ 건축법에 따른 착공신고가 반려되었음에도 당해 건축물의 착공을 개시하면 시정명령, 이행강제금, 벌금 등의 대상이 될 우려가 있으므로 행정청의 착공신고 반려행위는 항고소송의 대상이 된다.

⑤ 적법한 요건을 갖추어 당구장업 영업신고를 한 경우 행정청이 그 신고에 대한 수리를 거부하였음에도 영업을 하면 무신고 영업이 된다.

해설 ① 용도변경은 신고를 요하는 복리시설의 용도변경에 해당하지 아니하므로 그 변동 사실은 신고할 사항이 아니고 관할 시장이 그 신고를 수리하였다 하더라도 그 수리는 공동주택 입주민의 구체적인 권리의무에 아무런 변동을 초래하지 않는다는 이유로 항고소송의 대상이 되는 행정처분이 아니다(99두455).

② 행정청은 제2항 각 호의 요건을 갖추지 못한 신고서가 제출된 경우에는 지체 없이 상당한 기간을 정하여 신고인에게 보완을 요구하여야 한다(행정절차법 제40조 제3항).

③ 법상 금지되어 있는 행위를 해제시키는 기능을 갖는 신고는 신고에 의하여 금지가 해제되므로 그 신고 없이 한 행위는 위법하다.

④ 건축신고 반려, 건축물 착공신고 반려, 원격평생교육신고 반려의 경우 수리를 요하지 않는 신고에 해당하지만 예외적으로 항고소송의 대상이 된다.

⑤ 당구장업 영업신고는 수리를 요하지 않는 신고에 해당한다. 따라서 적법한 요건을 갖춘 신고가 있는 경우에는 신고의무를 이행한 것이 되어 행정청의 수리 여부와 관계없이 신고서가 접수기관에 도달한 때에 신고의무가 이행된 것으로 본다.

48 사인(私人)의 공법행위에 관한 설명으로 옳지 않은 것은? (다툼이 있는 경우에는 판례에 의함) 2013년 제1회

① 사인의 공법행위는 공법적 효과의 발생을 목적으로 하는 행위인 점에서 사법(私法)행위와 구별된다.

② 사인의 공법행위는 행위의 효과를 기준으로 자기완결적(자체완성적) 공법행위와 행위요건적(행정요건적) 공법행위로 나눌 수 있다.

③ 자기완결적(자체완성적) 신고의 경우에 적법한 요건을 갖춘 신고가 있으면 행정청의 수리 여부에 관계없이 신고서가 접수기관에 도달된 때에 신고의무가 이행된 것으로 본다.

④ 신고대상이 아닌 사항의 신고에 대한 행정청의 수리거부는 취소소송의 대상이 되는 처분에 해당한다.

⑤ 사업양수에 따른 지위승계신고에 대한 허가관청의 수리에 대하여, 사업의 양도행위가 무효라고 주장하는 양도자는 민사소송으로 양도행위의 무효를 구함이 없이 곧바로 행정소송으로 위 신고수리처분의 무효확인을 구할 법률상 이익이 있다.

해설 } ①, ②, ③

구분	자기완결적 신고(수리를 요하지 않는 신고)	행위요건적 신고(수리를 요하는 신고)	
신고필증	필수 ×	필수 ×	
적법신고	수리 × → 효력 ○	수리 × → 효력 ×	
부적법 신고	수리 ○ → 효력 ×	수리 ○ →	취소사유: 효력 ○ (취소되면 효력 ×)
			무효사유: 무효 (효력 ×)
수리 거부 처분성	× (예외: 건축신고 반려, 건축물 착공신고 반려, 원격평생교육신고 반려)	○	

④ 신고사항이 아닌 신고를 수리한 경우 그 수리는 항고소송의 대상이 되는 행정처분에 해당하지 아니한다(99두455).

⑤ '무효확인을 구할 법률상 이익'이 있는지를 판단할 때 무효확인소송의 보충성이 요구되는 것은 아니므로 행정처분의 무효를 전제로 한 이행소송 등과 같은 직접적인 구제수단이 있는지를 따질 필요가 없다(2007두6342 전원합의체).

49 행정청은 장사 등에 관한 법령에 따른 납골당설치 신고를 한 甲에게 관계법령에 따른 준수 사항을 이행하여야 한다는 것 등을 내용으로 하는 납골당설치 신고사항 이행통지를 하였다. 판례에 따를 때 옳지 않은 것을 모두 고른 것은? 2019년 제7회

> ㉠ 甲에 대한 신고필증 교부는 신고의 필수요건이다.
> ㉡ 위 이행통지는 수리처분과 다른 행정처분으로 볼 수 없다.
> ㉢ 신고가 위 법령의 모든 요건을 충족한다면 甲은 수리 전에 납골당을 설치할 수 있다.
> ㉣ 위 신고가 무효라면 신고수리행위도 무효이다.

① ㉠, ㉡   ② ㉠, ㉢
③ ㉡, ㉣   ④ ㉢, ㉣
⑤ ㉠, ㉡, ㉢

해설 } 납골당설치신고(수리를 요하는 신고) 수리행위에 신고필증 교부 등 행위가 꼭 필요한 것은 아니다. 또한 관계 법령에 따른 허가 및 준수 사항을 이행하여야 한다는 내용의 납골당설치 신고사항의 이행통지는 납골당설치신고 수리에 해당한다(2009두6766).

50 대물적 허가를 받아 영업을 하는 甲은 자신의 영업을 乙에게 양도하고자 乙과 영업의 양도·양수계약을 체결하고 관련법에 따라 관할 A행정청에 지위승계신고를 하였다. 이에 관한 설명으로 옳은 것을 모두 고른 것은? (다툼이 있으면 판례에 따름) 2020년 제8회

> ㉠ 적법한 지위승계신고를 하였다면 A행정청이 수리를 거부하더라도 乙에게 영업양수의 효과가 발생한다.
> ㉡ 지위승계신고가 있기 전에 A행정청이 위 영업허가를 취소하려는 경우 허가취소의 상대방은 甲이 된다.
> ㉢ 甲과 乙 사이의 영업양도·양수계약이 무효라면 지위승계신고가 수리되더라도 乙에게 영업양수의 효과가 발생하지 않는다.
> ㉣ 영업양도·양수가 유효하더라도 명문의 규정이 없는 한 양도 전 甲의 위반행위를 이유로 乙에 대하여 제재처분을 할 수는 없다.

① ㉠, ㉡   ② ㉠, ㉣
③ ㉡, ㉢   ④ ㉠, ㉢, ㉣
⑤ ㉡, ㉢, ㉣

해설 ⊙ 영업자 지위승계신고는 수리를 요하는 신고에 해당한다. 행정청의 수리가 있어야 신고의 효력이 발생한다.

ⓛ 사실상 영업이 양도·양수되었지만 아직 승계신고 및 수리처분이 있기 이전의 경우, 행정제재처분사유 유무의 판단기준이 되는 대상자 및 위반행위에 대한 행정책임이 귀속되는 자는 여전히 종전의 영업자인 양도인이 영업허가자이다(2005두3554).

ⓒ 사업양도·양수에 따른 허가관청의 지위승계신고의 수리는 적법한 사업의 양도·양수가 있었음을 전제로 하는 것이므로 그 수리대상인 사업양도·양수가 존재하지 아니하거나 무효인 때에는 수리를 하였다 하더라도 그 수리는 유효한 대상이 없는 것으로서 당연히 무효라 할 것이다(2005두3554).

ⓔ 석유판매업허가는 소위 대물적 허가의 성질을 갖는 것이어서 그 사업의 양도도 가능하고 이 경우 양수인은 양도인의 지위를 승계하게 됨에 따라 양도인의 위 허가에 따른 권리·의무가 양수인에게 이전되는 것이므로 만약 양도인에게 그 허가를 취소할 위법사유가 있다면 허가관청은 이를 이유로 양수인에게 응분의 제재조치를 취할 수 있다 할 것이고, 양수인이 그 양수 후 허가관청으로부터 석유판매업허가를 다시 받았다 하더라도 이는 석유판매업의 양수도를 전제로 한 것이어서 이로써 양도인의 지위승계가 부정되는 것은 아니므로 양도인의 귀책사유는 양수인에게 그 효력이 미친다(86누203).

51 **사인의 공법행위에 대한 설명으로 옳지 않은 것은? (다툼이 있는 경우 판례에 의함)**

① 신청권은 행정청의 응답을 구하는 권리이며, 신청된 대로의 처분을 구하는 권리는 아니다.

② 신청에 따른 행정청의 처분이 기속행위인 때에는 행정청은 신청에 대한 응답의무를 지지만, 재량행위인 때에는 응답의무가 없다.

③ 법규상 또는 조리상 신청권이 없는 경우에는 거부행위의 처분성이 인정되지 아니한다.

④ 사인의 공법상 행위는 명문으로 금지되거나 성질상 불가능한 경우가 아닌 한, 그에 의거한 행정행위가 행하여질 때까지는 자유로이 철회나 보정이 가능하다.

⑤ 공무원이 한 사직의사표시의 철회나 취소는 그에 터잡은 의원면직처분이 있을 때까지 할 수 있는 것이고, 일단 면직처분이 있고 난 이후에는 철회나 취소할 여지가 없다.

해설 ② 신청에 따른 처분이 재량행위인 경우에도 행정청은 응답의무가 있다.

52 사인의 공법행위로서의 신고에 관한 설명으로 옳은 것은?

① 행정절차법은 수리를 요하는 신고와 수리를 요하지 않는 신고를 구분하여 별도로 규정하고 있다.

② 수리를 요하는 신고의 경우에는 신고의 요건을 갖춘 신고서가 접수기관에 도달되면 신고의 효력이 발생한다.

③ 판례에 따르면, 주민등록의 신고는 행정청이 수리한 경우에 비로소 신고의 효력이 발생한다.

④ 판례에 따르면, 인·허가의제효과를 수반하는 건축신고는 특별한 사정이 없는 한 수리를 요하지 않는 신고이다.

⑤ 전입신고자가 거주의 목적 외에 다른 이해관계에 관한 의도를 가지고 있는지도 전입신고 수리 여부 심사 시 고려하여야 한다.

해설 ① 행정기본법에서는 수리를 요하는 신고를 규정하고 있고, 행정절차법에서는 수리를 요하지 않는 신고를 규정하고 있다.
② 수리를 요하는 신고의 경우에는 신고가 수리되어야 신고의 효력이 발생한다.
④ 인·허가의제 효과를 수반하는 건축신고는 수리를 요하는 신고이다.
⑤ 전입신고는 행정청이 수리 여부를 심사할 수는 있지만, 그 심사 범위는 주민등록법의 입법 목적의 범위 내에서 이루어진다. 즉 행정청은 실제 전입 여부만을 심사할 뿐 전입신고자가 거주의 목적 외에 다른 이해관계에 관한 의도를 가지고 있는지는 심사 시 고려하지 않는다.

53 사인의 공법상 행위로서 신고에 관한 판례의 내용으로 옳지 않은 것은?

① 주민등록법상 주민등록의 신고는 행정청에 도달하기만 하면 신고로서의 효력이 발생하는 것이 아니라 행정청이 수리한 경우에 비로소 신고의 효력이 발생한다.

② 납골당설치신고가 구 장사법 관련규정의 모든 요건에 맞는 신고라 하더라도 신고인은 곧바로 납골당을 설치할 수는 없고, 이에 대한 행정청의 수리처분이 있어야만 신고한 대로 납골당을 설치할 수 있다.

③ 수리란 신고를 유효한 것으로 판단하고 법령에 의하여 처리할 의사로 이를 수령하는 적극적 행위이므로 수리행위에는 신고필증의 교부와 같은 행정청의 행위가 수반되어야 한다.

④ 수산업법상의 어업의 신고는 행정청의 수리에 의하여 비로소 그 효과가 발생하는 이른바 '수리를 요하는 신고'에 해당한다.

⑤ 자기완결적 신고에 있어 적법한 신고가 있는 경우, 행정청은 법규정에 정하지 아니한 사유를 심사하여 이를 이유로 신고수리를 거부할 수는 없다.

해설 ③ 수리행위에 신고필증의 교부는 필수적인 것이 아니다. 따라서 신고필증 교부의 거부는 행정소송법상 처분으로 볼 수 없다.

54 판례의 입장에 따를 때 신고의 효과가 발생하는 것(○)과 발생하지 않는 것(×)을 바르게 나열한 것은?

> ㉠ 체육시설의 설치·이용에 관한 법률상 신고체육시설업에 대한 변경신고를 적법하게 하였으나, 관할 행정청이 수리를 거부한 경우
> ㉡ 수산업법상 어업신고를 적법하게 하였으나, 관할 행정청이 수리를 거부한 경우
> ㉢ 구 관광진흥법에 의한 지위승계신고를 적법하게 하였으나, 관할 행정청이 수리를 거부한 경우
> ㉣ 축산물위생관리법상 축산물판매업에 대한 부적법한 신고가 있었으나, 관할 행정청이 이를 수리한 경우

	㉠	㉡	㉢	㉣
①	○	×	×	×
②	×	○	○	○
③	○	○	○	×
④	○	○	○	○
⑤	○	○	×	×

해설 ㉠ 체육시설업에 대한 신고는 수리를 요하지 않는 신고이다.
㉡ 어업신고는 수리를 요하는 신고이다.
㉢ 지위승계신고는 수리를 요하는 신고이다.
㉣ 축산물판매업 신고는 수리를 요하지 않는 신고이다. 그러나 부적법한 신고인 경우에는 행정청이 이를 간과하고 수리를 하여도 신고의 효과가 발생하지 않는다.

Answer 52. ③ 53. ③ 54. ①

55 신고에 대한 설명으로 옳은 것은? (다툼이 있는 경우 판례에 의함)

① 식품접객업 영업신고에 대해서는 식품위생법이 건축법에 우선 적용되므로, 영업신고가 식품위생법상의 신고요건을 갖춘 경우라면 그 영업신고를 한 해당 건축물이 건축법상 무허가건축물이라도 적법한 신고에 해당된다.

② 정보통신매체를 이용하여 학습비를 받고 불특정 다수인에게 원격평생교육을 실시하기 위해 구 평생교육법에서 정한 형식적 요건을 모두 갖추어 신고한 경우, 행정청은 신고대상이 된 교육이나 학습이 공익적 기준에 적합하지 않다는 등의 실체적 사유를 들어 신고 수리를 거부할 수 없다.

③ 건축법에 의한 인·허가의제효과를 수반하는 건축신고는 건축을 하고자 하는 자가 적법한 요건을 갖춘 신고만 하면 건축을 할 수 있고, 행정청의 수리를 기다릴 필요가 없다.

④ 의료법에 따라 정신과의원을 개설하려는 자가 법령에 규정되어 있는 요건을 갖추어 개설신고를 한 경우라도 관할 시장·군수·구청장은 법령에서 정한 요건 이외의 사유를 들어 의원급 의료기관 개설신고의 수리를 거부할 수 있다.

⑤ 법령 등에서 행정청에 대하여 일정한 사항을 통지함으로써 의무가 끝나는 신고를 규정하고 있는 경우에는 법령상 요건을 갖춘 적법한 신고서를 발송하였을 때에 신고의 의무가 이행된 것으로 본다.

[해설] ① 근거법률에서 정한 요건을 충족하였다 하더라도 다른 법률에서 정한 요건을 충족하지 못한다면 적법한 신고로 볼 수 없다. 따라서 영업신고가 식품위생법상의 신고요건을 갖춘 경우에 해당하더라도, 그 영업신고를 한 해당 건축물이 건축법상 무허가건축물에 해당한다면 적법한 신고가 아니다.
③ 인·허가의제 효과를 수반하는 건축신고는 수리를 요하는 신고이다.
④ 의료기관 개설신고는 수리를 요하지 않는 신고이다. 따라서 법령에서 정한 요건 이외의 사유를 들어 신고의 수리를 거부할 수 없다.
⑤ 적법한 신고서가 도달하였을 때에 신고의 의무가 이행된 것으로 본다.

56 사인(私人)의 경제활동에 대한 행정청의 규제방식을 설명한 것으로 옳지 않은 것은? (다툼이 있는 경우 판례에 의함)

① 행정절차법상 신고요건으로는 신고서의 기재사항에 흠이 없고 필요한 구비서류가 첨부되어 있어야 하며, 신고의 기재사항은 그 진실함이 입증되어야 한다.

② 유료노인복지주택의 설치신고를 받은 행정관청은 그 유료노인복지주택의 시설 및 운용기준이 법령에 부합하는지와 설치신고 당시 부적격자들이 입소하고 있는지 여부를 심사할 수 있다.

③ 구 체육시설의 설치·이용에 관한 법률에 의한 골프장이용료변경신고서는 행정청에 제출하여 접수된 때에 신고가 있었다고 볼 것이고, 행정청의 수리행위가 있어야만 하는 것은 아니다.

④ 양도인이 자신의 의사에 따라 양수인에게 영업을 양도하면서 양수인으로 하여금 영업을 하도록 허락하였다면 영업승계신고 및 수리처분이 있기 전에 발생한 양수인의 위반행위에 대한 행정적 책임은 양도인에게 귀속된다.

⑤ 타인명의로 숙박업신고가 되어 있는 시설에서 새로 숙박업을 하려는 자가 정당한 사용권한을 취득하여 법령에서 정한 요건을 갖추어 신고를 한 경우, 행정청은 해당 시설에 기존의 숙박업신고가 외관상 남아 있다는 이유로 신고의 수리를 거부할 수 없다.

[해설] ① 행정절차법상 신고는 수리를 요하지 않는 신고이다. 따라서 형식적인 요건을 갖춘 신고서가 도달하면 적법한 신고에 해당하며, 신고의 기재사항이 진실함을 입증해야 하는 것은 아니다.

57 신고에 대한 설명으로 옳지 않은 것은? (다툼이 있으면 판례에 따름)

① 행정청에 의한 구 식품위생법상의 영업자지위승계신고 수리처분이 종전의 영업자의 권익을 제한하는 처분이라면, 해당 행정청은 종전의 영업자에게 행정절차법 소정의 행정절차를 실시하고 처분을 하여야 한다.

② 자기완결적 신고를 규정한 법률상의 요건 외에 타법상의 요건도 충족하여야 하는 경우, 타법상의 요건을 충족시키지 못하는 한 적법한 신고를 할 수 없다.

③ 다른 법령에 의한 인·허가가 의제되지 않는 일반적인 건축신고는 자기완결적 신고이므로 이에 대한 수리거부행위는 항고소송의 대상이 되는 처분이 아니다.

④ 부가가치세법상 사업자등록은 단순한 사업사실의 신고에 해당하므로, 과세관청이 직권으로 등록을 말소한 행위는 항고소송의 대상인 행정처분에 해당하지 않는다.

⑤ 장기요양기관의 폐업신고 자체가 효력이 없음에도 행정청이 이를 수리한 경우, 그 수리행위는 당연무효이다.

[해설] ③ 건축신고, 건축물 착공신고, 원격평생교육신고의 경우에는 자기완결적 신고에 해당하지만 이에 대한 수리 거부행위는 예외적으로 항고소송의 대상이 되는 처분이다.

Answer 55. ② 56. ① 57. ③

행정사
이준희 행정법

행정작용

02 행정작용

01 **행정입법에 관한 설명으로 옳은 것은? (다툼이 있으면 판례에 따름)** 2019년 제7회

① 헌법이 규정하고 있는 위임입법의 형식은 열거적인 것이다.

② 법규명령이 위임의 근거가 없어 무효라면 나중에 법 개정으로 위임의 근거가 부여되더라도 유효한 법규명령이 될 수 없다.

③ 법 집행기관의 자의적 법집행이 배제되는지 여부는 법규범의 명확성 판단기준이 될 수 없다.

④ 재량준칙의 제정에는 법령상 근거가 필요하다.

⑤ 법령의 위임이 없음에도 법령에 규정된 처분 요건에 해당하는 사항을 부령에서 변경하여 규정한 경우에 그 규정은 국민에 대한 대외적 구속력이 없다.

[해설] ① 헌법이 인정하고 있는 위임입법의 형식은 예시적인 것이다(99헌바91). → 감사원규칙에 대하여는 헌법에 근거가 없으며, 감사원법에 따라 제정된다.

② 일반적으로 법률의 위임에 의하여 효력을 갖는 법규명령의 경우, 구법에 위임의 근거가 없어 무효였더라도 사후에 법개정으로 위임의 근거가 부여되면 그때부터는 유효한 법규명령이 된다(93추83).

③ 어떠한 법규범이 명확한지 여부는 그 법규범이 수범자에게 법규의 의미내용을 알 수 있도록 공정한 고지를 하여 예측가능성을 주고 있는지 여부 및 그 법규범이 법을 해석·집행하는 기관에게 충분한 의미내용을 규율하여 자의적인 법해석이나 법집행이 배제되는지 여부, 다시 말하면 예측가능성 및 자의적 법집행 배제가 확보되는지 여부에 따라 이를 판단할 수 있다. 결국 법규범이 명확성 원칙에 위반되는지 여부는 위와 같은 해석방법에 의하여 그 의미내용을 합리적으로 파악할 수 있는 해석기준을 얻을 수 있는지 여부에 달려 있다(2006도920).

④ 재량준칙은 행정규칙에 해당한다. 따라서 재량준칙의 제정에는 법령상 근거가 필요 없다.

⑤ 법령에서 행정처분의 요건 중 일부 사항을 부령으로 정할 것을 위임한 데 따라 시행규칙 등 부령에서 이를 정한 경우에 그 부령의 규정은 국민에 대해서도 구속력이 있는 법규명령에 해당한다고 할 것이지만, 법령의 위임이 없음에도 법령에 규정된 처분 요건에 해당하는 사항을 부령에서 변경하여 규정한 경우에는 그 부령의 규정은 행정청 내부의 사무처리 기준 등을 정한 것으로서 행정조직 내에서 적용되는 행정명령의 성격을 지닐 뿐 국민에 대한 대외적 구속력은 없다(2011두10584).

48 Part 02 행정작용

02 행정입법에 관한 설명으로 옳은 것을 모두 고른 것은? (다툼이 있으면 판례에 따름)

2018년 제6회

> ㉠ 법규명령은 원칙적으로 구체적 규범통제의 대상이 된다.
> ㉡ 집행명령은 법률의 명시적 위임규정이 없더라도 제정할 수 있다.
> ㉢ 법규명령의 위임근거가 되는 법률에 대하여 위헌결정이 선고되면 그 위임에 근거하여 제정된 법규명령도 원칙적으로 효력을 상실한다.
> ㉣ 위임명령이 법률에서 위임받은 사항에 관하여 대강을 정하고 그중 특정사항을 범위를 정하여 하위법령에 다시 위임하는 것은 재위임금지의 원칙에 따라 허용되지 않는다.

① ㉠, ㉡   ② ㉠, ㉣

③ ㉢, ㉣   ④ ㉠, ㉡, ㉢

⑤ ㉡, ㉢, ㉣

해설 } ㉠ 명령·규칙 또는 처분이 헌법이나 법률에 위반되는 여부가 재판의 전제가 된 경우에는 대법원은 이를 최종적으로 심사할 권한을 가진다(헌법 제107조 제2항).
㉡ 집행명령은 상위법령의 구체적·개별적인 위임을 근거로 하는 것이 아니다. 집행명령은 상위법령의 시행을 위하여 구체적·세부적 또는 절차적·기술적 사항만을 규정하는 것이다. 집행명령도 법규명령이지만 국민의 권리·의무에 관한 사항을 정할 수 없다. 따라서 집행명령이 새로운 법규사항(국민의 권리·의무에 관한 사항)을 규정하였다면 그 집행명령은 위법한 명령이 되고 무효가 된다.
㉢ 위임명령은 그 근거법인 법률 또는 상위명령이 소멸하면 법적 근거가 없는 것으로 되어 그 효력이 소멸한다.
㉣ 위임받은 사항에 관하여 일반적인 사항을 규정하고 그 세부적 사항을 하위명령에 재위임하는 것은 가능하다.

03 행정입법에 관한 설명으로 옳은 것은? (다툼이 있으면 판례에 따름) 2016년 제4회

① 법률의 위임에 의해 효력을 갖게 된 법규명령이 법률의 개정으로 위임의 근거가 없어지게 되면 소급하여 무효인 법규명령이 된다.

② 감사원규칙은 총리령·부령과 마찬가지로 헌법에 명시적 근거가 있으므로 법규명령으로서의 효력을 갖는다.

③ 고시는 그 내용에 따라 법규명령 또는 행정규칙에 해당할 수도 있고 행정처분에 해당할 수도 있다.

④ 명령·규칙이 헌법에 위반되는 여부가 재판의 전제가 된 경우에 대법원은 이를 최종적으로 심사할 수 없다.

⑤ 조례에 대한 법률의 위임은 반드시 구체적으로 범위를 정해서만 할 수 있으며 포괄적 위임은 허용되지 않는다.

Answer 1. ⑤ 2. ④ 3. ③

[해설] ① 구법의 위임에 의한 유효한 법규명령이 법개정으로 위임의 근거가 없어지게 되면 그때부터 무효인 법규명령이 되므로, 어떤 법령의 위임 근거 유무에 따른 유효 여부를 심사하려면 법개정의 전·후에 걸쳐 모두 심사하여야만 그 법규명령의 시기에 따른 유효·무효를 판단할 수 있다(93추83).
② 감사원규칙에 대하여는 헌법에 근거가 없으며, 감사원법에 따라 제정된다. 그 실질적 내용에 비추어 법규명령에 해당한다.
③ 고시는 그 내용으로 법적 성질을 결정한다.
④ 명령·규칙 또는 처분이 헌법이나 법률에 위반되는 여부가 재판의 전제가 된 경우에는 대법원은 이를 최종적으로 심사할 권한을 가진다(헌법 제107조 제2항).
⑤ 조례에 대한 위임은 포괄적 위임도 가능하다. 그러나 국민의 권리의무에 관련되는 것일 경우에는 적어도 국민의 권리의무에 관한 기본적이고 본질적인 사항은 국회가 정하여야 한다.
법률이 주민의 권리의무에 관한 사항에 관하여 구체적으로 아무런 범위도 정하지 아니한 채 조례로 정하도록 포괄적으로 위임하였다고 하더라도, 행정관청의 명령과는 달라, 조례도 주민의 대표기관인 지방의회의 의결로 제정되는 지방자치단체의 자주법인 만큼, 지방자치단체가 법령에 위반되지 않는 범위 내에서 주민의 권리의무에 관한 사항을 조례로 제정할 수 있는 것이다(90누6613).

04 법규명령에 관한 설명으로 옳지 않은 것은? (다툼이 있으면 판례에 따름) 2020년 제8회

① 법률이 자치법적 사항을 공법적 단체의 정관에 위임하는 경우에는 포괄적 위임금지원칙이 적용되지 않는다.

② 행정입법부작위는 부작위위법확인소송의 대상이 된다.

③ 행정입법이 대법원에 의하여 위법하다는 판정이 있더라도 일반적으로 그 효력이 상실되는 것은 아니다.

④ 집행명령은 상위 법령의 수권 없이 제정될 수 있다.

⑤ 제재적 처분기준이 부령의 형식으로 규정되어 있는 때에는 국민에게 법적 구속력이 없다.

[해설] ① 법률이 공법적 단체 등의 정관에 자치법적 사항을 위임한 경우에는 포괄적인 위임입법의 금지는 원칙적으로 적용되지 않는다(2006두14476).
② 행정소송법은 부작위위법확인소송을 규정하고 있으나, 이때의 부작위는 처분의 부작위를 의미하며, 행정입법부작위는 포함되지 않는다. 즉 행정입법부작위는 항고소송의 대상이 아니다.
③ 명령이나 규칙이 헌법이나 법률에 위반된다고 인정하는 경우 법원은 그 명령이나 규칙을 당해 사건에 적용하는 것을 거부할 수 있을 뿐 그 명령이나 규칙의 무효를 선언할 수는 없다. 따라서 행정입법이 대법원에 의하여 위법하다는 판정이 있더라도 일반적으로 그 효력이 상실되는 것은 아니다. 이때 행정소송에 대한 대법원판결에 의하여 명령·규칙이 헌법 또는 법률에 위반된다는 것이 확정된 경우에는 대법원은 지체 없이 그 사유를 행정안전부장관에게 통보하여야 한다. 통보를 받은 행정안전부장관은 지체 없이 이를 관보에 게재하여야 한다.
④ 집행명령은 상위법령의 구체적·개별적인 위임을 근거로 하는 것이 아니다.
⑤ 판례는 부령의 형식으로 규정된 행정규칙에 대해서는 원칙적으로 행정규칙으로 보며, 대통령령의 형식으로 규정된 행정규칙의 경우 법규명령으로 보는 입장이다. 따라서 제재적 처분기준이 부령의 형식으로 규정되어 있는 때에는 국민에게 법적 효력이 없다.

05 **행정입법에 관한 설명으로 옳지 않은 것은? (다툼이 있으면 판례에 따름)** 2022년 제10회

① 법령의 위임이 없음에도 법령에 규정된 처분 요건 사항을 부령에서 변경하여 규정한 경우, 이 부령의 규정은 대외적 구속력이 없다.

② 행정입법의 부작위는 항고소송으로 다툴 수 없다.

③ 재량준칙은 행정의 자기구속법리나 평등원칙 등에 의해 대외적 구속력을 가질 수 있다.

④ 장기요양급여 제공기준 및 급여비용 산정방법 등에 관한 고시에 대해 외부적 구속효를 인정한다.

⑤ 대법원판결에 의해 명령·규칙이 헌법 또는 법률에 위반된다는 것이 확정된 경우에는 대법원은 지체 없이 그 사유를 법무부장관에게 통보하여야 한다.

[해설] ① 법령의 위임이 없음에도 법령에 규정된 처분요건에 해당하는 사항을 부령에서 변경하여 규정한 경우에는 그 부령의 규정은 행정청 내부의 사무처리 기준 등을 정한 것으로서 행정조직 내에서 적용되는 행정명령의 성격을 지닐 뿐 국민에 대한 대외적 구속력은 없다.

② 행정입법부작위는 항고소송의 대상이 아니다.

③ 재량권 행사의 준칙인 규칙이 그 정한 바에 따라 되풀이 시행되어 행정관행으로 성립하게 되면, 신뢰보호의 원칙이나 평등의 원칙 또는 자기구속의 원칙에 따라 간접적으로 대외적인 구속력을 가지게 된다.

④ 법령의 규정이 특정 행정기관에 그 법령 내용의 구체적 사항을 정할 수 있는 권한을 부여하면서 그 권한 행사의 절차나 방법을 특정하고 있지 아니한 관계로 수임행정기관이 행정규칙인 고시의 형식으로 그 법령의 내용이 될 사항을 구체적으로 정하고 있는 경우에는, 그 고시가 당해 법령의 위임한계를 벗어나지 아니하는 한 그와 결합하여 대외적으로 구속력이 있는 법규명령으로서 효력을 가지는 것이다(2012두2658).

⑤ 행정소송에 대한 대법원판결에 의하여 명령·규칙이 헌법 또는 법률에 위반된다는 것이 확정된 경우에는 대법원은 지체 없이 그 사유를 행정안전부장관에게 통보하여야 한다. 통보를 받은 행정안전부장관은 지체 없이 이를 관보에 게재하여야 한다.

06 행정입법에 관한 설명으로 옳지 않은 것은? (다툼이 있으면 판례에 따름) 2023년 제11회

① 입법 실제에 있어서 통상 대통령령에는 시행령이라는 이름을 붙이고 총리령과 부령에는 시행규칙이라는 이름을 붙인다.

② 헌법이 인정하고 있는 위임입법의 형식은 예시적인 것이다.

③ 상위 법령의 집행을 위하여 필요한 경우에는 상위 법령의 위임이 없더라도 집행명령으로 새로운 국민의 의무를 정할 수 있다.

④ 법원이 구체적 규범통제를 통해 위헌·위법으로 선언할 심판대상은 원칙적으로 재판의 전제성이 인정되는 조항에 한정된다.

⑤ 고시가 다른 집행행위의 매개 없이 그 자체로서 직접 국민의 구체적인 권리의무나 법률관계를 규율하는 성격을 가질 때에는 항고소송의 대상이 되는 행정처분에 해당한다.

해설 } ① 행정입법에는 대통령령, 총리령·부령, 대법원규칙, 헌법재판소규칙, 국회규칙, 중앙선거관리위원회규칙 등이 있다. 대통령령은 통상 시행령이라고 하고 총리령·부령은 시행규칙이라고 표현하는 경우가 많다.

② 감사원규칙에 대하여는 헌법에 근거가 없으며, 감사원법에 따라 제정된다. 따라서 헌법이 인정하고 있는 위임입법의 형식은 예시적인 것이다(99헌바91).

③ 집행명령은 상위법령의 구체적·개별적인 위임을 근거로 하는 것이 아니다. 집행명령은 상위법령의 시행을 위하여 구체적·세부적 또는 절차적·기술적 사항만을 규정하는 것이다. 집행명령도 법규명령이지만 국민의 권리·의무에 관한 사항을 정할 수 없다. 따라서 집행명령이 새로운 법규사항(국민의 권리·의무에 관한 사항)을 규정하였다면 그 집행명령은 위법한 명령이 되고 무효가 된다.

④ 법원이 법률 하위의 법규명령, 규칙, 조례, 행정규칙 등(이하 '규정'이라 한다)이 위헌·위법인지를 심사하려면 그것이 '재판의 전제'가 되어야 한다. 여기에서 '재판의 전제'란 구체적 사건이 법원에 계속 중이어야 하고, 위헌·위법인지가 문제 된 경우에는 규정의 특정 조항이 해당 소송사건의 재판에 적용되는 것이어야 하며, 그 조항이 위헌·위법인지에 따라 그 사건을 담당하는 법원이 다른 판단을 하게 되는 경우를 말한다. 따라서 법원이 구체적 규범통제를 통해 위헌·위법으로 선언할 심판대상은, 해당 규정의 전부가 불가분적으로 결합되어 있어 일부를 무효로 하는 경우 나머지 부분이 유지될 수 없는 결과를 가져오는 특별한 사정이 없는 한, 원칙적으로 해당 규정 중 재판의 전제성이 인정되는 조항에 한정된다(2017두33985).

⑤ 어떠한 고시가 일반적·추상적 성격을 가질 때에는 법규명령 또는 행정규칙에 해당할 것이지만, 다른 집행행위의 매개 없이 그 자체로서 직접 국민의 구체적인 권리의무나 법률관계를 규율하는 성격을 가질 때에는 행정처분에 해당한다(2005두2506).

07 법규명령의 통제에 관한 설명으로 옳지 않은 것은? (다툼이 있으면 판례에 따름) ^{2017년 제5회}

① 일반적 · 추상적인 법령이나 규칙은 항고소송의 대상이 될 수 없다.

② 행정부가 제정한 규칙이 별도의 집행행위를 기다리지 않고 직접 국민의 기본권을 침해하고 있는 경우에는 헌법소원의 대상이 된다.

③ 법규명령에 대하여는 국회도 직접적으로 통제할 수 있는 방법이 있다.

④ 법규명령에 대한 구체적 규범통제의 최종적 심사권은 헌법재판소에 전속한다.

⑤ 법규명령에 대한 국민의 통제수단으로는 여론 · 압력단체의 활동 등과 같은 간접적인 수단이 있다.

[해설] ③ 중앙행정기관의 장은 법률에서 위임한 사항이나 법률을 집행하기 위하여 필요한 사항을 규정한 대통령령 · 총리령 · 부령 · 훈령 · 예규 · 고시 등이 제정 · 개정 또는 폐지되었을 때에는 10일 이내에 이를 국회 소관 상임위원회에 제출하여야 한다. 다만, 대통령령의 경우에는 입법예고를 할 때에도 그 입법예고안을 10일 이내에 제출하여야 한다(국회법 제98조의2 제1항).

④ 명령 · 규칙 또는 처분이 헌법이나 법률에 위반되는 여부가 재판의 전제가 된 경우에는 대법원은 이를 최종적으로 심사할 권한을 가진다(헌법 제107조 제2항).

08 행정규칙에 관한 설명으로 옳은 것은? (다툼이 있으면 판례에 따름) ^{2017년 제5회}

① 행정규칙의 제정에는 일반적으로 법적 근거가 필요하지 않다.

② 대통령령으로 정한 제재적 처분기준은 행정규칙으로서의 성질을 가진다.

③ 행정절차법상 처분의 기준이 되는 재량준칙을 변경하는 경우 이를 공표할 필요가 없다.

④ 재량권 행사의 준칙인 행정규칙에 행정관행이 성립되어 있지 않더라도 행정기관은 그 준칙에 따라야 할 자기구속을 받게 된다.

⑤ 상급 행정기관은 감독권에 근거하여서는 하급 행정기관에 대한 행정규칙을 발할 수 없다.

[해설] ② 대통령령으로 정한 제재적 처분기준은 법규명령으로서의 성질을 갖는다.

③ 행정청은 필요한 처분기준을 해당 처분의 성질에 비추어 되도록 구체적으로 정하여 공표하여야 한다. 처분기준을 변경하는 경우에도 또한 같다(행정절차법 제20조 제1항).

④ 재량준칙이 되풀이 시행되어 행정관행이 성립한 경우 당해 재량준칙에 자기구속력을 인정한다(90헌마13).

⑤ 행정규칙은 상급 행정기관의 감독권에 근거해서 발할 수 있다.

09 행정규칙에 관한 설명으로 옳지 않은 것은? (다툼이 있으면 판례에 따름) 2015년 제3회

① 행정규칙은 원칙적으로 대외적 구속력이 없다.

② 재량준칙이 되풀이 시행되어 행정관행이 성립한 경우 당해 재량준칙에 자기구속력을 인정한다.

③ 행정규칙의 제정에는 법령의 수권을 요하지 않는다.

④ 행정규칙에서 정한 요건을 충족하지 않으면 그 처분은 절차상의 하자로 위법한 처분이 된다.

⑤ 행정규칙은 대외적인 행위가 아니라 행정조직 내부에서의 행위이므로 원칙상 헌법소원의 대상이 되는 공권력 행사가 아니다.

[해설] ①, ④ 행정규칙은 행정조직 내부에서 상급행정기관이 하급행정기관에 대하여 그 조직이나 업무처리의 절차·기준 등에 관하여 발하는 일반적·추상적 규정을 말한다. 그러므로 행정규칙의 외부적 효력, 즉 대외적 구속력은 원칙적으로 인정되지 않는다. 따라서 처분이 행정규칙에서 정한 요건을 충족하지 않아도 조직 내부의 징계사유가 될 수 있을 뿐, 절차상의 하자로 위법한 처분이 되는 것은 아니다.
② 재량권 행사의 준칙인 규칙이 그 정한 바에 따라 되풀이 시행되어 행정관행으로 성립하게 되면, 신뢰보호의 원칙이나 평등의 원칙 또는 자기구속의 원칙에 따라 간접적으로 대외적인 구속력을 가지게 된다.
③ 행정규칙은 법규가 아니므로 법적 근거가 필요하지 않다.

10 행정규칙에 관한 설명으로 옳지 않은 것은? (다툼이 있으면 판례에 따름) 2024년 제12회

① 행정규칙은 특별한 사정이 없는 한 대외적으로 국민이나 법원을 구속하는 효력이 없다.

② 처분이 행정규칙을 따른 것이면 적법성이 보장된다.

③ 처분이 행정규칙을 위반하였다고 해서 그러한 사정만으로 곧바로 위법하게 되는 것은 아니다.

④ 행정규칙에 따른 처분의 적법성 여부는 상위법령의 규정과 입법 목적 등에 적합한지 여부에 따라 판단해야 한다.

⑤ 행정규칙이 그 정한 바에 따라 되풀이 시행되어 행정관행이 이루어지게 되면 행정기관은 그 상대방에 대한 관계에서 그 규칙에 따라야 할 자기구속을 받게 된다.

[해설] ①, ②, ④ 제재적 행정처분의 기준이 부령의 형식으로 규정되어 있더라도 그것은 행정청 내부의 사무처리준칙을 정한 것에 지나지 아니하여 대외적으로 국민이나 법원을 기속하는 효력이 없고, 당해 처분의 적법 여부는 위 처분기준만이 아니라 관계 법령의 규정 내용과 취지에 따라 판단되어야 하므로, 위 처분기준에 적합하다 하여 곧바로 당해 처분이 적법한 것이라고 할 수는 없다(2007두6946).

11 고시(告示)에 관한 설명으로 옳지 않은 것은? (다툼이 있으면 판례에 따름) 2017년 제5회

① 고시가 국민의 기본권을 제한하는 내용을 담고 있어 상위법령과 결합하여 대외적 구속력을 가질 때에는 법규명령으로서의 성격을 가진다.

② 고시가 구체적인 규율의 성격을 갖더라도 행정처분에 해당하지 않는다.

③ 고시가 집행행위의 매개 없이 그 자체로서 직접 국민의 구체적인 권리의무를 규율할 때에는 항고소송의 대상이 된다.

④ 고시와 같은 형식으로 입법위임을 할 때에는 법령이 전문적·기술적 사항이나 경미한 사항으로서 업무의 성질상 위임이 불가피한 사항에 한정된다.

⑤ 고시의 규정 내용이 법령의 위임 범위를 벗어난 경우에는 대외적 구속력을 인정할 여지는 없다.

[해설] ② 고시 또는 공고의 법적 성질은 일률적으로 판단될 것이 아니라 고시에 담겨진 내용에 따라 구체적인 경우마다 다르게 결정된다고 보아야 한다. 즉, 고시가 일반·추상적 성격을 가질 때는 법규명령 또는 행정규칙에 해당하지만, 고시가 구체적인 규율의 성격을 갖는다면 행정처분에 해당한다.

12 행정입법에 관한 설명으로 옳은 것은? (다툼이 있는 경우에는 판례에 의함) 2013년 제1회

① 행정소송에 대한 대법원 판결에 의하여 법규명령의 위헌 또는 위법이 확정된 경우에는 대법원은 지체 없이 그 사유를 행정안전부장관에게 통보하여야 한다.

② 범죄구성요건을 포괄적·추상적으로 법규명령에 위임하는 것도 가능하다.

③ 시행령으로 정한 제재적 처분기준은 행정규칙으로서의 성질을 가진다.

④ 상위법령이 개정된 경우 종전의 집행명령은 당연히 실효된다.

⑤ 행정규칙은 법률의 수권이 있는 경우에만 제정할 수 있다.

[해설] ① 행정소송에 대한 대법원 판결에 의하여 명령·규칙이 헌법 또는 법률에 위반된다는 것이 확정된 경우에는 대법원은 지체 없이 그 사유를 행정안전부장관에게 통보하여야 한다. 통보를 받은 행정안전부장관은 지체 없이 이를 관보에 게재하여야 한다.
② 처벌법규의 위임은 첫째, 긴급한 필요나 미리 법률로써 자세히 정할 수 없는 부득이한 사정이 있는 경우에 한정되어야 하고, 둘째, 이러한 경우일지라도 법률에서 범죄의 구성요건은 처벌대상행위가 어떠한 것이라고 이를 예측할 수 있을 정도로 구체적으로 정하여야 하며, 셋째, 형벌의 종류 및 그 상한과 폭을 명백히 규정하여야 한다(91헌가4).
③ 부령의 형식으로 규정된 행정규칙에 대해서는 원칙적으로 행정규칙으로 보며, 대통령령의 형식으로 규정된 행정규칙의 경우 법규명령으로 본다.
④ 집행명령의 상위법령이 개정됨에 그친 경우에는 개정법령과 성질상 모순·저촉되지 아니하고 개정된 상위법령의 시행에 필요한 사항을 규정하고 있는 이상, 그 집행명령은 상위법령의 개정에도 불구하고 당연히 실효되지 아니하고 개정법령의 시행을 위한 집행명령이 제정, 발효될 때까지는 여전히 그 효력을 유지한다(88누6962).
⑤ 행정규칙은 법규가 아니므로 법적 근거가 필요하지 않다.

Answer 9. ④ 10. ② 11. ② 12. ①

13 행정입법에 관한 설명으로 옳지 않은 것은? (다툼이 있으면 판례에 따름) 2021년 제9회

① 재량준칙은 일반적으로 행정조직 내부에서만 효력을 가질 뿐 대외적인 구속력을 갖는 것은 아니다.

② 재량권 행사의 준칙인 행정규칙이 정한 바에 따라 되풀이 시행되어 행정관행이 형성되어 행정기관이 그 상대방에 대한 관계에서 그 규칙에 따라야 할 자기구속을 당하게 되는 경우에는 헌법소원의 대상이 될 수 있다.

③ 법원이 구체적 규범통제를 통해 위헌·위법으로 선언할 심판대상은 원칙적으로 해당 규정 전체이고, 재판의 전제성이 인정되는 조항에 한정되지 않는다.

④ 헌법이 인정하고 있는 위임입법의 형식은 예시적인 것으로 보아야 한다.

⑤ 보건복지부 고시인 약제급여·비급여목록 및 급여상한금액표에 대해서는 취소소송으로 다툴 수 있다.

[해설] ① 행정규칙은 행정조직 내부에서 상급행정기관이 하급행정기관에 대하여 그 조직이나 업무처리의 절차·기준 등에 관하여 발하는 일반적·추상적 규정을 말한다. 따라서 행정규칙의 외부적 효력, 즉 대외적 구속력은 원칙적으로 인정되지 않는다.
② 행정규칙이 법령의 규정에 의하여 행정관청에 법령의 구체적인 내용을 보충할 권한을 부여한 경우 또는 재량권행사의 준칙인 행정규칙이 그 정한 바에 따라 되풀이 시행되어 행정관행이 성립되어 평등원칙이나 신뢰보호의 원칙에 따라 행정기관이 그 상대방에 대한 관계에서 그 규칙에 따라야 할 자기구속을 당하게 되는 경우에는 대외적인 구속력을 갖게 되어 헌법소원의 대상이 될 수도 있다(2004헌마49).
③ 법원이 구체적 규범통제를 통해 위헌·위법으로 선언할 심판대상은, 해당 규정의 전부가 불가분적으로 결합되어 있어 일부를 무효로 하는 경우 나머지 부분이 유지될 수 없는 결과를 가져오는 특별한 사정이 없는 한, 원칙적으로 해당 규정 중 재판의 전제성이 인정되는 조항에 한정된다(2017두33985).
④ 헌법이 인정하고 있는 위임입법의 형식은 예시적인 것이다(99헌바91).
⑤ 보건복지부 고시인 약제급여·비급여목록 및 급여상한금액표는 다른 집행행위의 매개 없이 그 자체로서 국민건강보험가입자, 국민건강보험공단, 요양기관 등의 법률관계를 직접 규율하는 성격을 가지므로 항고소송의 대상이 되는 행정처분에 해당한다(2005두2506).

14 행정입법에 관한 설명으로 옳지 않은 것은? (다툼이 있으면 판례에 따름)

① 위임의 근거가 없어 무효인 법규명령도 나중에 법개정으로 위임의 근거가 부여되면 그때부터 유효한 법규명령으로 볼 수 있다.

② 법령상 대통령령으로 규정하도록 되어 있는 사항을 부령으로 정하더라도 그 부령은 무효이다.

③ 조례에 대한 법률의 위임은 구체적으로 범위를 정하여 위임하여야 하며 포괄적 위임은 금지된다.

④ 성질상 위임이 불가피한 전문적·기술적 사항에 관하여 구체적으로 범위를 정하여 법령에서 위임하였다면 고시 등으로는 규제의 세부적인 내용을 정할 수 있다.

⑤ 법령의 위임이 없음에도 법령에 규정된 처분요건에 해당하는 사항을 부령에서 변경하여 규정한 경우에는 그 부령의 규정은 행정청 내부의 사무처리기준 등을 정한 것으로서 행정조직 내에서 적용되는 행정명령의 성격을 지닌다.

해설 ③ 조례에 대한 법률의 위임은 법규명령에 대한 법률의 위임과 같이 반드시 구체적으로 범위를 정하여야 할 필요는 없으며 포괄적 위임으로 가능하다.

15 법규명령에 대한 설명 중 옳지 않은 것은?

① 법령의 위임관계는 반드시 하위법령의 개별조항에서 위임의 근거가 되는 상위법령의 해당 조항을 구체적으로 명시하고 있어야만 하는 것은 아니다.

② 국회전속적 입법사항은 원칙적으로 법률에 의하여 규정되어야 하나, 이러한 경우에도 입법자가 세부적 사항은 법률에서 구체적으로 범위를 정하여 법규명령에 위임할 수 있다.

③ 법규명령 중 위임명령은 원칙적으로 법률이나 상위명령에 개별적인 수권규범이 있는 경우만 가능하다.

④ 행정의 효율성을 도모하기 위해 법률에서 위임받은 사항을 전혀 규정하지 않고 하위의 법규명령에 재위임하는 것도 가능하다.

⑤ 형벌규정의 위임은 구성요건을 예측할 수 있도록 구체적으로 정하고 형벌의 종류의 상한과 폭 등을 명확히 규정하는 것을 전제로 위임입법이 허용된다.

해설 ④ 법률에서 위임받은 사항을 하위법령에 재위임하는 것도 가능하다. 그러나 법률에서 위임받은 사항을 전혀 규정하지 않고 하위의 법규명령에 그 전부를 재위임하는 것은 허용되지 않는다.

Answer 13. ③ 14. ③ 15. ④

16 위임명령의 한계에 대한 설명으로 옳지 않은 것은? (다툼이 있는 경우 판례에 의함)

① 법률이 공법적 단체 등의 정관에 자치법적 사항을 위임한 경우에는 포괄적인 위임입법의 금지는 원칙적으로 적용되지 않지만, 그 사항이 국민의 권리·의무에 관련되는 것일 경우에는 적어도 국민의 권리·의무에 관한 기본적이고 본질적인 사항은 국회가 정하여야 한다.

② 구 토지초과이득세법상의 기준시가를 법률에 규정하지 않고 하위 법령에 위임한 것은 헌법 제75조에 위반하는 것은 아니다.

③ 법률에서 위임받은 사항에 관하여 대강을 정하고 그중의 특정 사항을 범위를 정하여 하위법령에 다시 위임하는 경우에는 재위임이 허용된다. 이러한 법리는 조례가 지방자치법에 따라 주민의 권리 제한 또는 의무 부과에 관한 사항을 법률로부터 위임받은 후, 이를 다시 지방자치단체장이 정하는 '규칙'이나 '고시' 등에 재위임하는 경우에도 마찬가지이다.

④ 법률의 시행령이나 시행규칙의 내용이 모법 조합의 취지에 근거하여 이를 구체화하기 위한 것인 때에는 모법의 규율 범위를 벗어난 것으로 볼 수 없다. 이러한 경우에는 모법에 이에 관하여 직접 위임하는 규정을 두지 않았다고 하여도 이를 무효라고 볼 수 없다.

⑤ 처벌법규나 조세법규는 다른 법규보다 구체성과 명확성의 요구가 강화되어야 한다.

해설 ② 헌법재판소는 구 토지초과이득세법상의 기준시가는 국민의 납세의무의 성부(成否) 및 범위와 직접적인 관계를 가지고 있는 중요한 사항임에도 불구하고 해당 내용을 법률에 규정하지 않고 하위 법령에 위임한 것은 헌법 제75조에 반한다고 판단하였다(92헌바49).

17 행정입법에 대한 설명으로 옳은 것은? (다툼이 있는 경우 판례에 의함)

① 행정규칙도 행정작용의 하나이므로 하자가 있으면 하자의 정도에 따라 무효 또는 취소할 수 있는 행정규칙이 된다.

② 상급행정기관이 하급행정기관에 대하여 업무처리지침이나 법령의 해석적용에 관한 기준을 정하여 발하는 행정규칙은 대외적인 구속력을 갖는다.

③ 행정규칙은 법령의 수권에 의하여 법령을 보충하는 사항을 정하는 경우에도 법규명령으로서의 성질과 효력을 갖지 못한다.

④ 위임명령이 구법에 위임의 근거가 없어 무효였다면 사후에 법개정으로 위임의 근거가 부여되더라도 유효로 되지 않는다.

⑤ 다양한 사실관계를 규율하거나 사실관계가 수시로 변화될 것이 예상되는 분야에서는 다른 분야에 비하여 상대적으로 입법위임의 명확성·구체성이 완화된다.

[해설] ① 행정규칙의 내용이 상위법령에 반하는 것이라면 법치국가원리에서 파생되는 법질서의 통일성과 모순금지원칙에 따라 그것은 법질서상 당연무효이고, 행정내부적 효력도 인정될 수 없다(2013두20011).

▌비교▌ 하자가 있는 행정행위는 하자의 정도에 따라 무효 또는 취소이다.

② 상급행정기관이 하급행정기관에 대하여 업무처리지침이나 법령의 해석적용에 관한 기준을 정하여 발하는 행정규칙은 일반적으로 행정조직 내부에서만 효력을 가질 뿐 대외적인 구속력을 갖는 것은 아니다.

③ 상위법령의 위임에 의하여 정하여진 행정규칙은 위임한계를 벗어나지 아니하는 한 그 상위법령의 규정과 결합하여 대외적인 구속력이 있는 법규명령으로서의 효력을 갖게 된다.

④ 법률의 위임에 근거하여 효력을 갖는 법규명령의 경우 구법에 위임의 근거가 없어 무효였더라도 사후에 법개정으로 위임의 근거가 부여되면 그때부터는 유효한 위임명령이 된다.

18 대외적 구속력을 인정할 수 없는 경우만을 모두 고르면? (다툼이 있는 경우 판례에 의함)

> ㉠ 운전면허에 관한 제재적 행정처분의 기준이 도로교통법 시행규칙 [별표]에 규정되어 있는 경우
> ㉡ 행정각부의 장이 정하는 특정 고시가 비록 법령에 근거를 둔 것이더라도 규정내용이 법령의 위임범위를 벗어난 것일 경우
> ㉢ 상위법령에서 세부사항 등을 시행규칙으로 정하도록 위임하였음에도 이를 고시 등 행정규칙으로 정한 경우
> ㉣ 상위법령의 위임이 없음에도 상위법령에 규정된 처분요건에 해당하는 사항을 하위부령에서 변경하여 규정하는 경우

① ㉠, ㉡
② ㉡, ㉢
③ ㉠, ㉡, ㉢
④ ㉠, ㉡, ㉢, ㉣
⑤ ㉠, ㉡, ㉣

[해설] ㉠ 시행규칙에 규정한 행정처분의 기준은 행정규칙에 해당한다.
㉡ 규정내용이 법령의 위임범위를 벗어난 것일 경우에는 대외적 구속력을 인정할 수 없다.
㉢ 시행규칙으로 정하도록 위임하였음에도 이를 고시 등 행정규칙으로 정한 경우에는 법령의 위임범위를 벗어난 것이므로 대외적 구속력을 인정할 수 없다.
㉣ 상위법령의 위임이 없음에도 상위법령에 규정된 처분요건에 해당하는 사항을 하위부령에서 변경하여 규정하는 경우에는 그 부령의 규정은 행정규칙에 해당한다.

Answer 16. ② 17. ⑤ 18. ④

19 행정입법에 대한 설명으로 옳지 않은 것은? (다툼이 있는 경우 판례에 의함)

① 고시가 법령의 규정을 보충하는 기능을 가지면서 그와 결합하여 대외적인 구속력이 있는 법규명령으로서의 효력을 가지는 경우에도 그 자체가 법령은 아니고 행정규칙에 지나지 않으므로 적당한 방법으로 이를 일반인 또는 관계인에게 표시 또는 통보함으로써 그 효력이 발생한다.

② 법령의 위임이 없음에도 법령에 규정된 처분요건에 해당하는 사항을 부령에서 변경하여 규정한 경우에 처분의 적법 여부는 그러한 부령에서 정한 요건을 기준으로 판단하여야 한다.

③ 제재적 행정처분의 기준이 부령의 형식으로 규정되어 있는 경우 그러한 처분기준에 적합하다 하여 곧바로 당해 처분이 적법한 것이라고 할 수는 없다.

④ 행정규칙이 이를 정한 행정기관의 재량에 속하는 사항에 관한 것인 때에는 그 규정내용이 객관적 합리성을 결여하였다는 등의 특별한 사정이 없는 한 법원은 이를 존중하는 것이 바람직하다.

⑤ 법률의 시행령이 형사처벌에 관한 사항을 규정하면서 법률의 명시적인 위임범위를 벗어나 처분의 대상을 확장하는 것은 위임입법의 한계를 벗어난 것으로 그 시행령은 무효이다.

해설 ② 법령의 위임이 없음에도 법령에 규정된 처분요건에 해당하는 사항을 부령에서 변경하여 규정한 경우 그 부령은 대외적 구속력이 없는 행정규칙에 해당한다. 따라서 처분의 적법 여부는 그러한 법령에서 정한 요건을 기준으로 판단하여야 한다.

20 행정입법에 대한 설명으로 옳지 않은 것은? (다툼이 있는 경우 판례에 의함)

① 대통령령을 제정하려면 국무회의의 심의와 법제처의 심사를 거쳐야 한다.

② 처분적 법규명령은 무효등확인소송 또는 취소소송의 대상이 된다.

③ 대법원 이외의 각급법원도 구체적 규범통제의 방법으로 법규명령 조항에 대한 위헌·위법 판단을 할 수 있다.

④ 총리령·부령을 제정하는 경우 대통령령의 경우와 같이 국무회의 심의를 거쳐야 한다.

⑤ 법령의 규정이 특정 행정기관에게 법령 내용의 구체적 사항을 정할 수 있는 권한을 부여하면서 권한 행사의 절차나 방법을 특정하지 아니한 경우에는 수임행정기관은 행정규칙으로 법령 내용이 될 사항을 구체적으로 정할 수 있다.

해설 ③ 각급 법원도 구체적 규범통제의 방법으로 법규명령 조항에 대한 위헌·위법판단을 할 수 있으며, 그 각급 법원의 판단에 대한 최종적인 심사권은 대법원이 갖는다.
④ 총리령·부령의 제정 절차에서는 대통령령의 경우와는 달리 국무회의 심의는 거치지 않아도 된다.

21 다음 설명 중 옳지 않은 것은? (다툼이 있으면 판례에 따름)

① 법원이 법률 하위의 법규명령이 위헌·위법인지를 심사하려면 그것이 재판의 전제가 되어야 하는데, 여기에서 재판의 전제란 구체적 사건이 법원에 계속 중이어야 하고, 위헌·위법인지가 문제 된 경우에는 그 법규명령의 특정 조항이 해당 소송사건의 재판에 적용되는 것이어야 하며, 그 조항이 위헌·위법인지에 따라 그 사건을 담당하는 법원이 다른 판단을 하게 되는 경우를 말한다.

② 명령 등의 헌법이나 법률에 위반되어 대법원에서 무효라고 선언하여도 당해 사건에만 적용이 배제될 뿐 형식적으로는 존재하므로 판결 확정 후 대법원은 행정안전부장관에게 통보하도록 하고 있다.

③ 법원이 구체적 규범통제를 통해 위헌·위법으로 선언할 심판대상은, 해당 규정의 전부가 불가분적으로 결합되어 있어 일부를 무효로 하는 경우 나머지 부분이 유지될 수 없는 결과를 가져오는 특별한 사정이 없는 한, 원칙적으로 해당 규정 중 재판의 전제성이 인정되는 조항에 해당된다.

④ 대법원은 교육부장관이 내신성적산정지침을 시·도 교육감에게 통보한 것은 행정조직 내부에서 내신성적평가에 관한 심사기준을 시달한 것에 불과하다고 보아 위 지침을 행정처분으로 볼 수 없다고 판단하였다.

⑤ 국립대학교의 대학입학고사 주요요강은 공권력의 행사로서 행정쟁송의 대상이 될 수 있는 행청처분이다.

[해설] ⑤ 국립대학교의 대학입학고사 주요 요강은 법적 효력이 없는 행정계획안이어서 사실상 준비행위에 불과할 뿐이므로 행정처분이 아니다. 다만, 그 내용이 국민의 기본권에 직접 영향을 끼치는 내용이고 앞으로 법령의 뒷받침에 의하여 그대로 실시될 것이 틀림없을 것으로 예상되어 그로 인하여 직접적으로 기본권 침해를 받게 되는 사람에게는 사실상의 규범작용으로 인한 위험성이 이미 현실적으로 발생하였다고 보아야 할 것이므로 이는 헌법소원의 대상이 되는 헌법재판소법 제68조 제1항 소정의 공권력의 행사에 해당한다(92헌마68).

22 다음 설명 중 옳지 않은 것은? (다툼이 있으면 판례에 따름)

① 대법원은 재량준칙이 되풀이 시행되어 행정관행이 성립된 경우에는 당해 재량준칙에 자기구속력을 인정한다. 따라서 당해 재량준칙에 반하는 처분은 법규범인 당해 재량준칙을 직접 위반한 것으로서 위법한 처분이 된다고 한다.

② 법률의 시행령 내용이 모법 조항의 취지에 근거하여 이를 구체화하기 위한 것인 때에는 모법에 직접 위임하는 규정을 두지 않았더라도 이를 무효라고 볼 수 없다.

③ 대통령령의 입법부작위에 대한 국가배상책임을 인정할 수 있다.

④ 법규명령의 위임근거가 되는 법률에 대하여 위헌결정이 선고되면, 그 위임에 근거하여 제정된 법규명령은 별도의 폐지행위가 없어도 효력을 상실한다.

⑤ 항정신병 치료제의 요양급여 인정기준에 관한 보건복지부고시가 다른 집행행위의 매개 없이 그 자체로서 직접 국민의 구체적인 권리·의무와 법률관계를 규율하는 성격을 가질 때에는 항고소송의 대상이 되는 행정처분에 해당한다.

해설 ① 자기구속력이 인정되는 재량준칙에 반하는 처분은 법규범인 당해 재량준칙을 직접 위반한 이유로 위법한 처분이 되는 것이 아니라 자기구속력의 근거인 평등원칙이나 신뢰보호원칙을 위반하여 위법한 처분이 되는 것이다.

23 재량행위와 기속행위에 관한 설명으로 옳은 것은? (다툼이 있으면 판례에 따름) 2021년 제9회

① 공유수면 관리 및 매립에 관한 법률상 공유수면 점용허가는 기속행위이다.

② 재외동포에 대한 사증발급과 관련한 재량권 불행사는 그 자체로 재량권 일탈·남용에 해당하지 않으므로 해당 처분을 취소하여야 할 위법사유가 되지 않는다.

③ 국토의 계획 및 이용에 관한 법률에 의하여 지정된 도시지역 안에서 토지의 형질변경 행위를 수반하는 건축허가의 법적 성질은 기속행위이다.

④ 법령상 감경사유가 있는 경우 이를 전혀 고려하지 않은 과징금 부과처분은 위법하다.

⑤ 행정청이 제재처분 양정을 하면서 이익형량을 하였다면 그 양정에 정당성·객관성이 결여된 경우라도 위법은 아니다.

[해설] ① 공유수면 관리 및 매립에 관한 법률상 공유수면점용허가는 특허에 해당하므로 원칙적으로 재량행위이다.

② 행정청의 재량권 불행사는 그 자체로 재량권 일탈·남용에 해당한다.

③ 도시지역 안에서 토지의 형질변경행위를 수반하는 건축허가는 토지의 형질변경허가의 성질을 아울러 갖는 것으로 보아야 할 것이고, 토지의 형질변경허가는 그 금지요건이 불확정개념으로 규정되어 있어 그 금지요건에 해당하는지 여부를 판단함에 있어서 행정청에게 재량권이 부여되어 있다고 할 것이므로, 토지의 형질변경행위를 수반하는 건축허가는 결국 재량행위에 속한다(2004두6181).

④ 과징금 감경사유가 있음에도, 과징금 부과 관청이 과징금을 산정하면서 이를 전혀 고려하지 않았거나 감경사유에 해당하지 않는다고 오인하여 과징금 전액을 부과한 것으로 보이므로, 위 과징금 부과처분은 재량권을 일탈·남용한 위법한 처분이다(2010두7031).

⑤ 행정청이 제재처분 양정을 하면서 공익과 사익의 형량을 전혀 하지 않았거나 이익형량의 고려대상에 마땅히 포함하여야 할 사항을 누락한 경우 또는 이익형량을 하였으나 정당성·객관성이 결여된 경우에는 제재처분은 재량권을 일탈·남용한 것이라고 보아야 한다(2019두52980).

24 의사표시를 구성요소로 하는가에 따라 행정행위를 분류할 때 성질이 다른 하나는? 2018년 제6회

① 면제　　　　　　　② 특허
③ 확인　　　　　　　④ 인가
⑤ 대리

[해설] 행정행위는 그 내용에 따라 법률행위적 행정행위와 준법률행위적 행정행위로 구분한다. 법률행위적 행정행위에는 명령적 행정행위(하명, 허가, 면제)와 형성적 행정행위(특허, 인가, 대리)가 있으며 준법률행위적 행정행위에는 공증, 통지, 수리, 확인이 있다.

Answer　22. ① 23. ④ 24. ③

25 **강학상 허가에 관한 설명으로 옳지 않은 것은? (다툼이 있으면 판례에 따름)** 2019년 제7회

① 반드시 신청을 전제로 하는 것은 아니다.

② 건축허가는 대물적 성질을 갖는 것이어서 그 허가를 할 때에 인적 요소에 관해서는 형식적 심사만 한다.

③ 허가에 붙은 기한이 그 허가된 사업의 성질상 부당하게 짧은 경우에는 그 허가조건의 존속기간으로 보아야 한다.

④ 허가신청 후 처분 전에 관계법령이 개정되었다면 원칙적으로 개정된 법령에 따라 허가 여부를 결정하여야 한다.

⑤ 타법상의 인·허가가 의제되는 허가를 하는 경우, 행정청은 타법상의 인·허가 요건에 대한 심사 없이 허가처분을 할 수 있다.

[해설] ① 허가는 상대방의 신청에 따라 행하여지는 것이 보통이나, 예외적으로 신청에 의하지 아니하는 허가도 있다(통행금지해제).
③ 허가에 붙은 기한이 그 허가된 사업의 성질상 부당하게 짧은 경우에는 그 기한을 허가 자체의 존속기한이 아니라 허가조건의 존속기한으로 보아야 한다.
④ 당사자의 신청에 따른 처분은 법령등에 특별한 규정이 있거나 처분 당시의 법령등을 적용하기 곤란한 특별한 사정이 있는 경우를 제외하고는 처분 당시의 법령등에 따른다(행정기본법 제14조 제2항).
⑤ 타법상의 인·허가가 의제되는 허가를 하는 경우, 행정청은 타법상의 인·허가 요건에 대하여도 심사를 한 후 허가처분을 할 수 있다.

26 **허가에 관한 설명으로 옳은 것은? (다툼이 있으면 판례에 따름)** 2015년 제3회

① 허가권자는 중대한 공익상의 필요가 없는데도 관계 법령에서 정한 제한사유 이외의 사유를 들어 적법한 건축허가 신청을 거부할 수 없다.

② 허가는 반드시 신청을 전제로 한다.

③ 허가의 취소사유가 발생하면 취소가 가능하지만 일부취소는 불가능하다.

④ 허가가 있으면 당해 허가의 대상이 된 행위에 대한 금지가 해제될 뿐만 아니라 타법에 의한 금지까지 해제된다.

⑤ 인·허가의제 효과를 수반하는 건축신고는 수리를 요하는 신고에 해당하지 않는다.

[해설] ① 주유소 설치허가권자가 공익상 필요가 없음에도 불구하고 관계 법규에서 정하는 제한사유 이외의 사유를 들어 그 허가신청을 거부할 수 없다(96누5292).
② 허가는 상대방의 신청에 따라 행하여지는 것이 보통이나, 예외적으로 신청에 의하지 아니하는 허가도 있다(통행금지해제). 또한 신청과 다른 내용의 허가(수정허가)도 가능하다.
③ 행위의 일부에만 취소사유가 있고 그 행위가 가분적일 때는 일부취소가 가능하다.

④ 허가는 특정 법령상의 금지를 해제하여 주는 효과밖에 없으므로 특별한 규정이 없는 한 다른 법령상의 금지까지 해제하는 것은 아니다. 예컨대 공장건축허가를 받더라도 건축예정토지의 농지전용금지까지 해제하여 준 것은 아니다.

⑤ 건축법에서 인·허가의제 제도를 둔 취지는, 인·허가의제사항과 관련하여 건축허가 또는 건축신고의 관할 행정청으로 그 창구를 단일화하고 절차를 간소화하며 비용과 시간을 절감함으로써 국민의 권익을 보호하려는 것이지, 인·허가의제사항 관련 법률에 따른 각각의 인·허가 요건에 관한 일체의 심사를 배제하려는 것으로 보기는 어렵다. 왜냐하면, 건축법과 인·허가의제사항 관련 법률은 각기 고유한 목적이 있고, 건축신고와 인·허가의제사항도 각각 별개의 제도적 취지가 있으며 그 요건 또한 달리하기 때문이다. 따라서 인·허가의제 효과를 수반하는 건축신고는 일반적인 건축신고와는 달리, 특별한 사정이 없는 한 행정청이 그 실체적 요건에 관한 심사를 한 후 수리하여야 하는 이른바 '수리를 요하는 신고'로 보는 것이 옳다(2010두14954 전원합의체).

27 甲은 건축물을 신축하기 위하여 허가청인 A에게 건축허가(주된 허가)를 신청하였다. 甲은 건축허가를 신청하면서 산지전용허가도 받고자 하는데, 건축법상 甲이 건축허가를 받으면 산지관리법에 따른 산지전용허가(관련 허가)를 받은 것으로 의제된다. 이에 관한 설명으로 옳지 않은 것은? (단, 관련 허가의 허가청은 B임) 2024년 제12회

① 甲은 건축허가를 A에게 신청하면서 산지전용허가에 필요한 서류를 함께 제출하여야 한다.
② A는 건축허가를 하기 전에 산지전용허가에 관하여 미리 B와 협의하여야 한다.
③ B는 산지전용허가에 관한 법령을 위반하여 협의에 응해서는 아니 된다.
④ A와 B 사이에 협의가 되면 건축허가와 산지전용허가를 모두 받은 것으로 본다.
⑤ 산지전용허가가 의제된 경우 B는 산지전용허가를 직접 한 것으로 보아 관계 법령에 따른 관리·감독 등 필요한 조치를 하여야 한다.

해설 ① 인허가의제를 받으려면 주된 인허가를 신청할 때 관련 인허가에 필요한 서류를 함께 제출하여야 한다. 다만, 불가피한 사유로 함께 제출할 수 없는 경우에는 주된 인허가 행정청이 별도로 정하는 기한까지 제출할 수 있다(행정기본법 제24조 제2항).
② 주된 인허가 행정청은 주된 인허가를 하기 전에 관련 인허가에 관하여 미리 관련 인허가 행정청과 협의하여야 한다(행정기본법 제24조 제3항).
③ 협의를 요청받은 관련 인허가 행정청은 해당 법령을 위반하여 협의에 응해서는 아니 된다. 다만, 관련 인허가에 필요한 심의, 의견 청취 등 절차에 관하여는 법률에 인허가의제 시에도 해당 절차를 거친다는 명시적인 규정이 있는 경우에만 이를 거친다(행정기본법 제24조 제5항).
④ 협의가 된 사항에 대해서는 주된 인허가를 받았을 때 관련 인허가를 받은 것으로 본다(행정기본법 제25조 제1항). 따라서 협의만으로 건축허가와 산지전용허가를 모두 받은 것으로 볼 수는 없고, 실제 건축허가가 있어야 관련 산지전용허가도 받은 것으로 의제된다.
⑤ 인허가의제의 경우 관련 인허가 행정청은 관련 인허가를 직접 한 것으로 보아 관계 법령에 따른 관리·감독 등 필요한 조치를 하여야 한다(행정기본법 제26조 제1항).

Answer 25. ⑤ 26. ① 27. ④

28 형성적 행정행위에 해당하는 것을 모두 고른 것은? 2019년 제7회

> ㉠ 사인에게 권리를 설정해 주는 행위
> ㉡ 작위의무를 명하는 행위
> ㉢ 포괄적 법률관계를 설정하는 행위
> ㉣ 행정청이 타인의 법률행위를 보충하여 그 효력을 완성시켜 주는 행위
> ㉤ 제3자가 해야 할 행위를 행정기관이 대신하여 행함으로써 제3자가 행한 것과 같은 효과를 발생시키는 행위

① ㉠, ㉡, ㉤   ② ㉠, ㉢, ㉣   ③ ㉠, ㉢, ㉣, ㉤
④ ㉡, ㉢, ㉣, ㉤   ⑤ ㉠, ㉡, ㉢, ㉣, ㉤

해설 형성적 행정행위에 특허, 인가, 대리가 있다.
㉠ 사인에게 권리를 설정해 주는 행위는 특허에 해당한다.
㉡ 작위의무를 명하는 행위는 하명에 해당한다.
㉢ 포괄적 법률관계를 설정하는 행위는 특허에 해당한다.
㉣ 행정청이 타인의 법률행위를 보충하여 그 효력을 완성시켜 주는 행위는 인가에 해당한다.
㉤ 제3자가 해야 할 행위를 행정기관이 대신하여 행함으로써 제3자가 행한 것과 같은 효과를 발생시키는 행위는 대리에 해당한다.

권리 설정 행위	• 공기업특허(자동차운수사업, 전기공급사업, 도시가스공급사업, 보세구역의 설치·영업) • 공물사용권의 특허(도로점용허가, 하천점용허가, 공유수면점용허가) • 공유수면매립면허 • 광업허가, 어업면허 • 마을버스운송사업면허, 개인택시운송사업면허
능력 설정 행위	주택재건축조합설립인가, 공증인 인가·임명처분, 토지수용을 위한 사업인정
법적 지위 설정 행위	공무원임용, 귀화허가, 출입국관리법상 체류자격변경허가

29 강학상 인가에 해당하는 것은? (다툼이 있으면 판례에 따름) 2016년 제4회

① 공유수면 매립면허   ② 재단법인 정관변경허가   ③ 하천점용허가
④ 어업면허   ⑤ 발명특허

해설 인가는 제3자의 법률행위를 보충하여 그 법률적 효과를 완성시켜 주는 행정행위이다.
재단법인의 정관변경허가, 자동차정비조합설립인가, 주택재건축사업시행인가, 사립학교법인 이사취임승인처분, 토지거래계약 허가 등이 인가에 해당한다.
① 공유수면매립면허, ③ 하천점용허가, ④ 어업면허는 특허에 해당한다.
⑤ 발명특허는 확인에 해당한다.

PART 02

30 재단법인의 정관변경 허가에 관한 다음의 판결 내용에서 (   ) 안에 들어갈 행정행위의 유형은?

> 민법에서 말하는 재단법인의 정관변경 "허가"는 법률상의 표현이 허가로 되어 있기는 하나, 그 성질에 있어 법률행위의 효력을 보충해 주는 것이지 일반적 금지를 해제하는 것이 아니므로, 그 법적 성격은 (   )(이)라고 보아야 한다.

① 하명　　　　② 면제　　　　③ 특허
④ 인가　　　　⑤ 대리

[해설] 재단법인의 정관변경허가는 인가에 해당한다.

31 강학상 인가에 해당하는 것은? (다툼이 있으면 판례에 따름) 2022년 제10회
① 부동산 거래신고 등에 관한 법률상 외국인 등의 토지거래허가
② 공유수면매립면허
③ 보세구역의 설영특허
④ 법무부장관의 공증 인가
⑤ 자동차운전면허대장상의 등재행위

[해설] ① 부동산 거래신고 등에 관한 법률상 외국인 등의 토지거래허가는 인가에 해당한다.
② 공유수면매립면허, ③ 보세구역의 설영특허, ④ 법무부장관의 공증 인가는 특허에 해당한다.
⑤ 자동차운전면허대장상의 등재행위는 공증에 해당한다.

Answer   28. ③   29. ②   30. ④   31. ①

32 인가에 관한 설명으로 옳은 것을 모두 고른 것은? (다툼이 있으면 판례에 따름) 2017년 제5회

> ㉠ 행정청이 타인의 법률적 행위를 보충하여 그 법률적 효력을 완성시켜 주는 행정행위를 말한다.
> ㉡ 사립학교법인의 임원에 대한 취임승인행위는 인가에 해당한다.
> ㉢ 인가는 공법상의 행정처분이다.
> ㉣ 무효인 기본행위를 인가한 경우 그 기본행위는 유효한 행위로 전환된다.

① ㉠, ㉡

② ㉢, ㉣

③ ㉠, ㉡, ㉢

④ ㉡, ㉢, ㉣

⑤ ㉠, ㉡, ㉢, ㉣

[해설] ㉣ 기본행위가 성립하지 않거나 무효인 경우에는 인가가 있어도 그 인가는 무효이며, 기본행위도 유효한 행위로 전환되지 않는다.

❖ 인가와 기본적 법률행위의 효력관계

1. 기본행위에 하자가 있으나 인가는 적법한 경우
   ① 기본행위가 불성립 또는 무효인 경우에 인가가 있었다 하더라도 그 기본행위가 유효로 되는 것은 아니며, 인가도 무효로 된다.
   ② 인가의 대상인 법률행위에 취소원인이 있는 경우, 인가 후에도 그 기본행위를 취소할 수 있다.
2. 기본행위는 적법하나 인가에 하자가 있는 경우
   기본행위는 적법하고 인가행위만 흠이 있을 때는 그 인가의 취소 또는 무효확인을 구할 법률상의 이익이 있다. 다만, 인가행위의 하자가 취소사유인 경우는 인가행위가 취소되기까지는 유효한 행위가 된다.

기본행위	인가	소송대상
하자	적법	기본행위
적법	하자	인가

기본행위(하자)	인가(적법)	소송대상
(재개발)조합설립결의	조합설립인가(특허)	인가(항고소송)
(재개발)조합총회결의	관리처분계획인가	인가가 있은 후에는 항고소송, 인가가 있기 전에는 당사자소송

33 행정행위의 법적 성질을 바르게 연결한 것은? (다툼이 있으면 판례에 따름) 2021년 제9회

> ㉠ 구 자동차관리법상 자동차정비조합설립인가
> ㉡ 구 도시계획법상 개발제한구역 내의 건축허가
> ㉢ 기부금품모집규제법상 기부금품모집허가

① ㉠: 인가, ㉡: 예외적 허가, ㉢: 특허   ② ㉠: 인가, ㉡: 허가, ㉢: 특허

③ ㉠: 인가, ㉡: 예외적 허가, ㉢: 허가   ④ ㉠: 특허, ㉡: 인가, ㉢: 허가

⑤ ㉠: 허가, ㉡: 특허, ㉢: 인가

해설

허가	예외적 허가
예방적 금지(상대적 금지)의 해제	억제적 금지의 해제
원칙적으로 기속행위	원칙적으로 재량행위
• 건축허가 • 일반음식점영업허가 • 자동차운전면허 • 의사면허, 한의사면허 • 통행금지해제, 입산금지해제 • 화약제조허가 • 기부금품 모집허가	• 개발제한구역 내의 건축허가 • 학교환경정화구역 내에서의 유흥음식점허가 • 자연공원법 적용지역 내에서의 단란주점 영업허가 • 카지노업 허가 • 마약류취급자의 허가

34 준법률행위적 행정행위에 해당하는 것은? (다툼이 있으면 판례에 따름) 2017년 제5회

① 도시 및 주거환경정비법상 조합설립인가

② 여객자동차운수사업법상 개인택시운송사업면허

③ 선거인명부에의 등록

④ 불법광고물의 철거명령

⑤ 감독청에 의한 공법인의 임원 임명

해설 │ 준법률행위적 행정행위에는 공증, 통지, 수리, 확인이 있다.
① 도시 및 주거환경정비법상 조합설립인가는 특허에 해당한다.
② 여객자동차운수사업법상 개인택시운송사업면허는 특허에 해당한다.
③ 선거인명부에의 등록은 공증에 해당한다.
④ 불법광고물의 철거명령은 하명에 해당한다.
⑤ 감독청에 의한 공법인의 임원 임명은 대리에 해당한다.

Answer 32. ③   33. ③   34. ③

35 판례에 의할 때 항고소송의 대상이 되는 행정처분에 해당하는 것을 모두 고른 것은?

2023년 제11회

> ㉠ 지목변경신청 반려행위
> ㉡ 건축물 용도변경신청 거부행위
> ㉢ 건축물대장 작성신청 반려행위
> ㉣ 토지대장 직권말소행위
> ㉤ 토지대장상의 소유자명의변경신청 거부행위

① ㉠

② ㉡, ㉤

③ ㉢, ㉣, ㉤

④ ㉠, ㉡, ㉢, ㉣

⑤ ㉠, ㉡, ㉢, ㉣, ㉤

해설 공증은 행정사무집행의 편의와 사실증명의 자료로 삼기 위한 것이고 공증으로 인해 실체법상의 권리관계에 변동을 가져오는 것은 아니므로 처분성을 부정해오다가, 최근 지목변경신청 거부행위와 건축물대장 작성신청에 대한 거부행위 등의 처분성을 인정하는 판시를 하였다.

처분성 부정	처분성 긍정
• 임야대장 등재·등재사항 변경	• 지목변경신청 반려
• 인감증명행위	• 지적 소관청의 토지분할신청 거부
• 토지대장상 소유자명의변경신청 거부	• 토지면적등록 정정신청 반려
• 토지대장상의 지번복구신청 거부	• 건축물대장의 용도변경신청 거부
• 지적공부 기재사항인 지적도 경계 정정요청 거부	• 건축물대장의 작성신청 거부
• 무허가건물관리대장 삭제행위	• 토지대장 직권 말소
	• 건설업면허증의 재교부

36 다음 설명 중 옳지 않은 것은? (다툼이 있으면 판례에 따름)

① 처분을 할 것인지 여부와 처분의 정도에 관하여 재량이 인정되는 과징금 납부명령에 대하여 그 명령이 재량권을 일탈하였을 경우, 법원은 재량권의 범위 내에서 어느 정도가 적정한 것인지에 관하여 판단할 수 있고, 그 일부를 취소할 수 있다.

② 마을버스운송사업면허의 허용 여부는 운수행정을 통한 공익실현과 아울러 합목적성을 추구하기 위하여 보다 구체적 타당성에 적합한 기준에 의하여야 할 것이므로 행정청의 재량에 속하는 것이라고 보아야 한다.

③ 기속행위의 경우 그 근거법규에 대하여 법원이 사실인정과 관련법규의 해석·적용을 통하여 일정한 결론을 도출한 후 그 결론에 비추어 행정청이 한 판단의 적법 여부를 독자의 입장에서 판정한다.

④ 허가에 붙은 기한이 그 허가된 사업의 성질상 부당하게 짧은 경우에는 이를 그 허가조건의 존속기간으로 보아야 한다.

⑤ 허가에 붙은 기한이 그 허가된 사업의 성질상 부당하게 짧아 그 기한을 허가조건의 존속기간으로 볼 수 있는 경우에 허가기간이 연장되기 위하여는 그 종기가 도래하기 전에 그 허가기간의 연장에 관한 신청이 있어야 한다.

해설 ① 재량이 인정되는 과징금 납부명령에 대하여 법원은 재량권의 범위 내에서 어느 정도가 적정한 것인지에 관하여 판단할 수 없고, 그 전부를 취소하여야 한다.
③ 기속행위의 심사: 법원이 사실인정과 관련 법규의 해석·적용을 통하여 일정한 결론을 도출한 후 그 결론에 비추어 행정청이 한 판단의 적법 여부를 독자의 입장에서 판정하는 방식에 의한다.
재량행위의 심사: 행정청의 재량에 기한 공익판단의 여지를 감안하여 법원은 독자의 결론을 도출함이 없이 당해 행위에 재량권의 일탈·남용이 있는지 여부만을 심사한다.

37 허가에 대한 설명으로 가장 옳지 않은 것은? (다툼이 있는 경우 판례에 의함)

① 토지의 형질변경행위를 수반하는 건축허가는 건축법에 의한 건축허가와 국토의 계획 및 이용에 관한 법률에 의한 개발행위허가의 성질을 아울러 갖게 되므로 재량행위에 해당한다.

② 개발제한구역 내에서는 구역 지정의 목적상 건축물의 건축 및 공작물의 설치 등 개발행위가 원칙적으로 금지되고 예외적으로 허가에 의하여 그러한 행위를 할 수 있게 되어 있으므로 그 허가는 재량행위에 속한다.

③ 허가는 행위의 유효요건이므로 허가를 받아야 할 행위를 허가받지 아니하고 행한 경우, 그 행위는 행정강제나 행정벌의 대상은 되지 않고 무효로 되는 것이 원칙이다.

④ 구 산림법령이 규정하는 산림훼손 금지 또는 제한 지역에 해당하지 않더라도 환경의 보존등 중대한 공익상 필요가 인정되는 경우, 허가관청은 법규상 명문의 근거가 없어도 산림훼손 허가신청을 거부할 수 있다.

⑤ 건축허가는 원칙상 기속행위이지만 중대한 공익상 필요가 있는 경우 예외적으로 건축허가를 거부할 수 있다.

[해설] ③ 허가를 받아야 할 행위를 허가받지 아니하고 행한 경우 원칙적으로 그 행위의 사법상 효력은 유효하며, 다만 행정강제나 행정벌의 대상이 된다.
④, ⑤ 강학상 허가는 기속행위이므로 법령에 특별한 규정이 없는 한 원칙적으로 다른 사유를 이유로 허가를 거부할 수 없다. 그러나 중대한 공익상 필요가 있는 경우에는 예외적으로 법규에 명문 근거가 없더라도 거부처분을 할 수 있다.

38 다음 설명 중 옳지 않은 것은? (다툼이 있으면 판례에 따름)

① 여객자동차 운수사업법에 의한 개인택시운송사업면허는 특정인에게 권리나 이익을 부여하는 행정행위로서 법령에 특별한 규정이 없는 한 재량행위이다.

② 공유수면점용허가는 특정인에게 공유수면이용권이라는 독점적 권리를 설정하여 주는 처분으로서 그 처분의 여부 및 내용의 결정은 원칙적으로 행정청의 재량에 속한다.

③ 귀화허가는 강학상 허가에 해당하므로, 허가 여부는 원칙적으로 법무부장관의 재량에 속한다.

④ 국유재산의 무단점유에 대한 변상금 징수의 요건은 국유재산법에 명백히 규정되어 있으므로 변상금을 징수할 것인가는 처분청의 재량을 허용하지 않는 기속행위이다.

⑤ 한약조제시험을 통하여 약사에게 한약조제권을 인정함으로써 한의사들의 영업상 이익이 감소되었다고 하더라도 이러한 이익은 사실상의 이익에 불과하다.

[해설] ③ 귀화허가는 강학상 특허에 해당하므로, 귀화요건을 갖추어서 귀화허가를 신청한 경우에 법무부장관은 귀화허가에 대한 재량권을 가진다.

39 **다음 설명 중 옳지 않은 것은? (다툼이 있으면 판례에 따름)**

① 종전 허가의 유효기간이 지난 후에 한 허가기간 연장신청은 종전의 허가처분과는 별도의 새로운 허가를 내용으로 하는 행정처분을 구하는 것이라고 보아야 한다.

② 구 도시계획법상 개발제한구역 내에서의 건축허가는 예외적 승인(허가)에 해당하므로 재량행위이다.

③ 건축허가는 대물적 성질을 갖는 것이어서 행정청으로서는 허가를 할 때에 건축주 또는 토지 소유자가 누구인지 등 인적 요소에 관하여는 형식적 심사만 한다.

④ 공유수면의 점용·사용허가는 특정인에게 공유수면 이용권이라는 독점적 권리를 설정하여 주는 처분이 아니라 일반적인 상대적 금지를 해제하는 처분이다.

⑤ 자동차관리법상 자동차관리사업자로 구성하는 사업자단체인 조합 또는 협회의 설립인가 처분은 자동차관리사업자들의 단체결성행위를 보충하여 효력을 완성시키는 처분에 해당한다.

[해설] ④ 공유수면의 점용·사용허가는 강학상 특허에 해당하므로 특정인에게 공유수면 이용권이라는 독점적 권리를 설정하여 주는 처분이다.

40 **인가에 대한 다음 설명 중 옳지 않은 것은?**

① 당사자의 법률적 행위를 보충하여 그 법률적 효력을 완성시키는 행정청의 보충적 의사표시를 인가라고 한다.

② 인가의 전제가 되는 기본행위에 하자가 있다고 하더라도 행정청의 적법한 인가가 있으면 그 하자는 치유가 된다.

③ 인가의 대상인 법률행위에는 공법상 행위도 있고 사법상 행위도 있다.

④ 사립학교법상 학교법인의 이사장, 이사, 감사 등 임원에 대한 임원취임 승인행위가 인가의 대표적인 예이다.

⑤ 인가는 보충적 행위이므로 신청을 전제로 한다.

[해설] ② 기본행위에 하자가 있는 경우 행정청의 적법한 인가가 있다고 하더라도 그 하자가 치유되는 것은 아니다.

41 **도시 및 주거환경정비법상 행정처분에 대한 판례의 입장으로 옳지 않은 것은?**

① 주택재개발조합설립추진위원회 구성승인처분은 조합의 설립을 위한 주체인 주택재개발조합설립추진위원회의 구성행위를 보충하여 그 효력을 부여하는 처분이다.

② 주택재건축조합설립인가처분은 법령상 요건을 갖출 경우 주택재건축사업을 시행할 수 있는 권한을 갖는 행정주체로서의 지위를 부여하는 일종의 설권적 처분의 성격을 갖는다.

③ 토지 등 소유자들이 도시환경정비사업을 위한 조합을 따로 설립하지 아니하고 직접 그 사업을 시행하고자 하는 경우, 사업시행계획인가처분은 일종의 설권적 처분의 성격을 가지므로 토지 등 소유자들이 작성한 사업시행계획은 독립된 행정처분이 아니다.

④ 인가의 대상이 되는 기본행위는 법률적 행위일 수도 있고, 사실행위일 수도 있다.

⑤ 기본행위는 적법하고 인가 자체에만 하자가 있다면 그 인가의 무효나 취소를 주장할 수 있다.

[해설] ④ 인가의 대상이 되는 기본행위는 법률적 행위이며, 사실행위는 인가의 대상이 아니다.

42 **인가에 대한 설명으로 옳지 않은 것은? (다툼이 있는 경우 판례에 의함)**

① 기본행위가 성립하지 않거나 무효인 경우에 인가가 있어도 당해 인가는 무효가 된다.

② 유효한 기본행위를 대상으로 인가가 행해진 후에 기본행위가 취소되거나 실효된 경우에는 인가도 실효된다.

③ 기본행위에 하자가 있는 경우에 그 기본행위의 하자를 다툴 수 있고, 기본행위의 하자를 이유로 인가처분의 취소 또는 무효확인도 소구할 수 있다.

④ 도시 및 주거환경정비법상의 조합설립인가처분은 특허의 성질을 가진다.

⑤ 재단법인의 임원취임이 사법인인 재단법인의 정관에 근거하였다 할지라도 재단법인의 임원취임승인 신청에 대하여 주무관청이 그 신청을 당연히 승인하여야 하는 것은 아니다.

[해설] ③ 기본행위에 하자가 있는 경우에 그 기본행위의 하자를 다투어야 하며, 기본행위의 하자를 이유로 인가처분의 취소 또는 무효확인을 다툴 수는 없다.

43 영업의 양도와 영업자 지위승계에 대한 설명으로 옳지 않은 것은? (다툼이 있는 경우 판례에 의함)

① 식품위생법상 허가영업자의 지위승계신고 수리처분을 하는 경우 행정절차법규정 소정의 당사자에 해당하는 종전의 영업자에게 행정절차를 실시하여야 한다.

② 관할 행정청은 여객자동차운송사업의 양도·양수에 대한 인가를 한 후에도 그 양도·양수 이전에 있었던 양도인에 대한 운송사업면허 취소사유를 들어 양수인의 사업면허를 취소할 수 있다.

③ 영업양도행위가 무효임에도 행정청이 승계신고를 수리하였다면 양도자는 민사쟁송이 아닌 행정소송으로 신고 수리처분의 무효확인을 구할 수 있다.

④ 사실상 영업이 양도·양수되었지만 승계신고 및 수리처분이 있기 전에 양도인이 허락한 양수인의 영업 중 발생한 위반행위에 대한 행정적 책임은 양도인에게 귀속된다.

⑤ 대법원은 영업정지 등의 제재적 처분에 있어서는 양도인에게 발생적 책임이 양수인에게 승계되는 것을 인정하지만 과징금의 부과에 대해서는 이를 인정하지 않고 있다.

[해설] ⑤ 지위승계에는 제재적 처분도 포함하여 승계되는 것이 원칙이다. 즉 양도인의 위반 행위로 인한 사업정지 등의 제재적 처분이 양수인에게 승계되는 것을 인정한다. 지위승계의 효과에 있어서 과징금 부과처분을 사업정지처분과 달리 볼 이유가 없다(2003두8005).

44 다음 설명 중 옳지 않은 것은? (다툼이 있으면 판례에 따름)

① 특허는 특정인을 대상으로 행해지며 허가는 주로 특정인을 대상으로 행해지나 불특정 다수인에게 행해지기도 한다.

② 친일반민족행위자 재산조사위원회의 국가귀속결정은 친일재산을 국가의 소유로 귀속시키는 형성행위이다.

③ 국가공무원법에 근거하여 정년에 달한 공무원에게 발하는 정년퇴직 발령은 정년퇴직 사실을 알리는 관념의 통지이다.

④ 토지대장상 소유자의 명의가 변경된다고 하여도 소유권과 같은 실제적 권리관계가 변동하는 것은 아니다. 따라서 토지대장상의 소유자명의 변경신청을 거부하는 행위는 행정처분이 아니다.

⑤ 재단법인의 정관변경 결의에 하자가 있다면, 그에 대한 인가가 있더라도 기본행위인 정관변경 결의가 유효한 것은 아니다.

[해설] ② 친일반민족행위는 준법률적 행정행위인 확인에 해당한다. 형성적 행위에는 특허, 인가, 대리가 있다.

Answer 41. ④ 42. ③ 43. ⑤ 44. ②

45 다음 중 인·허가의제제도에 관한 설명으로 옳지 않은 것은?

① 인·허가의제제도는 하나의 인·허가를 받으면 다른 허가, 인가, 특허, 신고 또는 등록 등을 받은 것으로 보는 제도를 말한다.

② 인·허가의제제도는 복합민원의 일종으로 민원인에게 편의를 제공하는 원스톱서비스의 기능을 수행하게 된다.

③ 인·허가의제제도는 행정기관의 권한에 변경을 가져오는 것이므로 법률의 명시적인 근거가 있어야 한다.

④ 건축허가청은 건축허가신청에 대하여 건축불허가처분을 하는 경우 미리 처분의 제목과 처분하려는 원인이 되는 사실과 처분의 내용 및 법적 근거를 당사자 등에게 통지하여야 한다.

⑤ 인·허가의제제도의 경우 다른 관계인이나 허가기관의 인·허가를 받지 않는 대신 다른 관계인이나 인·허가기관의 협의를 거치도록 하는 경우가 보통이다.

해설 } ④ 거부처분은 사전통지의 대상이 아니다.

46 다음 중 인·허가의제제도에 관한 설명으로 옳지 않은 것은?

① 국토의 계획 및 이용에 관한 법률상의 개발행위허가로 의제되는 건축신고가 동법(同法)상의 개발행위허가기준을 갖추지 못한 경우 행정청으로서는 이를 이유로 그 수리를 거부할 수 있다.

② 주된 인·허가거부처분을 하면서 의제되는 인·허가거부사유를 제시한 경우, 의제되는 인·허가거부를 다투려는 자는 주된 인·허가거부 외에 별도로 의제되는 인·허가거부에 대한 쟁송을 제기해야 한다.

③ 주택건설사업계획 승인처분에 따라 의제된 인·허가가 위법함을 다투고자 하는 이해관계인은 의제된 인·허가의 취소를 구하여야 한다.

④ 인·허가와 관련 있는 행정기관 간에 협의가 모두 완료되기 전이라도 일정한 경우 인·허가에 대한 협의를 완료할 것을 조건으로 각종의 사업시행승인이나 시행인가를 할 수 있다.

⑤ 주된 인·허가처분이 관계기관의 장과 협의를 거쳐 발령된 이상 의제되는 인·허가에 법령상 요구되는 주민의 의견청취 등의 절차는 거칠 필요가 없다.

해설 ② 건축불허가처분(주된 인·허가거부처분)을 하면서 그 처분사유로 건축불허가 사유뿐만 아니라 형질 변경불허가 사유나 농지전용불허가 사유(의제되는 인·허가거부사유)를 들고 있다고 하여 그 건축불허가처분 외에 별개로 형질변경불허가처분이나 농지전용불허가처분(의제되는 인·허가거부처분)이 존재하는 것이 아니므로, 그 건축불허가처분을 받은 사람은 그 건축불허가처분에 관한 쟁송에서 건축법상의 건축불허가 사유뿐만 아니라 같은 도시계획법상의 형질변경불허가 사유나 농지법상의 농지전용불허가 사유에 관하여도 다툴 수 있는 것이지, 그 건축불허가처분에 관한 쟁송과는 별개로 형질변경불허가처분이나 농지전용불허가처분에 관한 쟁송을 제기하여 이를 다투어야 하는 것은 아니다(99두10988). 즉, 인·허가의제에 있어서 인·허가가 의제되는 행위의 요건불비를 이유로 사인이 신청한 주된 인·허가에 대한 거부처분이 있는 경우 주된 인·허가의 거부처분을 대상으로 소송을 제기해야 한다.

③

구분	쟁송 제기	쟁송 대상
인·허가가 의제되는 행위의 요건불비를 이유로 주된 인·허가에 대한 거부처분이 있는 경우	신청인	주된 인·허가에 대한 거부처분
인·허가가 의제되는 행위의 하자가 있음에도 주된 인·허가 신청이 수리된 경우	이해관계인	의제되는 인·허가

47 건축법에는 건축허가를 받으면 국토의 계획 및 이용에 관한 법률에 의한 토지의 형질변경 허가도 받은 것으로 보는 규정이 있다. 이 규정의 적용을 받는 甲이 토지의 형질을 변경하여 건축물을 건축하고자 건축허가신청을 하였다. 이에 대한 설명으로 옳은 것은? (다툼이 있는 경우 판례에 의함)

① 본 사안의 건축허가는 기속행위이다.

② 건축불허가처분을 하면서 건축불허가사유 외에 형질변경불허가사유를 들고 있는 경우, 甲은 건축불허가처분 취소청구소송에서 형질변경불허가사유에 대하여도 다툴 수 있다.

③ 건축불허가처분을 하면서 건축불허가사유 외에 형질변경불허가사유를 들고 있는 경우, 그 건축불허가처분 외에 별개로 형질변경불허가처분이 존재한다.

④ 甲이 건축불허가처분에 관한 쟁송과는 별개로 형질변경불허가처분 취소소송을 제기하지 아니한 경우 형질변경불허가사유에 관하여 불가쟁력이 발생한다.

⑤ 행정청이 건축법에는 건축허가를 하면서 국토의 계획 및 이용에 관한 법률에 의한 토지의 형질변경허가 결정권자와의 협의절차와 별도로 국토의 계획 및 이용에 관한 법률에서 정한 주민의견청취절차를 거쳐야 한다.

해설 ① 형질변경허가가 수반되는 건축허가는 재량행위이다.

②, ③, ④ 건축불허가처분에 관한 쟁송에서 형질변경불허가 사유를 다툴 수 있는 것과는 별개로 형질변경불허가처분이 존재하는 것은 아니며 형질변경불허가처분에 관한 쟁송을 제기하여 이를 다툴 수는 없다. 또한 쟁송의 대상이 아닌 형질변경불허가 사유에 관하여 쟁송을 제기하지 않았다고 하여 불가쟁력이 발생하는 것도 아니다.

⑤ 건축허가절차 외에 형질변경허가절차를 별도로 거칠 필요는 없다.

Answer 45. ④ 46. ② 47. ②

48 행정행위의 부관에 관한 설명으로 옳은 것은? (다툼이 있으면 판례에 따름) 2018년 제6회

① 전기공사 도중 도로를 훼손한 전기회사에 도로보수 공사비를 부담시키는 것은 행정행위의 부관이다.

② 부담인 부관이 무효인 경우에도 그 부담의 이행으로 한 사법(私法)상 법률행위가 당연히 무효가 되는 것은 아니다.

③ 재량행위에는 법령에 특별한 규정이 없다면 부관을 붙일 수 없다.

④ 부담부 행정행위의 경우에는 부담을 이행하여야 주된 행정행위의 효력이 발생한다.

⑤ 조건이 성취되어야 행정행위의 효력이 발생하는 부관은 해제조건이다.

해설 } ① 도로를 훼손한 전기회사에 도로보수 공사비를 부담시키는 것은 하명에 해당한다.

② 행정처분에 부담인 부관을 붙인 경우 부관의 무효화에 의하여 본체인 행정처분 자체의 효력에도 영향이 있게 될 수는 있지만, 그 처분을 받은 사람이 부담의 이행으로 사법상 매매 등의 법률행위를 한 경우에는 그 부관은 특별한 사정이 없는 한 법률행위를 하게 된 동기 내지 연유로 작용하였을 뿐이므로 이는 법률행위의 취소사유가 될 수 있음은 별론으로 하고 그 법률행위 자체를 당연히 무효화하는 것은 아니다(2006다18174).

③ 행정청은 처분에 재량이 있는 경우에는 부관을 붙일 수 있다(행정기본법 제17조 제1항). 따라서 재량행위에 부관을 붙이는 것은 별도의 법적 근거가 필요 없다.

④ 부담은 행정행위의 효력은 처음부터 발생하고, 부담을 이행하지 않더라도 행정행위의 효력이 자동적으로 소멸되는 것은 아니다.

⑤ 조건이 성취되어야 행정행위의 효력이 발생하는 부관은 정지조건이다.

49 행정행위의 부관에 관한 설명으로 옳지 않은 것은? (다툼이 있으면 판례에 따름) 2023년 제11회

① 부담부 행정행위는 부담을 이행하여야 비로소 그 효력이 발생한다.

② 부담을 불이행한 것만으로는 주된 행정행위의 효력이 소멸하지 않는다.

③ 부담은 그 자체로서 행정쟁송의 대상이 될 수 있다.

④ 행정청은 처분에 재량이 없는 경우에는 법률에 근거가 있는 경우에 부관을 붙일 수 있다.

⑤ 어업면허처분 중 면허의 유효기간만 취소하여 달라는 소송을 제기하는 것은 허용될 수 없다.

해설 ①, ②, ③ 아래 표는 부관 중 부담에 관한 설명이다.

구분	부담
주된 행정행위의 효력	• 처음부터 완전한 효력 발생 • 부담부 행정행위는 상대방이 의무를 이행하지 않은 경우에도 당연히 그 효력이 소멸되지는 않음 • 부담부 행정처분에 있어서 처분의 상대방이 부담(의무)을 이행하지 아니한 경우에 처분행정청으로서는 이를 들어 당해 처분을 취소(철회)할 수 있음
강제집행	독립하여 강제집행의 대상이 됨
쟁송	부담만의 독립쟁송 및 취소 가능

④ 행정청은 처분에 재량이 없는 경우에는 법률에 근거가 있는 경우에 부관을 붙일 수 있다(행정기본법 제17조 제2항).

⑤ 면허의 유효기간은 부관 중 기한에 해당한다. 부담을 제외한 부관은 그 자체만을 독립된 쟁송의 대상으로 할 수 없다. 따라서 면허의 유효기간만 취소하여 달라는 소송을 제기하는 것은 허용될 수 없다.

50 행정행위의 부관의 한계에 관한 설명으로 옳지 않은 것은? (다툼이 있으면 판례에 따름)

2017년 제5회

① 부관은 주된 행위와 실질적 관련성을 가져야 한다.

② 부관은 주된 행위의 본질적 목적에 반해서는 안 된다.

③ 부관의 사후변경은 사정변경으로 인하여 당초에 부담을 부가한 목적을 달성할 수 없게 된 경우에 그 목적달성에 필요한 범위 내일지라도 허용되지 않는다.

④ 부관의 내용은 비례의 원칙에 적합하여야 한다.

⑤ 부관의 내용은 적법하고 이행 가능하여야 한다.

해설

행정기본법 제17조 【부관】 ③ 행정청은 부관을 붙일 수 있는 처분이 다음 각 호의 어느 하나에 해당하는 경우에는 그 처분을 한 후에도 부관을 새로 붙이거나 종전의 부관을 변경할 수 있다.
  1. 법률에 근거가 있는 경우
  2. 당사자의 동의가 있는 경우
  3. 사정이 변경되어 부관을 새로 붙이거나 종전의 부관을 변경하지 아니하면 해당 처분의 목적을 달성할 수 없다고 인정되는 경우
④ 부관은 다음 각 호의 요건에 적합하여야 한다.
  1. 해당 처분의 목적에 위배되지 아니할 것
  2. 해당 처분과 실질적인 관련이 있을 것
  3. 해당 처분의 목적을 달성하기 위하여 필요한 최소한의 범위일 것

Answer 48. ② 49. ① 50. ③

51 행정행위의 부관에 관한 설명으로 옳지 않은 것은? (다툼이 있는 경우에는 판례에 의함)

2014년 제2회

① 행정행위의 부관 가운데 부담은 그 자체로 항고소송의 대상이 될 수 있다.

② 부관부 행정행위에 불복하는 경우 부관이 없는 행정행위를 발급해 줄 것을 구하는 항고소송도 가능하다.

③ 사정변경으로 인하여 당초에 부담을 부가한 목적을 달성할 수 없게 된 경우에는 그 목적달성에 필요한 범위에서 부담의 내용을 변경할 수 있다.

④ 법정부관에 대해서는 행정행위에 부관을 붙일 수 있는 한계에 관한 일반적인 원칙이 적용되지 않는다.

⑤ 일반적으로 기속행위에는 부관을 붙일 수 없고 부관을 붙였다 하더라도 이는 무효이다.

[해설] ① 부담의 경우에는 다른 부관과는 달리 행정행위의 불가분적인 요소가 아니고 그 존속이 본체인 행정행위의 존재를 전제로 하는 것일 뿐이므로 부담 그 자체로서 행정쟁송의 대상이 될 수 있다.
② 부관부 행정행위에 불복하는 경우 부관이 없는 행정행위를 발급해 줄 것을 구하는 항고소송은 인정하지 않는다. 행정청에 부관이 없는 처분으로 변경하여 줄 것을 청구한 다음 그것이 거부되면 그에 대한 거부처분취소소송을 제기할 수는 있다.
③ 사정이 변경되어 부관을 새로 붙이거나 종전의 부관을 변경하지 아니하면 해당 처분의 목적을 달성할 수 없다고 인정되는 경우에는 그 처분을 한 후에도 부관을 새로 붙이거나 종전의 부관을 변경할 수 있다(행정기본법 제17조 제3항).
④ 법정부관(행정행위의 효과의 제한이 직접 법규에 규정되어 있는 것)은 부관이 아니다. 따라서 부관의 한계의 문제가 발생하지 않고 법정부관에 하자가 있는 경우에 이에 대한 통제는 위헌법률심사 또는 명령규칙심사에 의한다.
⑤ 일반적으로 기속행위나 기속적 재량행위에는 부관을 붙일 수 없고 가사 부관을 붙였다 하더라도 무효이다(94다56883).

52 행정행위의 부관에 관한 설명으로 옳지 않은 것은? (다툼이 있으면 판례에 따름) 2020년 제8회

① 법률의 근거 없이 기속행위에 그 효과를 제한하는 부관을 붙인 경우 그 부관은 무효이다.

② 사정변경으로 인하여 당초에 부담을 부가한 목적을 달성할 수 없게 된 경우 그 목적달성에 필요한 범위 내에서 부담의 사후변경이 허용된다.

③ 법률이 예정하는 행정행위의 효과를 일부 배제하는 부관도 인정된다.

④ 다른 부관과 달리 부담은 독립하여 행정소송의 대상이 될 수 있다.

⑤ 부담의 내용을 미리 협약의 형식으로 정한 다음 처분을 하면서 이를 부담으로 부가하는 것은 허용되지 않는다.

해설 ① 부관은 법령상 명문규정이 있는 경우를 제외하고는 재량행위에만 붙일 수 있고, 일반적으로 기속행위나 기속적 재량행위에는 부관을 붙일 수 없고 가사 부관을 붙였다 하더라도 무효이다(94다56883).

② 사정이 변경되어 부관을 새로 붙이거나 종전의 부관을 변경하지 아니하면 해당 처분의 목적을 달성할 수 없다고 인정되는 경우에는 그 처분을 한 후에도 부관을 새로 붙이거나 종전의 부관을 변경할 수 있다(행정기본법 제17조 제3항).

③ 행정행위의 효과를 일부 배제하는 부관도 인정된다(91누1264). 법률효과의 일부배제는 관계법령에 명시적 근거가 있는 경우에만 허용된다.

④ 행정행위의 부관은 행정행위의 일반적인 효력이나 효과를 제한하기 위하여 의사표시의 주된 내용에 부가되는 종된 의사표시이지 그 자체로서 직접 법적 효과를 발생하는 독립된 처분이 아니므로 현행 행정쟁송제도 아래서는 부관 그 자체만을 독립된 쟁송의 대상으로 할 수 없는 것이 원칙이나, 행정행위의 부관 중에서도 행정행위에 부수하여 그 행정행위의 상대방에게 일정한 의무를 부과하는 행정청의 의사표시인 부담의 경우에는 다른 부관과는 달리 행정행위의 불가분적인 요소가 아니고 그 존속이 본체인 행정행위의 존재를 전제로 하는 것일 뿐이므로 부담 그 자체로서 행정쟁송의 대상이 될 수 있다(91누1264).

⑤ 부담은 행정청이 행정처분을 하면서 일방적으로 부가할 수도 있지만, 부담을 부가하기 이전에 상대방과 협의하여 부담의 내용을 협약의 형식으로 미리 정한 다음 행정처분을 하면서 이를 부가할 수도 있다(2005다65500).

53 행정행위의 부관에 관한 설명으로 옳은 것은? (다툼이 있으면 판례에 따름) 2024년 제12회

① 행정청은 처분에 재량이 없는 경우에는 법률에 근거가 있는 경우에 부관을 붙일 수 있다.

② 부관은 해당 처분과 실질적인 관련이 있어야 하지만, 해당 처분의 목적에는 구속되지 않는다.

③ 법률이 예정하는 행정행위의 효과를 일부 배제하는 부관은 독립하여 행정소송의 대상이 될 수 있다.

④ 행정처분에 붙인 부담인 부관이 무효가 되면 그 부담의 이행으로 한 사법상 법률행위도 당연히 무효가 된다.

⑤ 하천법상 하천부지 점용허가에는 그 성질상 부관을 붙일 수 없다.

해설 ① 행정청은 처분에 재량이 없는 경우에는 법률에 근거가 있는 경우에 부관을 붙일 수 있다(행정기본법 제17조 제1항).

② 부관은 처분의 목적을 달성하기 위하여 필요한 최소한의 범위여야 하며, 당해 처분의 목적과 무관한 부관은 위법하다.

③ 행정행위의 부관은 부담인 경우를 제외하고는 독립하여 행정소송의 대상이 될 수 없다.

④ 부관을 붙인 행정행위와 부관의 이행으로서 하게 된 법률행위는 각각의 독립된 작용이다.

⑤ 하천부지 점용허가는 특허로서 재량행위에 해당한다. 따라서 그 성질상 부관을 붙일 수 있다.

Answer 51. ② 52. ⑤ 53. ①

54 행정행위의 부관에 관한 설명으로 옳은 것을 모두 고른 것은? (다툼이 있는 경우에는 판례에 의함) 2013년 제1회

> ㉠ 기부채납받은 행정재산에 대한 사용·수익허가에 있어서 공유재산 관리청이 정한 사용·수익허가의 기간은 독립하여 취소소송의 대상이 될 수 있다.
>
> ㉡ 부담은 상대방과 협의하여 협약의 형식으로 내용을 미리 정한 다음 행정처분을 하면서 부가할 수 있다.
>
> ㉢ 부담에 의해 부과된 의무를 상대방이 불이행할 경우 처분청은 주된 행정행위를 철회할 수 있다.
>
> ㉣ 행정처분과 실체적 관련성이 없어 부관으로 붙일 수 없는 부담이더라도 사법상 계약의 형식으로 처분의 상대방에게 그 부담을 부과할 수 있다.

① ㉠, ㉡   ② ㉠, ㉢   ③ ㉠, ㉣
④ ㉡, ㉢   ⑤ ㉡, ㉣

해설 ㉠ 행정행위의 부관은 부담인 경우를 제외하고는 독립하여 행정소송의 대상이 될 수 없는바, 기부채납받은 행정재산에 대한 사용·수익허가에서 공유재산의 관리청이 정한 사용·수익허가의 기간은 그 허가의 효력을 제한하기 위한 행정행위의 부관으로서 이러한 사용·수익허가의 기간에 대해서는 독립하여 행정소송을 제기할 수 없다(99두509).

㉡ 수익적 행정처분에 있어서는 법령에 특별한 근거규정이 없다고 하더라도 그 부관으로서 부담을 붙일 수 있고, 그와 같은 부담은 행정청이 행정처분을 하면서 일방적으로 부가할 수도 있지만 부담을 부가하기 이전에 상대방과 협의하여 부담의 내용을 협약의 형식으로 미리 정한 다음 행정처분을 하면서 이를 부가할 수도 있다(2005다65500).

㉢ 부담은 행정행위의 효력은 처음부터 발생하고, 부담을 이행하지 않더라도 행정행위의 효력이 소멸되는 것은 아니다. 부담부 행정처분에 있어서 처분의 상대방이 부담(의무)을 이행하지 아니한 경우에 처분행정청으로서는 이를 들어 당해 처분을 취소(철회)할 수 있다.

㉣ 공법상의 제한을 회피할 목적으로 행정처분의 상대방과 사이에 사법상 계약을 체결하는 형식으로 부관을 부과하였다면 이는 법치행정의 원리에 반하는 것으로서 위법하다(2007다63966).

55 2019. 2. 1. 행정청 甲은 乙에 대하여 2019. 3. 1.부터 2020. 4. 30.까지의 기간을 정하여 도로점용허가처분을 하면서, 매달 100만 원의 점용료를 납부할 의무를 명하는 부관을 부가하였다. 그리고 2019. 5. 1. 乙의 도로점용이 교통 혼잡을 초래할 경우 도로점용허가를 취소할 수 있다는 부관을 부가하였다. 이 사례에 관한 설명으로 옳은 것은? (취소소송을 제기하는 경우 제소기간은 준수한 것으로 보며, 다툼이 있으면 판례에 따름) 2019년 제7회

① 매달 100만 원의 점용료를 납부하도록 하는 부관은 조건에 해당한다.

② 도로점용허가는 2020. 4. 30. 이후 행정청이 허가취소의 의사표시를 함으로써 효력이 소멸된다.

③ 2019. 3. 1.부터 2020. 4. 30.까지의 기간만의 취소를 구하는 乙의 소송에 대하여 법원은 기각판결을 해야 한다.

④ 매달 100만 원의 점용료를 납부하도록 하는 부관이 비례의 원칙에 위배되어 乙이 취소소송을 제기한 경우 법원은 이 부관만을 취소할 수 있다.

⑤ 2019. 5. 1. 甲이 부가한 부관은 乙의 동의가 있더라도 법령의 근거가 없으면 위법하다.

해설 ① 도로점용허가처분의 효력이 완성된 경우에 해당하므로 점용료 납부는 부담에 해당한다.
② 도로점용기간이 만료된 경우에는 행정청의 허가취소의 의사표시와 상관없이 효력이 자동적으로 소멸된다.
③ 기간만의 취소를 구하는 소송은 인정될 수 없으므로 법원은 각하판결을 해야 한다.
④ 부담의 경우에는 다른 부관과는 달리 행정행위의 불가분적인 요소가 아니고 그 존속이 본체인 행정행위의 존재를 전제로 하는 것일 뿐이므로 부담 그 자체로서 행정쟁송의 대상이 될 수 있다. 따라서 乙의 취소소송에서 법원은 부관(부담)만을 취소할 수 있다.
⑤ 재량행위에 부관을 붙이는 경우 법령의 근거를 요하지 않는다.

56 A시장은 甲소유 토지의 일부를 기부채납하는 조건(강학상 부담으로 본다)으로 甲이 신청한 개발제한구역 내의 토지형질변경행위허가를 한 후 甲과 기부채납 이행을 위한 증여계약을 체결하였다. 이에 관한 설명으로 옳지 않은 것은? (다툼이 있으면 판례에 따름) 2021년 제9회

① 甲이 기부채납을 불이행할 경우, A시장은 토지형질변경행위허가를 철회할 수 있다.

② 甲은 기부채납의 부관만을 대상으로 하여 취소소송을 제기할 수 있다.

③ 기부채납의 부관이 당연무효이거나 취소되지 아니한 이상 甲은 위 부관으로 인한 증여계약의 중요부분의 착오를 이유로 증여계약을 취소할 수 없다.

④ 토지형질변경행위허가를 함에 있어 부관을 붙일 필요가 있는지의 유무 등을 판단함에 있어서는 A시장에게 재량의 여지가 있다.

⑤ A시장은 토지형질변경행위허가를 한 후에는 甲의 동의가 있는 경우라도 부관을 새로 붙일 수 없다.

Answer 54. ④ 55. ④ 56. ⑤

[해설] ① 부담부 행정처분에 있어서 처분의 상대방이 부담(의무)을 이행하지 아니한 경우에 처분행정청으로서는 이를 들어 당해 처분을 취소(철회)할 수 있다.

② 부담의 경우에는 다른 부관과는 달리 행정행위의 불가분적인 요소가 아니고 그 존속이 본체인 행정행위의 존재를 전제로 하는 것일 뿐이므로 부담 그 자체로서 행정쟁송의 대상이 될 수 있다.

③ 토지소유자가 토지형질변경행위허가에 붙은 기부채납의 부관에 따라 토지를 국가나 지방자치단체에 기부채납(증여)한 경우, 기부채납의 부관이 당연무효이거나 취소되지 아니한 이상 토지소유자는 위 부관으로 인하여 증여계약의 중요부분에 착오가 있음을 이유로 증여계약을 취소할 수 없다(98다53134).

④ 토지형질변경행위허가는 재량행위에 해당하므로 허가를 함에 있어 부관을 붙일 필요가 있는지의 유무 등을 판단하는 것도 행정청의 재량이다.

⑤ 당사자의 동의가 있는 경우에는 그 처분을 한 후에도 부관을 새로 붙이거나 종전의 부관을 변경할 수 있다(행정기본법 제17조 제3항).

57 행정행위의 부관에 관한 설명으로 옳지 않은 것은? (다툼이 있으면 판례에 따름)

① 법률효과의 일부배제는 법률에 근거가 있어야 한다.

② 부관은 주된 행정행위와 실질적 관련성이 있어야 한다.

③ 부담을 불이행하면 주된 행정행위의 효력이 당연히 소멸한다.

④ 장래의 도래가 불확실한 사실에 행정행위의 효력발생을 의존시키는 조건을 정지조건이라고 한다.

⑤ 행정행위의 부관은 법령이 직접 행정행위의 조건이나 기한 등을 정한 경우와 구별되어야 한다.

[해설] ③ 상대방이 부담을 불이행하더라도 행정청이 이를 이유로 주된 행정행위를 철회할 수 있을 뿐 주된 행정행위의 효력이 당연히 소멸하는 것은 아니다.

58 행정행위의 부관에 대한 설명으로 옳지 않은 것은? (다툼이 있는 경우 판례에 의함)

① 해제조건부 행정행위는 조건사실의 성취에 의하여 당연히 효력이 소멸된다.

② 정지조건은 독립하여 취소소송의 대상이 되지 못하는 데 반하여, 부담은 독립하여 취소소송의 대상이 될 수 있다.

③ 부담과 조건의 구분이 명확하지 않을 경우, 조건이 당사자에게 부담보다 유리하기 때문에 원칙적으로 조건으로 추정해야 한다.

④ 철회권유보의 경우 유보된 사유가 발생하였더라도 철회권을 행사함에 있어서는 이익형량에 따른 제한을 받게 된다.

⑤ 행정청은 수익적 행정처분으로서 재량행위인 주택재건축 사업시행인가에 대하여 법령상의 제한에 근거한 것이 아니라 하더라도 공익상 필요 등에 의하여 필요한 범위 내에서 조건(부담)을 부과할 수 있다.

[해설] ③ 부담과 조건의 구분이 명확하지 않을 경우, 부담이 당사자에게 유리하기 때문에 원칙적으로 부담으로 추정한다.

59 다음 사례에 대한 판례의 입장으로 옳지 않은 것은?

> 고속국도 관리청이 고속도로 부지와 접도구역에 송유관 매설을 허가하면서 상대방인 甲과 체결한 협약에 따라 송유관시설을 이전하게 될 경우 그 비용을 甲이 부담하도록 하였는데, 그 후 도로법 시행규칙이 개정되어 접도구역에는 관리청의 허가 없이도 송유관을 매설할 수 있게 되었다.

① 협약에 따라 송유관시설을 이전하게 될 경우 그 비용을 甲이 부담하도록 한 것은 행정행위의 부관 중 부담에 해당한다.

② 행정청이 수익적 행정처분을 하면서 사전에 상대방과 체결한 협약에 따라 부담을 부가할 수 있다.

③ 甲과의 협약이 없더라도 고속국도 관리청은 송유관매설허가를 하면서 일방적으로 송유관 이전 시 그 비용을 甲이 부담한다는 내용의 부관을 부가할 수 있다.

④ 도로법 시행규칙의 개정 이후에도 위 협약에 포함된 부관은 부당결부금지의 원칙에 반하지 않는다.

⑤ 도로법 시행규칙의 개정으로 접도구역에는 관리청의 허가 없이도 송유관을 매설할 수 있게 되었기 때문에 위 협약 중 접도구역에 대한 부분은 효력이 소멸한다.

[해설] ⑤ 부담의 전제가 된 주된 행정처분의 근거법령이 개정되어 부관을 붙일 수 없게 된 경우, 부담이 곧바로 위법하게 되거나 효력을 상실하는 것은 아니다.

60 행정행위의 부관에 관한 설명으로 옳지 않은 것은? (다툼이 있는 경우 판례에 의함)

① 기속행위의 경우에도 법률의 규정이 있으면 부관을 붙일 수 있다.

② 행정행위의 부관 중 부담은 그 자체를 독립하여 행정쟁송의 대상으로 할 수 있다.

③ 부담부 행정행위는 부담을 이행하여야 주된 행정행위의 효력이 발생한다.

④ 재량행위의 경우에는 법에 근거가 없는 경우에도 부관을 붙일 수 있다.

⑤ 도로점용허가의 점용기간을 정함에 있어 위법사유가 있다면 도로점용허가처분 전부가 위법하게 된다.

해설 } ③ 부담부 행정행위에서 주된 행정행위는 부담의 이행이 없더라도 처음부터 효력이 발생한다.

61 행정행위의 부관에 대한 설명으로 옳지 않은 것은? (다툼이 있는 경우 판례에 의함)

① 법령에 특별한 근거 규정이 없는 한 기속행위에는 부관을 붙일 수 없고 기속행위에 붙은 부관은 무효이다.

② 행정처분과의 실제적 관련성이 없어 부관으로 붙일 수 없는 부담은 사법상 계약의 형식으로도 부과할 수 없다.

③ 취소소송에 의하지 않으면 권리구제를 받을 수 없는 경우에는, 부담이 아닌 부관이라 하더라도 그 부관만을 대상으로 취소소송을 제기하는 것이 허용된다.

④ 부관의 일종인 사후부담은, 법률에 명문의 규정이 있거나 상대방의 동의가 있는 경우에 허용되는 것이 원칙이다.

⑤ 처분을 하면서 관련한 소의 제기를 금지하는 내용의 부제소특약을 부관으로 붙이는 것은 허용되지 않는다.

해설 } ③ 부담이 아닌 부관은 독립하여 행정쟁송의 대상이 될 수 없다.

62 행정행위 부관에 대한 설명으로 가장 옳지 않은 것은? (다툼이 있는 경우 판례에 의함)

① 부관을 붙일 수 있는 경우에도 신뢰보호의 원칙, 부당결부금지의 원칙에 위배되어서는 안 된다.

② 수익적 행정처분에 있어서 특별한 법령의 근거규정이 없다고 하더라도 부관으로서 부담을 붙일 수 있으나 그와 같은 부담처분을 하기 이전에 협약을 통하여 내용을 정할 수 없다.

③ 사업자에게 주택사업계획 승인을 하면서 그 주택사업과 아무런 관련이 없는 토지를 기부채납하도록 하는 부관을 주택사업계획 승인에 붙인 경우 부당결부금지원칙 위배로 위법하다.

④ 주택건축허가를 하면서 영업 목적으로만 사용할 것을 부관으로 정한 경우에, 이러한 부관은 주된 행정행위의 목적에 위배된다.

⑤ 행정청이 수익적 행정처분을 하면서 부가한 부담의 위법 여부는 처분 당시 법령을 기준으로 판단하여야 한다.

[해설] ② 행정청은 미리 상대방과 협의하여 부담의 내용을 정한 다음 행정처분을 하면서 이를 부가할 수 있다.

63 행정행위 부관에 대한 설명으로 옳지 않은 것은? (다툼이 있으면 판례에 따름)

① 기부채납인 부담이 위법하면 부담의 이행으로 행해진 사법(私法)상 매매 등도 당연히 위법하게 된다.

② 행정처분에 붙인 부담인 부관이 제소기간 도과로 불가쟁력이 생긴 경우에도 그 부담의 이행으로 한 사법상 법률행위는 그 효력을 다툴 수 있다.

③ 토지소유자가 토지형질변경행위허가에 붙은 기부채납의 부관에 따라 토지를 국가나 지방자치단체에 기부채납한 경우, 기부채납의 부관이 당연무효이거나 취소되지 아니한 이상 토지소유자는 위 부관으로 인하여 기부채납계약의 중요부분에 착오가 있음을 이유로 기부채납계약을 취소할 수 없다.

④ 부담의 이행으로서 하게 된 사법상 매매 등의 법률행위는 부담을 붙인 행정처분과는 별개의 법률행위이므로, 그 부담의 불가쟁력의 문제와는 별도로 법률행위가 사회질서 위반이나 강행규정에 위반되는지 여부 등을 따져 보아 그 법률행위의 유효 여부를 판단하여야 한다.

⑤ 허가에 붙은 기한이 그 허가된 사업의 성질상 부당하게 짧아서 이 기한이 허가 자체의 존속기간이 아니라 허가조건의 존속기간으로 해석되는 경우에도 허가 여부의 재량권을 가진 행정청은 당초의 기한이 상당기간 연장되어 그 기한이 부당하게 짧은 경우에 해당하지 않게 된 때에는 더 이상의 기간연장을 불허가할 수 있다.

[해설] ① 부담과 그 부담의 이행으로 행해진 사법상 행위는 별개의 행위이다. 따라서 부담이 위법하여 효력을 상실했다고 하여 그 부담의 이행으로 행해진 사법상 행위까지 당연히 위법한 것은 아니다.

Answer 60. ③ 61. ③ 62. ② 63. ①

64 행정행위의 부관에 대한 설명으로 옳지 않은 것은? (다툼이 있는 경우 판례에 의함)

① 행정행위의 부관 중에서도 그 행정행위의 상대방에게 일정한 의무를 부과하는 행정청의 의사표시인 부담은 독립하여 행정쟁송의 대상이 될 수 있다.

② 부담을 제외한 나머지 부관에 대해서는 부관이 붙은 행정행위 전체의 취소를 통하여 부관을 다툴 수 있을 뿐, 부관만의 취소를 구할 수는 없다.

③ 부담 아닌 부관이 위법할 경우 신청인이 부관부행정행위의 변경을 청구하고, 행정청이 이를 거부할 경우 그 거부처분의 취소를 구하는 소송을 제기할 수 있다.

④ 기부채납 받은 공원시설의 사용·수익허가에서 그 허가기간은 행정행위의 본질적 요소에 해당하므로, 부관인 허가기간에 위법사유가 있다면 이로써 공원시설의 사용·수익허가 전부가 위법하게 된다.

⑤ 부담이 아닌 부관만의 취소를 구하는 소송이 제기된 경우에 법원은 기각판결을 하여야 한다.

[해설] ⑤ 부담이 아닌 부관만의 취소를 구하는 소송이 제기된 경우에 법원은 각하판결을 하여야 한다.

65 갑은 관할 행정청 A에 도로점용허가를 신청하였고, 이에 대하여 행정청 A는 주민의 민원을 고려하여 갑에 대하여 공원부지를 기부채납할 것을 부관으로 하여 도로점용허가를 하였다. 이와 관련한 판례의 입장으로 옳지 않은 것은?

① 위 부관을 조건으로 본다면, 갑은 부관부행정행위 전체를 취소소송의 대상으로 하여 부관만의 일부취소를 구하여야 한다.

② 위 부관을 부담으로 본다면, 부관만 독립하여 취소소송의 대상으로 할 수 있으며, 부관만의 독립취소가 가능하다.

③ 위 부관을 부담으로 보는 경우, 갑이 정해진 기간 내에 공원부지를 기부채납하지 않은 경우에도 도로점용허가를 철회하지 않는 한 도로점용허가는 유효하다.

④ 부가된 부관이 무효임에도 불구하고 갑이 부관을 이행하여 기부채납을 완료한 경우, 갑의 기부채납행위가 당연히 무효로 되는 것은 아니다.

⑤ 부가된 부관이 무효임에도 불구하고 갑이 부관을 이행하여 기부채납을 완료한 경우, 그 부관이 그대로 존재한다면 갑은 착오를 이유로 기부채납을 취소할 수는 없다.

[해설] ① 부담 이외의 부관은 그 부관만을 대상으로 독립하여 행정소송을 제기할 수 없고, 또한 부관부 행정행위 전체를 취소소송의 대상으로 하여 부관만의 일부취소를 구하는 쟁송도 불가능하다.

66 행정행위의 공정력에 관한 설명으로 옳은 것은? (다툼이 있으면 판례에 따름) ^{2017년 제5회}

① 행정소송법은 공정력의 실정법적 근거를 명시적으로 인정하고 있다.

② 공정력은 행정행위가 무효인 경우에도 인정된다.

③ 공정력은 행정행위뿐만 아니라 행정의 사실행위에도 인정되는 효력이다.

④ 공정력이란 행정행위가 위법하더라도 취소되지 않는 한 유효한 것으로 통용되는 효력을 의미한다.

⑤ 어떤 행정행위에 공정력이 발생하면 그 처분을 한 처분청이라도 공정력을 부정하지 못한다.

[해설] ① 공정력에 대한 명시적 규정은 행정기본법에서 규정하고 있다.
② 처분은 권한이 있는 기관이 취소 또는 철회하거나 기간의 경과 등으로 소멸되기 전까지는 유효한 것으로 통용된다. 다만, 무효인 처분은 처음부터 그 효력이 발생하지 아니한다(행정기본법 제15조).
③ 공정력은 행정행위의 효력이다.
④ 행정행위의 성립에 하자가 있는 경우에도 그것이 중대·명백하여 당연무효로 인정되는 경우를 제외하고는 권한 있는 기관(처분청, 감독청, 행정심판위원회, 행정법원)에 의하여 취소되기까지는 상대방·이해관계인 및 다른 행정청뿐만 아니라 법원(민·형사법원)도 그 효력을 부인할 수 없다.
⑤ 처분청의 경우에는 자신의 행정행위를 직권으로 취소할 수 있으므로 공정력에 구속되지 않는다.

67 甲은 과세처분에 따라 부과된 금액을 납부하였으나, 그 과세처분에 하자가 있음을 발견하고 이미 납부한 금액을 반환받고자 한다. 이에 관한 설명으로 옳지 않은 것은? (다툼이 있으면 판례에 따름) 2018년 제6회

① 과세처분에 취소사유가 있고 불가쟁력이 발생한 경우, 甲은 이미 납부한 금액을 부당이득반환청구소송을 통해 반환받을 수 없다.

② 과세처분에 불가쟁력이 발생한 경우, 甲이 국가배상청구소송을 제기하더라도 법원은 과세처분의 위법 여부를 판단할 수 없다.

③ 과세처분이 취소소송을 통해 취소된 경우, 甲은 이미 납부한 금액을 부당이득반환청구소송을 통해 반환받을 수 있다.

④ 과세처분이 무효인 경우, 甲은 이미 납부한 금액을 반환받기 위하여 무효확인소송을 제기할 수 있다.

⑤ 과세처분이 무효인 경우, 甲은 이미 납부한 금액을 부당이득반환청구소송을 통해 반환받을 수 있다.

해설 ① 불가쟁력이 발생한 경우 취소사유가 있더라도 과세처분을 취소할 수 없으므로 부당이득반환청구는 인정되지 않는다.

② 불가쟁력이 생긴 행정행위라도 위법성이 확인되면 국가배상법에 따른 배상청구가 가능하다. 불가쟁력이 발생하였다고 하여 위법성이 치유되어 적법하게 되는 것은 아니기 때문이다.

③ 과세처분이 취소소송을 통해 취소된 경우에는 부당이득반환청구소송이 가능하다.

④, ⑤ 무효인 처분은 처음부터 그 효력이 발생하지 아니한다. 따라서 과세처분이 무효인 경우에는 당연히 부당이득이 인정되므로 무효확인소송을 제기하거나 이미 납부한 금액을 부당이득반환청구소송을 통해 반환받을 수 있다.

68 행정행위의 효력에 관한 설명으로 옳지 않은 것은? (다툼이 있으면 판례에 따름) 2019년 제7회

① 내용상 구속력은 행정행위의 실체법상 효력으로 관계인도 구속한다.

② 행정행위에 불가쟁력이 발생하면 판결에서와 같은 기판력이 발생하여 그 처분의 기초가 된 사실관계나 법률적 판단은 확정된다.

③ 행정행위가 당연무효가 아닌 한 권한 있는 기관에 의해 취소되기 전까지 누구도 그 효력을 부인할 수 없는 것은 공정력 때문이다.

④ 행정행위의 위법 여부가 민사소송에서 선결문제가 된 경우 민사법원은 그 행정행위의 위법 여부를 판단할 수 있다.

⑤ 행정행위의 불가변력은 모든 행정행위에서 발생하는 효력은 아니다.

PART 02

〔해설〕 ① 행정행위가 유효하게 성립하면 그 내용에 따라 일정한 법적 효과를 발생하고 관계행정청 및 상대방과 이해관계인을 구속하는 힘을 가진다.

② 일반적으로 행정처분이나 행정심판 재결이 불복기간의 경과로 인하여 확정될 경우 그 확정력은, 그 처분으로 인하여 법률상 이익을 침해받은 자가 당해 처분이나 재결의 효력을 더 이상 다툴 수 없다는 의미일 뿐, 더 나아가 판결에 있어서와 같은 기판력이 인정되는 것은 아니어서 그 처분의 기초가 된 사실관계나 법률적 판단이 확정되고 당사자들이나 법원이 이에 기속되어 모순되는 주장이나 판단을 할 수 없게 되는 것은 아니다 (2002두11288).

③ 행정행위의 성립에 하자가 있는 경우에도 그것이 중대·명백하여 당연무효로 인정되는 경우를 제외하고는 권한 있는 기관(처분청, 감독청, 행정심판위원회, 행정법원)에 의하여 취소되기까지는 상대방·이해관계인 및 다른 행정청뿐만 아니라 법원(민·형사법원)도 그 효력을 부인할 수 없다. 이를 공정력이라고 한다.

④ 공정력은 단순한 절차적 효력에 불과할 뿐 그 행정행위를 실체적으로 적법하게 만드는 것은 아니므로, 민사법원은 선결문제로 행정행위의 위법성을 판단할 수 있다.

⑤ 행정행위의 불가변력은 준사법적 행위 등 특정한 행정행위에서 발생하는 효력이다.

69 **행정행위의 효력에 관한 설명으로 옳지 않은 것은?** 2022년 제10회

① 실정법상 공정력을 직접적으로 규정하는 법률은 없다.

② 불가쟁력은 행정행위의 상대방이나 이해관계인에 대한 구속력이다.

③ 불가변력이란 처분청 스스로도 당해 행정행위에 구속되어 직권으로 취소·변경할 수 없는 것을 말한다.

④ 집행력은 의무가 부과되는 행정행위에서 문제된다.

⑤ 불가변력이 있는 행정행위일지라도 쟁송기간이 경과하지 않는 한 행정쟁송에 의한 취소가 가능하다.

〔해설〕 ① 행정기본법 제15조에서 공정력을 직접적으로 규정하고 있다.

②, ③ 불가쟁력은 행정행위의 상대방이나 이해관계인에 대한 구속력이며, 불가변력이란 처분청 스스로도 당해 행정행위에 구속되어 직권으로 취소·변경할 수 없는 것을 말한다.

④ 행정행위에 의하여 부과된 의무를 상대방이 이행하지 않으면 행정청은 법원의 힘을 빌리지 않고 스스로 그 이행을 강제할 수 있는데, 이를 집행력이라고 한다. 행정행위의 집행력은 모든 행정행위에 인정되는 것이 아니며 의무부과를 전제로 하는 하명행위에 한하여 문제된다.

⑤ 불가변력이 발생한 경우에도 불가쟁력이 발생하지 않은 한 상대방은 행정쟁송에 의한 취소가 가능하다. 또한, 불가쟁력이 발생한 경우에도 불가변력이 발생하지 않은 한 행정청은 직권취소가 가능하다.

Answer 67. ② 68. ② 69. ①

70 행정행위의 효력에 관한 판례의 내용으로 옳지 않은 것은? 2024년 제12회

① 행정행위는 불가쟁력의 효력이 있어 법령에 의한 불복기간이 경과한 경우에는 당사자는 그 행정처분의 효력을 다툴 수 없다.

② 연령미달의 결격자가 타인의 이름으로 운전면허시험에 응시, 합격하여 교부받은 운전면허는 당연무효는 아니다.

③ 민사소송에 있어서 어느 행정처분의 당연무효 여부가 선결문제로 되는 때에는 민사법원은 이를 판단하여 당연무효임을 전제로 판결할 수 있다.

④ 행정처분이 불복기간의 경과로 인하여 확정될 경우, 그 처분의 기초가 된 사실관계나 법률적 판단이 확정된다.

⑤ 구 원자력법에 따른 원자로 시설의 부지사전승인처분은 그 자체로서 독립한 행정처분이다.

해설 ①, ④ 일반적으로 행정처분이나 행정심판 재결이 불복기간의 경과로 인하여 확정될 경우 그 확정력은, 그 처분으로 인하여 법률상 이익을 침해받은 자가 당해 처분이나 재결의 효력을 더 이상 다툴 수 없다는 의미일 뿐, 더 나아가 판결에 있어서와 같은 기판력이 인정되는 것은 아니어서 그 처분의 기초가 된 사실관계나 법률적 판단이 확정되고 당사자들이나 법원이 이에 기속되어 모순되는 주장이나 판단을 할 수 없게 되는 것은 아니다(2002두11288).

② 허위의 방법으로 연령을 속여 발급받은 운전면허는 비록 위법하다고 하더라도, 도로교통법 제65조 제3호의 허위 기타 부정한 수단으로 운전면허를 받은 경우에 해당함에 불과하여 취소되지 않는 한 그 효력이 있는 것이므로 그러한 운전면허에 의한 운전행위는 무면허운전이라고 할 수 없다(80도2646).

③ 무효 또는 부존재인 행정행위에는 공정력이 발생하지 않는다.

⑤ 원자로 및 관계 시설의 부지사전승인처분은 그 자체로서 건설부지를 확정하고 사전공사를 허용하는 법률효과를 지닌 독립한 행정처분이다(97누19588).

71 행정행위의 불가변력과 불가쟁력에 관한 설명으로 옳은 것은? (다툼이 있으면 판례에 따름)

2023년 제11회

① 불가변력은 행정행위의 상대방이나 이해관계인을 구속하는 효력이고 불가쟁력은 행정청을 구속하는 효력이다.

② 불가변력은 모든 행정행위에 다 인정되지만, 불가쟁력은 예외적으로 일부 행정행위의 경우에만 인정된다.

③ 불가변력은 당해 행정행위에 대하여서만 인정되는 것이고, 동종의 행정행위라 하더라도 그 대상을 달리할 때에는 이를 인정할 수 없다.

④ 행정처분이 불복기간의 경과로 인하여 확정된 경우 처분의 기초가 된 사실관계나 법률적 판단이 확정되고, 당사자들이나 법원이 이에 기속되어 모순되는 주장이나 판단을 할 수 없게 된다.

⑤ 행정심판의 재결은 준사법적 행위로서 불가쟁력이 인정되므로 행정심판 청구인은 제소기간의 경과 여부를 불문하고 그 재결의 효력을 다툴 수 없게 된다.

해설

구분	불가쟁력	불가변력
성질	절차법적 효력, 형식적 존속력	실체법적 효력, 실질적 존속력
대상	행정행위의 상대방 및 이해관계인	처분청과 상급감독기관 등의 행정기관
목적	행정의 능률성, 법적 안정성	법적 안정성
사유	쟁송기간의 도과, 판결의 확정	예외적으로 특별한 경우
한계	무효인 행정행위에는 부정	무효인 행정행위에는 부정
범위	모든 행정행위	확인행위, 준사법적 행위 등 특정한 행정행위
관계	불가쟁력이 발생한 경우에도 불가변력이 발생하지 않은 한 행정청은 직권취소가 가능, 불가변력이 발생한 경우에도 불가쟁력이 발생하지 않은 한 상대방은 쟁송제기가 가능	

Answer 70.④ 71.③

72 행정행위의 효력발생요건에 관한 설명으로 옳지 않은 것은? (단, 다툼이 있는 경우 판례에 따름)

① 정보통신망을 이용한 송달은 송달받은 자가 동의하는 경우에만 한다.

② 송달이 불가능할 경우에는 송달받을 자가 알기 쉽도록 관보, 공보, 게시판, 일간신문, 인터넷 중 하나에 공고하여야 한다.

③ 보통우편으로 발송되었다는 사실만으로는 우편물이 상당기간 내에 도달하였다고 추정할 수 없다.

④ 정보통신망을 이용하여 전자문서로 송달하는 경우에는 송달받을 자가 지정한 컴퓨터 등에 입력된 때에 도달된 것으로 본다.

⑤ 구 청소년보호법에 따라 정보통신윤리위원회가 특정 웹사이트를 청소년유해매체물로 결정하고 청소년보호위원회가 효력발생시기를 명시하여 고시하였다면, 정보통신윤리위원회와 청소년보호위원회가 웹사이트 운영자에게는 위 처분이 있었음을 통지하지 않았다고 하더라도 그 효력은 발생한다.

[해설] ② 송달이 불가능할 경우에는 송달받을 자가 알기 쉽도록 관보, 공보, 게시판, 일간신문 중 하나 이상에 공고하고 인터넷에도 공고하여야 한다.

73 행정행위의 효력에 관한 설명으로 옳지 않은 것은?

① 행정행위의 불가쟁력은 형식적 존속력이라고도 한다.

② 행정심판위원회의 재결에는 불가변력이 인정된다.

③ 불가변력은 행정행위의 상대방 및 이해관계인에 대한 구속력이고, 불가쟁력은 처분청 등 행정기관에 대한 구속력이다.

④ 불가쟁력이 발생한 행정행위일지라도 불가변력이 없는 경우에는 행정청 등 권한 있는 기관은 이를 직권으로 취소할 수 있다.

⑤ 불가변력이 있는 행위가 당연히 불가쟁력을 발생시키는 것은 아니다.

[해설] ③ 불가변력은 행정행위를 한 행정청 자신에 대한 구속력이고, 불가쟁력은 행정행위의 상대방 및 이해관계인에 대한 구속력이다.

74 행정행위의 효력에 관한 설명으로 옳지 않은 것은? (다툼이 있으면 판례에 따름)

① 불가변력은 모든 행정행위에 공통되는 것이 아니라 행정심판의 재결 등과 같이 예외 적이고 특별한 경우에 처분청 등 행정청에 대한 구속으로 인정되는 실체법적 효력을 의미한다.

② 산업재해요양보상급여 취소처분이 불복기간의 경과로 인해 확정되면 요양급여청구권 없음이 확정되므로 다시 요양급여를 청구할 수 없다.

③ 동일한 사유에 관하여 보다 무거운 면허취소처분을 하기 위하여 이미 행하여진 가벼 운 면허정지처분을 취소하는 것은 선행처분에 대한 당사자의 신뢰 및 법적 안정성을 크게 저해하는 것이 되어 허용될 수 없다.

④ 제소기간이 이미 도과하여 불가쟁력이 생긴 행정처분에 대하여는 개별법규에서 그 변 경을 요구할 신청권을 규정하고 있거나 관계법령의 해석상 그러한 신청권이 인정될 수 있는 등 사정이 없는 한 국민에게 그 행정처분의 변경을 구할 신청권이 없다.

⑤ 준법률행정행위 중 확인은 특정한 사실 또는 법률관계의 존재 여부 또는 정당성 여부 를 공적으로 확정하는 효과를 발생시키므로 확인행위에는 일반적으로 불가변력이 발 생한다.

해설 ② 행정처분이나 행정심판 재결이 불복기간의 경과로 인하여 확정될 경우 확정력은 처분으로 인하여 법률상 이익을 침해받은 자가 처분이나 재결의 효력을 더 이상 다툴 수 없다는 의미일 뿐 판결에 있어서와 같 은 기판력이 인정되는 것은 아니어서 처분의 기초가 된 사실관계나 법률적 판단이 확정되고 당사자들이나 법 원이 이에 기속되어 모순되는 주장이나 판단을 할 수 없게 되는 것은 아니다.
종전의 산업재해요양보상급여취소처분이 불복기간의 경과로 인하여 확정되었더라도 요양급여청구권이 없다는 내용의 법률관계까지 확정된 것은 아니며 소멸시효에 걸리지 아니한 이상 다시 요양급여를 청구할 수 있고 그 것이 거부된 경우 이는 새로운 거부처분으로서 위법 여부를 소구할 수 있다(92누17181).

75 선결문제에 대한 설명으로 옳지 않은 것은? (다툼이 있는 경우 판례에 의함)

① 행정처분의 당연무효 여부가 선결문제인 경우, 민사법원은 이를 판단하여 당연무효임을 전제로 판결할 수 있다.

② 과세처분의 하자가 단지 취소할 수 있는 정도에 불과할 때에는 과세관청이 이를 스스로 취소하거나 항고소송절차에 의하여 취소되지 않는 한 그로 인한 조세의 납부가 부당이득이 된다고 할 수 없다.

③ 민사법원은 국가배상청구소송에서 선결문제로 행정처분의 위법 여부를 판단할 수 없다.

④ 행정처분이 당연무효가 아닌 한 형사법원은 선결문제로 그 행정처분의 효력을 부인할 수 없다.

⑤ 연령미달의 결격자가 타인의 이름으로 운전면허시험에 응시, 합격하여 교부받은 운전면허는 당연무효가 아니라 취소되지 않는 한 유효하므로 피고인의 운전행위는 무면허운전에 해당하지 않는다.

[해설] ③ 민사법원이 행정행위의 국가배상책임을 인정하기 위해서는 행정행위의 위법성을 확인하면 되는 것이지 행정행위의 취소가 필요한 것은 아니다. 따라서 민사법원은 국가배상청구소송에서 선결문제로 행정처분의 위법 여부를 판단할 수 있다.

76 민사소송이나 형사소송에서 행정행위의 위법 여부, 효력 유무 또는 부인이 선결문제가 되었을 때, 법원이 이를 심리·판단할 수 없는 경우는? (다툼이 있는 경우 판례에 의함)

① 조세부과처분의 무효를 이유로 이미 납부한 세금의 반환을 청구하는 부당이득반환청구소송을 제기하는 경우

② 영업허가가 취소되었음에도 불구하고 영업을 계속하여 무허가영업을 한 죄로 기소되자 그 취소처분에 대해 취소사유가 있음을 들어 무죄를 주장하는 경우

③ 영업허가를 취소당함으로써 손해를 입었다고 주장하면서 국가배상을 청구하는 소송을 제기한 경우

④ 행정청의 시정명령을 이행하지 않음을 이유로 시정명령 위반죄로 기소된 경우

⑤ 위법한 행정대집행이 완료되어 그 처분의 무효확인 또는 취소를 구할 소의 이익이 없는 경우에 해당하지만, 그 처분의 위법을 이유로 손해배상을 청구하는 경우

[해설] ② 형사법원은 영업허가취소처분을 취소할 수 없다. 따라서 영업허가취소처분이 유지되는 한 무허가영업에 해당한다.

PART 02

77 행정행위의 효력에 관한 설명으로 옳지 않은 것은? (다툼이 있으면 판례에 따름)

① 하자 있는 수입승인에 기초하여 수입면허를 받고 물품을 통과한 경우, 당해 수입면허가 당연무효가 아닌 이상 무면허수입죄가 성립되지 않는다.

② 행정행위에 불가변력이 발생한 경우에는 행정청은 당해 행정행위를 직권으로 취소할 수 없을 뿐만 아니라 철회도 불가능하다.

③ 행정행위의 불가변력은 해당 행정행위에 대해서만 인정되는 것이지, 그 대상을 달리하는 동종의 행정행위에 대해서도 인정되는 것은 아니다.

④ 행정처분이 불복기간의 경과로 인하여 확정될 경우, 확정력은 처분으로 인하여 법률상 이익을 침해받은 자가 처분의 효력을 더 이상 다툴 수 없다는 의미일 뿐 판결에 있어서와 같은 기판력이 인정되는 것은 아니다.

⑤ 민사소송에 있어서 어느 행정처분의 당연무효 여부가 선결문제로 되는 때에는 당해 소송의 수소법원은 이를 판단하여 그 행정처분의 무효확인판결을 할 수 있다.

[해설] ⑤ 행정처분의 당연무효 여부가 선결문제로 되는 때에는 민사법원은 이를 판단하여 민사재판을 할 수는 있지만, 그 행정처분의 무효확인판결을 할 수 있는 것은 아니다.

78 행정행위의 효력에 관한 설명으로 옳지 않은 것은? (다툼이 있으면 판례에 따름)

① 과세처분에 관한 이의신청절차에서 과세관청이 이의신청 사유가 옳다고 인정하여 과세처분을 직권으로 취소한 이상 그 후 특별한 사유 없이 이를 반복하고 종전 처분을 되풀이하는 것은 허용되지 않는다.

② 공정력은 행정청의 권력적 행위뿐 아니라 비권력적 행위, 사실행위, 사법행위에도 인정된다.

③ 행정처분이 불복기간의 경과로 인하여 확정될 경우에도 처분의 기초가 된 사실관계나 법률적 판단이 확정되는 것이 아니므로 당사자들이나 법원은 이에 모순되는 주장이나 판단을 할 수 있다.

④ 조세의 과오납으로 인한 부당이득반환청구소송에서 행정행위가 당연무효가 아닌 경우 민사법원은 그 처분의 효력을 부인할 수 없다.

⑤ 민사소송에 있어서 어느 행정처분의 당연무효 여부가 선결문제로 되는 때에는 이를 판단하여 당연무효임을 전제로 판결할 수 있고, 반드시 행정소송 등의 절차에 의하여 그 취소나 무효확인을 받아야 하는 것은 아니다.

해설 ② 공정력은 행정행위의 효력이며, 비권력적 행위나 사실행위, 사법행위에는 인정되지 않는다.

79 법적용의 기준에 대한 설명으로 옳지 않은 것은?

① 새로운 법령은 법령에 특별한 규정이 있는 경우를 제외하고는 그 법령의 효력발생 전에 완성되거나 종결된 사실관계 또는 법률관계에 대해서는 적용되지 아니한다.

② 당사자의 신청에 따른 처분은 법령에 특별한 규정이 있거나 처분 당시의 법령을 적용하기 곤란한 특별한 사정이 있는 경우를 제외하고는 처분 당시의 법령에 따른다.

③ 법령을 위반한 행위의 성립과 이에 대한 제재처분은 법령에 특별한 규정이 있는 경우를 제외하고는 법령을 위반한 행위 당시의 법령에 따른다.

④ 법령을 위반한 행위 후 법령의 변경에 의하여 그 행위가 법령을 위반한 행위에 해당하지 아니하는 경우에도 해당 법령에 특별한 규정이 없는 경우 변경 이전의 법령을 적용한다.

⑤ 장해급여 지급을 위한 장해등급 결정과 같이 행정청이 확정된 법률관계를 확인하는 처분을 하는 경우에는 법률관계 확정시 법령을 적용하여야 한다.

해설 ④ 법령을 위반한 행위 후 법령의 변경에 의하여 그 행위가 법령을 위반한 행위에 해당하지 아니하는 경우에는 해당 법령에 특별한 규정이 없는 경우 변경된 법령을 적용한다.
⑤ 장해급여 지급을 위한 장해등급 결정은 지급사유 발생 당시(법률관계 확정시)의 법령을 따른다.

80 행정행위의 하자에 관한 설명으로 옳은 것을 모두 고른 것은? (다툼이 있는 경우에는 판례에 의함) 2014년 제2회

> ㉠ 하자 있는 행정행위가 당연무효가 되기 위하여는 그 하자가 법규의 중요한 부분을 위반한 중대한 것으로서 객관적으로 명백한 것이어야 한다.
> ㉡ 처분의 방식으로 문서주의를 규정한 행정절차법 제24조를 위반하여 행하여진 행정청의 처분은 원칙적으로 무효이다.
> ㉢ 선행처분과 후행처분이 서로 결합하여 하나의 법률효과를 발생시키는 경우, 선행처분에 불가쟁력이 생겼으며 후행처분 자체에는 아무런 하자가 없다고 하더라도, 선행처분의 위법을 이유로 후행처분의 취소를 구할 수 있다.

① ㉠
② ㉠, ㉡
③ ㉠, ㉢
④ ㉡, ㉢
⑤ ㉠, ㉡, ㉢

해설 ㉠ 하자 있는 행정처분이 당연무효가 되기 위하여는 그 하자가 법규의 중요한 부분을 위반한 중대한 것으로서 객관적으로 명백한 것이어야 하고, 하자가 중대하고 명백한 것인지 여부를 판별함에 있어서는 그 법규의 목적, 의미, 기능 등을 목적론적으로 고찰함과 동시에 구체적 사안 자체의 특수성에 관하여도 합리적으로 고찰함을 요한다(2000두4057).
㉡ 법령상 서면에 의하도록 되어 있는 행정행위를 서면에 의하지 않은 경우는 무효이다.
㉢ 두 개 이상의 행정처분이 연속적으로 행하여지는 경우 선행처분과 후행처분이 서로 결합하여 1개의 법률효과를 완성하는 때에는 선행처분에 하자가 있으면 그 하자는 후행처분에 승계되므로 선행처분에 불가쟁력이 생겨 그 효력을 다툴 수 없게 된 경우에도 선행처분의 하자를 이유로 후행처분의 효력을 다툴 수 있다(93누8542).

Answer 78. ② 79. ④ 80. ⑤

81 행정행위의 무효와 취소에 관한 설명으로 옳은 것은? (다툼이 있는 경우에는 판례에 의함)

2013년 제1회

① 무효인 행정행위에는 공정력이 인정되지 아니한다.

② 행정절차법상 처분의 직권취소는 처분 등이 있음을 안 날로부터 1년, 처분 등이 있은 날로부터 2년 이내에 하여야 한다.

③ 취소소송의 진행 중에는 처분청은 계쟁처분을 직권취소할 수 없다.

④ 행정사건을 선결문제로 하는 민사소송에서 법원은 무효인 행정행위의 효력을 확인할 수는 없지만, 취소할 수 있는 행정행위의 효력을 부인할 수는 있다.

⑤ 행정행위에 대한 무효확인소송에서도 제소기간을 준수하여야 한다.

[해설] ① 무효 또는 부존재인 행정행위에는 공정력이 발생하지 않는다(행정기본법 제15조).
② 직권취소는 취소기간의 제한이 없다.
③ 해당 처분에 대한 취소소송이 진행 중이어도 처분청은 위법한 처분을 스스로 취소하고 그 하자를 보완하여 다시 적법한 처분을 할 수 있다.
④ 처분의 위법성의 정도가 중대하고 명백한 당연무효에 해당하는 처분은 공정력이 없고, 처음부터 효력이 발생하지 않는다. 따라서 민사소송 또는 형사소송에서 행정행위의 무효 여부가 선결문제로 된 경우, 그 수소법원은 스스로 당해 행위가 무효임을 판단할 수 있다. 취소할 수 있는 행정행위는 공정력이 발생하므로 민사법원은 그 행정행위의 효력을 부인할 수는 없다.
⑤ 무효등확인소송에는 취소소송과 달리 행정심판전치주의와 제소기간의 제한이 적용되지 않는다. 한편 무효를 구하는 의미의 취소소송에는 취소소송과 같이 제소기간의 제한이 적용된다.

82 행정행위의 무효와 취소에 관한 설명으로 옳은 것은? (다툼이 있으면 판례에 따름) 2019년 제7회

① 하자의 치유는 무효인 행정행위에서만 인정된다.

② 행정심판의 필요적 전치주의가 적용되는 경우 무효확인소송을 제기하려면 무효확인심판의 재결을 거쳐야 한다.

③ 당연무효를 선언하는 의미에서의 취소소송을 제기할 때에는 취소소송의 제소기간을 준수해야 한다.

④ 헌법재판소에 의해 위헌으로 결정된 법률에 근거한 행정행위는 위헌결정이 있기 전에 발령된 행정행위라도 무효이다.

⑤ 불가쟁력이 발생한 과세처분의 근거법률이 후에 위헌으로 결정되었더라도 위헌결정 이후에 행한 그 과세처분에 따른 체납처분은 효력이 있다.

[해설] ① 하자의 치유는 취소할 수 있는 행정행위를 대상으로 한다.
② 행정심판의 필요적 전치주의가 적용되는 경우에도 무효확인소송인 경우에는 전치주의가 적용되지 않는다.
③ 당연무효를 선언하는 의미에서의 취소소송도 취소소송에 해당하므로 취소소송의 요건을 준수하여야 한다.
④ 위헌으로 결정된 법률에 근거한 행정행위는 위헌결정이 있기 전에 발령된 행정행위에 해당한다면 취소사유에 해당한다. 다만, 위헌결정이 있은 후에 발령된 행정행위라면 무효이다.
⑤ 위헌결정 이후에 행한 그 과세처분에 따른 체납처분은 무효이다.

83 행정행위의 하자승계 논의의 전제에 관한 설명으로 옳지 않은 것은? (다툼이 있으면 판례에 따름) 2022년 제10회

① 선행행위와 후행행위가 모두 항고소송의 대상인 행정처분이어야 한다.
② 선행행위에는 취소사유인 하자가 존재해야 한다.
③ 후행행위는 하자가 없이 적법해야 한다.
④ 선행행위에 불가쟁력이 발생해야 한다.
⑤ 후행행위에 불가변력이 발생해야 한다.

[해설] 하자의 승계론의 전제요건으로는 1) 선행행위와 후행행위 모두 항고소송의 대상이 되는 처분일 것, 2) 선행행위에는 취소사유에 해당하는 하자가 있을 것, 3) 후행행위 자체에는 고유한 하자가 없을 것, 4) 선행행위에 대한 제소기간이 경과하여 불가쟁력이 발생할 것이 필요하다.
⑤ 불가변력은 행정행위의 하자승계 논의와 관련이 없다.

84 행정행위 하자승계론의 전제요건에 해당하지 않는 것은? 2020년 제8회
① 선행행위와 후행행위가 모두 처분일 것
② 선행행위에 무효가 아닌 취소사유의 하자가 존재할 것
③ 선행행위에 불가쟁력이 발생하였을 것
④ 후행행위는 하자가 없는 적법한 행위일 것
⑤ 후행행위가 선행행위에 대하여 내용적 구속력이 있을 것

[해설] 하자의 승계론의 전제요건으로는 1) 선행행위와 후행행위 모두 항고소송의 대상이 되는 처분일 것, 2) 선행행위에는 취소사유에 해당하는 하자가 있을 것, 3) 후행행위 자체에는 고유한 하자가 없을 것, 4) 선행행위에 대한 제소기간이 경과하여 불가쟁력이 발생할 것이 필요하다.

Answer 81. ① 82. ③ 83. ⑤ 84. ⑤

85 판례에 의할 때 선행처분에 취소사유가 있음을 들어 후행처분의 위법을 주장할 수 있는 경우는? (단, 선행처분에 불가쟁력이 발생하였고, 후행처분에는 고유의 위법이 없음) 2013년 제1회

① 조세부과처분 - 체납처분

② 표준지공시지가결정 - 수용재결

③ 공무원 직위해제처분 - 공무원 면직처분

④ 택지개발예정지구 지정 - 택지개발계획 승인

⑤ 건물철거명령 - 대집행계고처분

해설 ② 선행처분과 후행처분이 서로 독립하여 별개의 효과를 목적으로 하는 경우에도 선행처분의 불가쟁력이나 구속력이 그로 인하여 불이익을 입게 되는 자에게 수인한도를 넘는 가혹함을 가져오며, 그 결과가 당사자에게 예측가능한 것이 아닌 경우에는 하자의 승계를 인정한다(93누8542).

하자의 승계 인정	하자의 승계 부정
• 대집행에 있어서 계고·대집행영장통지·대집행실행·비용징수의 각 행위 사이 • 조세체납처분에 있어서 독촉·압류·매각·청산의 각 행위 사이	• 건물철거명령과 대집행행위 사이 • 조세부과처분과 체납처분
• 개별공시지가결정과 과세처분 • 표준지공시지가결정과 수용재결(보상금결정)	• 표준공시지가결정과 개별공시지가결정 • 표준공시지가결정과 과세처분 • 도시계획결정과 수용재결처분 • 사업인정처분과 재결처분 • 택지개발예정지구지정과 택지개발계획승인처분 • 도시계획시설변경·지적승인고시처분과 사업계획승인처분
• 친일반민족행위자 결정처분과 독립유공자법 적용배제자 결정처분 • 한지의사시험자격인정과 한지의사면허처분 • 안경사국가시험합격무효처분과 안경사면허취소처분	• 직위해제처분과 직권면직처분 • 보충역편입처분과 공익근무요원소집처분 • 액화석유가스판매사업허가처분과 사업개시신고 반려처분

86 판례에 의할 때, 선행처분에 취소사유가 있음을 들어 후행처분의 위법을 주장할 수 없는 경우는? 2016년 제4회

	선행처분	후행처분
①	사업인정처분	수용재결처분
②	대집행 계고처분	대집행영장발부통보처분
③	대집행 계고처분	대집행비용납부명령처분
④	안경사시험합격무효처분	안경사면허취소처분
⑤	친일반민족행위자 결정처분	독립유공자 예우에 관한 법률 적용배제자 결정처분

해설 ① 사업인정처분과 수용재결처분은 하자의 승계를 부정한다.

87 무효인 행정처분에 해당되지 않는 것은? (다툼이 있는 경우 판례에 의함)

① 주민등록법상 최고·공고절차가 생략된 주민등록말소처분
② 행정절차법상 문서주의에 위반하여 행해진 행정처분
③ 환경영향평가법상 환경영향평가의 대상사업임에도 환경영향평가를 거치지 않고 행해진 사업승인처분
④ 납세자가 아닌 제3자의 재산을 대상으로 한 압류처분
⑤ 취소판결의 기속력에 위반하여 행해진 행정처분

해설 ① 주민등록법상 최고·공고절차가 생략된 주민등록말소처분은 절차상 하자가 있는 취소인 행정처분이다.

88 행정행위의 하자에 관한 설명으로 옳지 않은 것은? (다툼이 있는 경우 판례에 의함)

① 법률이 위헌으로 결정된 후 그 법률에 근거하여 발령되는 행정처분은 위헌결정의 기속력에 반하므로 그 하자가 중대하고 명백하여 당연무효가 된다.

② 법률에 근거하여 행정청이 행정처분을 한 후에 헌법재판소가 그 법률을 위헌으로 결정하였다면 결과적으로 그 행정처분은 하자가 있는 것이 된다고 할 것이나, 특별한 사정이 없는 한 이러한 하자는 위 행정처분의 취소사유에 해당할 뿐 당연무효사유는 아니라고 봄이 상당하다.

③ 행정처분에 대하여 그 행정처분의 근거가 된 법률이 위헌이라는 이유로 무효확인청구의 소가 제기된 경우에는 다른 특별한 사정이 없는 한 법원으로서는 그 법률이 위헌인지 여부에 대하여는 판단할 필요 없이 그 무효확인청구를 각하하여야 한다.

④ 행정처분이 있은 후에 집행단계에서 그 처분의 근거된 법률이 위헌으로 결정되는 경우 그 처분의 집행이나 집행력을 유지하기 위한 행위는 위헌결정의 기속력에 위반되어 허용되지 않는다.

⑤ 내부위임을 받은 기관이 위임한 기관의 이름이 아닌 자신의 이름으로 행정처분을 한 경우, 그 행정처분은 무효이다.

해설 ③ 어느 행정처분에 대하여 그 행정처분의 근거가 된 법률이 위헌이라는 이유로 무효확인청구의 소가 제기된 경우에는 다른 특별한 사정이 없는 한 법원으로서는 그 법률이 위헌인지 여부에 대하여는 판단할 필요 없이 그 무효확인청구를 기각하여야 한다(92누9463).

89 행정행위의 하자의 승계에 관한 설명으로 옳지 않은 것은? (다툼이 있는 경우 판례에 의함)

① 선행행위에 무효의 하자가 존재하더라도 선행행위와 후행행위가 결합하여 하나의 법적 효과를 목적으로 하는 경우에는 하자의 승계에 대한 논의의 실익이 있다.

② 선행행위에 대하여 불가쟁력이 발생하지 않았거나 선행행위와 후행행위가 서로 독립하여 각각 별개의 법률효과를 목적으로 하는 때에는 원칙적으로 선행행위의 하자를 이유로 후행행위의 효력을 다툴 수 없다.

③ 선행행위와 후행행위가 서로 독립하여 별개의 법률효과를 목적으로 하는 경우라도 선행행위의 불가쟁력이나 구속력이 그로 인하여 불이익을 입은 자에게 수인한도를 넘는 가혹함을 가져오고 그 결과가 예측가능한 것이 아닌 때에는 하자의 승계를 인정할 수 있다.

④ 하자의 승계가 인정되기 위해서는 선행행위는 불가쟁력이 발생한 경우이어야 하고, 후행행위는 불가쟁력이 발생하지 않아야 한다.

⑤ 하자의 승계가 인정되기 위해서는 선행행위와 후행행위가 모두 항고소송의 대상이 되는 처분이어야 한다.

[해설] ① 행정행위의 하자의 승계는 선행행위에 취소의 하자가 존재하여야 한다. 선행행위에 무효의 하자가 존재한다면 당연히 후행행위도 무효가 되므로 하자의 승계를 논의할 필요가 없다.

90 행정행위의 하자의 승계에 관한 설명으로 옳지 않은 것은? (다툼이 있는 경우 판례에 의함)

① 2개 이상의 행정처분이 연속적 또는 단계적으로 이루어지는 경우 선행처분과 후행처분이 서로 합하여 1개의 법률효과를 완성하는 때에는 선행처분에 하자가 있으면 그 하자는 후행처분에 승계된다.

② 수용보상금의 증액을 구하는 소송에서 선행처분으로서 그 수용대상 토지가격 산정의 기초가 된 비교표준지공시지가결정의 위법을 독립된 사유로 주장할 수 있다.

③ 도시 및 주거환경정비법상 사업시행계획에 관한 취소사유인 하자는 관리처분계획에 승계되지 않는다.

④ 이미 불가쟁력이 발생한 보충역편입처분에 하자가 있다고 하더라도 그것이 당연무효의 사유가 아닌 한 공익근무요원 소집처분에 승계되는 것은 아니다.

⑤ 선행행위의 하자를 이유로 후행행위를 다투는 경우뿐 아니라 후행행위의 하자를 이유로 선행행위를 다투는 것도 하자의 승계이다.

[해설] ⑤ 후행행위의 하자를 이유로 선행행위를 다투는 것은 하자의 승계가 아니다.

Answer 88. ③ 89. ① 90. ⑤

91 **행정행위의 하자의 치유에 대한 설명으로 옳지 않은 것은? (다툼이 있는 경우 판례에 의함)**

① 행정행위의 하자의 치유는 원칙적으로 허용될 수 없고, 예외적으로 행정행위의 무용한 반복을 피하고 당사자의 법적 안정성을 위해 허용하는 때에도 국민의 권리나 이익을 침해하지 않는 범위에서 인정될 수 있다.

② 행정청이 청문서 도달기간을 다소 어겼다고 하더라도 상대방이 이의를 제기하지 아니한 채 스스로 청문일에 출석하여 방어의 기회를 충분히 가졌다면 청문서 도달기간을 준수하지 아니한 하자는 치유된다.

③ 당연무효인 징계처분을 받은 자가 이를 용인하였다면 그 징계처분의 하자는 치유된다.

④ 하자의 치유는 늦어도 행정처분에 대한 불복 여부의 결정 및 불복신청을 할 수 있는 상당한 기간 내에 해야 하므로, 소가 제기된 이후에는 하자의 치유가 인정될 수 없다.

⑤ 행정행위의 하자가 치유되면 당해 행정행위는 처분 당시부터 하자가 없는 적법한 행정행위로 효력을 발생한다.

해설 } ③ 무효인 행정행위는 하자의 치유가 인정되지 않는다.

92 **행정행위의 하자에 대한 설명으로 옳지 않은 것은? (다툼이 있는 경우 판례에 의함)**

① 과세처분의 취소를 구하는 행정소송에서 선행처분인 개별공시지가결정의 위법을 독립된 위법사유로 주장할 수 있다.

② 적법한 권한위임 없이 세관출장소장이 한 관세부과처분은 당연무효이다.

③ 임용 당시 법령상 공무원임용결격사유가 있었다면 임용권자의 과실에 의하여 임용결격자임을 밝혀내지 못한 경우에 해당하더라도 그 임용행위는 당연무효가 된다.

④ 세액산출근거가 기재되지 아니한 납세고지서에 의한 부과처분은 강행법규에 위반하여 취소대상이 되며, 이와 같은 하자를 납세의무자가 전심절차에서 이를 주장하지 아니하였거나 그 후 부과된 세금을 자진납부하였다고 하더라도 그 하자가 치유되는 것은 아니다.

⑤ 무효인 행정행위에는 공정력과 불가쟁력이 발생하지 않는다.

해설 } ② 적법한 권한위임 없이 세관출장소장이 한 관세부과처분은 취소사유이다(2003두2403).

93 행정행위의 하자에 대한 판례의 입장으로 옳지 않은 것은?

① 구 폐기물처리시설 설치촉진 및 주변지역 지원 등에 관한 법령상 입지선정위원회는 일정 수 이상의 주민대표 등을 참여시키도록 하고 있음에도 불구하고 이에 위배하여 군수와 주민대표가 선정·추천한 전문가를 포함시키지 않은 채 입지선정위원회를 임의로 구성하여 의결한 경우 이에 따른 폐기물처리시설 입지결정처분의 하자는 무효사유에 해당한다.

② 국민연금법상 장애연금 지급을 위한 장애등급결정을 하는 경우에는 원칙상 장애연금 지급을 결정할 당시가 아니라 장애연금 지급청구권을 취득할 당시의 법령을 적용한다.

③ 적법하게 건축된 건축물에 대한 철거명령을 전제로 행하여진 후행행위인 건축물철거 대집행계고처분은 당연무효이다.

④ 세액산출근거가 누락된 납세고지서에 의한 과세처분에 대하여 상고심 계류 중 세액산출근거의 통지가 행하여지면 당해 과세처분의 하자는 치유된다.

⑤ 행정처분에 있어 여러 개의 처분사유 중 일부가 적법하지 않더라도 다른 처분사유로써 그 처분의 정당성이 인정된다면 그 처분은 위법하지 않다.

[해설] ④ 하자의 치유는 행정쟁송제기 이전까지만 인정될 수 있다. 따라서 소송 중 세액산출근거의 통지가 있다고 하여도 하자의 치유를 인정할 수 없다.

94 행정행위의 직권취소에 관한 설명으로 옳지 않은 것은? (다툼이 있으면 판례에 따름) 2020년 제8회

① 직권취소는 별도의 법적 근거가 없어도 가능하다.
② 직권취소는 당해 처분의 취소소송 계속 중에도 할 수 있다.
③ 수익적 행정행위의 직권취소에 대한 직권취소는 인정되지 않는다.
④ 수익적 행정행위의 직권취소는 제한될 수 있다.
⑤ 수익적 행정행위의 직권취소의 소급효는 제한될 수 있다.

[해설] ① 처분청은 행정행위를 별도의 법적 근거가 없이도 직권취소할 수 있다.
② 처분에 대한 취소소송이 진행 중이라도 그 처분청은 위법한 처분을 스스로 취소할 수 있다.
③ 수익적 행정행위의 직권취소에 대한 직권취소는 취소처분을 한 후 새로운 이해관계인이 생기기 전까지는 다시 직권취소하여 수익적 행정행위의 효력을 회복시킬 수 있다. 그러나 부담적 행정행위의 취소를 다시 직권취소하여 원행정처분을 소생시킬 수는 없다.
④ 수익적 행정행위를 직권취소하는 경우에는 신뢰보호원칙 및 비례원칙 등의 제한을 받는다.
⑤ 행정청은 위법 또는 부당한 처분의 전부나 일부를 소급하여 취소할 수 있다. 다만, 당사자의 신뢰를 보호할 가치가 있는 등 정당한 사유가 있는 경우에는 장래를 향하여 취소할 수 있다(행정기본법 제18조 제1항).

Answer 91.③ 92.② 93.④ 94.③

95 처분의 취소 또는 변경에 관한 설명으로 옳은 것은? (다툼이 있으면 판례에 따름) 2021년 제9회

① 처분의 위법은 직권취소의 사유가 되지만, 처분의 부당은 직권취소의 사유가 되지 않는다.

② 수익적 처분의 직권취소 필요성에 관한 증명책임은 처분의 상대방에 있다.

③ 수익적 처분에 대한 직권취소의 경우에는 행정절차법상 사전통지가 필요하지 않다.

④ 행정청은 행정소송이 계속되고 있는 때에는 직권으로 해당 처분을 변경할 수 없다.

⑤ 산업재해보상보험법상 연금지급결정을 취소하는 처분이 적법하다고 하여 그에 터 잡은 징수처분이 반드시 적법한 것은 아니다.

[해설] ① 직권취소의 사유는 처분의 위법뿐만 아니라 부당까지도 포함한다.
② 수익적 처분의 직권취소 필요성에 관한 증명책임은 행정청에게 있다.
③ 수익적 처분에 대한 직권취소는 불이익한 처분에 해당하므로 행정절차법상 사전통지가 필요하다.
④ 처분에 대한 취소소송이 진행 중이라도 그 처분청은 위법한 처분을 스스로 취소 또는 변경할 수 있다.
⑤ 산재보상법상 각종 보험급여 등의 지급결정을 변경 또는 취소하는 처분과 처분에 터 잡아 잘못 지급된 보험급여액에 해당하는 금액을 징수하는 처분이 적법한지를 판단하는 경우 비교·교량할 각 사정이 동일하다고는 할 수 없으므로, 지급결정을 변경 또는 취소하는 처분이 적법하다고 하여 그에 터 잡은 징수처분도 반드시 적법하다고 판단해야 하는 것은 아니다(2013두27159).

96 행정기본법상 행정행위의 취소 · 철회에 관한 설명으로 옳은 것은? 2024년 제12회

① 위법한 처분의 일부에 대해 취소할 수 없다.

② 부당한 처분에 대해서는 취소할 수 없다.

③ 당사자의 신뢰를 보호할 가치가 있는 경우에는 위법한 처분에 대해 장래를 향하여 취소할 수 있다.

④ 적법한 처분은 중대한 공익을 위하여 필요한 경우에도 그 처분의 전부를 철회할 수 없다.

⑤ 적법한 처분을 철회하는 경우에는 철회로 인하여 당사자가 입게 될 불이익을 철회로 달성되는 공익과 비교 · 형량할 필요는 없다.

[해설] ①, ②, ③ 행정청은 위법 또는 부당한 처분의 전부나 일부를 소급하여 취소할 수 있다. 다만, 당사자의 신뢰를 보호할 가치가 있는 등 정당한 사유가 있는 경우에는 장래를 향하여 취소할 수 있다(행정기본법 제18조 제1항).

④, ⑤

> **행정기본법 제19조 【적법한 처분의 철회】** ① 행정청은 적법한 처분이 다음 각 호의 어느 하나에 해당하는 경우에는 그 처분의 전부 또는 일부를 장래를 향하여 철회할 수 있다.
>   1. 법률에서 정한 철회 사유에 해당하게 된 경우
>   2. 법령등의 변경이나 사정변경으로 처분을 더 이상 존속시킬 필요가 없게 된 경우
>   3. 중대한 공익을 위하여 필요한 경우
> ② 행정청은 제1항에 따라 처분을 철회하려는 경우에는 철회로 인하여 당사자가 입게 될 불이익을 철회로 달성되는 공익과 비교·형량하여야 한다.

97 행정행위의 직권취소와 철회에 관한 설명으로 옳은 것만을 모두 고른 것은? (다툼이 있으면 판례에 따름) 2016년 제4회

> ㉠ 행정행위의 취소사유는 행정행위의 성립 당시에 존재하였던 하자를 말하고, 철회사유는 행정행위의 성립 이후에 새로이 발생한 것으로서 행정행위의 효력을 존속시킬 수 없는 사유를 말한다.
> ㉡ 행정행위를 한 행정청은, 별도의 명시적인 법적 근거가 없다면, 행정행위의 성립에 하자가 있더라도 직권으로 이를 취소할 수 없다.
> ㉢ 행정행위를 한 행정청은, 별도의 명시적인 법적 근거가 없다면, 원래의 행정행위를 그대로 존속시킬 필요가 없게 된 사정변경이 생겼더라도 이를 철회할 수 없다.

① ㉠   ② ㉡   ③ ㉢

④ ㉠, ㉡   ⑤ ㉡, ㉢

[해설] ㉠ 취소는 행정행위의 원시적 하자를 이유로 하는 데 비하여, 철회는 후발적 사유에 기하여 그 효력을 소멸시키는 것이다.
㉡ 행정행위를 한 행정청은 별도의 명시적인 법적 근거가 없어도 행정행위의 성립에 하자가 있다면 직권으로 이를 취소할 수 있다.
㉢ 부담적 행정행위의 철회는 상대방에게 이익이 되므로 법적 근거가 필요 없다. 수익적 행정행위인 경우에도 처분 당시에 그 행정처분에 별다른 하자가 없었고 또 그 처분 후에 이를 취소할 별도의 법적 근거가 없다 하더라도 원래의 처분을 그대로 존속시킬 필요가 없게 된 사정변경이 생겼거나 또한 중대한 공익상의 필요가 발생한 경우에는 별개의 행정행위로 이를 철회하거나 변경할 수 있다(95누1194).

98 행정행위의 취소 및 철회에 관한 설명으로 옳지 않은 것은? (다툼이 있는 경우에는 판례에 의함) 2014년 제2회

① 쟁송취소의 효과는 당연히 소급한다.

② 직권취소의 경우에는 실권의 경우를 제외하고는 취소기간의 제한이 없다.

③ 상급행정청은 하급행정청에 대한 감독권 행사의 일환으로 하급행정청이 한 행정행위를 직접 철회할 수 있다.

④ 취소사유는 행정행위의 성립 당시에 존재하였던 하자이고, 철회사유는 행정행위가 성립된 이후에 새로이 발생한 것으로서 행정행위의 효력을 존속시킬 수 없는 사유이다.

⑤ 철회사유가 존재하는 경우, 별도의 법적 근거가 없더라도 철회할 수 있다.

해설 ① 쟁송취소의 효과는 원칙적으로 소급한다. 직권취소의 경우 부담적 행정행위에 대한 취소는 원칙적으로 소급효가 인정되고, 수익적 행정행위에 대한 취소는 장래에 대하여 효력이 발생한다. 다만 수익적 행정행위에 대한 취소의 경우에도 상대방에게 귀책사유가 있는 경우에는 소급효가 인정된다.

② 직권취소는 취소기간의 제한이 없다. 다만, 취소권자가 상당한 장기간에 걸쳐 그 권한을 행사하지 아니한 결과, 장차 당해 행위는 취소되지 아니할 것이라는 신뢰가 형성된 경우에는 그 취소권은 상실된다(실권의 법리).

③ 취소는 처분청·감독청이 할 수 있으나, 철회는 처분청만이 할 수 있다. 감독청은 처분청에 철회를 명할 수는 있으나, 법률에 특별한 규정이 없는 한 직접 당해 행위를 철회할 수는 없다.

④ 취소는 행정행위의 원시적 하자를 이유로 하는 데 비하여, 철회는 후발적 사유에 기하여 그 효력을 소멸시키는 것이다.

⑤ 부담적 행정행위의 철회는 상대방에게 이익이 되므로 법적 근거가 필요 없다. 수익적 행정행위인 경우에도 처분 당시에 그 행정처분에 별다른 하자가 없었고 또 그 처분 후에 이를 취소할 별도의 법적 근거가 없다 하더라도 원래의 처분을 그대로 존속시킬 필요가 없게 된 사정변경이 생겼거나 또한 중대한 공익상의 필요가 발생한 경우에는 별개의 행정행위로 이를 철회하거나 변경할 수 있다(95누1194).

99 행정행위의 직권취소에 대한 설명으로 옳지 않은 것은? (다툼이 있는 경우 판례에 의함)

① 처분청이라도 자신이 행한 수익적 행정행위를 위법 또는 부당을 이유로 취소하려면 취소에 대한 법적 근거가 있어야 한다.

② 과세처분을 직권취소한 경우 그 취소가 당연무효가 아닌 한 과세처분은 확정적으로 효력을 상실하므로, 취소처분을 직권취소하여 원과세처분의 효력을 회복시킬 수 없다.

③ 위법한 행정행위에 대하여 불가쟁력이 발생한 이후에도 당해 행정행위의 위법을 이유로 직권취소할 수 있다.

④ 행정행위의 위법이 치유된 경우에는 그 위법을 이유로 당해 행정행위를 직권취소할 수 없다.

⑤ 법률에서 직권취소에 대한 근거를 두고 있는 경우, 이해관계인이 처분청에 대하여 위법을 이유로 행정행위의 취소를 요구할 신청권을 갖는다고 볼 수는 없다.

[해설] ① 행정처분을 한 처분청은 그 처분의 성립에 하자가 있는 경우 이를 취소할 별도의 법적 근거가 없다고 하더라도 직권으로 이를 취소할 수 있다.

100 행정행위의 직권취소에 대한 설명으로 옳지 않은 것은? (다툼이 있는 경우 판례에 의함)

① 직권취소는 개별법에 특별한 규정이 없는 한 행정절차법에 따른 절차규정이 적용된다.

② 행정행위의 위법 여부에 대하여 취소소송이 이미 진행 중인 경우에도 처분청은 위법을 이유로 그 행정행위를 직권취소할 수 있다.

③ 수익적 처분이 상대방의 허위 기타 부정한 방법으로 인하여 행하여졌다면 상대방은 그 처분이 그와 같은 사유로 인하여 취소될 것임을 예상할 수 없었다고 할 수 없으므로, 이러한 상대방의 신뢰를 보호하여야 하는 것은 아니다.

④ 명문의 규정을 불문하고 처분청과 감독청은 철회권을 가진다.

⑤ 산업재해보상보험법상 각종 보험급여 등의 지급결정을 변경 또는 취소하는 처분과 처분에 터 잡아 잘못 지급된 보험급여액에 해당하는 금액을 징수하는 처분이 적법한지를 판단하는 경우, 지급결정을 변경 또는 취소하는 처분이 적법하다고 하여 그에 터 잡은 징수처분도 반드시 적법하다고 판단해야 하는 것은 아니다.

[해설] ④ 명문의 규정을 불문하고 처분청은 철회권을 가진다. 감독청의 경우 법률에 근거가 있어야 철회권을 행사할 수 있다.

Answer 98. ③ 99. ① 100. ④

101 행정행위의 취소와 철회에 대한 설명으로 가장 옳지 않은 것은? (다툼이 있는 경우 판례에 의함)

① 당연무효가 아닌 상속세 부과를 직권취소한 것에 대하여 과세관청이 상속세 부과취소를 다시 취소함으로써 원래의 상속세 부과처분을 회복시킬 수 없다.

② 수익적 행정처분의 경우 상대방의 신뢰보호와 관련하여 직권취소가 제한되나 그 필요성에 대한 입증책임은 기존 이익과 권리를 침해하는 처분을 한 행정청에 있다.

③ 처분청의 행정처분 후 사정변경이 있거나 중대한 공익상 필요가 있는 경우 법적 근거가 없어도 이를 철회할 수 있다.

④ 행정행위의 철회사유는 행정행위가 성립되기 이전에 발생한 것으로서 행정행위의 효력을 존속시킬 수 없는 사유를 말한다.

⑤ 지방병무청장이 재신체검사 등을 거쳐 보충역편입처분을 제2국민역편입처분으로 변경한 경우, 그 후 새로운 병역처분의 성립에 하자가 있었음을 이유로 하여 이를 취소하더라도 종전 병역처분의 효력이 되살아나는 것은 아니다.

[해설] ④ 철회는 행정행위가 성립한 이후에 발생한 새로운 사정으로 행정행위의 효력을 존속시킬 수 없는 경우에 장래에 향하여 그 효력을 소멸시키는 것을 말한다.

102 행정청이 법률의 근거 규정 없이도 할 수 있는 조치로 옳은 것만을 모두 고른 것은? (다툼이 있는 경우 판례에 의함)

> ㉠ 하자 있는 처분을 직권으로 취소하는 것
> ㉡ 재량권이 인정되는 영역에서 재량권 행사의 기준이 되는 지침을 제정하는 것
> ㉢ 중대한 공익상의 필요가 발생하여 처분을 철회하는 것
> ㉣ 사정변경으로 인하여 처분에 부가되어 있는 부담의 목적을 달성할 수 없게 되어 부담의 내용을 변경하는 것

① ㉠, ㉡   ② ㉢, ㉣
③ ㉠, ㉡, ㉣   ④ ㉠, ㉢, ㉣
⑤ ㉠, ㉡, ㉢, ㉣

103 확약에 관한 설명으로 옳지 않은 것은? (다툼이 있으면 판례에 따름) 2022년 제10회

① 확약은 일방적 행위라는 점에서 복수당사자의 의사의 합치인 공법상 계약과는 구분된다.

② 확약은 종국적 규율이 아니라는 점에서 종국적 규율을 하는 사전결정이나 부분허가와 구분된다.

③ 어업권면허에 선행하는 우선순위결정은 강학상 확약에 불과하고 행정처분은 아니다.

④ 확약 이후에 사실상태 또는 법적 상태가 변경된 경우에도 확약의 구속성이 상실되기 위해서는 행정청의 별도의 의사표시가 있어야 한다.

⑤ 확약은 정당한 권한을 가진 행정청에 의해서 그 권한의 범위 내에서만 발해질 수 있다.

해설 ③ 어업권면허에 선행하는 우선순위결정은 행정청이 우선권자로 결정된 자의 신청이 있으면 어업권면허처분을 하겠다는 것을 약속하는 행위로서 강학상 확약에 불과하고 행정처분은 아니므로, 우선순위결정에 공정력이나 불가쟁력과 같은 효력은 인정되지 아니하며, 따라서 우선순위결정이 잘못되었다는 이유로 종전의 어업권면허처분이 취소되면 행정청은 종전의 우선순위결정을 무시하고 다시 우선순위를 결정한 다음 새로운 우선순위결정에 기하여 새로운 어업권면허를 할 수 있다(94누6529).

④ 행정청이 상대방에게 장차 어떤 처분을 하겠다고 확약 또는 공적인 의사표명을 하였다고 하더라도, 그 자체에서 상대방으로 하여금 언제까지 처분의 발령을 신청을 하도록 유효기간을 두었는데도 그 기간 내에 상대방의 신청이 없었다거나 확약 또는 공적인 의사표명이 있은 후에 사실적·법률적 상태가 변경되었다면, 그와 같은 확약 또는 공적인 의사표명은 행정청의 별다른 의사표시를 기다리지 않고 실효된다(95누10877).

104 다음 중 옳지 않은 것은? (다툼이 있으면 판례에 따름)

① 확약이 있은 후에 사실적·법률적 상태가 변경되었다면 그와 같은 확약은 행정청의 별다른 의사표시를 기다리지 않고 실효된다.

② 어업권면허에 선행하는 우선순위결정은 행정행위의 효력인 공정력과 불가쟁력이 인정되지 않는다.

③ 영업허가취소처분이 나중에 항고소송을 통해 취소되었다면 그 영업허가취소처분 이후의 영업행위를 무허가영업이라 할 수 없다.

④ 영업허가를 취소하는 처분에 대해 불가쟁력이 발생하였더라도 이후 사정변경을 이유로 그 허가취소의 변경을 요구하였으나 행정청이 이를 거부한 경우라면, 그 거부는 원칙적으로 항고소송의 대상이 되는 처분이다.

⑤ 폐기물처리업에 대하여 관할관청의 사전 적정통보를 받고 막대한 비용을 들여 허가요건을 갖춘 다음 허가신청을 하였음에도 청소업자의 난립으로 효율적인 청소업무의 수행에 지장이 있다는 이유로 한 불허가 처분은 신뢰보호원칙에 반하여 재량권을 남용한 위법한 처분이다.

해설 ④ 불가쟁력이 발생한 처분에 대해 원칙적으로 그 처분의 변경을 요구할 신청권이 인정되지 않는다. 따라서 그 거부는 원칙적으로 항고소송의 대상이 되는 처분이 아니다.

Answer 101. ④ 102. ⑤ 103. ④ 104. ④

105 다음 중 폐기물처리 사업계획의 적합 여부 통보(사전결정)에 대한 설명으로 옳지 않은 것은? (다툼이 있으면 판례에 따름)

① 사업계획에 대해 부적합통보는 그 자체로 하나의 완결된 행정행위이다.

② 사업계획에 대한 적합통보가 있는 경우 사업의 허가단계에서는 나머지 허가요건만을 심사하면 된다.

③ 사업계획에 대한 적합통보는 사업허가 전에 신청자의 편의를 위하여 미리 그 사업허가의 일부 요건을 심사하여 행하는 사전결정의 성격이 있는 것이어서 사업허가처분이 있게 되면 그 허가처분에 흡수되어 독립된 존재가치를 상실한다.

④ 폐기물처리업 사업계획에 대하여 적정통보를 한 것만으로 그 사업부지 토지에 대한 국토이용계획변경신청을 승인하여 주겠다는 취지의 공적인 견해표명을 한 것으로 볼 수 없다.

⑤ 사업계획에 대한 적합통보결정은 최종 행정행위인 폐기물처리 사업허가에 기본적으로 구속력을 미치지 않는다.

[해설] ⑤ 기본적으로 폐기물처리 사업계획의 적합통보(사전결정)의 구속력을 인정한다.

106 행정행위에 관한 설명으로 옳지 않은 것은? (다툼이 있으면 판례에 따름)

① 구체적 사실을 규율하는 경우라도 불특정 다수인을 상대방으로 하는 처분이라면 행정행위가 아니다.

② 구 원자력법상 원자로 및 관계시설의 부지사전승인처분은 그 자체로서 건설부지를 확정하고 사전공사를 허용하는 법률효과를 지닌 독립한 행정처분이다.

③ 공정거래위원회가 부당한 공동행위를 한 사업자에게 과징금부과처분을 한 뒤 다시 자진신고 등을 이유로 과징금감면처분을 한 경우 선행처분은 후행처분에 흡수되어 소멸하므로 선행처분의 취소를 구하는 소는 부적법하다.

④ 행정청이 내인가를 한 후 이를 취소하는 행위는 별다른 사정이 없는 한 인가신청을 거부하는 처분으로 보아야 한다.

⑤ 사전결정(예비결정)은 단계화된 행정절차에서 최종적인 행정결정을 내리기 전에 이루어지는 행위이지만 그 자체가 하나의 행정행위에 해당한다.

[해설] ① 불특정 다수인을 상대방으로 구체적 사실을 규율하는 경우에는 일반처분으로서 행정행위에 해당한다.

107 행정계획에 관한 설명으로 옳은 것은? (다툼이 있으면 판례에 따름) ^{2018년 제6회}

① 행정계획은 헌법소원의 대상이 될 수 없다.

② 서로 양립할 수 없는 내용의 도시·군관리계획이 중복되어 결정·고시되었다면 특별한 사정이 없는 한 선행 계획은 후행 계획과 같은 내용으로 적법하게 변경된 것으로 보아야 한다.

③ 행정절차법은 행정계획의 수립절차에 대하여 규정하고 있다.

④ 국토의 계획 및 이용에 관한 법률에 따른 개발제한구역의 지정·고시는 처분성이 없다.

⑤ 행정청은 행정계획을 수립함에 있어 광범위한 형성의 자유를 가지나, 이를 변경함에 있어서는 형성의 자유가 인정되지 않는다.

[해설] ① 헌법재판소는 행정계획에 대해서는 원칙적으로 헌법소원을 인정하지 아니한다. 다만, 예외적으로 비구속적 행정계획안이나 행정지침이라도 국민의 기본권에 직접적으로 영향을 끼치고, 앞으로 법령의 뒷받침에 의하여 그대로 실시될 것이 틀림없을 것으로 예상될 수 있을 때에는, 공권력행위로서 예외적으로 헌법소원의 대상이 될 수 있다(99헌마538). 또한 헌법재판소는 국립대학의 '대학입학고사 주요 요강'을 처분은 아니지만 국민의 기본권에 직접 영향을 미치는 내용이므로 공권력 행사로 헌법소원의 대상이 된다고 판시하였다.
② 행정청은 이미 도시계획이 결정·고시된 지역에 대하여도 다른 도시계획을 결정·고시할 수 있고, 이때에 후행 도시계획에 선행 도시계획과 서로 양립할 수 없는 내용이 포함되어 있다면, 특별한 사정이 없는 한 선행 도시계획은 후행 도시계획과 같은 내용으로 적법하게 변경되었다고 할 것이다(96누1313).
③ 문제 출제 이후 행정절차법의 개정으로 현재는 행정계획의 내용이 명문으로 규정되어 있다.

행정절차법 제40조의4【행정계획】 행정청은 행정청이 수립하는 계획 중 국민의 권리·의무에 직접 영향을 미치는 계획을 수립하거나 변경·폐지할 때에는 관련된 여러 이익을 정당하게 형량하여야 한다.

④, ⑤ 개발제한구역지정처분은 건설부장관이 법령의 범위 내에서 도시의 무질서한 확산 방지 등을 목적으로 도시정책상의 전문적·기술적 판단에 기초하여 행하는 일종의 행정계획으로서 그 입안·결정에 관하여 광범위한 형성의 자유를 가지는 계획재량처분이므로, 그 지정에 관련된 공익과 사익을 전혀 비교교량하지 아니하였거나 비교교량을 하였더라도 그 정당성과 객관성이 결여되어 비례의 원칙에 위반되었다고 볼 만한 사정이 없는 이상, 그 개발제한구역지정처분은 재량권을 일탈·남용한 위법한 것이라고 할 수 없다(96누1313).

108 행정계획에 관한 설명으로 옳지 않은 것은? (다툼이 있으면 판례에 따름) 2015년 제3회

① 행정청이 이미 도시계획이 결정·고시된 지역에 대하여 다른 도시계획을 결정·고시한 경우, 특별한 사정이 없는 한 선행 도시계획은 후행 도시계획과 같은 내용으로 적법하게 변경되었다고 할 것이다.

② 행정주체가 행정계획을 입안·결정하는 데에는 광범위한 계획재량을 가지더라도, 행정계획에 관련된 자들의 이익을 공익 상호 간과 사익 상호 간까지 비교·교량하여야 할 필요는 없다.

③ 국토이용계획은 계획의 확정 후에 어떤 사정의 변동이 있다고 하여 지역주민이나 일반 이해관계인에게 일일이 그 계획의 변경을 신청할 권리를 인정하여 줄 수 없음이 원칙이다.

④ 도시계획구역 내 토지 등을 소유하고 있는 주민은 입안권자에게 도시계획입안을 요구할 수 있는 법규상 또는 조리상의 신청권이 있다.

⑤ 택지개발 예정지구 지정처분은 광범위한 재량행위라고 할 것이므로 그 재량권의 일탈·남용이 없는 이상 그 처분을 위법하다고 할 수 없다.

해설 ①, ②, ⑤ 행정청은 이미 도시계획이 결정·고시된 지역에 대하여도 다른 도시계획을 결정·고시할 수 있고, 이때 후행 도시계획에 선행 도시계획과 서로 양립할 수 없는 내용이 포함되어 있다면, 특별한 사정이 없는 한 선행 도시계획은 후행 도시계획과 같은 내용으로 적법하게 변경되었다고 할 것이다.

개발제한구역지정처분은 건설부장관이 법령의 범위 내에서 도시의 무질서한 확산 방지 등을 목적으로 도시정책상의 전문적·기술적 판단에 기초하여 행하는 일종의 행정계획으로서 그 입안·결정에 관하여 광범위한 형성의 자유를 가지는 계획재량처분이므로, 그 지정에 관련된 공익과 사익을 전혀 비교교량하지 아니하였거나 비교교량을 하였더라도 그 정당성과 객관성이 결여되어 비례의 원칙에 위반되었다고 볼 만한 사정이 없는 이상, 그 개발제한구역지정처분은 재량권을 일탈·남용한 위법한 것이라고 할 수 없다(96누1313).

③ 도시계획법상 주민이 행정청에 대하여 도시계획 및 그 변경에 대하여 어떤 신청을 할 수 있다는 규정이 없고, 도시계획과 같이 장기성, 종합성이 요구되는 행정계획에 있어서 그 계획이 일단 확정된 후 어떤 사정의 변동이 있다 하여 지역주민에게 일일이 그 계획의 변경을 청구할 권리를 인정해 줄 수도 없는 것이므로 그 변경거부행위를 항고소송의 대상이 되는 행정처분에 해당한다고 볼 수 없다(93누22029).

④ 도시계획구역 내 토지 등을 소유하고 있는 주민으로서는 입안권자에게 도시계획입안을 요구할 수 있는 법규상 또는 조리상의 신청권이 있다(2003두1806).

109 행정계획에 관한 설명으로 옳지 않은 것은? (다툼이 있는 경우에는 판례에 의함) ^{2014년 제2회}

① 행정주체는 구체적인 행정계획을 입안·결정함에 있어서 비교적 광범위한 형성의 자유를 가진다.

② 형량명령이란 행정계획을 입안·결정함에 있어서 관련된 이익을 정당하게 형량하여야 한다는 원칙을 말한다.

③ 행정계획의 확정·변경 또는 실효로 인한 국민의 재산상 손실의 보상에 관해서는 행정절차법이 일반적 규정을 두고 있다.

④ 도시·군관리계획은 국민의 권익에 직접 구체적인 영향을 미치는 점에서 항고소송의 대상이 된다.

⑤ 주민은 도시·군관리계획의 입안권자에게 지구단위계획구역의 변경에 관한 도시·군관리계획의 입안을 제안할 수 있다.

[해설] ①, ② 관계 법령에는 추상적인 행정목표와 절차만이 규정되어 있을 뿐 행정계획의 내용에 관하여는 별다른 규정을 두고 있지 아니하므로 행정주체는 구체적인 행정계획을 입안·결정함에 있어서 비교적 광범위한 형성의 자유를 가지는 것이지만, 행정주체가 가지는 이와 같은 형성의 자유는 무제한적인 것이 아니라 그 행정계획에 관련되는 자들의 이익을 공익과 사익 사이에서는 물론이고 공익 상호간과 사익 상호간에도 정당하게 비교교량하여야 한다(2005두1893).

③ 행정절차법은 행정계획의 확정·변경 또는 실효로 인한 국민의 재산상 손실의 보상에 관한 일반적 규정을 두고 있지 않다.

④, ⑤ 계획변경청구권은 원칙적으로 인정되지 아니한다. 따라서 계획변경청구에 대한 행정청의 거부처분에 대해 원칙적으로 취소소송으로 다툴 수 없다. 그러나 예외적으로 일정한 행정처분을 신청할 수 있는 지위에 있는 자의 계획변경신청을 거부하는 것이 실질적으로 행정처분 자체를 거부하는 결과가 되는 경우에는 계획변경청구권을 인정한다. 예를 들면, 국토의 계획 및 이용에 관한 법률 제26조 제1항은 주민은 도시·군관리계획을 입안할 수 있는 자에게 도시·군관리계획의 입안을 제안할 수 있다고 규정하여 주민의 계획변경청구권을 인정한다.

110 행정계획에 관한 설명으로 옳지 않은 것은? (다툼이 있으면 판례에 따름)

① 행정계획을 결정하는 데에는 비록 광범위한 재량이 인정되지만 만일 이익형량의 고려 대상에 포함시켜야 할 중요한 사항을 누락하였다면 그 행정계획은 위법하다.

② 구 도시계획법령상 도시계획안의 내용에 대한 공고 및 공람 절차에 하자가 있는 도시계획결정은 위법하다.

③ '4대강 살리기 마스터플랜'은 4대강 정비사업지역 인근에 거주하는 주민의 권리 · 의무에 직접 영향을 미치는 것이어서 행정처분에 해당한다.

④ 도시기본계획은 일반국민에 대하여 직접적인 구속력은 없다.

⑤ 계획재량은 일반적인 재량행위에 비해 더 큰 재량의 범위가 부여된다.

[해설] ③ '4대강 살리기 마스터플랜'은 행정기관 내부의 기본방향을 제시하는 것에 불과하므로 국민의 권리 · 의무에 직접 영향을 미치는 것이 아니어서 행정처분에 해당하지 않는다(2010무111).

111 행정계획에 대한 설명으로 옳지 않은 것은? (다툼이 있는 경우 판례에 의함)

① 도시계획구역 내 토지 등을 소유하고 있는 사람과 같이 당해 도시계획시설결정에 이해관계가 있는 주민은 도시시설계획의 입안권자 내지 결정권자에게 도시시설계획의 입안 내지 변경을 요구할 수 있는 법규상 또는 조리상의 신청권이 있다.

② 구 국토이용관리법상의 국토이용계획은 그 계획이 일단 확정된 후에 어떤 사정의 변동이 있다고 하여 지역주민이나 일반 이해관계인에게 일일이 그 계획의 변경을 신청할 권리를 인정하여 줄 수 없다.

③ 장래 일정한 기간 내에 관계법령이 규정하는 시설 등을 갖추어 일정한 행정처분을 구하는 신청을 할 수 있는 법률상 지위에 있는 자의 국토이용계획변경신청을 거부하는 것이 실질적으로 당해 행정처분 자체를 거부하는 결과가 되는 경우에는 항고소송의 대상이 되는 처분에 해당한다.

④ 문화재보호구역 내의 토지소유자가 문화재보호구역의 지정해제를 신청하는 경우에는 그 신청인에게 법규상 또는 조리상 행정계획변경을 신청할 권리가 인정되지 않는다.

⑤ 원칙적으로 계획보장청구권을 인정하기는 힘들다.

[해설] ④ 문화재보호구역 내의 토지소유자에게는 문화재보호구역의 지정해제를 요구할 법규상 또는 조리상 신청권이 인정된다.

112 행정계획에 대한 설명으로 옳지 않은 것은? (다툼이 있는 경우 판례에 의함)

① 도시관리계획결정·고시와 그 도면에 특정 토지가 도시관리계획에 포함되지 않았음이 명백한데도 도시관리계획을 집행하기 위한 후속 계획이나 처분에서 그 토지가 도시관리계획에 포함된 것처럼 표시되어 있는 경우, 이는 원칙적으로 취소사유에 해당한다.

② 행정주체가 행정계획을 입안·결정함에 있어서 이익형량을 하였으나 정당성과 객관성이 결여된 경우 그 행정계획결정은 위법하다.

③ 선행 도시계획의 결정·변경 등의 권한이 없는 행정청이 행한 선행 도시계획과 양립할 수 없는 새로운 내용의 후행 도시계획결정은 무효이다.

④ 도시계획의 결정·변경 등에 대한 권한행정청은 이미 도시계획이 결정·고시된 지역에 대하여도 다른 내용의 도시계획을 결정·고시할 수 있고, 이때 후행 도시계획에 선행 도시계획과 양립할 수 없는 내용이 포함되어 있다면 특별한 사정이 없는 한 선행 도시계획은 후행 도시계획과 같은 내용으로 변경된다.

⑤ 구 도시계획법상 도시기본계획은 도시계획입안의 지침이 되는 것으로서 일반국민에 대한 직접적 구속력이 없다.

해설 ① 도시관리계획결정·고시와 그 도면에 특정 토지가 도시관리계획에 포함되지 않았음이 명백한데도 도시관리계획을 집행하기 위한 후속 계획이나 처분에서 그 토지가 도시관리계획에 포함된 것처럼 표시되어 있는 경우가 있다. 이것은 실질적으로 도시관리계획결정을 변경하는 것에 해당하여 구 국토의 계획 및 이용에 관한 법률 제30조 제5항에서 정한 도시관리계획 변경절차를 거치지 않는 한 당연무효이다(2018두47783).

Answer 110. ③ 111. ④ 112. ①

113 행정계획에 대한 설명으로 옳지 않은 것은? (다툼이 있는 경우 판례에 의함)

① 비구속적 행정계획이라도 국민의 기본권에 직접적으로 영향을 끼치고, 법령의 뒷받침에 의하여 그대로 실시될 것이 확실하게 예상될 수 있을 때에는 헌법소원의 대상이 될 수 있다.

② 행정주체가 행정계획을 입안·결정함에 있어서 행정계획에 관련되는 자들의 이익을 공익과 사익 사이에는 물론이고 공익 상호 간과 사익 상호 간에도 정당하게 비교교량하여야 한다.

③ 개발제한구역 지정처분의 입안·결정에 관하여 행정청은 광범위한 형성의 자유를 갖지만, 이익형량을 전혀 행하지 아니하거나 이익형량의 고려대상에 마땅히 포함시켜야 할 사항을 누락하는 등 형량에 하자가 있는 행정계획은 위법하게 된다.

④ 관계법령에 추상적인 행정목표와 절차만이 규정되어 있을 뿐 행정계획의 내용에 관하여 별다른 규정을 두고 있지 아니하는 경우에, 행정주체는 구체적인 행정계획안의 입안·결정에 관하여 비교적 광범위한 형성의 자유를 가진다.

⑤ 행정절차법은 행정계획의 절차상 통제방법으로 관계 행정기관과의 협의와 주민·이해관계인의 참여에 관한 일반적인 규정을 두고 있다.

[해설] ⑤ 행정절차법은 행정계획의 수립 등에 관한 절차로 행정예고와 이익형량을 규정하고 있다. 그러나 관계 행정기관과의 협의와 주민·이해관계인의 참여와 같은 절차상 통제에 관한 일반적인 규정은 없다.

114 A시는 조례에 근거하여 甲회사와 생활폐기물수집·운반대행위탁계약을 체결하였다. 이 계약에 관한 설명으로 옳은 것은? (다툼이 있으면 판례에 따름) 2021년 제9회

① 사법상 계약으로 계약자유의 원칙이 적용된다.

② 국가를 당사자로 하는 계약에 관한 법률이 적용된다.

③ 계약의 체결에 관한 다툼은 공법상 당사자소송에 의한다.

④ 계약절차에는 행정절차법이 적용된다.

⑤ 계약의 해지 통보에 관한 다툼은 취소소송에 의한다.

[해설] ① 지방자치단체와 대행기관 간의 생활폐기물수집·운반대행위탁계약은 사법상 계약에 해당하므로, 국가를 당사자로 하는 계약에 관한 법률이나 행정절차법이 적용되지 않는다. 또한 계약의 체결에 관한 다툼은 민사소송에 의한다.

115 **공법상 계약에 관한 설명으로 옳지 않은 것은? (다툼이 있으면 판례에 따름)** 2024년 제12회

① 공법상 계약에는 법률우위의 원칙이 적용된다.

② 공법상 계약의 체결 시 계약의 목적 및 내용을 명확하게 적은 계약서를 작성하여야 한다.

③ 공법상 계약에 따른 권리·의무의 확인 소송은 공법상 당사자소송에 의한다.

④ 확약은 일방적 행위라는 점에서 복수당사자의 의사의 합치인 공법상 계약과는 구분된다.

⑤ 국가를 당사자로 하는 계약에 관한 법률에 따라 국가가 당사자가 되는 공공계약은 공법상 계약에 해당한다.

해설 ② 행정기본법 제27조 제1항

⑤ '국가를 당사자로 하는 계약에 관한 법률'에 따라 국가 또는 공기업이 당사자가 되는 이른바 공공계약은 사경제의 주체로서 상대방과 대등한 위치에서 체결하는 사법상의 계약으로서 그 본질적인 내용은 사인 간의 계약과 다를 바가 없다(2012다74076).

116 **공법상 계약에 관한 설명으로 옳은 것은?** 2023년 제11회

① 행정절차법은 공법상 계약의 절차에 관한 일반법이다.

② 행정청은 공법상 계약의 상대방을 선정하고 계약 내용을 정할 때 공법상 계약의 공공성만을 고려하여야 하고 제3자의 이해관계를 고려하여서는 아니 된다.

③ 행정청이 공법상 계약을 체결하는 경우 계약의 목적 및 내용을 명확하게 적은 계약서를 작성하여야 한다.

④ 공법상 계약에는 법률우위의 원칙이 적용되지 않는다.

⑤ 행정청이 공법상 계약을 체결할 때 법령 등에 따른 관계 행정청의 동의, 승인 등이 필요하다고 하여 이를 모두 거쳐야 하는 것은 아니다.

해설 ① 행정절차법은 공법상 계약의 절차에 관한 규정이 없다. 공법상 계약은 행정기본법에서 규정하고 있다.

② 행정청은 공법상 계약의 상대방을 선정하고 계약 내용을 정할 때 공법상 계약의 공공성과 제3자의 이해관계를 함께 고려하여야 한다.

④ 모든 행정행위에는 법률우위의 원칙이 적용된다.

⑤ 행정청이 공법상 계약을 체결할 때 법령 등에 따른 관계 행정청의 동의, 승인 등을 모두 거쳐야 한다.

Answer 113. ⑤ 114. ① 115. ⑤ 116. ③

117 행정작용에 관한 설명으로 옳은 것은? (다툼이 있으면 판례에 따름) 2022년 제10회

① 행정계획은 사인의 신뢰보호를 위해 일반적으로 계획존속청구권이 인정된다.

② 행정사법작용에는 사적자치의 원칙이 통용되므로 공법적 제한을 받지 않는다.

③ 사실행위는 법적 효과의 제거대상이 될 수 없으므로, 권력적인지 비권력적인지를 불문하고 항고소송의 대상인 처분성이 인정되지 않는다.

④ 계약직공무원에 대한 채용계약해지를 함에 있어서는 행정절차법에 의하여 그 근거와 이유를 제시할 필요가 없다.

⑤ 행정지도는 상대방의 임의적인 협력을 구하는 것이므로, 법률우위의 원칙은 적용되지 않는다.

[해설] ① 행정계획에는 변화가능성이 내재되어 있으므로 계획존속청구권이 원칙적으로 부정된다.
② 행정사법작용은 국가권력에 의해 남용될 가능성이 있고, "공법의 사법으로서의 도피" 현상을 막기 위해서 통상의 사법관계와는 다른 재산권보장·신뢰보호원칙·평등원칙·비례원칙 등의 행정법상 일반원칙을 지켜야 한다.
③ 권력적 사실행위는 항고소송의 대상인 처분성이 인정된다.
④ 계약직공무원에 관한 현행 법령의 규정에 비추어 볼 때, 계약직공무원 채용계약해지의 의사표시는 일반공무원에 대한 징계처분과는 달라서 항고소송의 대상이 되는 처분 등의 성격을 가진 것으로 인정되지 아니하고, 일정한 사유가 있을 때에 국가 또는 지방자치단체가 채용계약 관계의 한쪽 당사자로서 대등한 지위에서 행하는 의사표시로 취급되는 것으로 이해되므로, 이를 징계해고 등에서와 같이 그 징계사유에 한하여 효력 유무를 판단하여야 하거나, 행정처분과 같이 행정절차법에 의하여 근거와 이유를 제시하여야 하는 것은 아니다(2002두5948).
⑤ 법률우위의 원칙은 모든 행정작용에 적용된다.

118 공법상 계약에 관한 설명으로 가장 옳지 않은 것은? (다툼이 있는 경우 판례에 의함)

① 공법상 계약해지의 의사표시에 대한 다툼은 공법상의 당사자소송으로 무효확인을 청구할 수 있다.

② 시립무용단원의 채용계약과 공중보건의사 채용계약은 공법상 계약에 해당한다.

③ 국립의료원 부설 주차장에 대한 위탁관리용역 운영계약은 공법상 계약에 해당한다.

④ 행정기본법은 공법상 계약에 대한 규정을 두고 있다.

⑤ 공법상 계약에 대해서는 행정절차법이 적용되지 않는다.

[해설] ③ 국유재산 등의 관리청이 하는 행정재산의 사용·수익에 대한 허가는 순전히 사경제주체로서 행하는 사법상의 행위가 아니라 관리청이 공권력을 가진 우월적 지위에서 행하는 행정처분으로서 특정인에게 행정재산을 사용할 수 있는 권리를 설정하여 주는 강학상 특허에 해당한다.

119 **사실행위에 관한 설명으로 가장 옳지 않은 것은? (다툼이 있는 경우 판례에 의함)**

① 위법한 행정지도에 따라 행한 사인의 행위는 법령에 명시적으로 정함이 없는 한 위법성이 조각된다고 할 수 없다.

② 헌법재판소는 "수형자의 서신을 교도소장이 검열하는 행위는 이른바 권력적 사실행위로서 행정심판이나 행정소송의 대상이 되는 행정처분으로 볼 수 있다."라고 하여 명시적으로 권력적 사실행위의 처분성을 긍정하였다.

③ 위법한 행정지도로 손해가 발생한 경우 국가 등을 상대로 손해배상을 청구할 수 있으나, 이 경우 국가배상법 제2조가 정한 배상책임의 요건을 갖추어야 한다.

④ 판례에 의하면, 행정규칙에 의한 불문경고조치는 차후 징계감경사유로 작용할 수 있는 표창대상자에서 제외되는 등의 인사상 불이익을 줄 수 있다 하여도 이는 간접적 효과에 불과하므로 항고소송의 대상인 행정처분에 해당하지 않는다.

⑤ 구 교육인적자원부장관 국·공립대학 총장들에 대한 학칙시정요구는 행정지도의 일종이지만, 헌법소원의 대상인 공권력의 행사로 볼 수 있다.

해설 ④ 행정규칙에 의한 '불문경고조치'가 비록 법률상의 징계처분은 아니지만 위 처분을 받지 아니하였다면 차후 다른 징계처분이나 경고를 받게 될 경우 징계감경사유로 사용될 수 있었던 표창공적의 사용가능성을 소멸시키는 효과와 1년 동안 인사기록카드에 등재됨으로써 그동안은 장관표창이나 도지사표창 대상자에서 제외시키는 효과 등이 있다는 이유로 항고소송의 대상이 되는 행정처분에 해당한다(2001두3532).

120 **행정지도에 관한 설명으로 옳지 않은 것은? (다툼이 있으면 판례에 따름)** 2018년 제6회

① 주택법에 따라 시장이 사업주체가 건설할 주택을 공업화주택으로 건설하도록 사업주체에게 권고한 것은 행정지도에 해당한다.

② 행정절차법은 행정지도에 법적 근거가 요구되는지에 대하여 규정하고 있지 않다.

③ 행정기관은 조직법상 주어진 권한의 범위 밖에서도 행정지도를 할 수 있다.

④ 행정지도에는 개별법상 명시적 규정의 유무를 불문하고 행정법의 일반원칙이 적용된다.

⑤ 사인의 행위가 위법한 행정지도에 따른 것이라는 사유만으로는 위법성이 조각되지 않는다.

해설 ①, ③ 행정지도란 행정기관이 그 소관 사무의 범위에서 일정한 행정목적을 실현하기 위하여 특정인에게 일정한 행위를 하거나 하지 아니하도록 지도, 권고, 조언 등을 하는 행정작용을 말한다(행정절차법 제2조 제3호).

② 행정절차법은 행정지도에 관하여 개념과 기본원칙 그리고 그 절차만을 규정하고 있다. 즉 행정지도에 법적 근거가 요구되는지에 대하여는 규정하고 있지 않다.

Answer 117. ④ 118. ③ 119. ④ 120. ③

121 행정지도에 관한 설명으로 옳지 않은 것은? (다툼이 있으면 판례에 따름) 2020년 제8회

① 행정지도는 상대방의 협력을 전제로 법적 효과의 발생을 목적으로 하는 행정청의 의사표시이다.

② 행정지도의 상대방은 해당 행정지도의 방식·내용에 관하여 행정기관에 의견제출을 할 수 있다.

③ 행정기관은 상대방이 행정지도에 따르지 않았다는 이유로 불이익한 조치를 하여서는 아니 된다.

④ 행정지도를 하는 자는 상대방에게 행정지도의 취지 및 내용과 신분을 밝혀야 한다.

⑤ 행정지도는 국가배상법 제2조의 직무행위에 해당된다.

[해설] ① 행정지도는 상대방인 국민의 임의적인 협력을 구하는 비권력적 사실행위로서 아무런 법적 효과를 발생시키지 아니한다.
② 행정지도의 상대방은 해당 행정지도의 방식·내용 등에 관하여 행정기관에 의견제출을 할 수 있다(행정절차법 제50조).
③ 행정기관은 행정지도의 상대방이 행정지도에 따르지 아니하였다는 것을 이유로 불이익한 조치를 하여서는 아니 된다(행정절차법 제48조 제2항).
④ 행정지도는 그 목적 달성에 필요한 최소한도에 그쳐야 하며, 행정지도의 상대방의 의사에 반하여 부당하게 강요하여서는 아니 된다(행정절차법 제48조 제1항).
⑤ 행정지도로서 비권력적 행정작용이기는 하나 국가배상법 제2조상의 공무원의 직무행위에 해당한다. 다만 위법한 행정지도로 인하여 손해를 입은 경우에도 인과관계의 입증이 힘들기 때문에 국가배상을 인정하기가 어렵다.

122 세무서장 甲은 乙회사에 대한 세무조사를 하면서 乙회사의 주요 거래처인 丙회사에게 乙회사와의 거래를 일정 기간 중지하여 줄 것을 요청하였다(이하, '이 사건 요청행위'라고 한다). 이로 인하여 乙회사는 경제적인 불이익을 입게 되었다. 이에 관한 설명으로 옳지 않은 것은? (다툼이 있으면 판례에 따름) 2017년 제5회

① 이 사건 요청행위는 권고 내지 협조를 구하는 권고적 성격의 행위로서 丙의 법률상의 지위에 직접적인 변동을 가져오는 행정처분은 아니다.

② 이 사건 요청행위가 규제적·구속적 성격을 상당히 강하게 가지게 될 경우 헌법소원의 대상이 될 수 있다.

③ 이 사건 요청행위는 乙의 국가배상법상 손해배상청구 요건인 공무원의 직무에 해당하지 않는다.

④ 이 사건 요청행위를 할 때 甲은 그 목적 달성에 필요한 최소한도 내에서 하여야 한다.

⑤ 이 사건 요청행위를 할 때 甲은 丙에게 요청행위의 취지 및 내용과 신분을 밝혀야 한다.

해설 ① 이 사건 요청행위는 행정지도에 해당하므로 비권력적 사실행위로서 행정처분은 아니다.

② 행정지도가 규제적·구속적 성격을 상당히 강하게 가지게 될 경우 헌법소원의 대상이 될 수 있다(교육인적자원부장관의 학칙시정요구)(2002헌마337).

③ 행정지도로서 비권력적 행정작용이기는 하나 국가배상법 제2조상의 공무원의 직무행위에 해당한다.

④ 행정지도는 그 목적 달성에 필요한 최소한도에 그쳐야 하며, 행정지도의 상대방의 의사에 반하여 부당하게 강요하여서는 아니 된다(행정절차법 제48조 제1항).

⑤ 행정지도를 하는 자는 그 상대방에게 그 행정지도의 취지 및 내용과 신분을 밝혀야 한다(행정절차법 제49조 제1항).

123 행정지도에 관한 설명으로 옳지 않은 것은? (다툼이 있으면 판례에 따름) 2015년 제3회

① 행정지도의 상대방은 해당 행정지도의 방식·내용 등에 관하여 행정기관에 의견 제출을 할 수 있다.

② 행정기관은 행정지도의 상대방이 행정지도에 따르지 아니하였다는 것을 이유로 불이익한 조치를 하여서는 안 된다.

③ 행정지도는 일정한 법적 효과의 발생을 목적으로 하는 처분이다.

④ 법치주의의 붕괴, 책임소재의 불분명으로 인한 책임행정의 이탈 등은 행정지도의 문제점에 해당된다.

⑤ 주무부처 장관의 대학총장들에 대한 학칙시정요구는 규제적·구속적 성격이 강하기 때문에 헌법소원의 대상이 된다.

해설 ① 행정지도의 상대방은 해당 행정지도의 방식·내용 등에 관하여 행정기관에 의견제출을 할 수 있다(행정절차법 제50조).

② 행정기관은 행정지도의 상대방이 행정지도에 따르지 아니하였다는 것을 이유로 불이익한 조치를 하여서는 아니 된다(행정절차법 제48조 제2항).

③ 행정기관이 그 소관사무의 범위 안에서 일정한 행정목적을 실현하기 위하여 특정인에게 일정한 행위를 하거나 하지 아니하도록 지도·권고·조언 등을 하는 행정작용을 말한다. 행정지도는 그 자체로는 아무런 법적 효과를 발생시키지 않는 비권력적 사실행위이다.

④

> ✅ 행정지도의 한계
> 1. 행정지도는 상대방의 임의적 협력을 전제로 하므로 책임소재가 명확하지 않다.
> 2. 행정지도는 비권력적 사실행위로서 강제력이 없으므로 상대방이 행정지도에 응하지 아니하면 행정주체가 의도하는 결과의 발생을 기대할 수 없으므로 실효성 확보가 곤란하다.
> 3. 행정지도는 행정기관에 의하여 행하여지므로 행정지도의 내용이 상대방에게 사실상 강제되는 경우가 있다.
> 4. 행정지도에 의하여 발생한 피해에 대하여 사후적인 구제수단이 마련되어 있지 않다.

⑤ 교육인적자원부장관의 학칙시정요구는 헌법소원의 대상이 되는 공권력행사이다(2002헌마337).

Answer 121. ① 122. ③ 123. ③

124 행정절차법상 행정지도에 관한 설명으로 옳지 않은 것은? 2013년 제1회

① 행정지도는 상대방의 의사에 반하여 부당하게 강요하여서는 아니 된다.

② 행정기관은 행정지도의 상대방이 행정지도에 따르지 아니하였다는 것을 이유로 불이익한 조치를 하여서는 아니 된다.

③ 행정지도는 법적 행위가 아니라 비권력적 사실행위에 불과하므로 비례원칙이 적용되지 아니한다.

④ 행정지도의 상대방은 해당 행정지도의 방식·내용 등에 관하여 행정기관에 의견제출을 할 수 있다.

⑤ 행정지도를 하는 자는 그 상대방에게 그 행정지도의 취지 및 내용과 신분을 밝혀야 한다.

해설 ① 행정지도는 그 목적 달성에 필요한 최소한도에 그쳐야 하며, 행정지도의 상대방의 의사에 반하여 부당하게 강요하여서는 아니 된다(행정절차법 제48조 제1항).
② 행정기관은 행정지도의 상대방이 행정지도에 따르지 아니하였다는 것을 이유로 불이익한 조치를 하여서는 아니 된다(행정절차법 제48조 제2항).
③ 행정절차법 제48조 제1항. 모든 행정작용은 비례원칙의 구속을 받는다.
④ 행정지도의 상대방은 해당 행정지도의 방식·내용 등에 관하여 행정기관에 의견제출을 할 수 있다(행정절차법 제50조).
⑤ 행정지도를 하는 자는 그 상대방에게 그 행정지도의 취지 및 내용과 신분을 밝혀야 한다(행정절차법 제49조 제1항).

125 **행정지도에 관한 설명으로 옳지 않은 것은?** 2023년 제11회

① 행정지도를 반드시 서면으로 해야 하는 것은 아니다.

② 행정기관은 행정지도의 상대방이 행정지도에 따르지 아니하였다는 것을 이유로 불이익한 조치를 하여서는 아니 된다.

③ 행정기관이 같은 행정목적을 실현하기 위하여 많은 상대방에게 행정지도를 하려는 경우에는 특별한 사정이 없으면 행정지도에 공통적인 내용이 되는 사항을 공표하여야 한다.

④ 행정지도의 상대방은 해당 행정지도의 내용뿐만 아니라 행정지도의 방식에 관해서도 행정기관에 의견제출을 할 수 있다.

⑤ 행정기본법은 임의성의 원칙 등 행정지도의 원칙에 관하여 규정하고 있다.

해설 ① 행정지도가 말로 이루어지는 경우에 상대방이 서면의 교부를 요구하면 그 행정지도를 하는 자는 직무 수행에 특별한 지장이 없으면 이를 교부하여야 한다(행정절차법 제49조 제2항).
② 행정기관은 행정지도의 상대방이 행정지도에 따르지 아니하였다는 것을 이유로 불이익한 조치를 하여서는 아니 된다(행정절차법 제48조 제2항).
③ 행정기관이 같은 행정목적을 실현하기 위하여 많은 상대방에게 행정지도를 하려는 경우에는 특별한 사정이 없으면 행정지도에 공통적인 내용이 되는 사항을 공표하여야 한다(행정절차법 제51조).
④ 행정지도의 상대방은 해당 행정지도의 방식·내용 등에 관하여 행정기관에 의견제출을 할 수 있다(행정절차법 제50조).
⑤ 행정지도의 원칙은 행정기본법이 아닌 행정절차법에서 규정하고 있다.

Answer 124. ③ 125. ⑤

행정절차

행정절차

01 행정절차법에서 규정하고 있지 않은 것은? 2021년 제9회

① 신고   ② 공법상 계약

③ 행정지도   ④ 행정예고

⑤ 행정상 입법예고

[해설] 행정절차법은 ① 처분, ② 신고, ③ 확약, ④ 위반사실 등의 공표, ⑤ 행정계획, ⑥ 행정상 입법예고, ⑦ 행정예고, ⑧ 행정지도에 대한 내용으로 구성된다.
행정절차법은 대부분 절차에 관한 규정으로 이루어져 있으나, 실체적인 내용도 일부 포함되어 있다(신의성실, 신뢰보호 등).

02 행정절차법이 정하고 있는 적용제외 대상이 아닌 것은? 2021년 제9회

① 국가안전보장·국방·외교 또는 통일에 관한 사항 중 행정절차를 거칠 경우 국가의 중대한 이익을 현저히 해칠 우려가 있는 사항

② 감사원이 감사위원회의의 결정을 거쳐 행하는 사항

③ 심사청구, 해양안전심판, 조세심판, 특허심판, 행정심판, 그 밖의 불복절차에 따른 사항

④ 국회 또는 지방의회의 의결을 거치거나 동의 또는 승인을 받아 행하는 사항

⑤ 처분의 전제가 되는 사실이 경찰의 수사에 의하여 객관적으로 증명된 사항

[해설]

행정절차법 제3조 【적용 범위】 ① 처분, 신고, 확약, 위반사실 등의 공표, 행정계획, 행정상 입법예고, 행정예고 및 행정지도의 절차(이하 "행정절차"라 한다)에 관하여 다른 법률에 특별한 규정이 있는 경우를 제외하고는 이 법에서 정하는 바에 따른다.
② 이 법은 다음 각 호의 어느 하나에 해당하는 사항에 대하여는 적용하지 아니한다.
  1. 국회 또는 지방의회의 의결을 거치거나 동의 또는 승인을 받아 행하는 사항
  2. 법원 또는 군사법원의 재판에 의하거나 그 집행으로 행하는 사항
  3. 헌법재판소의 심판을 거쳐 행하는 사항
  4. 각급 선거관리위원회의 의결을 거쳐 행하는 사항
  5. 감사원이 감사위원회의의 결정을 거쳐 행하는 사항
  6. 형사(刑事), 행형(行刑) 및 보안처분 관계 법령에 따라 행하는 사항
  7. 국가안전보장·국방·외교 또는 통일에 관한 사항 중 행정절차를 거칠 경우 국가의 중대한 이익을 현저히 해칠 우려가 있는 사항

8. 심사청구, 해양안전심판, 조세심판, 특허심판, 행정심판, 그 밖의 불복절차에 따른 사항
9. 「병역법」에 따른 징집·소집, 외국인의 출입국·난민인정·귀화, 공무원 인사 관계 법령에 따른 징계와 그 밖의 처분, 이해 조정을 목적으로 하는 법령에 따른 알선·조정·중재(仲裁)·재정(裁定) 또는 그 밖의 처분 등 해당 행정작용의 성질상 행정절차를 거치기 곤란하거나 거칠 필요가 없다고 인정되는 사항과 행정절차에 준하는 절차를 거친 사항으로서 대통령령으로 정하는 사항

03 **행정절차에 관한 설명으로 옳은 것은? (다툼이 있으면 판례에 따름)** 2018년 제6회

① 신청에 대한 거부처분은 사전통지의 대상이 된다.

② 국가공무원법상 직위해제처분에는 의견청취에 관한 행정절차법의 규정이 적용된다.

③ 행정절차법상 의견제출을 할 수 있는 이해관계인은 행정청이 직권으로 행정절차에 참여하게 한 자에 한정된다.

④ 국가공무원법상 소청심사위원회가 소청사건을 심사하면서 소청인 또는 대리인에게 진술의 기회를 주지 아니하고 한 결정은 무효이다.

⑤ 무효사유인 절차상 하자는 판결 시까지 치유할 수 있다.

해설〉 ① 특별한 사정이 없는 한, 신청에 대한 거부처분은 불이익한 처분이 아니므로 처분의 사전통지대상이 되지 않는다(2003두674).

② 직위해제 처분은 행정절차법의 규정이 별도로 적용되지 아니한다(2012두26180).

③ 행정절차법상 의견제출을 할 수 있는 당사자 등이라 함은 행정청의 처분에 대하여 직접 그 상대가 되는 당사자와 행정청이 직권 또는 신청에 의하여 행정절차에 참여하게 한 이해관계인을 말한다.

④ 소청심사위원회가 소청 사건을 심사할 때에는 소청인 또는 대리인에게 진술 기회를 주어야 한다. 진술 기회를 주지 아니한 결정은 무효로 한다(국가공무원법 제13조).

⑤ 무효사유는 치유의 대상이 될 수 없다.

Answer 1.② 2.⑤ 3.④

04 행정절차법상 행정청의 관할 및 협조에 관한 설명으로 옳지 않은 것은? 2023년 제11회

① 행정청이 그 관할에 속하지 아니하는 사안을 접수한 경우 지체 없이 이를 관할 행정청에 이송하여야 하고 그 사실을 신청인에게 통지하여야 한다.

② 행정응원에 드는 비용은 응원을 하는 행정청이 부담한다.

③ 행정청은 행정의 원활한 수행을 위하여 서로 협조하여야 한다.

④ 행정응원을 요청받은 행정청은 응원을 거부하는 경우 그 사유를 응원을 요청한 행정청에 통지하여야 한다.

⑤ 행정청의 관할이 분명하지 아니한 경우이지만 공통으로 감독하는 상급 행정청이 없는 경우에는 각 상급 행정청이 협의하여 그 관할을 결정한다.

[해설] ① 행정청이 그 관할에 속하지 아니하는 사안을 접수하였거나 이송받은 경우에는 지체 없이 이를 관할 행정청에 이송하여야 하고 그 사실을 신청인에게 통지하여야 한다(행정절차법 제6조 제1항).
② 행정응원에 드는 비용은 응원을 요청한 행정청이 부담하며, 그 부담금액 및 부담방법은 응원을 요청한 행정청과 응원을 하는 행정청이 협의하여 결정한다(행정절차법 제8조 제6항).
③ 행정청은 행정의 원활한 수행을 위하여 서로 협조하여야 한다(행정절차법 제7조 제1항).
④ 행정응원을 요청받은 행정청은 응원을 거부하는 경우 그 사유를 응원을 요청한 행정청에 통지하여야 한다(행정절차법 제8조 제4항).
⑤ 행정청의 관할이 분명하지 아니한 경우에는 해당 행정청을 공통으로 감독하는 상급 행정청이 그 관할을 결정하며, 공통으로 감독하는 상급 행정청이 없는 경우에는 각 상급 행정청이 협의하여 그 관할을 결정한다(행정절차법 제6조 제2항).

05 행정절차법상 송달 및 기간 · 기한에 관한 설명으로 옳은 것은? 2023년 제11회

① 정보통신망을 이용한 송달은 송달받을 자의 동의 여부와 상관없이 언제든지 가능하다.

② 행정청은 송달하는 문서의 명칭과 송달받는 자의 성명을 확인할 수 있는 기록을 보존하지 않아도 된다.

③ 송달은 다른 법령 등에 특별한 규정이 있는 경우를 제외하고는 해당 문서를 발신한 때 그 효력이 발생한다.

④ 천재지변으로 기한을 지킬 수 없는 경우에는 그 사유가 끝나는 날이 속하는 주말까지 기간의 진행이 정지된다.

⑤ 외국에 거주하거나 체류하는 자에 대한 기간 및 기한은 행정청이 그 우편이나 통신에 걸리는 일수를 고려하여 정하여야 한다.

[해설] ① 정보통신망을 이용한 송달은 송달받을 자가 동의하는 경우에만 한다. 이 경우 송달받을 자는 송달받을 전자우편주소 등을 지정하여야 한다(행정절차법 제14조 제3항).
② 행정청은 송달하는 문서의 명칭, 송달받는 자의 성명 또는 명칭, 발송방법 및 발송 연월일을 확인할 수 있는 기록을 보존하여야 한다(행정절차법 제14조 제6항).
③ 송달은 다른 법령등에 특별한 규정이 있는 경우를 제외하고는 해당 문서가 송달받을 자에게 도달됨으로써 그 효력이 발생한다(행정절차법 제15조 제1항).
④ 천재지변이나 그 밖에 당사자등에게 책임이 없는 사유로 기간 및 기한을 지킬 수 없는 경우에는 그 사유가 끝나는 날까지 기간의 진행이 정지된다(행정절차법 제16조 제1항).
⑤ 외국에 거주하거나 체류하는 자에 대한 기간 및 기한은 행정청이 그 우편이나 통신에 걸리는 일수(日數)를 고려하여 정하여야 한다(행정절차법 제16조 제2항).

06 행정절차법상 의견청취에 관한 설명으로 옳지 않은 것은? (다툼이 있으면 판례에 따름)

2018년 제6회

① 고시의 방법으로 불특정 다수인을 상대로 권익을 제한하는 처분을 하는 경우, 행정청은 상대방에게 의견제출의 기회를 주어야 한다.

② 행정청은 법령상 다른 규정이 없는 한, 사인과의 협약을 통해 법령상 요구되는 청문을 생략할 수 없다.

③ 행정청은 법인 설립허가의 취소 시 의견제출기한 내에 당사자 등의 신청이 있는 경우에는 청문을 실시하여야 한다.

④ 당사자 등은 청문의 통지가 있는 날부터 청문이 끝날 때까지 행정청에 해당 사안의 조사결과에 관한 문서의 복사를 요청할 수 있다.

⑤ 청문 주재자는 당사자 등이 주장하지 아니한 사실에 대하여도 증거조사를 할 수 있다.

[해설] ① 행정청이 의무를 부과하거나 권익을 제한하는 처분을 할 때 의견제출의 기회를 주어야 하는 '당사자'는 '행정청의 처분에 대하여 직접 그 상대가 되는 당사자'를 의미한다. 그런데 '고시'의 방법으로 불특정 다수인을 상대로 의무를 부과하거나 권익을 제한하는 처분은 성질상 의견제출의 기회를 주어야 하는 상대방을 특정할 수 없으므로, 이와 같은 처분에 있어서까지 구 행정절차법 제22조 제3항에 의하여 그 상대방에게 의견제출의 기회를 주어야 한다고 해석할 것은 아니다(2012두7745).
② 행정청과 당사자 사이에 의견청취절차 배제협약을 하였더라도 청문배제의 예외적인 사유가 아니다(2002두8350).
③ 행정절차법 제22조 제1항. 출제 당시에는 맞는 지문이었으나, 현재는 행정절차법의 개정으로 법인 설립허가의 취소는 당사자 등의 신청 여부와 관계없이 청문을 실시하여야 한다.
④ 당사자등은 의견제출의 경우에는 처분의 사전 통지가 있는 날부터 의견제출기한까지, 청문의 경우에는 청문의 통지가 있는 날부터 청문이 끝날 때까지 행정청에 해당 사안의 조사결과에 관한 문서와 그 밖에 해당 처분과 관련되는 문서의 열람 또는 복사를 요청할 수 있다. 이 경우 행정청은 다른 법령에 따라 공개가 제한되는 경우를 제외하고는 그 요청을 거부할 수 없다(행정절차법 제37조 제1항).
⑤ 청문 주재자는 직권으로 또는 당사자의 신청에 따라 필요한 조사를 할 수 있으며, 당사자등이 주장하지 아니한 사실에 대하여도 조사할 수 있다(행정절차법 제33조 제1항).

Answer 4. ② 5. ⑤ 6. ①, ③

07 행정절차법의 내용으로 옳지 않은 것은? 2017년 제5회

① 행정청에 전자문서로 처분을 신청하는 경우에는 행정청의 컴퓨터 등에 입력한 이후, 입력내용을 문서로 제출한 때 신청한 것으로 본다.

② 상위법령 등의 단순한 집행을 위한 경우에는 입법예고를 하지 아니할 수 있다.

③ 행정상 입법예고기간은 예고할 때 정하되, 특별한 사정이 없으면 40일(자치법규는 20일) 이상으로 한다.

④ 예고된 입법안에 대하여 누구든지 의견을 제출할 수 있다.

⑤ 청문이란 행정청이 어떠한 처분을 하기 전에 당사자 등의 의견을 직접 듣고 증거를 조사하는 절차를 말한다.

해설 ① 처분을 신청할 때 전자문서로 하는 경우에는 행정청의 컴퓨터 등에 입력된 때에 신청한 것으로 본다(행정절차법 제17조 제2항).

②

> **행정절차법 제41조【행정상 입법예고】** ① 법령등을 제정·개정 또는 폐지(이하 "입법"이라 한다)하려는 경우에는 해당 입법안을 마련한 행정청은 이를 예고하여야 한다. 다만, 다음 각 호의 어느 하나에 해당하는 경우에는 예고를 하지 아니할 수 있다.
> 1. 신속한 국민의 권리 보호 또는 예측 곤란한 특별한 사정의 발생 등으로 입법이 긴급을 요하는 경우
> 2. 상위 법령등의 단순한 집행을 위한 경우
> 3. 입법내용이 국민의 권리·의무 또는 일상생활과 관련이 없는 경우
> 4. 단순한 표현·자구를 변경하는 경우 등 입법내용의 성질상 예고의 필요가 없거나 곤란하다고 판단되는 경우
> 5. 예고함이 공공의 안전 또는 복리를 현저히 해칠 우려가 있는 경우

③ 입법예고기간은 예고할 때 정하되, 특별한 사정이 없으면 40일(자치법규는 20일) 이상으로 한다(행정절차법 제43조).

④ 누구든지 예고된 입법안에 대하여 의견을 제출할 수 있다(행정절차법 제44조 제1항).

⑤ 청문이란 행정청이 어떠한 처분을 하기 전에 당사자등의 의견을 직접 듣고 증거를 조사하는 절차를 말한다(행정절차법 제2조 제5호).

08 행정절차에 관한 설명으로 옳지 않은 것은? (다툼이 있으면 판례에 따름) ^{2016년 제4회}

① 행정청이 처분을 할 때에는 신청 내용을 모두 그대로 인정하는 경우에도 당사자에게 그 근거와 이유를 제시하여야 한다.

② 행정청은 해당 처분의 성질상 의견청취가 현저히 곤란하거나 명백히 불필요하다고 인정될 만한 상당한 이유가 있는 경우에는 처분의 사전통지를 하지 않을 수도 있다.

③ 국가공무원법상 직위해제처분의 경우에는 처분의 사전통지 및 의견청취 등에 관한 행정절차법의 규정이 별도로 적용되지 않는다.

④ 법령상 청문이 요구되는 경우에, 행정처분의 상대방이 청문일시에 불출석하였다는 이유로 청문을 실시하지 아니하고 한 침해적 행정처분은 위법하다.

⑤ 행정청이 처분을 할 때에는 원칙적으로 문서로 해야 하지만, 신속히 처리할 필요가 있거나 사안이 경미한 경우에는 말 또는 그 밖의 방법으로 하는 것도 가능하다.

해설 ①

행정절차법 제23조【처분의 이유 제시】① 행정청은 처분을 할 때에는 다음 각 호의 어느 하나에 해당하는 경우를 제외하고는 당사자에게 그 근거와 이유를 제시하여야 한다.
1. 신청 내용을 모두 그대로 인정하는 처분인 경우
2. 단순·반복적인 처분 또는 경미한 처분으로서 당사자가 그 이유를 명백히 알 수 있는 경우
3. 긴급히 처분을 할 필요가 있는 경우
② 행정청은 제1항 제2호 및 제3호의 경우에 처분 후 당사자가 요청하는 경우에는 그 근거와 이유를 제시하여야 한다.

②

행정절차법 제21조【처분의 사전 통지】④ 다음 각 호의 어느 하나에 해당하는 경우에는 제1항에 따른 통지를 하지 아니할 수 있다.
1. 공공의 안전 또는 복리를 위하여 긴급히 처분을 할 필요가 있는 경우
2. 법령등에서 요구된 자격이 없거나 없어지게 되면 반드시 일정한 처분을 하여야 하는 경우에 그 자격이 없거나 없어지게 된 사실이 법원의 재판 등에 의하여 객관적으로 증명된 경우
3. 해당 처분의 성질상 의견청취가 현저히 곤란하거나 명백히 불필요하다고 인정될 만한 상당한 이유가 있는 경우

③ 직위해제 처분은 행정절차법의 규정이 별도로 적용되지 아니한다(2012두26180).

④ 행정처분의 상대방에 대한 청문통지서가 반송되었다거나, 행정처분의 상대방이 청문일시에 불출석하였다는 이유로 청문을 실시하지 아니하고 한 침해적 행정처분은 위법하다(2000두3337).

⑤ 공공의 안전 또는 복리를 위하여 긴급히 처분을 할 필요가 있거나 사안이 경미한 경우에는 말, 전화, 휴대전화를 이용한 문자 전송, 팩스 또는 전자우편 등 문서가 아닌 방법으로 처분을 할 수 있다(행정절차법 제24조 제2항).

Answer 7. ① 8. ①

09 행정절차에 관한 설명으로 옳은 것은? (다툼이 있으면 판례에 따름) 2020년 제8회

① 행정청은 신청 내용을 모두 그대로 인정하는 처분을 하는 경우에도 당사자에게 이유 제시를 하여야 한다.

② 행정청과 당사자가 청문절차를 배제하기로 협약을 체결하였다면 청문절차를 거치지 않아도 되는 예외적 경우에 해당한다.

③ 행정처분에 실체적 위법이 없는 한 절차적 하자만으로 독립된 취소사유가 되지 못한다.

④ 이유제시의 하자는 치유의 대상이 될 수 없다.

⑤ 행정절차법상 불복방법에 대한 고지절차에 관한 규정을 위반하였다고 하여 그러한 이유만으로 처분이 위법하게 되는 것은 아니다.

[해설] ① 행정절차법 제23조 제1항
② 행정청과 당사자 사이에 의견청취절차 배제협약을 하였더라도 청문배제의 예외적인 사유가 아니다(2002두8350).
③ 절차상 하자의 독립된 위법성을 인정한다.
④ 이유제시의 하자의 치유를 인정하고 있다. 다만, 국민 권익에 침해가 없으며 처분에 대한 불복 여부의 결정 및 불복신청에 편의를 줄 수 있는 상당한 기간 내에 치유행위가 있어야 한다.
⑤ 행정절차법 제26조는 "행정청이 처분을 할 때에는 당사자에게 그 처분에 관하여 행정심판 및 행정소송을 제기할 수 있는지 여부, 그 밖에 불복을 할 수 있는지 여부, 청구절차 및 청구기간 그 밖에 필요한 사항을 알려야 한다."라고 규정하고 있다. 이러한 고지절차에 관한 규정은 행정처분의 상대방이 그 처분에 대한 행정심판의 절차를 밟는 데 편의를 제공하려는 것이어서 처분청이 위 규정에 따른 고지의무를 이행하지 아니하였다고 하더라도 경우에 따라 행정심판의 제기기간이 연장될 수 있음에 그칠 뿐, 그 때문에 심판의 대상이 되는 행정처분이 위법하다고 할 수는 없다(2017두66633).

10 행정절차에 관한 설명으로 옳은 것은? (다툼이 있으면 판례에 따름) 2022년 제10회

① 행정절차에 관하여 다른 법률에 특별한 규정이 있는 경우에도 행정절차법이 우선한다.

② 행정청은 청문이 필요하다고 인정하는 경우에도 법령 등에서 청문을 하도록 규정한 경우가 아니면 청문을 할 수 없다.

③ 신청에 대한 거부처분은 사전통지대상이다.

④ 행정청은 신청 내용을 모두 그대로 인정하는 처분을 하는 경우 처분의 근거와 이유를 제시하지 않아도 된다.

⑤ 행정절차법에는 행정지도에 관한 규정을 두고 있지 않다.

해설 ① 행정절차법 제3조 제1항

②

> **행정절차법 제22조【의견청취】** ① 행정청이 처분을 할 때 다음 각 호의 어느 하나에 해당하는 경우에는 청문을 한다.
> 1. 다른 법령등에서 청문을 하도록 규정하고 있는 경우
> 2. 행정청이 필요하다고 인정하는 경우
> 3. 다음 각 목의 처분을 하는 경우
>   가. 인허가 등의 취소
>   나. 신분·자격의 박탈
>   다. 법인이나 조합 등의 설립허가의 취소
> ② 행정청이 처분을 할 때 다음 각 호의 어느 하나에 해당하는 경우에는 공청회를 개최한다.
> 1. 다른 법령등에서 공청회를 개최하도록 규정하고 있는 경우
> 2. 해당 처분의 영향이 광범위하여 널리 의견을 수렴할 필요가 있다고 행정청이 인정하는 경우
> 3. 국민생활에 큰 영향을 미치는 처분으로서 대통령령으로 정하는 처분에 대하여 대통령령으로 정하는 수 이상의 당사자등이 공청회 개최를 요구하는 경우

③ 특별한 사정이 없는 한, 신청에 대한 거부처분은 불이익한 처분이 아니므로 처분의 사전통지대상이 되지 않는다(2003두674).
④ 행정절차법 제23조 제1항
⑤ 행정절차법에는 행정지도에 관한 개념과 기본원칙 그리고 절차에 관한 규정이 있다.

11 행정절차법상 처분절차에 관한 설명으로 옳은 것은? 2024년 제12회

① 행정청은 처분을 할 때에는 단순·반복적인 처분으로서 당사자가 그 이유를 명백히 알 수 있는 경우에도 당사자에게 그 근거와 이유를 사전에 제시하여야 한다.

② 행정청은 처분에 오기(誤記)가 있어서 직권으로 이를 정정한 경우에는 그 사실을 당사자에게 통지할 필요는 없다.

③ 행정청은 행정청의 편의를 위하여 신청인이 다른 행정청에 처분을 구하는 신청을 접수하게 할 수 있다.

④ 행정청은 다수의 행정청이 관여하는 처분을 구하는 신청을 접수한 경우에는 관계 행정청과의 신속한 협조를 통하여 그 처분이 지연되지 아니하도록 하여야 한다.

⑤ 행정청은 필요한 처분기준을 정하여 공표하는 것이 해당 처분의 성질상 현저히 곤란한 경우라도 그 처분기준을 공표하여야 한다.

Answer 9. ⑤ 10. ④ 11. ④

해설 ① 단순·반복적인 처분으로서 당사자가 그 이유를 명백히 알 수 있는 경우는 이유제시의 면제사유이다(행정절차법 제23조 제1항).
② 행정청은 처분에 오기·오산 기타 이에 준하는 명백한 잘못이 있는 때에는 직권 또는 신청에 의하여 지체없이 정정하고 이를 당사자에게 통지하여야 한다(행정절차법 제25조).
③ 행정청은 신청인의 편의를 위하여 다른 행정청에 신청을 접수하게 할 수 있다(행정절차법 제17조 제7항).
④ 행정청은 다수의 행정청이 관여하는 처분을 구하는 신청을 접수한 경우에는 관계 행정청과의 신속한 협조를 통하여 그 처분이 지연되지 아니하도록 하여야 한다(행정절차법 제18조).
⑤ 처분기준을 공표하는 것이 해당 처분의 성질상 현저히 곤란하거나 공공의 안전 또는 복리를 현저히 해치는 것으로 인정될 만한 상당한 이유가 있는 경우에는 처분기준을 공표하지 아니할 수 있다(행정절차법 제20조 제3항).

12 행정절차법상 처분절차에 관한 설명으로 옳지 않은 것은? 2021년 제9회

① 처분을 할 때 해당 처분의 영향이 광범위하여 널리 의견을 수렴할 필요가 있다고 행정청이 인정하는 경우에는 공청회를 개최한다.
② 행정청은 인허가 등의 취소 시 의견제출기한 내에 당사자 등의 신청이 있는 경우에는 청문을 한다.
③ 청문·공청회 또는 의견제출을 거쳤을 때에는 신속히 처분하여 해당 처분이 지연되지 아니하도록 하여야 한다.
④ 행정청은 처분을 할 때에는 이해관계인에게 그 근거와 이유를 제시하여야 한다.
⑤ 행정청은 처분을 신속히 처리할 필요가 있거나 사안이 경미한 경우에는 말 또는 그 밖의 방법으로 할 수 있다.

해설 ① 행정절차법 제22조 제2항
② 행정절차법 제22조 제1항
③ 행정청은 청문·공청회 또는 의견제출을 거쳤을 때에는 신속히 처분하여 해당 처분이 지연되지 아니하도록 하여야 한다(행정절차법 제22조 제5항).
④ 행정절차법 제23조 제1항. 이유제시의 대상은 이해관계인이 아닌 당사자이다.
⑤ 행정절차법 제24조 제2항

13 행정절차법상 청문에 관한 설명으로 옳지 않은 것은? 2024년 제12회

① 행정청은 다수 국민의 이해가 상충되는 처분을 하려는 경우에는 청문 주재자를 2명 이상으로 선정할 수 있다.

② 청문은 당사자가 공개를 신청하더라도 제3자의 정당한 이익을 현저히 해칠 우려가 있는 경우에는 공개하여서는 아니 된다.

③ 청문 주재자는 직권으로 당사자 등이 주장한 사실에 한하여 필요한 조사를 하여야 한다.

④ 청문 주재자는 필요하다고 인정할 때에는 관계 행정청에 필요한 문서의 제출을 요구할 수 있다.

⑤ 누구든지 청문을 통하여 알게 된 경영상의 비밀을 정당한 이유 없이 누설하여서는 아니된다.

해설 ③ 청문 주재자는 직권으로 또는 당사자의 신청에 따라 필요한 조사를 할 수 있으며, 당사자등이 주장하지 아니한 사실에 대하여도 조사할 수 있다(행정절차법 제33조 제1항).

14 행정절차법상 행정상 입법예고에 관한 내용으로 옳은 것을 모두 고른 것은? 2015년 제3회

⊙ 입법예고의 기준·절차 등에 관하여 필요한 사항은 대통령령으로 정한다.
ⓛ 입법내용이 국민의 권리·의무 또는 일상생활과 관련이 없는 경우에도 예고를 하여야 한다.
ⓒ 입법예고기간은 예고할 때 정하되, 특별한 사정이 없으면 40일(자치법규는 20일) 이상으로 한다.
ⓔ 행정청은 예고된 입법안의 전문에 대한 열람 또는 복사를 요청받았을 때에는 특별한 사유가 없으면 그 요청에 따라야 한다.

① ⊙, ⓛ   ② ⓛ, ⓒ   ③ ⓒ, ⓔ

④ ⊙, ⓒ, ⓔ   ⑤ ⓛ, ⓒ, ⓔ

해설 ⊙ 입법예고의 기준·절차 등에 관하여 필요한 사항은 대통령령으로 정한다(행정절차법 제41조 제5항).
ⓛ

행정절차법 제41조【행정상 입법예고】 ① 법령등을 제정·개정 또는 폐지(이하 "입법"이라 한다)하려는 경우에는 해당 입법안을 마련한 행정청은 이를 예고하여야 한다. 다만, 다음 각 호의 어느 하나에 해당하는 경우에는 예고를 하지 아니할 수 있다.
1. 신속한 국민의 권리 보호 또는 예측 곤란한 특별한 사정의 발생 등으로 입법이 긴급을 요하는 경우
2. 상위 법령등의 단순한 집행을 위한 경우
3. 입법내용이 국민의 권리·의무 또는 일상생활과 관련이 없는 경우
4. 단순한 표현·자구를 변경하는 경우 등 입법내용의 성질상 예고의 필요가 없거나 곤란하다고 판단되는 경우
5. 예고함이 공공의 안전 또는 복리를 현저히 해칠 우려가 있는 경우

Answer 12. ②, ④   13. ③   14. ④

ⓒ 입법예고기간은 예고할 때 정하되, 특별한 사정이 없으면 40일(자치법규는 20일) 이상으로 한다(행정절차법 제43조).

ⓔ 행정청은 예고된 입법안의 전문에 대한 열람 또는 복사를 요청받았을 때에는 특별한 사유가 없으면 그 요청에 따라야 한다(행정절차법 제42조 제5항).

15 행정절차에 관한 설명으로 옳지 않은 것은? 2014년 제2회

① 지방의회의 승인을 받아 행하는 사항에 대해서는 행정절차법이 적용되지 않는다.

② 행정절차법은 행정계약절차를 규정하고 있지 않다.

③ 신청내용을 모두 그대로 인정하는 처분인 경우에는 행정절차법상 이유제시의무가 면제된다.

④ 법인은 행정절차법상 절차의 당사자가 될 수 있지만, 법인이 아닌 사단은 당사자가 될 수 없다.

⑤ 당사자가 의견진술의 기회를 포기한다는 뜻을 명백히 표시한 경우에는 행정절차법상 의견청취 절차를 거치지 아니할 수 있다.

[해설] ① 행정절차법 제3조 제2항

② 행정절차법은 처분, 신고, 확약, 위반사실 등의 공표, 행정계획, 행정상 입법예고, 행정예고, 행정지도에 대한 내용으로 구성된다. 행정절차법은 대부분 절차에 관한 규정으로 이루어져 있으나, 실체적인 내용도 일부 포함되어 있다(신의성실, 신뢰보호 등).

③ 행정절차법 제23조 제1항

④

> **행정절차법 제9조【당사자등의 적격】** 다음 각 호의 어느 하나에 해당하는 자는 행정절차에서 당사자등이 될 수 있다.
>   1. 자연인
>   2. 법인, 법인이 아닌 사단 또는 재단(이하 "법인등"이라 한다)
>   3. 그 밖에 다른 법령등에 따라 권리·의무의 주체가 될 수 있는 자

⑤ 당사자가 의견진술의 기회를 포기한다는 뜻을 명백히 표시한 경우에는 의견청취를 하지 아니할 수 있다(행정절차법 제22조 제4항).

16 **행정절차법의 내용에 관한 설명으로 옳은 것은?** 2013년 제1회

① 행정청은 공청회를 개최하려는 경우에는 공청회 개최 20일 전까지 일시 및 장소 등의 사항을 당사자 등에게 통지하여야 한다.

② 판례에 의할 때 상대방의 신청에 대한 거부처분은 사전통지의 대상이다.

③ 행정절차법은 절차상 하자 있는 행정처분의 법적 효력에 관한 명문의 규정을 두고 있다.

④ 지방의회의 의결을 거쳐 행하는 사항에 대하여도 행정절차법이 적용된다.

⑤ 행정청은 직권으로 또는 당사자의 신청에 따라 여러 개의 사안을 병합하거나 분리하여 청문을 할 수 있다.

해설 ① 행정청은 공청회를 개최하려는 경우에는 공청회 개최 14일 전까지 당사자등에게 통지하고 관보, 공보, 인터넷 홈페이지 또는 일간신문 등에 공고하는 등의 방법으로 널리 알려야 한다. 다만, 공청회 개최를 알린 후 예정대로 개최하지 못하여 새로 일시 및 장소 등을 정한 경우에는 공청회 개최 7일 전까지 알려야 한다 (행정절차법 제38조).
② 특별한 사정이 없는 한, 신청에 대한 거부처분은 불이익한 처분이 아니므로 처분의 사전통지대상이 되지 않는다(2003두674).
③ 행정절차법은 절차상 하자 있는 행정처분의 법적 효력에 관한 명문의 규정이 없다.
④ 행정절차법 제3조 제2항
⑤ 행정청은 직권으로 또는 당사자의 신청에 따라 여러 개의 사안을 병합하거나 분리하여 청문을 할 수 있다 (행정절차법 제32조).

17 **공공기관의 정보공개에 관한 법률의 내용 중 (   )에 들어갈 숫자가 옳게 연결된 것은?**

2018년 제6회

> • 공개 대상 정보로서 자신과 관련된 정보에 대하여 공개 청구된 사실을 통지받은 제3자는 그 통지를 받은 날부터 (㉠)일 이내에 해당 공공기관에 대하여 자신과 관련된 정보를 공개하지 아니할 것을 요청할 수 있다.
> • 공개 대상 정보로서 자신과 관련된 정보의 비공개 요청에도 불구하고 공공기관이 공개 결정을 한 때에는 제3자는 공개 결정 이유와 공개 실시일의 통지를 받은 날부터 (㉡)일 이내에 해당 공공기관에 이의신청을 할 수 있다.

① ㉠: 3 ㉡: 7   ② ㉠: 3 ㉡: 10   ③ ㉠: 7 ㉡: 7
④ ㉠: 7 ㉡: 10   ⑤ ㉠: 7 ㉡: 15

Answer 15. ④ 16. ⑤ 17. ①

해설

> **정보공개법 제21조【제3자의 비공개요청 등】** ① 제11조 제3항에 따라 공개 청구된 사실을 통지받은 제3자는 그 통지를 받은 날부터 3일 이내에 해당 공공기관에 대하여 자신과 관련된 정보를 공개하지 아니할 것을 요청할 수 있다.
> ② 제1항에 따른 비공개 요청에도 불구하고 공공기관이 공개 결정을 할 때에는 공개 결정 이유와 공개 실시일을 분명히 밝혀 지체 없이 문서로 통지하여야 하며, 제3자는 해당 공공기관에 문서로 이의신청을 하거나 행정심판 또는 행정소송을 제기할 수 있다. 이 경우 이의신청은 통지를 받은 날부터 7일 이내에 하여야 한다.
> ③ 공공기관은 제2항에 따른 공개 결정일과 공개 실시일 사이에 최소한 30일의 간격을 두어야 한다.

18 공공기관의 정보공개에 관한 법률상 공공기관에 해당하지 않는 것은? (다툼이 있으면 판례에 따름) 2017년 제5회

① 국회
② 지방자치단체
③ 한국방송공사
④ 지방공기업법에 따른 지방공사
⑤ 한국증권업협회

해설

> **정보공개법 제2조【정의】**
> 3. "공공기관"이란 다음 각 목의 기관을 말한다.
>   가. 국가기관
>   1) 국회, 법원, 헌법재판소, 중앙선거관리위원회
>   2) 중앙행정기관(대통령 소속 기관과 국무총리 소속 기관을 포함한다) 및 그 소속 기관
>   3) 「행정기관 소속 위원회의 설치·운영에 관한 법률」에 따른 위원회
>   나. 지방자치단체
>   다. 「공공기관의 운영에 관한 법률」 제2조에 따른 공공기관
>   라. 「지방공기업법」에 따른 지방공사 및 지방공단
>   마. 그 밖에 대통령령으로 정하는 기관

③ 방송법이라는 특별법에 의하여 설립 운영되는 한국방송공사(KBS)는 공공기관의 정보공개에 관한 법률 시행령 제2조 제4호의 '특별법에 의하여 설립된 특수법인'으로서 정보공개의무가 있는 공공기관의 정보공개에 관한 법률 제2조 제3호의 '공공기관'에 해당한다(2008두13101).

⑤ '한국증권업협회'는 증권회사 상호간의 업무질서를 유지하고 유가증권의 공정한 매매거래 및 투자자보호를 위하여 일정 규모 이상인 증권회사 등으로 구성된 회원조직으로서, 증권거래법 또는 그 법에 의한 명령에 대하여 특별한 규정이 있는 것을 제외하고는 민법 중 사단법인에 관한 규정을 준용 받는 점, 그 업무가 국가기관 등에 준할 정도로 공동체 전체의 이익에 중요한 역할이나 기능에 해당하는 공공성을 갖는다고 볼 수 없는 점 등에 비추어, 공공기관의 정보공개에 관한 법률 시행령 제2조 제4호의 '특별법에 의하여 설립된 특수법인'에 해당한다고 보기 어렵다(2008두5643).

19 공공기관의 정보공개에 관한 법률의 내용으로 옳지 않은 것은? 2024년 제12회

① 공개될 경우 부동산 투기, 매점매석 등으로 특정인에게 이익 또는 불이익을 줄 우려가 있다고 인정되는 정보라도 공공기관이 보유·관리하는 정보라면 이를 공개하여야 한다.

② 공공기관은 부득이한 사유가 없다면 정보공개의 청구를 받은 날부터 10일 이내에 공개 여부를 결정하여야 한다.

③ 공공기관은 공개 청구된 공개 대상 정보의 일부가 제3자와 관련이 있다고 인정할 때에는 그 사실을 제3자에게 지체 없이 통지하여야 한다.

④ 공공기관은 정보의 공개를 결정한 경우 해당 청구인이 사본의 교부를 원하는 때에는 이를 교부하여야 한다.

⑤ 정보공개청구는 말로써 할 수 있다.

[해설] ① 공개될 경우 부동산 투기, 매점매석 등으로 특정인에게 이익 또는 불이익을 줄 우려가 있다고 인정되는 정보는 비공개할 수 있다(공공기관의 정보공개에 관한 법률 제9조 제1항 제8호).

20 공공기관의 정보공개에 관한 법률에 관한 설명으로 옳지 않은 것은? (다툼이 있으면 판례에 따름) 2019년 제7회

① 정보공개청구의 대상이 되는 문서는 원본이어야 한다.

② 권리능력 없는 사단은 그 설립목적을 불문하고 이 법에 의한 정보공개청구권을 갖는다.

③ 이미 다른 사람에게 공개되어 널리 알려져 있는 정보도 공개청구의 대상이 될 수 있다.

④ 공공기관이 정보공개청구인이 신청한 공개방법 이외의 방법으로 정보를 공개하기로 결정하였다면, 그 결정에 대하여 항고소송으로 다툴 수 있다.

⑤ 고등교육법에 따른 대학은 정보공개의무를 지는 공공기관이다.

[해설] ① 공공기관의 정보공개에 관한 법률상 공개청구의 대상이 되는 정보란 공공기관이 직무상 작성 또는 취득하여 현재 보유·관리하고 있는 문서에 한정되는 것이기는 하나, 그 문서가 반드시 원본일 필요는 없다(2006두3049).
② "모든 국민은 정보의 공개를 청구할 권리를 가진다."고 규정하고 있는데, 여기에서 말하는 국민에는 자연인은 물론 법인, 권리능력 없는 사단·재단도 포함되고, 법인, 권리능력 없는 사단·재단 등의 경우에는 설립목적을 불문하며, 한편 정보공개청구권은 법률상 보호되는 구체적인 권리이므로 청구인이 공공기관에 대하여 정보공개를 청구하였다가 거부처분을 받은 것 자체가 법률상 이익의 침해에 해당한다(2003두8050).
③ 인터넷검색 등을 통하여 쉽게 알 수 있다는 사정만으로는 비공개결정이 정당화될 수 없다(2008두13101).
④ 공공기관이 공개청구의 대상이 된 정보를 공개는 하되, 청구인이 신청한 공개방법 이외의 방법으로 공개하기로 하는 결정을 하였다면, 이는 정보공개청구 중 정보공개방법에 관한 부분에 대하여 일부 거부처분을 한 것이고, 청구인은 그에 대하여 항고소송으로 다툴 수 있다(2016두44674).
⑤ 교육의 공공성 및 공·사립학교의 동질성 등의 이유로 사립학교도 정보공개의무를 지는 공공기관이다(2004두2783).

Answer   18. ⑤   19. ①   20. ①

21 공공기관의 정보공개에 관한 법률에 의거하여, 甲은 A대학교에 대하여 재학 중인 체육특기생들의 일정 기간 동안의 출석 및 성적 관리에 관한 정보공개를 청구하였다. 이에 관한 설명으로 옳은 것은? (다툼이 있으면 판례에 따름) 2017년 제5회

① 甲은 A대학교와 체육특기생들과는 아무런 이해관계가 없으므로 정보공개청구권을 가지지 아니한다.

② A대학교가 사립대학교라면 정보공개의무를 지는 공공기관에 해당하지 않는다.

③ 甲의 청구에 대하여 A대학교가 제3자의 권리침해를 이유로 하여 비공개 결정을 하였다면 이에 대한 甲의 불복절차는 없다.

④ A대학교 체육특기생 乙이 자신의 정보를 공개하지 아니할 것을 요청한 경우에도, A대학교는 乙에 대한 정보의 공개를 결정할 수 있다.

⑤ 甲의 A대학교에 대한 정보공개청구의 비용은 공익적 차원에서 A대학교가 부담한다.

[해설] ① 모든 국민은 정보의 공개를 청구할 권리를 가진다고 하면서(제5조 제1항) 비공개대상정보에 해당하지 않는 한 공공기관이 보유·관리하는 정보는 공개 대상이 된다고 규정하고 있을 뿐(제9조 제1항) 정보공개 청구권자가 공개를 청구하는 정보와 어떤 관련성을 가질 것을 요구하거나 정보공개청구의 목적에 특별한 제한을 두고 있지 아니하므로 정보공개 청구권자의 권리구제 가능성 등은 정보의 공개 여부 결정에 아무런 영향을 미치지 못한다(2017두44558).

② 교육의 공공성 및 공·사립학교의 동질성 등의 이유로 사립학교도 정보공개의무를 지는 공공기관이다(2004두2783).

③ 청구인은 비공개 결정에 대하여 이의신청, 행정심판, 행정소송을 제기할 수 있다(공공기관의 정보공개에 관한 법률 제18조, 제19조, 제20조).

④ 비공개 요청에도 불구하고 공공기관이 공개 결정을 할 때에는 공개 결정 이유와 공개 실시일을 분명히 밝혀 지체 없이 문서로 통지하여야 하며, 제3자는 해당 공공기관에 문서로 이의신청을 하거나 행정심판 또는 행정소송을 제기할 수 있다. 이 경우 이의신청은 통지를 받은 날부터 7일 이내에 하여야 한다(공공기관의 정보공개에 관한 법률 제21조 제2항).

⑤ 정보의 공개 및 우송 등에 드는 비용은 실비의 범위에서 청구인이 부담한다(공공기관의 정보공개에 관한 법률 제17조 제1항).

22 공공기관의 정보공개에 관한 법령상 정보공개에 관한 설명으로 옳지 않은 것은? (다툼이 있으면 판례에 따름) 2016년 제4회

① 사립대학교도 정보공개 의무기관인 공공기관에 해당된다.
② 모든 국민은 정보의 공개를 청구할 권리를 가진다.
③ 정보공개청구권자에 해당하는 국민에는 자연인은 물론 법인, 권리능력 없는 사단이나 재단도 포함된다.
④ 정보공개청구는 정보공개청구서를 제출하는 것 외에 말로써도 할 수 있다.
⑤ 정보공개청구자는 공개를 구하는 정보를 공공기관이 보유·관리하고 있을 가능성이 전혀 없지 않다는 점만 입증하면 족하고, 공공기관은 그 정보를 폐기하여 더 이상 보유·관리하고 있지 않다는 항변을 할 수 없다.

[해설] ① 교육의 공공성 및 공·사립학교의 동질성 등의 이유로 사립학교도 정보공개의무를 지는 공공기관이다(2004두2783).
②, ③ "모든 국민은 정보의 공개를 청구할 권리를 가진다."고 규정하고 있는데, 여기에서 말하는 국민에는 자연인은 물론 법인, 권리능력 없는 사단·재단도 포함되고, 법인, 권리능력 없는 사단·재단 등의 경우에는 설립목적을 불문하며, 한편 정보공개청구권은 법률상 보호되는 구체적인 권리이므로 청구인이 공공기관에 대하여 정보공개를 청구하였다가 거부처분을 받은 것 자체가 법률상 이익의 침해에 해당한다(2003두8050).
④ 정보의 공개를 청구하는 자는 해당 정보를 보유하거나 관리하고 있는 공공기관에 정보공개 청구서를 제출하거나 말로써 정보의 공개를 청구할 수 있다(공공기관의 정보공개에 관한 법률 제10조 제1항).
⑤ 공개대상 정보는 원칙적으로 공개를 청구하는 자가 작성한 정보공개청구서의 기재내용에 의하여 특정되며, 만일 공개청구자가 특정한 바와 같은 정보를 공공기관이 보유·관리하고 있지 않은 경우라면 특별한 사정이 없는 한 해당 정보에 대한 공개거부처분에 대하여는 취소를 구할 법률상 이익이 없다. 이와 관련하여 공개청구자는 그가 공개를 구하는 정보를 공공기관이 보유·관리하고 있을 상당한 개연성이 있다는 점에 대하여 입증할 책임이 있으나, 공개를 구하는 정보를 공공기관이 한때 보유·관리하였으나 후에 그 정보가 담긴 문서들이 폐기되어 존재하지 않게 된 것이라면 그 정보를 더 이상 보유·관리하고 있지 않다는 점에 대한 증명책임은 공공기관에 있다(2010두18918).

23 공공기관의 정보공개에 관한 법령상 정보공개에 관한 설명으로 옳은 것은? (다툼이 있으면 판례에 따름) 2015년 제3회

① 공개청구의 대상이 되는 정보는 그 문서가 반드시 원본이어야 한다.

② 권리능력 없는 사단은 정보공개청구권자에 해당하지 않는다.

③ 정보공개청구제도는 행정의 투명성과 적법성을 위한 것이므로 국민의 정보공개청구는 권리의 남용에 해당할 여지가 없다.

④ 외국인은 정보공개청구권이 인정되지 않는다.

⑤ 공공기관이 그 정보를 보유·관리하고 있지 아니한 경우에는 특별한 사정이 없는 한 정보공개거부처분의 취소를 구할 법률상의 이익이 없다.

[해설] ① 공공기관의 정보공개에 관한 법률상 공개청구의 대상이 되는 정보란 공공기관이 직무상 작성 또는 취득하여 현재 보유·관리하고 있는 문서에 한정되는 것이기는 하나, 그 문서가 반드시 원본일 필요는 없다 (2006두3049).

② "모든 국민은 정보의 공개를 청구할 권리를 가진다."고 규정하고 있는데, 여기에서 말하는 국민에는 자연인은 물론 법인, 권리능력 없는 사단·재단도 포함되고, 법인, 권리능력 없는 사단·재단 등의 경우에는 설립목적을 불문한다(2003두8050).

③ 오로지 담당공무원을 괴롭힐 목적으로 행사하는 정보공개청구라면 그러한 정보공개청구는 권리의 남용에 해당하므로 정보공개를 거부할 수는 있다.

④ 외국인의 정보공개청구에 관하여는 대통령령으로 정한다(공공기관의 정보공개에 관한 법률 제5조 제2항).

⑤ 공개대상 정보는 원칙적으로 공개를 청구하는 자가 정보공개법 제10조 제1항 제2호에 따라 작성한 정보공개청구서의 기재내용에 의하여 특정되며, 만일 공개청구자가 특정한 바와 같은 정보를 공공기관이 보유·관리하고 있지 않은 경우라면 특별한 사정이 없는 한 해당 정보에 대한 공개거부처분에 대하여는 취소를 구할 법률상 이익이 없다(2010두18918).

24 공공기관의 정보공개에 관한 법령상 정보공개제도에 관한 설명으로 옳은 것은? (다툼이 있는 경우에는 판례에 의함) 2014년 제2회

① 정보공개청구권은 자연인에 대해서 인정되며, 법인에게는 인정되지 않는다.

② 자신과 이해관계가 없는 정보를 공익을 위해 공개청구하는 것은 허용되지 않는다.

③ 정보공개거부결정에 대해서는 행정심판을 거치지 아니하고 행정소송을 제기할 수 있다.

④ 정보공개청구의 대상이 되는 문서는 원본이어야 한다.

⑤ 공공기관이 정보공개청구를 받은 날부터 20일이 경과하도록 공개 여부를 결정하지 않은 때에는 정보공개결정이 있는 것으로 본다.

해설 ① "모든 국민은 정보의 공개를 청구할 권리를 가진다."고 규정하고 있는데, 여기에서 말하는 국민에는 자연인은 물론 법인, 권리능력 없는 사단·재단도 포함되고, 법인, 권리능력 없는 사단·재단 등의 경우에는 설립목적을 불문한다(2003두8050).
② 정보공개청구권은 헌법의 제21조에서 직접 파생하는 구체적이고 현실적인 권리이므로 이해관련성 유무를 불문하고 헌법상의 기본권으로 보장된다.
③ 정보공개거부결정에 대해서는 이의신청이나 행정심판을 거치지 아니하고 행정소송을 제기할 수 있다.
④ 공공기관의 정보공개에 관한 법률상 공개청구의 대상이 되는 정보란 공공기관이 직무상 작성 또는 취득하여 현재 보유·관리하고 있는 문서에 한정되는 것이기는 하나, 그 문서가 반드시 원본일 필요는 없다(2006두3049).
⑤ 공공기관이 정보공개청구를 받은 날부터 20일이 경과하도록 공개 여부를 결정하지 않은 때에는 아무런 결정이 없는 부작위에 해당한다.

25 공공기관의 정보공개에 관한 법률에 관한 설명으로 옳은 것은? (다툼이 있으면 판례에 따름)
2021년 제9회

① 국내에 학술·연구를 위하여 일시적으로 체류하는 외국인은 정보공개를 청구할 권리가 없다.
② 공개 청구한 정보가 비공개대상인 부분과 공개 가능한 부분이 혼합되어 있는 경우 부분공개는 할 수 없다.
③ 사립대학교는 정보공개의무를 지는 공공기관에 해당하지 않는다.
④ 정보공개를 요구받은 공공기관이 공개를 거부하는 경우에는 비공개사유에 해당하는지를 주장·입증하지 아니한 채 개괄적인 사유만을 들어 공개를 거부할 수 없다.
⑤ 청구인은 공공기관의 비공개 결정에 대하여 불복이 있는 경우 이의신청 절차를 거치지 아니하고는 행정심판을 청구할 수 없다.

해설 ① 국내에 일정한 주소를 두고 거주하거나 학술·연구를 위하여 일시적으로 체류하는 외국인은 정보의 공개를 청구할 권리를 가진다(공공기관의 정보공개에 관한 법률 시행령 제3조).
② 공개 청구한 정보가 제9조 제1항 각 호의 어느 하나에 해당하는 부분과 공개 가능한 부분이 혼합되어 있는 경우로서 공개 청구의 취지에 어긋나지 아니하는 범위에서 부분을 분리할 수 있는 경우에는 제9조 제1항 각 호의 어느 하나에 해당하는 부분을 제외하고 공개하여야 한다(공공기관의 정보공개에 관한 법률 제14조).
③ 교육의 공공성 및 공·사립학교의 동질성 등의 이유로 사립학교도 정보공개의무를 지는 공공기관이다(2004두2783).
④ 국민으로부터 보유·관리하는 정보에 대한 공개를 요구받은 공공기관으로서는 같은 법 제7조 제1항 각 호에서 정하고 있는 비공개사유에 해당하지 않는 한 이를 공개하여야 할 것이고, 만일 이를 거부하는 경우라 할지라도 대상이 된 정보의 내용을 구체적으로 확인·검토하여 어느 부분이 어떠한 법익 또는 기본권과 충돌되어 같은 법 제7조 제1항 몇 호에서 정하고 있는 비공개사유에 해당하는지를 주장·입증하여야만 할 것이며, 그에 이르지 아니한 채 개괄적인 사유만을 들어 공개를 거부하는 것은 허용되지 아니한다(2001두8827).
⑤ 청구인은 공공기관의 비공개 결정에 대하여 불복이 있는 경우 이의신청 절차를 거치지 아니하고 행정심판을 청구할 수 있다(공공기관의 정보공개에 관한 법률 제19조 제2항).

Answer 23. ⑤ 24. ③ 25. ④

26 **정보공개제도에 관한 판례의 입장이 아닌 것은?** 2013년 제1회

① 정보공개청구권자로서의 국민에는 자연인은 물론 법인, 권리능력 없는 사단·재단도 포함되고, 법인, 권리능력 없는 사단·재단 등의 경우에는 설립목적을 불문한다.

② 공개청구의 대상이 되는 정보가 이미 다른 사람에게 공개되어 널리 알려져 있다거나 인터넷 등을 통하여 공개되어 인터넷검색 등을 통하여 쉽게 알 수 있다는 사정만으로는 소의 이익이 없다거나 비공개결정이 정당화될 수 없다.

③ 진행 중인 재판에 관련된 정보로서 정보공개를 거부하기 위해서는 그 정보가 재판과 관련된 것으로서 반드시 진행 중인 재판의 소송기록 자체에 포함된 내용일 것을 요한다.

④ 정보공개청구권은 법률상 보호되는 구체적인 권리이므로 청구인이 공공기관에 대하여 정보공개를 청구하였다가 거부처분을 받은 것 자체가 법률상 이익의 침해에 해당한다.

⑤ 정보의 부분 공개가 허용되는 경우란 그 정보의 공개방법 및 절차에 비추어 당해 정보에서 비공개대상정보에 관련된 기술 등을 제외 혹은 삭제하고 나머지 정보만을 공개하는 것이 가능하고 나머지 부분의 정보만으로도 공개의 가치가 있는 경우를 의미한다.

해설 ①, ④ "모든 국민은 정보의 공개를 청구할 권리를 가진다."고 규정하고 있는데, 여기에서 말하는 국민에는 자연인은 물론 법인, 권리능력 없는 사단·재단도 포함되고, 법인, 권리능력 없는 사단·재단 등의 경우에는 설립목적을 불문하며, 한편 정보공개청구권은 법률상 보호되는 구체적인 권리이므로 청구인이 공공기관에 대하여 정보공개를 청구하였다가 거부처분을 받은 것 자체가 법률상 이익의 침해에 해당한다(2003두8050).

② 인터넷검색 등을 통하여 쉽게 알 수 있다는 사정만으로는 비공개결정이 정당화될 수 없다(2008두13101).

③ '진행 중인 재판에 관련된 정보'에 해당한다는 사유로 정보공개를 거부하기 위하여는 반드시 그 정보가 진행 중인 재판의 소송기록 자체에 포함된 내용일 필요는 없다. 그러나 재판에 관련된 일체의 정보가 그에 해당하는 것은 아니고 진행 중인 재판의 심리 또는 재판결과에 구체적으로 영향을 미칠 위험이 있는 정보에 한정된다고 보는 것이 타당하다(2009두19021).

⑤ 공개 청구한 정보가 제9조 제1항 각 호의 어느 하나에 해당하는 부분과 공개 가능한 부분이 혼합되어 있는 경우로서 공개 청구의 취지에 어긋나지 아니하는 범위에서 부분을 분리할 수 있는 경우에는 제9조 제1항 각 호의 어느 하나에 해당하는 부분을 제외하고 공개하여야 한다(공공기관의 정보공개에 관한 법률 제14조).

27 공공기관의 정보공개에 관한 법률에 따른 정보공개제도에 관한 설명으로 옳지 않은 것은? (다툼이 있으면 판례에 따름) 2020년 제8회

① 공개를 청구하는 정보는 사회일반인의 관점에서 청구대상정보의 내용과 범위를 알 수 있을 정도로 특정되어야 한다.

② 공개청구한 정보를 공공기관이 보유·관리하고 있지 않은 경우에는 특별한 사정이 없는 한 해당 정보에 대한 공개거부처분의 취소를 구할 법률상의 이익이 없다.

③ 정보공개청구의 목적이 오로지 담당공무원을 괴롭힐 목적인 경우처럼 권리의 남용이 명백한 경우에는 정보공개청구권의 행사가 허용되지 않는다.

④ 비공개결정에 대해 이의신청을 거친 경우에는 행정심판을 제기할 수 없다.

⑤ 청구인이 신청한 공개방법 이외의 방법으로 정보를 공개하기로 결정한 경우 청구인은 그에 대하여 항고소송으로 다툴 수 있다.

해설 ① 공공기관의 정보공개에 관한 법률 제10조 제1항 제2호는 정보의 공개를 청구하는 자는 정보공개청구서에 '공개를 청구하는 정보의 내용' 등을 기재할 것을 규정하고 있는바, 청구대상정보를 기재함에 있어서는 사회일반인의 관점에서 청구대상정보의 내용과 범위를 확정할 수 있을 정도로 특정함을 요한다(2007두2555).

② 공개청구자가 특정한 바와 같은 정보를 공공기관이 보유·관리하고 있지 않은 경우라면 특별한 사정이 없는 한 해당 정보에 대한 공개거부처분에 대하여는 취소를 구할 법률상 이익이 없다(2010두18918).

③ 정보공개청구의 목적에 특별한 제한이 없으므로, 오로지 상대방을 괴롭힐 목적으로 정보공개를 구하고 있다는 등의 특별한 사정이 없는 한 정보공개의 청구가 신의칙에 반하거나 권리남용에 해당한다고 볼 수 없다(2004두2783).

④ 청구인은 공공기관의 비공개 결정에 대하여 불복이 있는 경우 이의신청 절차를 거치지 아니하고 행정심판을 청구할 수 있다(공공기관의 정보공개에 관한 법률 제19조 제2항).

⑤ 청구인이 신청한 공개방법 이외의 방법으로 공개하기로 하는 결정을 하였다면, 이는 정보공개청구 중 정보공개방법에 관한 부분에 대하여 일부 거부처분을 한 것이고, 청구인은 그에 대하여 항고소송으로 다툴 수 있다(2016두44674).

28 공공기관의 정보공개에 관한 법령상 정보공개에 관한 설명으로 옳지 않은 것은? (다툼이 있으면 판례에 따름) 2022년 제10회

① 공개청구의 대상이 되는 정보는 공공기관이 보유·관리하고 있는 정보에 한정된다.

② 일정한 요건을 갖춘 외국인은 정보공개청구를 할 수 있다.

③ 정보공개청구권자의 권리구제 가능성이 없는 경우에는 비공개대상정보에 해당하지 않는 정보라도 공개하지 않을 수 있다.

④ 정보공개청구에 대한 공공기관의 비공개결정에 대한 불복절차로 이의신청, 행정심판, 행정소송이 있다.

⑤ 법인이 거래하는 금융기관의 계좌번호에 관한 정보는 법인의 영업상 비밀에 관한 사항으로서 비공개대상정보에 해당한다.

[해설] ③ 비공개대상정보에 해당하지 않는 한 공공기관이 보유·관리하는 정보는 공개 대상이 된다고 규정하고 있을 뿐(제9조 제1항) 정보공개청구권자가 공개를 청구하는 정보와 어떤 관련성을 가질 것을 요구하거나 정보공개청구의 목적에 특별한 제한을 두고 있지 아니하므로 정보공개청구권자의 권리구제 가능성 등은 정보의 공개 여부 결정에 아무런 영향을 미치지 못한다(2017두44558).
⑤ 법인이 거래하는 금융기관의 계좌번호에 관한 정보는 법인의 영업상 비밀에 관한 사항으로서 비공개 대상정보에 해당한다(2003두8302).

29 판례에 의할 때 공공기관의 정보공개에 관한 법률에 관한 설명으로 옳은 것을 모두 고른 것은? 2021년 제9회

> ㉠ 학교폭력대책자치위원회의 회의록은 '공개될 경우 업무의 공정한 수행에 현저한 지장을 초래한다고 인정할 만한 상당한 이유가 있는 정보'에 해당한다.
>
> ㉡ 의사결정과정에 제공된 회의관련자료나 의사결정과정이 기록된 회의록은 의사가 결정되거나 의사가 집행된 경우에는 더 이상 의사결정과정에 있는 사항 그 자체라고는 할 수 없으나, 의사결정과정에 있는 사항에 준하는 사항으로서 비공개대상정보에 포함될 수 있다.
>
> ㉢ '진행 중인 재판에 관련된 정보'에 해당한다는 사유로 정보공개를 거부하기 위하여는 반드시 그 정보가 진행 중인 재판의 소송기록 자체에 포함되어야 한다.

① ㉠   ② ㉡   ③ ㉠, ㉡

④ ㉡, ㉢   ⑤ ㉠, ㉡, ㉢

해설 ⊙ 학교폭력대책자치위원회의 회의록은 공공기관의 정보공개에 관한 법률 제9조 제1항 제5호의 '공개될 경우 업무의 공정한 수행에 현저한 지장을 초래한다고 인정할 만한 상당한 이유가 있는 정보'에 해당한다(2010두2913).

⊙ 의사결정과정에 제공된 회의관련자료나 의사결정과정이 기록된 회의록 등은 의사가 결정되거나 의사가 집행된 경우에는 더 이상 의사결정과정에 있는 사항 그 자체라고는 할 수 없으나, 의사결정과정에 있는 사항에 준하는 사항으로서 비공개대상정보에 포함될 수 있다(2002두12946).

⊙ '진행 중인 재판에 관련된 정보'에 해당한다는 사유로 정보공개를 거부하기 위하여는 반드시 그 정보가 진행 중인 재판의 소송기록 자체에 포함된 내용일 필요는 없다. 그러나 재판에 관련된 일체의 정보가 그에 해당하는 것은 아니고 진행 중인 재판의 심리 또는 재판결과에 구체적으로 영향을 미칠 위험이 있는 정보에 한정된다고 보는 것이 타당하다(2009두19021).

30 개인정보보호법에 관한 설명으로 옳은 것은? 2019년 제7회

① 법인의 정보는 이 법의 보호대상이다.
② 사자(死者)의 정보는 이 법의 보호대상이다.
③ 정보처리자는 정보주체와의 계약의 체결을 위하여 불가피한 경우에는 정보주체의 동의 없이 개인정보를 제3자에게 제공할 수 있다.
④ 개인정보처리자가 이 법에 위반한 행위로 정보주체에게 손해를 입힌 경우, 개인정보처리자의 손해배상책임은 무과실책임이다.
⑤ 정보주체의 권리침해행위의 금지·중지를 구하는 단체소송을 제기하려면 법원의 허가를 받아야 한다.

해설 ①, ② 개인정보 보호법에서의 개인정보란 살아 있는 개인에 관한 정보를 의미한다. 따라서 법인의 정보와 사자(死者)의 정보는 이 개인정보 보호법의 보호대상이 아니다.
③ 개인정보처리자는 정보주체의 동의를 받은 경우와 개인정보를 수집한 목적 범위에서 제공하는 경우에 해당하는 경우에만 정보주체의 개인정보를 제3자에게 제공할 수 있다(개인정보 보호법 제17조 제1항).
④ 정보주체는 개인정보처리자의 개인정보 보호법 위반 행위로 손해를 입으면 개인정보처리자에게 손해배상을 청구할 수 있다. 이 경우 그 개인정보처리자는 고의 또는 과실이 없음을 입증하지 아니하면 책임을 면할 수 없다(개인정보 보호법 제39조 제1항). 따라서 무과실책임이 아니다.
⑤ 단체소송을 제기하는 단체는 법원의 허가를 받아야 한다(개인정보 보호법 제54조, 제55조).

Answer 28. ③ 29. ③ 30. ⑤

31 개인정보 보호법상 개인정보 보호 원칙에 관한 설명으로 옳지 않은 것은? 2023년 제11회

① 개인정보처리자는 개인정보의 처리 목적에 필요한 범위에서 적합하게 개인정보를 처리하여야 한다.

② 개인정보처리자는 개인정보의 처리 목적에 필요한 범위에서 개인정보의 정확성, 완전성 및 최신성이 보장되도록 하여야 한다.

③ 개인정보처리자는 정보주체의 사생활 침해를 최소화하는 방법으로 개인정보를 처리하여야 한다.

④ 개인정보처리자는 개인정보 처리방침 등 개인정보의 처리에 관한 사항을 공개하여야 한다.

⑤ 개인정보처리자는 개인정보를 익명 또는 가명으로 처리하여서는 아니 된다.

[해설]

개인정보 보호법 제3조【개인정보 보호 원칙】 ① 개인정보처리자는 개인정보의 처리 목적을 명확하게 하여야 하고 그 목적에 필요한 범위에서 최소한의 개인정보만을 적법하고 정당하게 수집하여야 한다.
② 개인정보처리자는 개인정보의 처리 목적에 필요한 범위에서 적합하게 개인정보를 처리하여야 하며, 그 목적 외의 용도로 활용하여서는 아니 된다.
③ 개인정보처리자는 개인정보의 처리 목적에 필요한 범위에서 개인정보의 정확성, 완전성 및 최신성이 보장되도록 하여야 한다.
④ 개인정보처리자는 개인정보의 처리 방법 및 종류 등에 따라 정보주체의 권리가 침해받을 가능성과 그 위험 정도를 고려하여 개인정보를 안전하게 관리하여야 한다.
⑤ 개인정보처리자는 제30조에 따른 개인정보 처리방침 등 개인정보의 처리에 관한 사항을 공개하여야 하며, 열람청구권 등 정보주체의 권리를 보장하여야 한다.
⑥ 개인정보처리자는 정보주체의 사생활 침해를 최소화하는 방법으로 개인정보를 처리하여야 한다.
⑦ 개인정보처리자는 개인정보를 익명 또는 가명으로 처리하여도 개인정보 수집목적을 달성할 수 있는 경우 익명처리가 가능한 경우에는 익명에 의하여, 익명처리로 목적을 달성할 수 없는 경우에는 가명에 의하여 처리될 수 있도록 하여야 한다.
⑧ 개인정보처리자는 이 법 및 관계 법령에서 규정하고 있는 책임과 의무를 준수하고 실천함으로써 정보주체의 신뢰를 얻기 위하여 노력하여야 한다.

32 개인정보 보호법상 정보주체가 자신의 개인정보 처리와 관련하여 가지는 권리가 아닌 것은?

2022년 제10회

① 개인정보의 처리에 관한 정보를 제공받을 권리

② 개인정보의 처리 정지를 요구할 권리

③ 개인정보의 처리 여부를 확인하고 개인정보에 대하여 사본의 발급을 요구할 권리

④ 개인정보의 처리에 관한 동의 여부, 동의 범위 등을 결정할 권리

⑤ 개인정보처리자의 가명정보 처리에 동의할 권리

해설

> **개인정보 보호법 제4조【정보주체의 권리】** 정보주체는 자신의 개인정보 처리와 관련하여 다음 각 호의 권리를 가진다.
> 1. 개인정보의 처리에 관한 정보를 제공받을 권리
> 2. 개인정보의 처리에 관한 동의 여부, 동의 범위 등을 선택하고 결정할 권리
> 3. 개인정보의 처리 여부를 확인하고 개인정보에 대한 열람(사본의 발급을 포함한다. 이하 같다) 및 전송을 요구할 권리
> 4. 개인정보의 처리 정지, 정정·삭제 및 파기를 요구할 권리
> 5. 개인정보의 처리로 인하여 발생한 피해를 신속하고 공정한 절차에 따라 구제받을 권리
> 6. 완전히 자동화된 개인정보 처리에 따른 결정을 거부하거나 그에 대한 설명 등을 요구할 권리

33 행정규제기본법에서 규정하고 있는 내용이 아닌 것은? 2015년 제3회

① 규제 옴부즈만 제도　　　　② 규제법정주의

③ 규제영향분석　　　　　　　④ 규제의 등록

⑤ 규제심사제도

해설 규제 옴부즈만 제도는 행정규제기본법에 규정되어 있지 않다.

Answer　31. ⑤　32. ⑤　33. ①

행정의 실효성 확보수단

04 행정의 실효성 확보수단

01 **행정대집행법상 대집행에 관한 설명으로 옳지 않은 것은?** 2017년 제5회

① 비대체적 작위의무의 불이행에 대해서는 대집행이 가능하지 않다.

② 대집행은 대체적 작위의무의 불이행이 있다고 하여 언제든지 인정되는 것은 아니다.

③ 대집행을 실제 수행하는 자는 당해 행정청이어야 하는 것은 아니다.

④ 대집행을 한다는 뜻의 계고는 문서로 하여야 한다.

⑤ 대집행에 대하여는 행정심판을 제기할 수 없다.

[해설] ① 대집행의 대상이 되는 의무는 타인이 대신하여 이행할 수 있는 행위인 대체적 작위의무여야 한다. 따라서 수인의무 또는 부작위의무 등은 대집행의 대상이 아니다.

③ 대집행의 주체는 당해 행정청(처분청)이다. 그러나 대집행 실행행위는 제3자에 의해서도 가능하며, 이때 제3자는 사실상의 집행자로서 대집행을 하는 것에 불과하기 때문에 대집행의 주체는 아니다.

④ 계고는 문서로 하여야 한다. 구두에 의한 계고는 무효이다.

⑤ 대집행에 대하여는 행정심판을 제기할 수 있다(행정대집행법 제7조).

02 **행정대집행법상 대집행의 요건이 아닌 것은?** 2020년 제8회

① 공법상 의무의 불이행이 있을 것

② 불이행된 의무를 타인이 대신하여 행할 수 있을 것

③ 의무를 명하는 처분에 불가쟁력이 발생하였을 것

④ 다른 수단으로써 의무이행의 확보가 곤란할 것

⑤ 의무불이행을 방치하는 것이 심히 공익을 해할 것

[해설] 대집행의 요건에는 1) 공법상 대체적 작위의무의 불이행, 2) 다른 수단으로는 그 이행확보가 곤란할 것, 3) 의무의 불이행을 방치할 경우 심히 공익을 해할 것이 있다.

행정대집행법은 행정처분의 불가쟁력의 발생을 대집행실행의 요건으로 두고 있지 않다. 다만 불가쟁력이 발생하기 전에도 대집행이 가능하므로 의무자는 취소쟁송 단계에서 집행정지결정을 신청할 필요가 있다.

03 행정대집행법상의 대집행에 관한 설명으로 옳지 않은 것은? (다툼이 있으면 판례에 따름)

① 대집행을 할 수 있는 권한을 가진 행정청은 대집행권한을 타인에게 위탁할 수 있다.
② 대집행을 하려는 경우 상당한 이행기한을 정하여 그 기한까지 이행되지 아니할 때에는 대집행을 한다는 뜻을 미리 문서로써 계고하여야 한다.
③ 관계 법령에 위반하여 장례식장 영업을 하고 있는 자의 장례식장 사용중지의무는 대집행의 대상이 아니다.
④ 토지·건물의 명도의무는 대집행의 대상이 될 수 있다.
⑤ 대집행에 요한 비용은 국세징수법의 예에 의하여 징수할 수 있다.

[해설] ① 당해 행정청은 스스로 의무자가 하여야 할 행위를 하거나 또는 제삼자로 하여금 이를 하게 하여 그 비용을 의무자로부터 징수할 수 있다(행정대집행법 제2조).
② 대집행을 하려 함에 있어서는 상당한 이행기한을 정하여 그 기한까지 이행되지 아니할 때에는 대집행을 한다는 뜻을 미리 문서로써 계고하여야 한다(행정대집행법 제3조 제1항).
③ 관계 법령에 위반하여 장례식장 영업을 하고 있는 자의 장례식장 사용 중지의무는 대집행의 대상이 아니다 (2005두7464). 즉, 부작위의무는 대집행의 대상이 아니다.
④ 도시공원시설 점유자의 퇴거 및 명도의무는 행정대집행법에 의한 대집행의 대상이 아니다(97누157).
⑤ 대집행에 요한 비용납부의무자가 납부기일까지 납부하지 않을 때에는 국세징수법의 예에 의하여 강제징수할 수 있다.

04 행정대집행에 관한 설명으로 옳지 않은 것은? (다툼이 있으면 판례에 따름)

① 행정대집행에 있어서 1차 계고에 이어 2차 계고를 행한 경우, 2차 계고는 새로운 행정처분이다.
② 대집행영장에 의한 통지는 비상시 등 그 절차를 취할 여유가 없는 경우 당해 수속을 거치지 아니하고 대집행을 할 수 있다.
③ 대집행을 실시하기 위하여 지출한 비용은 국세징수법의 예에 의하여 징수할 수 있다.
④ 행정상 의무이행확보수단으로 행정대집행의 절차가 인정되는 경우에는 따로 민사소송의 방법으로 의무이행을 구할 수는 없다.
⑤ 비대체적 부작위의무를 대상으로 하는 행정대집행명령은 위법하다.

[해설] ① 반복된 계고의 경우 제1차 계고만 처분성을 가진다. 제2차, 제3차 계고는 새로운 철거의무를 부과한 것이 아니고 대집행 기한의 연기 통지에 불과하다.
② 법률에 다른 규정이 있는 경우 또는 비상시 또는 위험이 절박한 경우에 있어서 당해 행위의 긴급한 실시를 요하여 계고와 대집행영장에 의한 통지 절차를 취할 여유가 없을 때에는 계고와 대집행영장에 의한 통지 절차를 생략하고 대집행을 할 수 있다.
③ 의무자가 납부기일까지 납부하지 않을 때에는 국세징수법의 예에 의하여 강제징수할 수 있다.
④ 행정대집행의 절차가 인정되는 경우에는 따로 민사상 강제집행은 허용할 수는 없다(99다18909).
⑤ 대집행의 대상이 되는 의무는 공법상의 의무에 한정하며, 타인이 대신하여 이행할 수 있는 행위인 대체적 작위의무여야 한다. 따라서 수인의무 또는 부작위의무 등은 대집행의 대상이 아니다. 또한 토지·건물 등의 인도·이전의무 또는 명도의무는 비대체적 작위의무에 해당하므로 대집행에 의한 강제는 할 수 없다.

05 행정대집행에 관한 설명으로 옳은 것은? (다툼이 있는 경우에는 판례에 의함) 2013년 제1회

① 대집행에 있어서 계고는 반드시 문서에 의하여야 하는 것은 아니므로 구두에 의한 계고도 가능하다.

② 행정청이 토지나 건물의 인도의무를 부과한 경우 이는 대체적 작위의무로서 행정대집행법상 대집행의 대상이다.

③ 대집행영장에 의한 통지는 준법률행위적 행정행위로서 취소소송의 대상이 될 수 없다.

④ 행정대집행법은 대체적 작위의무의 부과처분에 불가쟁력이 발생할 것을 대집행의 요건으로 규정하고 있다.

⑤ 위법건축물에 대한 철거명령 및 계고처분에 불응하여 행한 제2차, 제3차의 계고처분은 대집행 기한의 연기 통지에 불과하므로 행정처분이 아니다.

[해설] ① 계고는 문서로 하여야 한다. 구두에 의한 계고는 무효이다.
② 대집행의 대상이 되는 의무는 공법상의 의무에 한정하며, 타인이 대신하여 이행할 수 있는 행위인 대체적 작위의무여야 한다. 따라서 수인의무 또는 부작위의무 등은 대집행의 대상이 아니다. 또한 토지·건물 등의 인도·이전의무 또는 명도의무는 비대체적 작위의무에 해당하므로 대집행에 의한 강제는 할 수 없다.
③ 대집행은 대체적 작위의무 부과처분(철거명령 등)을 전제로 하여, 대집행의 계고 → 대집행영장에 의한 통지 → 대집행실행 → 비용징수의 단계로 이루어진다. 대집행의 각 절차는 모두 항고소송의 대상으로서의 처분성이 인정된다. 따라서 대집행영장에 의한 통지는 준법률적 행정행위로서 항고소송의 대상으로서의 처분성이 인정된다.
④ 불가쟁력의 발생은 대집행의 요건이 아니다. 따라서 불가쟁력이 발생하기 전에도 대집행이 가능하다.
⑤ 계고는 준법률행위적 행정행위 중 통지에 해당한다. 따라서 위법한 계고에 대하여는 취소소송 등을 제기할 수 있다. 반복된 계고의 경우 제1차 계고만 처분성을 가진다. 제2차, 제3차 계고는 새로운 철거의무를 부과한 것이 아니고 대집행 기한의 연기 통지에 불과하다.

06 행정대집행법상 대집행에 관한 설명으로 옳은 것은? (다툼이 있으면 판례에 따름) 2021년 제9회

① 철거대집행 계고처분 후 행한 제2차 계고는 대집행기한의 연기통지가 아니라 새로운 철거의무를 부과한 것이다.

② 철거명령과 계고처분은 계고서라는 명칭의 1장의 문서로 이루어질 수 있다.

③ 대집행은 처분청 스스로 하여야 하며, 대집행 권한을 제3자에게 위임·위탁할 수 없다.

④ 후행처분인 대집행영장발부통보처분의 취소소송에서, 선행처분인 계고처분의 위법을 이유로 대집행영장발부통보처분이 위법하다는 주장을 할 수 없다.

⑤ 행정청이 대집행의 방법으로 건물철거의무의 이행을 실현할 수 있는 경우, 건물철거 대집행 과정에서 부수적으로 건물의 점유자들에 대한 퇴거 조치를 할 수 없다.

해설 ① 반복된 계고의 경우 제1차 계고만 처분성을 가진다. 제2차, 제3차 계고는 새로운 철거의무를 부과한 것이 아니고 대집행 기한의 연기 통지에 불과하다.

② 의무부과와 계고의 결합도 가능하다. 즉, 위법건축물에 대한 철거명령과 동시에 일정 기간 내에 철거하지 않으면 대집행하겠다는 계고를 동시에 하는 것이 가능하다. 이 경우에 철거명령에서 자진철거에 필요한 상당한 기간을 부여하였다면, 그 기간 속에 계고시 필요한 '상당한 이행기간'도 포함되어 있는 것으로 본다.

③ 당해 행정청은 스스로 의무자가 하여야 할 행위를 하거나 또는 제삼자로 하여금 이를 하게 하여 그 비용을 의무자로부터 징수할 수 있다(행정대집행법 제2조).

④ 계고처분과 대집행영장통지, 실행, 비용납부명령 사이에는 하자가 승계된다. 따라서 선행처분인 계고처분의 위법을 이유로 대집행영장발부통보처분이 위법하다는 주장을 할 수 있다.

⑤ 건물의 점유자가 철거의무자일 때에는 건물철거의무에 퇴거의무도 포함되어 있는 것이어서 별도로 퇴거를 명하는 집행권원이 필요하지 않다. 행정청이 행정대집행의 방법으로 건물철거의무의 이행을 실현할 수 있는 경우에는 건물철거 대집행 과정에서 부수적으로 건물의 점유자들에 대한 퇴거 조치를 할 수 있다(2016다213916).

07 행정대집행에 관한 설명으로 옳은 것을 모두 고른 것은? (다툼이 있으면 판례에 따름)

2022년 제10회

> ㉠ 대집행영장에 의한 통지는 취소소송의 대상이 된다.
> ㉡ 행정대집행법에서는 대집행에 대해 행정심판을 제기할 수 있음을 규정하고 있다.
> ㉢ 계고처분의 후속절차인 대집행에 위법이 있다고 하더라도, 그와 같은 후속절차에 위법성이 있다는 점을 들어 선행절차인 계고처분이 부적법하다는 사유로 삼을 수는 없다.
> ㉣ 대집행은 대집행의 대상이 되는 의무를 명하는 처분청이 그 주체가 되며 타인에게 위탁할 수 없다.

① ㉠
② ㉡, ㉢
③ ㉠, ㉡, ㉢
④ ㉡, ㉢, ㉣
⑤ ㉠, ㉡, ㉢, ㉣

해설 } ㉠ 대집행영장에 의한 통지는 준법률적 행정행위로서의 통지에 해당하므로 항고소송의 대상으로서의 처분성이 인정된다.
㉡ 대집행에 대하여는 행정심판을 제기할 수 있다(행정대집행법 제7조).
㉢ 계고처분의 후속절차인 대집행에 위법이 있다고 하더라도, 그와 같은 후속절차에 위법성이 있다는 점을 들어 선행절차인 계고처분이 부적법하다는 사유로 삼을 수는 없다(96누15428).
㉣ 당해 행정청은 스스로 의무자가 하여야 할 행위를 하거나 또는 제삼자로 하여금 이를 하게 하여 그 비용을 의무자로부터 징수할 수 있다(행정대집행법 제2조).

08 행정대집행법의 내용에 관한 설명으로 옳은 것은? 2023년 제11회

① 의무자가 동의한 경우라도 행정청은 해가 뜨기 전에는 대집행을 착수할 수 없다.
② 해가 지기 전에 대집행을 착수한 경우라도 해가 진 후에는 행정청은 즉시 대집행을 중단해야 한다.
③ 대집행에 대하여는 행정심판을 제기할 수 없다.
④ 대집행에 요한 비용은 민사집행법의 예에 의하여 징수하여야 한다.
⑤ 대집행에 요한 비용에 대하여서는 행정청은 사무비의 소속에 따라 국세에 다음가는 순위의 선취득권을 가진다.

해설

행정대집행법
제4조【대집행의 실행 등】 ① 행정청(제2조에 따라 대집행을 실행하는 제3자를 포함한다. 이하 이 조에서 같다)은 해가 뜨기 전이나 해가 진 후에는 대집행을 하여서는 아니 된다. 다만, 다음 각 호의 어느 하나에 해당하는 경우에는 그러하지 아니하다.
  1. 의무자가 동의한 경우
  2. 해가 지기 전에 대집행을 착수한 경우
  3. 해가 뜬 후부터 해가 지기 전까지 대집행을 하는 경우에는 대집행의 목적 달성이 불가능한 경우
  4. 그 밖에 비상시 또는 위험이 절박한 경우
제6조【비용징수】 ① 대집행에 요한 비용은 국세징수법의 예에 의하여 징수할 수 있다.
② 대집행에 요한 비용에 대하여서는 행정청은 사무비의 소속에 따라 국세에 다음가는 순위의 선취득권을 가진다.
③ 대집행에 요한 비용을 징수하였을 때에는 그 징수금은 사무비의 소속에 따라 국고 또는 지방자치단체의 수입으로 한다.
제7조【행정심판】 대집행에 대하여는 행정심판을 제기할 수 있다.

09 행정대집행법상 대집행을 위한 요건으로 볼 수 없는 것은?
① 행정대집행의 대상이 되는 의무는 공법상 의무이어야 한다.
② 행정대집행의 대상이 되는 의무는 대체성이 있는 의무이어야 한다.
③ 불이행된 의무는 다른 수단으로 이행을 확보하기 곤란해야 한다.
④ 의무불이행을 방치하는 것이 심히 공익을 해한다고 인정되어야 한다.
⑤ 의무를 명한 행정처분에 불가쟁력이 발생해야 한다.

해설 ⑤ 불가쟁력의 발생은 대집행의 요건이 아니다. 따라서 불가쟁력이 발생하기 전에도 대집행이 가능하다.

Answer 7.③ 8.⑤ 9.⑤

10 행정대집행에 대한 설명으로 가장 옳지 않은 것은? (다툼이 있는 경우 판례에 의함)

① 대집행의 주체는 당해 행정청이 되나, 대집행의 실행행위는 행정청에 의한 경우 이외에 제3자에 의해서도 가능하다.

② 법령에서 정한 부작위의무 자체에서 의무 위반으로 인해 형성된 형상을 제거할 작위의무가 바로 도출되는 것은 아니다.

③ 건물의 용도에 위반되어 장례식장으로 사용하는 것을 중지하도록 명한 경우, 이 중지의무 위반은 대집행의 대상이다.

④ 공익사업을 위해 토지를 협의매도한 종전 토지소유자가 토지 위의 건물을 철거하겠다는 약정을 하였다고 하더라도 이러한 약정 불이행시 대집행의 대상이 되지 아니한다.

⑤ 의무자는 대집행의 실행행위에 대하여 수인의무를 진다.

[해설] ③ 대집행의 대상이 되는 의무는 타인이 대신하여 이행할 수 있는 행위인 대체적 작위의무여야 한다.
④ 협의취득시 건물소유자가 매매대상 건물에 대한 철거의무를 부담하겠다는 취지의 약정은 대집행의 대상이 아니다(사법상 의무의 불이행은 대집행의 대상이 아니다).

11 다음 중 행정대집행에 관한 설명으로 옳지 않은 것은? (다툼이 있는 경우 판례에 의함)

① 법률상 시설설치 금지의무를 위반하여 시설을 설치한 경우 별다른 규정이 없어도 대집행요건이 충족된다.

② 공원매점에서 퇴거할 의무는 비대체적 작위의무이기 때문에 행정대집행법에 의한 대집행의 대상이 되는 것은 아니다.

③ 행정대집행이 가능함에도 불구하고 민사집행법상 강제집행의 방법으로 시설물의 철거를 구하는 것은 허용되지 않는다.

④ 행정대집행법에 의하면 법령에 의해 직접 성립하는 의무도 행정대집행의 대상이 될 수 있다.

⑤ 행정대집행법 제2조에 따른 대집행의 실시 여부는 행정청의 재량에 속한다.

[해설] ① 시설설치 금지의무는 부작위의무에 해당한다. 대집행의 대상이 되는 의무는 대체적 작위의무여야 한다.
④ 법률(법률의 위임에 의한 명령, 지방자치단체의 조례를 포함한다. 이하 같다)에 의하여 직접 명령되었거나 또는 법률에 의거한 행정청의 명령에 의한 행위로서 타인이 대신하여 행할 수 있는 행위를 의무자가 이행하지 아니하는 경우 다른 수단으로써 그 이행을 확보하기 곤란하고 또한 그 불이행을 방치함이 심히 공익을 해할 것으로 인정될 때에는 당해 행정청은 스스로 의무자가 하여야 할 행위를 하거나 또는 제삼자로 하여금 이를 하게 하여 그 비용을 의무자로부터 징수할 수 있다(행정대집행법 제2조).

12 행정청이 별도의 법령상의 근거 없이도 할 수 있는 행위를 모두 고르면? (다툼이 있는 경우 판례에 의함)

> ㉠ 수익적 행정처분인 재량행위를 하면서 침익적 성격의 부관을 부과하는 행위
> ㉡ 부관인 부담의 불이행을 이유로 수익적 행정행위를 철회하는 행위
> ㉢ 부작위의무를 위반함으로써 생긴 결과를 시정하기 위한 작위의무를 명하는 행위
> ㉣ 철거명령의 위반을 이유로 행정대집행을 하면서 철거의무자인 점유자에 대해 퇴거명령을 하는 행위

① ㉠, ㉡   ② ㉡, ㉢
③ ㉢, ㉣   ④ ㉠, ㉡, ㉣
⑤ ㉠, ㉡, ㉢

해설 ㉠ 재량행위의 경우 법령상의 근거 없이 부관을 부과할 수 있다.
㉡ 부관인 부담을 불이행하는 경우 관할 행정청은 별도의 법령상의 근거 없이 행정행위를 철회할 수 있다.
㉢ 행정청이 부작위의무 위반을 이유로 작위의무를 명하기 위해서는 별도의 법령상의 근거가 필요하다.
㉣ 행정대집행에 있어 대집행 대상인 건물의 점유자가 철거의무자일 때에는 건물철거의무에 퇴거의무도 포함되어 있는 것이어서 별도로 퇴거를 명하는 집행권원이 필요하지 않다.

13 甲은 관할 행정청에 토지의 형질변경행위가 수반되는 건축허가를 신청하였고, 관할 행정청은 甲에 대해 '건축기간 동안 자재 등을 도로에 불법적치하지 말 것'이라는 부관을 붙여 건축허가를 하였다. 이에 대한 설명으로 옳은 것은? (다툼이 있는 경우 판례에 의함)

① 토지의 형질변경 허용 여부에 대해 행정청의 재량이 인정되더라도 주된 행위인 건축허가가 기속행위인 경우에는 甲에 대한 건축허가는 기속행위로 보아야 한다.
② 위 건축허가에 대해 건축주를 乙로 변경하는 건축주명의변경신고가 관련법령의 요건을 모두 갖추어 행해졌더라도 관할 행정청이 신고의 수리를 거부한 경우, 그 수리거부행위는 乙의 권리·의무에 직접 영향을 미치는 것으로서 취소소송의 대상이 되는 처분이다.
③ 甲이 위 부관을 위반하여 도로에 자재 등을 불법적치한 경우, 관할 행정청은 바로 행정대집행법에 따라 불법적치된 자재 등을 제거할 수 있다.
④ 甲이 위 부관에 위반하였음을 이유로 관할 행정청이 건축허가의 효력을 소멸시키려면 법령상의 근거가 있어야 한다.
⑤ 甲이 위 부관을 위반하여 도로에 자재 등을 불법적치한 경우, 관할 행정청은 별도의 법령상의 근거 없이 철거를 명할 수 있다.

Answer 10. ③ 11. ① 12. ④ 13. ②

[해설] ① 토지의 형질변경행위가 수반되는 건축허가는 재량행위이다.
② 건축주명의변경신고는 수리를 요하는 신고에 해당한다.
③ '도로에 불법적치하지 말 것'이라는 부관은 부작위의무에 해당하므로 대집행의 대상이 아니다.
④ 부관인 부담을 불이행하는 경우 관할 행정청은 별도의 법령상의 근거 없이 행정행위를 철회할 수 있다.
⑤ 행정청이 부작위의무 위반을 이유로 작위의무를 명하기 위해서는 별도의 법령상의 근거가 필요하다.

14 다음 중 행정대집행에 관한 설명으로 옳지 않은 것은? (다툼이 있는 경우 판례에 의함)

① 대집행의 내용과 범위는 대집행의 계고서에 의해서만 특정되어야 하는 것이 아니고, 계고처분 전후에 송달된 문서나 기타 사정을 종합하여 행위의 내용이 특정되면 족하다.

② 계고서라는 명칭의 1장의 문서로서 건축물의 철거명령과 동시에 그 소정기한 내에 자진철거를 하지 아니할 때에는 대집행할 뜻을 미리 계고한 경우, 건축법에 의한 철거명령과 행정대집행법에 의한 계고처분은 각 그 요건이 충족되었다고 볼 수 있다.

③ 대집행의 대상은 원칙적으로 대체적 작위의무에 한하며, 부작위의무 위반의 경우 대체적 작위의무로 전환하는 규정을 두고 있지 아니하는 한 대집행의 대상이 되지 않는다.

④ 법령이 일정한 행위를 금지하고 있는 경우, 그 금지규정으로부터 위반결과의 시정을 명하는 행정청의 처분권한은 당연히 도출되므로 행정청은 그 금지규정에 근거하여 시정을 명하고 행정대집행에 나아갈 수 있다.

⑤ 위법한 건물의 공유자 1인에 대한 계고처분은 다른 공유자에 대하여는 그 효력이 없다.

[해설] ② 91누13564
④ 행정청이 부작위의무 위반을 이유로 작위의무를 명하기 위해서는 별도의 법령상의 근거가 필요하다.
⑤ 94누5144

15 다음 중 행정대집행에 관한 설명으로 옳지 않은 것은? (다툼이 있는 경우 판례에 의함)

① 대집행계고처분을 함에 있어서 의무 이행을 할 수 있는 상당한 기간을 부여하지 아니하였다 하더라도, 행정청이 대집행계고처분 후에 대집행영장으로써 대집행의 시기를 늦추었다면 그 대집행계고처분은 적법한 처분이다.

② 건축법에 위반한 건축물의 철거를 명하였으나 불응하자 이행강제금을 부과 · 징수한 후, 이후에도 철거를 하지 아니하자 다시 행정대집행계고처분을 한 경우 그 계고처분은 유효하다.

③ 후행처분인 대집행비용 납부명령 취소청구소송에서 선행처분인 계고처분이 위법하다는 이유를 주장할 수 있다.

④ 무허가증축부분으로 인하여 건물의 미관이 나아지고 증축부분을 철거하는 데 비용이 많이 소요된다고 하더라도 건물철거 대집행계고처분을 할 수 있다.

⑤ 건축법에 위반하여 증 · 개축함으로써 철거의무가 있더라도 그 철거의무를 대집행하기 위한 계고처분을 하려면 다른 방법으로는 그 이행의 확보가 어렵고, 그 불이행을 방치함이 심히 공익을 해하는 것으로 인정되는 경우에 한한다.

해설 } ① 대집행계고처분을 함에 있어서 의무 이행을 할 수 있는 상당한 기간을 부여하지 아니하였다면, 행정청이 대집행계고처분 후에 대집행영장으로써 대집행의 시기를 늦추었다고 하더라도 그 대집행계고처분은 위법한 처분이다(90누2048).
④ 91누4140

16 대집행에 대한 설명으로 옳지 않은 것은? (다툼이 있는 경우 판례에 의함)

① 건축물의 철거와 토지의 명도는 대집행의 대상이 된다.

② 부작위의무를 규정한 금지규정에서 작위의무명령권이 당연히 도출되지는 않는다.

③ 계고는 행정처분으로서 항고소송의 대상이 된다.

④ 대집행이 완료되어 취소소송을 제기할 수 없는 경우에도 국가배상청구는 가능하다.

⑤ 계고처분의 후속절차인 대집행에 위법이 있다고 하더라도, 그와 같은 후속절차에 위법성이 있다는 점을 들어 선행절차인 계고처분이 부적법하다는 사유로 삼을 수는 없다.

해설 } ① 토지의 명도는 점유자가 직접 이행하여야 하는 것이며, 대체적 의무에 해당하지 않는다.

Answer 14. ④ 15. ① 16. ①

17 이행강제금에 관한 설명으로 옳은 것은? (다툼이 있으면 판례에 따름) 2016년 제4회

① 이행강제금은 그에 관한 법적 근거가 없더라도 부과할 수 있다.

② 이행강제금에 관한 일반법으로는 건축법이 있다.

③ 건축법상 이행강제금은 반복하여 부과할 수 없다.

④ 이행강제금과 행정벌의 병과는 허용된다.

⑤ 이행강제금은 대체적 작위의무 위반에 대해서는 부과될 수 없다.

해설 ① 이행강제금은 행정상 간접강제의 일종인 이른바 침익적 행정행위에 속하므로 그 부과요건, 부과대상, 부과금액, 부과회수 등이 법률로써 엄격하게 정하여져야 하고, 위 이행강제금 부과의 전제가 되는 시정명령도 그 요건이 법률로써 엄격하게 정해져야 한다(98헌가8).

② 이행강제금에 관한 일반법은 없으며, 개별법적 근거로는 건축법이 있다.

③, ④

구분	이행강제금	행정벌
시간적 측면	장래에 대한 의무이행 확보수단	과거의 의무위반에 대한 제재
반복부과	반복부과 가능(처벌이 아니므로 일사부재리원칙이 적용되지 않음)	반복부과 불가(일사부재리 원칙이 적용)
고의·과실	불요	필요
병과 가능성	이행강제금과 행정벌은 병과하여 부과할 수 있다(이중처벌이 아님).	

⑤ 현행 건축법상 위법건축물에 대한 이행강제수단으로 대집행과 이행강제금(제83조 제1항)이 인정되고 있는데, 양 제도는 각각의 장·단점이 있으므로 행정청은 개별사건에 있어서 위반내용, 위반자의 시정의지 등을 감안하여 대집행과 이행강제금을 선택적으로 활용할 수 있다(2001헌바80).

18 행정의 실효성 확보수단에 관한 설명으로 옳은 것은? (다툼이 있으면 판례에 따름) 2021년 제9회

① 건축법상 이행강제금 부과처분은 항고소송으로 다툴 수는 없다.

② 이행강제금은 대체적 작위의무의 위반에 대하여 부과될 수 없다.

③ 건축법상 이행강제금의 납부의무는 상속인에게 승계될 수 없는 일신전속적인 성질의 것이다.

④ 대집행에 요한 비용은 국세징수법의 예에 의하여 징수할 수 없다.

⑤ 병무청장이 병역법에 따라 병역의무 기피자의 인적사항을 인터넷 홈페이지에 공개하는 결정은 항고소송의 대상이 되는 행정처분이 아니다.

[해설] ① 건축법상 이행강제금 부과처분에 대한 특별한 구제절차를 규정하고 있지 않으므로 항고소송으로 다툴 수는 있다.

② 현행 건축법상 위법건축물에 대한 이행강제수단으로 대집행과 이행강제금이 인정되고 있는데, 양 제도는 각각의 장·단점이 있으므로 행정청은 개별사건에 있어서 위반내용, 위반자의 시정의지 등을 감안하여 대집행과 이행강제금을 선택적으로 활용할 수 있다(2001헌바80).

③ 건축법상의 이행강제금은 구 건축법의 위반행위에 대하여 시정명령을 받은 후 시정기간 내에 당해 시정명령을 이행하지 아니한 건축주 등에 대하여 부과되는 간접강제의 일종으로서 그 이행강제금 납부의무는 상속인 기타의 사람에게 승계될 수 없는 일신전속적인 성질의 것이므로 이미 사망한 사람에게 이행강제금을 부과하는 내용의 처분이나 결정은 당연무효이다(2006마470).

④ 대집행에 요한 비용은 국세징수법의 예에 의하여 징수할 수 있다(행정대집행법 제6조 제1항).

⑤ 병무청장이 병역법에 따라 병역의무 기피자의 인적사항을 인터넷 홈페이지에 공개하는 결정은 항고소송의 대상이 되는 행정처분에 해당한다(2018두49130).

19 이행강제금에 대한 설명으로 옳지 않은 것은? (다툼이 있는 경우 판례에 의함)

① 이행강제금은 작위의무 또는 부작위의무를 불이행한 경우에 그 의무를 간접적으로 강제이행시키는 수단으로서 집행벌이라고도 한다.

② 이행강제금의 부과는 의무 불이행에 대한 집행벌로 당연히 수인하여야 하기 때문에 행정절차상 의견 청취를 거치지 않아도 된다.

③ 행정청은 대체적 작위의무 불이행시 강제수단으로서 대집행과 이행강제금을 재량에 의하여 선택적으로 결정할 수 있다.

④ 이행강제금의 부과처분에 대한 불복방법에 관하여 아무런 규정을 두고 있지 않는 경우에는 이행강제금 부과처분은 행정행위이므로 행정심판 또는 행정소송을 제기할 수 있다.

⑤ 이행강제금은 장래에 향하여 의무를 이행시키기 위한 수단이다.

[해설] ② 이행강제금의 부과는 불이익한 처분에 해당하므로 행정절차상 의견청취를 거쳐야 한다.

20 이행강제금에 대한 설명으로 옳지 않은 것은? (다툼이 있는 경우 판례에 의함)

① 무허가 건축행위를 한 자에 대해서 형사처벌을 함과 아울러 이행강제금을 부과하더라 도 이중처벌에 해당하지 않는다.

② 건축법상 행정청은 의무자가 행정상 의무를 이행할 때까지 이행강제금을 반복하여 부 과할 수 있으나, 의무자가 의무를 이행하면 새로운 이행강제금의 부과를 즉시 중지하 여야 하고 이미 부과한 이행강제금은 징수하지 아니한다.

③ 이행강제금 납부의무는 상속인 기타의 사람에게 승계될 수 없는 일신전속적인 성질의 것이 므로 이미 사망한 사람에게 이행강제금을 부과하는 내용의 처분이나 결정은 당연무효이다.

④ 건축주 등이 장기간 건축철거를 명하는 시정명령을 이행하지 아니하였다면, 비록 그 기간 중에 시정명령의 이행기회가 제공되지 아니하였다가 뒤늦게 시정명령의 이행기 회가 제공된 경우라 하더라도, 행정청은 이행기회가 제공되지 아니한 과거의 기간에 대한 이행강제금까지 한꺼번에 부과할 수 있는 것은 아니다.

⑤ 구 건축법상 이행강제금 납부의 최초 독촉은 징수처분으로서 항고소송의 대상이 되는 행정처분에 해당한다.

해설 } ② 의무자가 의무를 이행하면 새로운 이행강제금의 부과를 즉시 중지하여야 한다. 다만 이미 부과한 이행강제금은 징수하여야 한다.

21 이행강제금에 대한 설명으로 옳지 않은 것은? (다툼이 있는 경우 판례에 의함)

① 이행강제금은 대체적 작위의무의 위반에 대하여도 부과될 수 있다.

② 건축법상 위법건축물에 대한 이행강제수단으로 대집행과 이행강제금이 인정되고 있 는데, 행정청은 개별사건에 있어서 위반내용, 위반자의 시정의지 등을 감안하여 대집 행과 이행강제금을 선택적으로 활용할 수 있다.

③ 부동산 실권리자명의 등기에 관한 법률상 장기미등기자가 이행강제금 부과 전에 등기 신청의무를 이행하였더라도 동법에 규정된 기간이 지나서 등기신청의무를 이행하였 다면 이행강제금을 부과할 수 있다.

④ 압류는 체납국세의 징수를 실현하기 위하여 체납자의 재산을 보전하는 강제행위로서 항고소송의 대상이 되는 처분이다.

⑤ 국세기본법에 의하면 강제징수절차에 불복하는 당사자는 심사청구 또는 심판청구를 거친 후 행정소송을 제기하여야 한다.

해설 } ③ 이행강제금이 부과되기 전에 의무를 이행하였다면, 시정명령에서 정한 기간을 지나서 이행하였더라 도 이행강제금을 부과할 수는 없다.
⑤ 강제징수절차에 대하여 불복이 있는 자는 바로 취소소송을 제기할 수는 없으며, 국세기본법에 따른 심사청구 (국세청장) 또는 심판청구(세무서장이나 조세심판원)와 그에 대한 결정을 거쳐야 한다(필요적 행정심판전치주의).

22 행정상 강제징수에 관한 설명으로 옳지 않은 것은? (다툼이 있으면 판례에 따름) 2018년 제6회

① 체납자는 공매처분취소소송에서 다른 권리자에 대한 공매통지의 하자를 이유로 공매처분의 취소를 구할 수 있다.

② 한국자산관리공사가 압류재산을 인터넷을 통하여 재공매하기로 한 결정은 항고소송의 대상이 될 수 없다.

③ 압류처분과 공매처분 간에는 하자가 승계된다.

④ 압류처분 후 과세처분의 근거법률이 위헌으로 결정된 경우에 체납자의 압류해제신청을 거부한 행정청의 행위는 위법하다.

⑤ 세무서장이 독촉 또는 납부최고를 하면 국세징수권의 소멸시효는 중단된다.

해설 ① 체납자 등은 자신에 대한 공매통지의 하자만을 공매처분의 위법사유로 주장할 수 있을 뿐 다른 권리자에 대한 공매통지의 하자를 들어 공매처분의 위법사유로 주장하는 것은 허용되지 않는다(2007두18154 전원합의체).
② 한국자산공사가 당해 부동산을 인터넷을 통하여 재공매(입찰)하기로 한 결정 자체는 내부적인 의사결정에 불과하여 항고소송의 대상이 되는 행정처분이라고 볼 수 없고, 또한 한국자산공사가 공매통지는 공매의 요건이 아니라 공매사실 자체를 체납자에게 알려주는 데 불과한 것으로서, 통지의 상대방의 법적 지위나 권리·의무에 직접 영향을 주는 것이 아니라고 할 것이므로 이것 역시 행정처분에 해당한다고 할 수 없다(2006두8464).
③ 독촉과 압류·매각·청산(강제징수)의 일련의 절차는 모두 결합하여 하나의 법률효과를 완성하는 관계이므로 하자의 승계가 인정된다.
④ 위헌결정 이전에 택지초과소유부담금 부과처분 압류처분 및 이에 기한 압류등기가 이루어지고 위의 각 처분이 확정된 경우, 그 위헌결정 이후에 후속 체납처분절차를 진행할 수 없다(2001두2959).
⑤ 독촉 또는 납부최고는 압류의 전제요건이며 소멸시효를 중단시키는 시효중단사유이다.

23 행정기본법상 의무자가 행정상 의무를 이행하지 아니하는 경우 행정청이 의무자의 신체나 재산에 실력을 행사하여 그 행정상 의무의 이행이 있었던 것과 같은 상태를 실현하는 것은? 2024년 제12회

① 행정대집행   ② 이행강제금의 부과
③ 직접강제   ④ 강제징수
⑤ 즉시강제

해설 의무자가 행정상 의무를 이행하지 아니하는 경우 행정청이 의무자의 신체나 재산에 실력을 행사하여 그 행정상 의무의 이행이 있었던 것과 같은 상태를 실현하는 것은 직접강제에 해당한다(행정기본법 제30조 제1항 제3호).

Answer 20. ② 21. ③ 22. ① 23. ③

24 행정조사에 관한 설명으로 옳지 않은 것은? (다툼이 있으면 판례에 따름) 2015년 제3회

① 행정기관의 장은 법령 등에서 규정하고 있는 조사사항을 조사대상자로 하여금 스스로 신고하도록 하는 제도를 운영할 수 있다.

② 행정조사는 법령 등의 위반에 대한 처벌보다는 법령 등을 준수하도록 유도하는 데 중점을 두어야 한다.

③ 행정기관은 유사하거나 동일한 사안에 대하여는 공동조사 등을 실시함으로써 행정조사가 중복되지 아니하도록 하여야 한다.

④ 조사대상자의 자발적인 협조를 얻어 행정조사를 실시하고자 하는 경우 조사대상자는 당해 행정조사를 거부할 수 있다.

⑤ 세무조사결정은 납세의무자의 권리·의무에 직접 영향을 미치는 공권력의 행사에 따른 행정작용이 아니므로 항고소송의 대상이 될 수 없다.

[해설] ①

> **행정조사기본법 제25조 【자율신고제도】** ① 행정기관의 장은 법령등에서 규정하고 있는 조사사항을 조사대상자로 하여금 스스로 신고하도록 하는 제도를 운영할 수 있다.
> ② 행정기관의 장은 조사대상자가 제1항에 따라 신고한 내용이 거짓의 신고라고 인정할 만한 근거가 있거나 신고내용을 신뢰할 수 없는 경우를 제외하고는 그 신고내용을 행정조사에 갈음할 수 있다.

②, ③

> **행정조사기본법 제4조 【행정조사의 기본원칙】** ① 행정조사는 조사목적을 달성하는 데 필요한 최소한의 범위 안에서 실시하여야 하며, 다른 목적 등을 위하여 조사권을 남용하여서는 아니 된다.
> ② 행정기관은 조사목적에 적합하도록 조사대상자를 선정하여 행정조사를 실시하여야 한다.
> ③ 행정기관은 유사하거나 동일한 사안에 대하여는 공동조사 등을 실시함으로써 행정조사가 중복되지 아니하도록 하여야 한다.
> ④ 행정조사는 법령등의 위반에 대한 처벌보다는 법령등을 준수하도록 유도하는 데 중점을 두어야 한다.
> ⑤ 다른 법률에 따르지 아니하고는 행정조사의 대상자 또는 행정조사의 내용을 공표하거나 직무상 알게 된 비밀을 누설하여서는 아니 된다.
> ⑥ 행정기관은 행정조사를 통하여 알게 된 정보를 다른 법률에 따라 내부에서 이용하거나 다른 기관에 제공하는 경우를 제외하고는 원래의 조사목적 이외의 용도로 이용하거나 타인에게 제공하여서는 아니 된다.

④

> **행정조사기본법 제20조 【자발적인 협조에 따라 실시하는 행정조사】** ① 행정기관의 장이 제5조 단서에 따라 조사대상자의 자발적인 협조를 얻어 행정조사를 실시하고자 하는 경우 조사대상자는 문서·전화·구두 등의 방법으로 당해 행정조사를 거부할 수 있다.
> ② 제1항에 따른 행정조사에 대하여 조사대상자가 조사에 응할 것인지에 대한 응답을 하지 아니하는 경우에는 법령등에 특별한 규정이 없는 한 그 조사를 거부한 것으로 본다.
> ③ 행정기관의 장은 제1항 및 제2항에 따른 조사거부자의 인적 사항 등에 관한 기초자료는 특정 개인을 식별할 수 없는 형태로 통계를 작성하는 경우에 한하여 이를 이용할 수 있다.

⑤ 납세의무자로 하여금 개개의 과태료 처분에 대하여 불복하거나 조사 종료 후의 과세처분에 대하여만 다툴 수 있도록 하는 것보다는 그에 앞서 세무조사결정에 대하여 다툼으로써 분쟁을 조기에 근본적으로 해결할 수 있는 점 등을 종합하면, 세무조사결정은 납세의무자의 권리·의무에 직접 영향을 미치는 공권력의 행사에 따른 행정작용으로서 항고소송의 대상이 된다(2009두23617·23624).

25 행정조사에 대한 설명으로 옳지 않은 것은? (다툼이 있는 경우 판례에 의함)

① 행정조사기본법은 행정조사 실시를 위한 일반적인 근거규범으로서 행정기관은 다른 법령 등에서 따로 행정조사를 규정하고 있지 않더라도 행정조사기본법을 근거로 행정조사를 실시할 수 있다.

② 행정기관의 장은 당해 행정기관이 이미 조사를 받은 조사대상자에 대하여 위법행위가 의심되는 새로운 증거를 확보하는 경우에는 재조사할 수 있다.

③ 조사대상자는 법령 등의 근거 규정이 없더라도 조사대상 선정기준에 대한 열람을 행정기관의 장에게 신청할 수 있다.

④ 개별법령 등에서 행정조사를 규정하고 있지 않더라도, 행정기관은 조사대상자가 자발적으로 협조하는 경우에는 행정조사를 실시할 수 있다.

⑤ 행정기관의 장은 법령 등에 특별한 규정이 있는 경우를 제외하고는 행정조사의 결과를 확정한 날부터 7일 이내에 그 결과를 조사대상자에게 통지하여야 한다.

[해설] ① 행정기관은 조사대상자의 자발적인 협조가 없는 한 법령 등에서 행정조사를 규정하고 있는 경우에 한하여 행정조사를 실시할 수 있다.

26 행정조사에 대한 설명으로 옳지 않은 것은? (다툼이 있는 경우 판례에 의함)

① 조세부과처분을 위한 과세관청의 세무조사결정은 사실행위로서 납세의무자의 권리·의무에 직접 영향을 미치는 것은 아니므로 항고소송의 대상이 되지 아니한다.

② 부가가치세 부과처분이 종전의 부가가치세 경정조사와 같은 세목 및 같은 과세기간에 대하여 중복하여 실시한 위법한 세무조사에 기초하여 이루어진 경우 그 과세처분은 위법하다.

③ 조사대상자가 동의한 경우에는 해가 뜨기 전이나 해가 진 뒤에도 현장조사를 실시할 수 있다.

④ 행정기관의 장은 조사대상자에 대한 조사만으로는 당해 행정조사의 목적을 달성할 수 없거나 조사대상이 되는 행위에 대한 사실 여부 등을 입증하는 데 과도한 비용 등이 소요되는 경우에는 제3자에 대하여 보충조사를 할 수 있다.

⑤ 조사대상자와 조사원은 조사과정을 방해하지 아니하는 범위 안에서 행정조사의 과정을 녹음하거나 녹화할 수 있다. 이 경우 녹음·녹화의 범위 등은 상호 협의하여 정하여야 한다.

[해설] ① 세무조사결정은 납세의무자의 권리·의무에 직접 영향을 미치는 공권력의 행사이므로 항고소송의 대상이 된다(2009두23617·23624).

Answer 24. ⑤ 25. ① 26. ①

27 질서위반행위규제법상 과태료에 관한 설명으로 옳은 것은? (다툼이 있으면 판례에 따름)

2016년 제4회

① 과태료 부과에 대해서는 항고소송으로 다툴 수 있다.

② 과태료는 행정벌에 해당하므로 이에는 소멸시효가 인정되지 않는다.

③ 하나의 행위가 둘 이상의 질서위반행위에 해당하는 경우에는 각 질서위반행위에 대하여 정한 과태료를 모두 합산하여 부과한다.

④ 과태료의 부과대상인 질서위반행위에 대해 책임주의 원칙이 적용되고 있다.

⑤ 과태료의 부과·징수 등의 절차에 관해 질서위반행위규제법과 저촉되는 다른 법률의 규정이 있다면 질서위반행위규제법보다 그 법률의 규정이 우선 적용된다.

해설 ① 행정청의 과태료 부과에 불복하는 당사자는 과태료 부과 통지를 받은 날부터 60일 이내에 해당 행정청에 서면으로 이의제기를 할 수 있고 이러한 이의제기가 있는 경우에는 행정청의 과태료 부과처분은 그 효력을 상실한다(질서위반행위규제법 제20조 제1항·제2항). 따라서 별도의 불복절차가 있는 과태료 부과는 행정소송의 대상이 되는 처분이 아니다.

② 과태료는 행정청의 과태료 부과처분이나 법원의 과태료 재판이 확정된 후 5년간 징수하지 아니하거나 집행하지 아니하면 시효로 인하여 소멸한다(질서위반행위규제법 제15조 제1항).

③ 하나의 행위가 2 이상의 질서위반행위에 해당하는 경우에는 각 질서위반행위에 대하여 정한 과태료 중 가장 중한 과태료를 부과한다(질서위반행위규제법 제13조 제1항).

④ 고의 또는 과실이 없는 질서위반행위는 과태료를 부과하지 아니한다(질서위반행위규제법 제7조). 따라서 책임주의 원칙이 적용된다.

⑤ 과태료의 부과·징수, 재판 및 집행 등의 절차에 관한 다른 법률의 규정 중 이 법의 규정에 저촉되는 것은 이 법으로 정하는 바에 따른다(질서위반행위규제법 제5조).

28 행정벌에 관한 설명으로 옳은 것은? (다툼이 있는 경우에는 판례에 의함) 2014년 제2회

① 명문의 규정이 있는 경우뿐만 아니라 관련 행정형벌법규의 해석에 의하여 과실행위도 처벌한다는 뜻이 도출되는 경우에는 과실행위에 대해서 행정형벌을 부과할 수 있다.

② 양벌규정에 의한 영업주의 처벌은 금지위반행위자인 종업원의 처벌을 전제로 하는 것이므로 종업원이 무죄인 경우에는 영업주를 처벌할 수 없다.

③ 도로교통법상 경찰서장의 통고처분에 대해서는 행정소송을 통하여 불복할 수 있다.

④ 과태료는 행정벌의 일종이므로 그 과벌절차에는 형사소송법이 적용된다.

⑤ 과실에 의한 질서위반행위에 대해서는 과태료를 부과할 수 없다.

해설 ① 명문규정이 있거나 해석상 과실범도 벌할 뜻이 명확한 경우를 제외하고는 형법의 원칙에 따라 고의가 있어야 벌할 수 있다(2009도9807).
② 종업원의 범죄성립이나 처벌은 영업주 처벌의 전제조건이 아니다(2005도7673).
③ 통고처분을 받은 자가 이에 불복하여 통고된 내용을 이행하지 않으면 통고처분은 효력을 잃고, 형사재판에서 통고처분의 위법 여부를 다툴 수 있기 때문에 통고처분은 행정쟁송의 대상인 처분이 아니다.
④ 과태료는 질서위반행위규제법이 적용된다.
⑤ 고의 또는 과실이 없는 질서위반행위는 과태료를 부과하지 아니한다(질서위반행위규제법 제7조).

29 질서위반행위규제법의 내용에 관한 설명으로 옳지 않은 것은? 2013년 제1회

① 신분에 의하여 성립하는 '질서위반행위'에 신분이 없는 자가 가담한 경우 신분이 없는 자에 대하여는 '질서위반행위'가 성립하지 아니한다.
② 과태료는 행정청의 과태료 부과처분이나 법원의 과태료 재판이 확정된 후 5년간 징수하지 아니하거나 집행하지 아니하면 시효로 인하여 소멸한다.
③ 고의 또는 과실이 없는 '질서위반행위'는 과태료를 부과하지 아니한다.
④ 질서위반행위규제법 시행령으로 정하는 법률에 따른 징계사유에 해당하여 과태료를 부과하는 행위는 '질서위반행위'에 해당하지 않는다.
⑤ 당사자와 검사는 과태료 재판에 대하여 즉시항고를 할 수 있으며, 이 경우 항고는 집행정지의 효력이 있다.

해설 ① 신분에 의하여 성립하는 질서위반행위에 신분이 없는 자가 가담한 때에는 신분이 없는 자에 대하여도 질서위반행위가 성립한다(질서위반행위규제법 제12조 제2항).
② 과태료는 행정청의 과태료 부과처분이나 법원의 과태료 재판이 확정된 후 5년간 징수하지 아니하거나 집행하지 아니하면 시효로 인하여 소멸한다(질서위반행위규제법 제15조 제1항).
③ 고의 또는 과실이 없는 질서위반행위는 과태료를 부과하지 아니한다(질서위반행위규제법 제7조).
④ 대통령령으로 정하는 법률에 따른 징계사유에 해당하여 과태료를 부과하는 행위는 질서위반행위에 해당하지 않는다(질서위반행위규제법 제2조 제1호).
⑤ 당사자와 검사는 과태료 재판에 대하여 즉시항고를 할 수 있다. 이 경우 항고는 집행정지의 효력이 있다(질서위반행위규제법 제38조 제1항).

Answer 27. ④ 28. ① 29. ①

30 **질서위반행위규제법의 내용으로 옳지 않은 것은?** 2020년 제8회

① 행정청이 부과한 과태료는 부과처분이 확정된 후 5년간 징수하지 아니하면 시효로 인하여 소멸한다.

② 질서위반행위의 성립과 과태료 처분은 처분 시의 법률에 따른다.

③ 고의 또는 과실이 없는 질서위반행위는 과태료를 부과하지 않는다.

④ 2인 이상이 질서위반행위에 가담한 때에는 각자가 질서위반행위를 한 것으로 본다.

⑤ 행정청의 과태료 부과에 대해 당사자의 이의제기가 있는 경우에는 행정청의 과태료 부과처분은 효력을 상실한다.

해설 ① 과태료는 행정청의 과태료 부과처분이나 법원의 과태료 재판이 확정된 후 5년간 징수하지 아니하거나 집행하지 아니하면 시효로 인하여 소멸한다(질서위반행위규제법 제15조 제1항).
② 질서위반행위의 성립과 과태료 처분은 행위시의 법률에 따른다(질서위반행위규제법 제3조 제1항).
③ 고의 또는 과실이 없는 질서위반행위는 과태료를 부과하지 아니한다(질서위반행위규제법 제7조).
④ 2인 이상이 질서위반행위에 가담한 때에는 각자가 질서위반행위를 한 것으로 본다(질서위반행위규제법 제12조 제1항).
⑤ 행정청의 과태료 부과에 불복하는 당사자는 과태료 부과 통지를 받은 날부터 60일 이내에 해당 행정청에 서면으로 이의제기를 할 수 있고 이러한 이의제기가 있는 경우에는 행정청의 과태료 부과처분은 그 효력을 상실한다(질서위반행위규제법 제20조 제1항·제2항).

31 **질서위반행위규제법의 내용으로 옳지 않은 것은?** 2024년 제12회

① 과태료 재판은 검사의 명령으로써 집행한다.

② 신분에 의하여 성립하는 질서위반행위에 신분이 없는 자가 가담한 때에는 신분이 없는 자에 대하여는 질서위반행위가 성립하지 아니한다.

③ 질서위반행위 후 법률이 변경되어 그 행위가 질서위반행위에 해당하지 아니하게 된 때에는 법률에 특별한 규정이 없는 한 변경된 법률을 적용한다.

④ 질서위반행위규제법은 대한민국 영역 밖에서 질서위반행위를 한 대한민국의 국민에게 적용한다.

⑤ 하나의 행위가 2 이상의 질서위반행위에 해당하는 경우에는 각 질서위반행위에 대하여 정한 과태료 중 가장 중한 과태료를 부과한다.

해설 ① 과태료 재판은 검사의 명령으로써 집행한다. 이 경우 그 명령은 집행력 있는 집행권원과 동일한 효력이 있다(질서위반행위규제법 제42조 제1항).
② 신분에 의하여 성립하는 질서위반행위에 신분이 없는 자가 가담한 때에는 신분이 없는 자에 대하여도 질서위반행위가 성립한다(질서위반행위규제법 제12조 제2항).
③ 질서위반행위 후 법률이 변경되어 그 행위가 질서위반행위에 해당하지 아니하게 되거나 과태료가 변경되기 전의 법률보다 가볍게 된 때에는 법률에 특별한 규정이 없는 한 변경된 법률을 적용한다(질서위반행위규제법 제3조 제2항).
④ 이 법은 대한민국 영역 밖에서 질서위반행위를 한 대한민국의 국민에게 적용한다(질서위반행위규제법 제4조 제2항).
⑤ 하나의 행위가 2 이상의 질서위반행위에 해당하는 경우에는 각 질서위반행위에 대하여 정한 과태료 중 가장 중한 과태료를 부과한다(질서위반행위규제법 제13조 제1항).

32 **행정질서벌에 관한 설명으로 옳지 않은 것은?** 2019년 제7회

① 행정청이 질서위반행위에 대하여 과태료를 부과하고자 하는 때에는 당사자에게 사전통지하고, 의견을 제출할 기회를 주어야 한다.
② 질서위반행위의 성립과 과태료 처분은 행위시의 법률에 따른다.
③ 고의 또는 과실이 없는 질서위반행위는 과태료를 부과하지 아니한다.
④ 행정청의 과태료부과행위는 행정소송법상 항고소송의 대상이 된다.
⑤ 법률에 따르지 아니하고는 어떤 행위도 질서위반행위로 과태료를 부과하지 아니한다.

해설 ① 행정청이 질서위반행위에 대하여 과태료를 부과하고자 하는 때에는 미리 당사자에게 대통령령으로 정하는 사항을 통지하고, 10일 이상의 기간을 정하여 의견을 제출할 기회를 주어야 한다. 이 경우 지정된 기일까지 의견 제출이 없는 경우에는 의견이 없는 것으로 본다(질서위반행위규제법 제16조 제1항).
② 질서위반행위의 성립과 과태료 처분은 행위시의 법률에 따른다(질서위반행위규제법 제3조 제1항).
③ 고의 또는 과실이 없는 질서위반행위는 과태료를 부과하지 아니한다(질서위반행위규제법 제7조).
④ 별도의 불복절차가 있는 과태료부과는 행정소송의 대상이 되는 처분이 아니다.
⑤ 법률에 따르지 아니하고는 어떤 행위도 질서위반행위로 과태료를 부과하지 아니한다(질서위반행위규제법 제6조).

Answer 30. ② 31. ② 32. ④

33 **질서위반행위규제법의 내용에 관한 설명으로 옳지 않은 것은?** 2023년 제11회

① 다른 법률에 특별한 규정이 없는 한 14세가 되지 아니한 자의 질서위반행위에 대해서도 과태료를 부과한다.

② 고의 또는 과실이 없는 질서위반행위는 과태료를 부과하지 아니한다.

③ 법률에 따르지 아니하고는 어떤 행위도 질서위반행위로 과태료를 부과하지 아니한다.

④ 대한민국 영역 밖에 있는 대한민국의 선박 또는 항공기 안에서 질서위반행위를 한 외국인에게도 적용한다.

⑤ 대한민국 영역 밖에서 질서위반행위를 한 대한민국의 국민에게도 적용한다.

해설 ① 14세가 되지 아니한 자의 질서위반행위는 과태료를 부과하지 아니한다(질서위반행위규제법 제9조).
② 고의 또는 과실이 없는 질서위반행위는 과태료를 부과하지 아니한다(질서위반행위규제법 제7조).
③ 법률에 따르지 아니하고는 어떤 행위도 질서위반행위로 과태료를 부과하지 아니한다(질서위반행위규제법 제6조).
④ 대한민국 영역 밖에 있는 대한민국의 선박 또는 항공기 안에서 질서위반행위를 한 외국인에게 적용한다(질서위반행위규제법 제4조 제3항).
⑤ 대한민국 영역 밖에서 질서위반행위를 한 대한민국의 국민에게 적용한다(질서위반행위규제법 제4조 제2항).

34 **질서위반행위와 과태료처분에 관한 설명으로 옳은 것은?**

① 과태료의 부과·징수, 재판 및 집행 등의 절차에 관하여 질서위반행위규제법과 타 법률이 달리 규정하고 있는 경우에는 후자를 따른다.

② 하나의 행위가 2 이상의 질서위반행위에 해당하는 경우에는 각 질서위반행위에 대하여 정한 과태료 중 가장 중한 과태료를 부과하는 것이 원칙이다.

③ 과태료는 행정질서유지를 위한 의무 위반이라는 객관적 사실에 대하여 과하는 제재이므로 과태료 부과에는 고의·과실을 요하지 않는다.

④ 과태료에는 소멸시효가 없으므로 행정청의 과태료처분이나 법원의 과태료재판이 확정된 이상 일정한 시간이 지나더라도 그 처벌을 면할 수는 없다.

⑤ 행정질서벌인 과태료는 죄형법정주의의 규율대상이다.

해설 ① 질서위반행위규제법과 타 법률이 달리 규정하고 있는 경우에는 질서위반행위규제법을 따른다(질서위반행위규제법 제5조).
② 하나의 행위가 2 이상의 질서위반행위에 해당하는 경우에는 각 질서위반행위에 대하여 정한 과태료 중 가장 중한 과태료를 부과한다(질서위반행위규제법 제13조 제1항).
③ 고의 또는 과실이 없는 질서위반행위는 과태료를 부과하지 아니한다(질서위반행위규제법 제7조).
④ 과태료는 행정청의 과태료 부과처분이나 법원의 과태료 재판이 확정된 후 5년간 징수하지 아니하거나 집행하지 아니하면 시효로 인하여 소멸한다(질서위반행위규제법 제15조 제1항).
⑤ 과태료는 행정질서벌에 해당할 뿐 형벌이라고 할 수 없어 죄형법정주의의 규율대상에 해당하지 아니한다.

35 질서위반행위규제법이 정하고 있는 질서위반행위에 대한 설명으로 옳지 않은 것은?

① 지방자치단체의 조례상의 의무를 위반하여 과태료를 부과하는 행위는 질서위반행위에 해당하지 않는다.

② 행정청은 당사자가 납부기한까지 과태료를 납부하지 아니한 때에는 납부기한을 경과한 날부터 체납된 과태료에 대하여 100분의 3에 상당하는 가산금을 징수한다.

③ 행정청의 과태료 부과처분에 대해 법령이 정하는 절차에 따라 이의제기를 하게 되면 그 처분은 바로 효력을 상실한다.

④ 행정청은 질서위반행위가 종료된 날부터 5년이 경과한 경우에는 해당 질서위반행위에 대하여 과태료를 부과할 수 없다.

⑤ 법원의 결정이 있는 경우에는 그 결정이 확정된 날부터 1년이 경과하기 전까지는 과태료를 정정부과하는 등 해당 결정에 따라 필요한 처분을 할 수 있다.

해설 ① 질서위반행위란 법률(지방자치단체의 조례를 포함한다)상의 의무를 위반하여 과태료를 부과하는 행위를 말한다(질서위반행위규제법 제2조 제1호).
② 행정청은 당사자가 납부기한까지 과태료를 납부하지 아니한 때에는 납부기한을 경과한 날부터 체납된 과태료에 대하여 100분의 3에 상당하는 가산금을 징수한다(질서위반행위규제법 제24조 제1항).
③ 이의제기가 있는 경우에는 행정청의 과태료 부과처분은 그 효력을 상실한다(질서위반행위규제법 제20조 제2항)
④ 행정청은 질서위반행위가 종료된 날(다수인이 질서위반행위에 가담한 경우에는 최종행위가 종료된 날을 말한다)부터 5년이 경과한 경우에는 해당 질서위반행위에 대하여 과태료를 부과할 수 없다(질서위반행위규제법 제19조 제1항).
⑤ 행정청은 법원의 결정이 있는 경우에는 그 결정이 확정된 날부터 1년이 경과하기 전까지는 과태료를 정정부과 하는 등 해당 결정에 따라 필요한 처분을 할 수 있다(질서위반행위규제법 제19조 제2항).

Answer 33. ① 34. ② 35. ①

36 행정벌에 대한 설명으로 옳지 않은 것은? (다툼이 있는 경우 판례에 의함)

① 과실범은 처벌한다는 명문의 규정이 없더라도 행정형벌법규의 해석에 의하여 과실행위도 처벌한다는 뜻이 도출되는 경우에는 과실범도 처벌될 수 있다.

② 행정상의 단속을 주안으로 하는 법규를 위반한 경우 과실범 처벌에 관한 명문규정이 있거나 해석상 과실범도 벌할 뜻이 명확한 경우를 제외하고는 형법의 원칙에 따라 고의가 있어야 벌할 수 있다.

③ 어떤 행정법규 위반행위에 대해 과태료를 과할 것인지 행정형벌을 과할 것인지는 기본적으로 입법재량에 속한다.

④ 과태료는 당사자가 과태료 부과처분에 대하여 이의를 제기하지 아니한 채 이의제기 기한이 종료한 후 사망한 경우에는 그 상속재산에 대하여 집행할 수 있다.

⑤ 과태료 부과처분에 불복하는 당사자는 다른 법률에 특별한 규정이 없는 한 과태료 부과처분의 취소를 구하는 행정소송을 제기할 수 있다.

[해설] ⑤ 당사자가 과태료부과처분에 불복하는 경우 과태료부과처분은 질서위반행위규제법에 따라 과태료 재판의 대상이 된다.

37 행정벌에 대한 설명으로 옳지 않은 것은? (다툼이 있는 경우 판례에 의함)

① 양벌규정은 행위자에 대한 처벌규정임과 동시에 그 위반행위의 이익귀속주체인 영업주에 대한 처벌규정이다.

② 양벌규정에서 종업원의 범죄성립이나 처벌이 영업주 처벌의 전제조건이 되는 것은 아니다.

③ 양벌규정에서 법인 대표자의 법규위반행위에 대한 법인의 책임은 법인 자신의 법규위반행위로 평가될 수 있는 행위에 대한 법인의 직접책임이다.

④ 양벌규정에 의한 법인의 처벌은 어디까지나 행정적 제재처분일 뿐 형벌과는 성격을 달리한다.

⑤ 질서위반행위규제법에서 종업원이 업무에 관하여 그가 속한 법인 또는 개인에게 부과된 법률상의 의무를 위반한 때에는 법인 또는 개인에게 과태료를 부과한다.

[해설] ④ 양벌규정에 의한 법인의 처벌은 형벌의 일종이다.

38 통고처분에 대한 설명으로 옳은 것은? (다툼이 있는 경우 판례에 의함)

① 조세범 처벌절차법에 근거한 범칙자에 대한 세무관서의 통고처분은 행정소송의 대상이 되는 행정처분이다.

② 법률에 따라 통고처분을 할 수 있으면 행정청은 통고처분을 하여야 하며, 통고처분 이외의 조치를 취할 재량은 없다.

③ 행정법규 위반자가 법정기간 내에 통고처분에 의해 부과된 금액을 납부하지 않으면 비송사건절차법에 의해 처리된다.

④ 시행법규 위반자가 통고처분에 의해 부과된 금액을 납부하면 과벌절차가 종료되며 동일한 사건에 대하여 다시 처벌받지 아니한다.

⑤ 관세청장 또는 세관장이 관세범에 대하여 통고처분을 하지 아니한 채 행한 고발 및 이에 기한 공소의 제기는 부적법하다.

해설 ①, ③ 통고처분을 받은 자가 이에 불복하여 통고된 내용을 이행하지 않으면 통고처분은 효력을 잃고, 형사재판에서 통고처분의 위법 여부를 다툴 수 있기 때문에 통고처분은 행정쟁송의 대상인 처분이 아니다.
② 통고처분을 할 것인지의 여부는 행정청의 재량에 해당한다.
⑤ 통고처분을 할 것인지의 여부는 관세청장 또는 세관장의 재량에 맡겨져 있고, 따라서 관세청장 또는 세관장이 관세범에 대하여 통고처분을 하지 아니한 채 고발하였다는 것만으로는 그 고발 및 이에 기한 공소의 제기가 부적법하게 되는 것은 아니다.

Answer 36. ⑤ 37. ④ 38. ④

39 행정벌에 대한 설명으로 옳지 않은 것은? (다툼이 있는 경우 판례에 의함)

① 양벌규정에 의한 영업주의 처벌은 금지위반행위자인 종업원의 처벌에 종속되는 것이므로 영업주만 따로 처벌할 수는 없다.

② 행정벌에 대하여 명문 규정이 없는 경우에도 법령의 입법목적이나 관계규정의 취지 등을 고려하여 과실범을 처벌할 수 있다는 것이 대법원의 입장이다.

③ 경찰서장이 범칙행위에 대하여 통고처분을 한 이상, 통고처분에서 정한 범칙금 납부기간까지는 원칙적으로 경찰서장은 즉결심판을 청구할 수 없고, 검사도 동일한 범칙행위에 대하여 공소를 제기할 수 없다.

④ 과태료를 부과하는 근거법령이 개정되어 행위시의 법률에 의하면 과태료 부과대상이었지만 재판시의 법률에 의하면 부과대상이 아니게 된 때에는 특별한 사정이 없는 한 과태료를 부과할 수 없다.

⑤ 지방자치단체가 그 고유의 자치사무를 처리하는 경우 지방자치단체는 양벌규정에 의한 처벌대상이 된다.

[해설] ① 실제 행위자인 종업원이 처벌을 받지 않는 경우에도 영업주를 처벌할 수 있다.
⑤ 국가는 형벌을 부과하는 주체이므로 양벌규정의 대상이 되는 법인으로 볼 수 없다. 지방자치단체의 경우는 사무의 종류에 따라 구분하여 판단한다. 자치사무의 경우에는 지방자치단체도 양벌규정에 의한 처벌대상이 되지만, 기관위임사무의 경우 지방자치단체는 양벌규정에 의한 처벌대상이 아니다.

40 행정의 실효성 확보수단에 관한 설명으로 옳은 것을 모두 고른 것은? (다툼이 있으면 판례에 따름) 2018년 제6회

> ㉠ 이행강제금부과처분의 상대방이 사망하면 미납된 이행강제금의 납부의무는 상속인에게 승계된다.
> ㉡ 권원 없이 국유재산에 설치된 시설물에 대하여 대집행을 실시할 수 있는 경우 행정청은 민사소송의 방법으로 그 시설물의 철거를 구할 수 없다.
> ㉢ 건축법상 시정명령이 없으면 이행강제금을 부과할 수 없다.
> ㉣ 질서위반행위규제법상 과태료는 고의 또는 과실이 없는 질서위반행위에 대해서도 부과될 수 있다.

① ㉠, ㉡   ② ㉠, ㉢

③ ㉠, ㉣   ④ ㉡, ㉢

⑤ ㉢, ㉣

[해설] ㉠ 이행강제금 납부의무는 상속인 등에게 승계될 수 없는 일신전속적인 성질을 가진다.
㉡ 행정대집행의 절차가 인정되는 경우에는 따로 민사상 강제집행은 허용할 수 없다(99다18909).
㉢ 시정명령을 이행할 수 있는 기회를 준 후가 아니면 이행강제금을 부과할 수 없다(2010두3978).
㉣ 고의 또는 과실이 없는 질서위반행위는 과태료를 부과하지 아니한다(질서위반행위규제법 제7조).

41 행정의 실효성 확보수단에 관한 설명으로 옳은 것을 모두 고른 것은? (다툼이 있으면 판례에 따름) 2017년 제5회

> ㉠ 이행강제금과 행정벌의 병과는 허용된다.
> ㉡ 직접강제는 일반적으로 목전에 급박한 행정상 장해를 제거할 필요가 있는 경우에 미리 의무를 명할 시간적 여유가 없는 경우에 사용하는 수단이다.
> ㉢ 질서위반행위규제법상 질서위반행위의 성립과 과태료 처분은 처분시의 법률에 따른다.
> ㉣ 도로교통법상 경찰서장의 통고처분은 행정소송의 대상이 되는 처분이 아니다.

① ㉠, ㉡
② ㉠, ㉣
③ ㉡, ㉢
④ ㉡, ㉣
⑤ ㉢, ㉣

[해설] ㉠ 이행강제금(집행벌)과 행정벌은 규제목적을 달리하므로 병행하여 부과될 수 있다.
㉡ 직접강제란 의무자가 행정상 의무를 이행하지 아니하는 경우 행정청이 의무자의 신체나 재산에 실력을 행사하여 그 행정상 의무의 이행이 있었던 것과 같은 상태를 실현하는 것을 말한다. 지문은 즉시강제에 해당한다.
㉢ 질서위반행위의 성립과 과태료 처분은 행위시의 법률에 따른다(질서위반행위규제법 제3조 제1항).
㉣ 도로교통법 제118조에서 규정하는 경찰서장의 통고처분은 행정소송의 대상이 되는 행정처분이 아니므로 그 처분의 취소를 구하는 소송은 부적법하고, 도로교통법상의 통고처분을 받은 자가 그 처분에 대하여 이의가 있는 경우에는 통고처분에 따른 범칙금의 납부를 이행하지 아니함으로써 경찰서장의 즉결심판청구에 의하여 법원의 심판을 받을 수 있게 될 뿐이다(95누4674).

Answer 39. ① 40. ④ 41. ②

42 행정의 실효성 확보수단에 관한 설명으로 옳지 않은 것은? (다툼이 있는 경우에는 판례에 의함) 2014년 제2회

① 건축물 철거와 같은 대체적 작위의무의 위반이 있는 경우 행정청은 대집행과 이행강 제금을 선택적으로 활용할 수 있다.

② 과징금은 행정상 의무위반에 대한 제재이므로 과징금부과처분에는 행정절차법이 적 용되지 않는다.

③ 대집행에 있어 1차 계고처분 후에 동일한 내용으로 2차 계고처분을 한 경우, 2차 계고 처분은 항고소송의 대상이 되는 행정처분이 아니다.

④ 위법건축물에 대하여 철거명령과 계고처분을 계고서라는 1장의 문서로써 동시에 행 한 경우에도 건축법에 의한 철거명령과 행정대집행법에 의한 계고처분은 독립하여 존 재하는 것으로 각 그 요건을 충족한다.

⑤ 도시공원시설인 매점에 대해 점유자의 점유를 배제하고 그 점유를 이전받는 것은 대 집행의 대상이 아니다.

[해설] ① 현행 건축법상 위법건축물에 대한 이행강제수단으로 대집행과 이행강제금(제83조 제1항)이 인정되고 있는데, 양 제도는 각각의 장·단점이 있으므로 행정청은 개별사건에 있어서 위반내용, 위반자의 시정의지 등을 감안하여 대집행과 이행강제금을 선택적으로 활용할 수 있다(2001헌바80).
② 과징금은 불이익한 처분으로서 행정절차법상 절차를 준수하여야 한다.
③ 반복된 계고의 경우 제1차 계고만 처분성을 가진다. 제2차, 제3차 계고는 새로운 철거의무를 부과한 것이 아니고 대집행 기한의 연기 통지에 불과하다.
④ 위법건축물에 대한 철거명령과 동시에 일정 기간 내에 철거하지 않으면 대집행하겠다는 계고를 동시에 하는 것이 가능하다. 이 경우에 철거명령에서 자진철거에 필요한 상당한 기간을 부여하였다면, 그 기간 속에 계고시 필요한 '상당한 이행기간'도 포함되어 있는 것으로 본다.
⑤ 토지·건물 등의 인도·이전의무 또는 명도의무는 비대체적 작위의무에 해당하므로 대집행에 의한 강제는 할 수 없다. 따라서 도시공원시설 점유자의 퇴거 및 명도의무는 행정대집행법에 의한 대집행의 대상이 아니다 (97누157).

43 과징금에 관한 설명으로 옳지 않은 것은? (다툼이 있으면 판례에 따름) 2022년 제10회

① 행정법규 위반에 대해 벌금 이외에 과징금을 부과하는 것은 이중처벌금지의 원칙에 반하지 않는다.

② 제재적 행정처분으로서의 과징금은 현실적인 행위자가 아닌 법령상 책임자에게 부과할 수 있다.

③ 제재적 행정처분으로서의 과징금은 원칙적으로 위반자의 고의 또는 과실을 요한다.

④ 과징금은 국가의 형벌권을 실행하는 과벌이 아니다.

⑤ 법령으로 정한 '과징금을 부과하는 위반행위와 과징금의 금액'에 열거되지 않은 위반행위에 대해 사업정지처분을 갈음하여 과징금을 부과할 수 없다.

해설 ① 형사처벌과 과징금을 병과하더라도 이중처벌에 해당하지 않는다(2001헌가25).
② 과징금부과처분은 행정목적의 달성을 위하여 행정법규 위반이라는 객관적 사실에 착안하여 가하는 제재이므로 반드시 현실적인 행위자가 아니라도 법령상 책임자로 규정된 자에게 부과되고 원칙적으로 위반자의 고의·과실을 요하지 아니하나, 위반자의 의무 해태를 탓할 수 없는 정당한 사유가 있는 등의 특별한 사정이 있는 경우에는 이를 부과할 수 없다(2013두5005).
③ 과징금은 원칙적으로 위반자의 고의 또는 과실을 요하지 않는다.
④ 과징금은 형사처벌에 해당하지 않는다.
⑤ 위반행위의 종류와 금액을 열거하지 않은 위반행위에 대해서 사업정지처분을 갈음하여 과징금을 부과하는 것은 허용되지 않는다(2017두73693).

44 과징금에 대한 설명으로 옳지 않은 것은? (다툼이 있는 경우 판례에 의함)

① 과징금의 근거가 되는 법률에는 과징금의 상한액을 명확하게 규정하여야 한다.

② 행정기본법 제28조 제1항에 과징금 부과의 법적 근거를 마련하였으므로 행정청은 직접 이 규정에 근거하여 과징금을 부과할 수 있다.

③ 영업정지처분에 갈음하는 과징금이 규정되어 있는 경우 과징금을 부과할 것인지 영업정지 처분을 내릴 것인지는 통상 행정청의 재량에 속한다.

④ 과징금 부과처분은 원칙적으로 위반자의 고의·과실을 요하지 아니하나, 위반자의 의무해태를 탓할 수 없는 정당한 사유가 있는 등의 특별한 사정이 있는 경우에는 이를 부과할 수 없다.

⑤ 과징금은 행정상 제재금이고 범죄에 대한 국가형벌권의 실행이 아니므로 행정법규 위반에 대해 벌금 이외에 과징금을 부과하는 것은 이중처벌금지의 원칙에 위반되지 않는다.

Answer 42. ② 43. ③ 44. ②

[해설] ①, ②

> **행정기본법 제28조【과징금의 기준】** ① 행정청은 법령등에 따른 의무를 위반한 자에 대하여 법률로 정하는 바에
> 따라 그 위반행위에 대한 제재로서 과징금을 부과할 수 있다.
> ② 과징금의 근거가 되는 법률에는 과징금에 관한 다음 각 호의 사항을 명확하게 규정하여야 한다.
>   1. 부과·징수 주체
>   2. 부과 사유
>   3. 상한액
>   4. 가산금을 징수하려는 경우 그 사항
>   5. 과징금 또는 가산금 체납 시 강제징수를 하려는 경우 그 사항

45 과징금에 대한 설명으로 옳지 않은 것은? (다툼이 있는 경우 판례에 의함)

① 과징금 부과처분은 일반적으로 행정청의 재량행위에 해당한다.

② 부동산 실권리자명의 등기에 관한 법률상 명의신탁자에 대한 과징금의 부과 여부는 행정청의 기속행위이다.

③ 자동차운수사업면허조건 등을 위반한 사업자에 대한 과징금 부과처분이 법이 정한 한 도액을 초과하여 위법한 경우 법원은 그 처분 전부를 취소하여야 한다.

④ 부과관청이 추후에 부과금 산정기준이 되는 새로운 자료가 나올 경우 과징금액이 변 경될 수도 있다고 유보하며 과징금을 부과했다면, 새로운 자료가 나온 것을 이유로 새로이 부과처분을 할 수 있다.

⑤ 현실적인 위반행위자가 아닌 법령상 책임자인 경우에도 과징금 부과 대상자에 해당 한다.

[해설] ④ 과징금을 부과하면서 부과관청이 추후에 부과금 산정기준이 되는 새로운 자료가 나올 경우 과징금 액이 변경될 수도 있다고 유보하거나, 새로운 자료가 나온 것을 이유로 새로운 부과처분을 할 수는 없다(99두 1571).
⑤ 2013두5005

46 행정의 실효성 확보수단에 관한 설명으로 옳지 않은 것은? (다툼이 있는 경우 판례에 의함)

① 행정법규 위반에 대하여 벌금 이외에 과징금을 함께 부과하는 것은 이중처벌금지원칙에 위반되지 않는다.
② 현행 법령상 명단공표의 공통절차에 관한 규정은 존재한다.
③ 행정법상 의무위반자에 대한 명단의 공표는 법적인 근거가 없더라도 허용된다.
④ 시정명령이란 행정법령의 위반행위로 초래된 위법상태의 제거 내지 시정을 명하는 행정행위를 말하는 것으로서, 그 위법행위의 결과가 더 이상 존재하지 않는다면 시정명령을 할 수 없다.
⑤ 행정법규 위반에 대하여 가하는 제재조치(영업정지처분)는 반드시 현실적인 행위자가 아니라도 법령상 책임자로 규정된 자에게 부과되고 특별한 사정이 없는 한 위반자에게 고의나 과실이 없더라도 부과할 수 있다.

해설 ②, ③ 행정청은 법령에 따른 의무를 위반한 자의 성명·법인명, 위반사실, 의무 위반을 이유로 한 처분사실 등을 법률로 정하는 바에 따라 일반에게 공표할 수 있다(행정절차법 제40조의3 제1항).
⑤ 행정법규 위반에 대하여 가하는 제재조치는 행정목적 달성을 위하여 행정법규 위반이라는 객관적 사실에 착안하여 가하는 제재이므로, 반드시 현실적인 행위자가 아니라도 법령상 책임자로 규정된 자에게 부과되고 특별한 사정이 없는 한 위반자에게 고의나 과실이 없더라도 부과할 수 있다.

행정사
이준희 행정법

행정구제

01 **국가배상법 제2조에 관한 설명으로 옳지 않은 것은? (다툼이 있으면 판례에 따름)** 2018년 제6회

① 공무원의 직무행위에는 입법작용이 포함된다.

② 헌법재판소 재판관이 청구기간 내에 제기된 헌법소원심판청구 사건에서 청구기간을 오인하여 각하결정을 한 경우 국가배상책임이 성립한다.

③ 중과실에 의한 직무상 불법행위가 있는 경우 가해 공무원의 배상책임이 인정된다.

④ 부작위에 의한 국가배상책임의 성립요건인 직무상 작위의무는 조리에 의해서도 성립할 수 있다.

⑤ 국가공무원이 자신의 승용차를 운전하여 공무수행 중 사람을 치어 사망케 했다면 국가는 자동차손해배상 보장법상 운행자로서 배상책임을 진다.

해설 ① 직무행위에는 법률행위적 행정행위, 준법률행위적 행정행위, 사실행위, 재량행위, 입법작용 및 사법작용이 모두 포함된다. 또한 행정청이 작위의무를 위반한 경우 부작위에 대하여도 행정상의 손해배상책임을 물을 수 있다.

② 헌법재판소 재판관이 청구기간 내에 제기된 헌법소원심판청구 사건에서 청구기간을 오인하여 각하결정을 한 경우, 이에 대한 불복절차 내지 시정절차가 없는 때에는 국가배상책임(위법성)을 인정할 수 있다(99다24218).

③ 공무원의 위법행위가 고의·중과실에 기한 경우에는 비록 그 행위가 그의 직무와 관련된 것이라고 하더라도 공무원 개인에게 불법행위로 인한 손해배상책임을 부담시키는 것이 합당하다(95다38677 전원합의체).

④ 부작위로 인한 법령 위반이란 엄격하게 형식적 의미의 법령에 명시적으로 공무원의 작위의무가 규정되어 있는데도 이를 위반하는 경우만을 의미하는 것은 아니고, 인권존중·권력남용금지·신의성실과 같이 공무원으로서 마땅히 지켜야 할 준칙이나 규범을 지키지 않고 위반한 경우를 포함하여 널리 객관적인 정당성이 없는 행위를 한 경우를 포함한다(2017다211559).

⑤ 국가공무원이 자신의 승용차를 운전하여 공무수행 중 사람을 치어 사망케 했다면 공무원은 자동차손해배상 보장법상 운행자로서 배상책임을 지며, 국가는 국가배상법상 책임을 진다.

02 국가배상제도에 관한 설명으로 옳지 않은 것은? (다툼이 있는 경우에는 판례에 의함)

2014년 제2회

① 국가배상법상 공무원에는 신분상 공무원 외에 널리 공무를 위탁받아 실질적으로 공무에 종사하는 모든 자가 포함된다.

② 국회의 입법작용도 국가배상법상 직무행위에 포함된다.

③ 국가배상의 대상이 되는 손해는 적극적 손해인지 소극적 손해인지를 불문하나, 적어도 재산상의 손해이어야 하며 정신적 손해는 포함되지 않는다.

④ 국가배상법상 공공의 영조물에는 행정주체가 적법한 권원에 기하여 관리하고 있는 공물뿐 아니라 사실상 관리를 하고 있는 것도 포함된다.

⑤ 영조물의 설치·관리자와 비용부담자가 상이한 경우 비용부담자가 부담하는 책임은 국가배상법이 정한 자신의 고유한 배상책임이다.

[해설] ① 공무원은 조직법상의 의미뿐만 아니라 기능적 의미까지 포함한다. 따라서 국가공무원법·지방공무원법상의 공무원뿐만 아니라 널리 공무를 위탁받아 그에 종사하는 모든 자를 포함한다.
② 직무행위에는 법률행위적 행정행위, 준법률행위적 행정행위, 사실행위, 재량행위, 입법작용 및 사법작용이 모두 포함된다. 또한 행정청이 작위의무를 위반한 경우 부작위에 대하여도 행정상의 손해배상책임을 물을 수 있다.
③ 국가배상의 대상이 되는 손해는 적극적 손해, 소극적 손해, 정신적 손해, 생명·신체·재산에 대한 손해 등 모든 손해를 포함한다.
④ 일반공중의 자유로운 사용에 직접적으로 제공되는 공공용물에 한하지 아니하고, 행정주체 자신의 사용에 제공되는 공용물도 포함하며 국가 또는 지방자치단체가 소유권, 임차권 그 밖의 권한에 기하여 관리하고 있는 경우뿐만 아니라 사실상의 관리를 하고 있는 경우도 포함한다(94다45302).
⑤ 국가나 지방자치단체가 손해를 배상할 책임이 있는 경우에 공무원의 선임·감독 또는 영조물의 설치·관리를 맡은 자와 공무원의 봉급·급여, 그 밖의 비용 또는 영조물의 설치·관리 비용을 부담하는 자가 동일하지 아니하면 그 비용을 부담하는 자도 손해를 배상하여야 한다(국가배상법 제6조 제1항).

Answer 1.⑤ 2.③

03 국가배상책임에 관한 설명으로 옳지 않은 것은? (다툼이 있으면 판례에 따름) 2024년 제12회

① 국가배상법 제2조상의 직무행위에는 입법작용과 사법작용이 포함된다.

② 국가가 국가배상책임을 이행한 경우 공무원에게 경과실이 있으면 국가는 그 공무원에게 구상할 수 있다.

③ 국가배상법은 민법 제756조 제1항 단서상의 사용자 면책조항에 상응하는 규정을 두고 있지 않다.

④ 부작위에 의한 국가배상책임의 성립요건상 직무상 작위의무는 조리에 의해서도 성립할 수 있다.

⑤ 국가배상법 제5조상의 공공의 영조물에는 행정주체가 적법한 권한에 기하여 관리하고 있는 공물뿐만 아니라 사실상 관리하고 있는 공물도 포함된다.

해설 ① 직무행위에는 법률행위적 행정행위, 준법률행위적 행정행위, 사실행위, 재량행위, 입법작용 및 사법작용이 모두 포함된다.
② 공무원이 직무수행 중 불법행위로 타인에게 손해를 입힌 경우에 국가 등이 국가배상책임을 부담하는 외에 공무원 개인도 고의 또는 중과실이 있는 경우에는 불법행위로 인한 손해배상책임을 진다고 할 것이지만, 공무원에게 경과실뿐인 경우에는 공무원 개인은 손해배상책임을 부담하지 아니한다고 해석하는 것이 헌법 제29조 제1항 본문과 단서 및 국가배상법 제2조의 입법취지에 조화되는 올바른 해석이다(95다38677 전원합의체).

04 국가배상에 관한 설명으로 옳지 않은 것은? (다툼이 있는 경우에는 판례에 의함) 2013년 제1회

① 국가가 국가배상책임을 이행한 경우 공무원에게 고의 또는 중과실이 있으면 국가는 그 공무원에게 구상할 수 있다.

② 행정규칙상의 처분기준에 따른 영업허가취소처분이 행정심판에서 재량하자를 이유로 취소되었다면 영업허가취소처분을 한 공무원에게 국가배상법상의 과실이 인정된다.

③ 지방자치단체로부터 공무를 위탁받아 공무에 종사하는 사인(私人)은 국가배상법 제2조 소정의 공무원에 해당한다.

④ 국가배상법 제2조에 의한 공무원의 직무에는 국가나 지방자치단체의 권력적 작용뿐만 아니라 비권력적 작용도 포함되지만 단순한 사경제의 주체로서 하는 작용은 포함되지 않는다.

⑤ 공무원의 경과실에 의한 위법행위로 인하여 국가배상책임이 성립하는 경우 가해 공무원 개인은 그로 인한 손해배상책임을 부담하지 아니한다.

[해설] ① 공무원에게 고의 또는 중대한 과실이 있으면 국가나 지방자치단체는 그 공무원에게 구상(求償)할 수 있다(국가배상법 제2조 제2항).
② 공무원이 재량준칙에 따라 처분을 한 경우에는 시행규칙에 정하여진 행정처분의 기준에 따른 것인 이상 결과적으로 그 처분이 재량을 일탈·남용하여 위법하게 되었다고 하더라도 과실이 없다(94다26141).
③ 공무원은 조직법상의 의미뿐만 아니라 기능적 의미까지 포함한다. 따라서 국가공무원법·지방공무원법상의 공무원뿐만 아니라 널리 공무를 위탁받아 그에 종사하는 모든 자를 포함한다.
④ 직무행위에는 법률행위적 행정행위, 준법률행위적 행정행위, 사실행위, 재량행위, 입법작용 및 사법작용이 모두 포함된다. 또한 행정청이 작위의무를 위반한 경우 부작위에 대하여도 행정상의 손해배상책임을 물을 수 있다. 국가배상법이 정한 배상청구의 요건인 공무원의 직무에는 권력적 작용만이 아니라 행정지도와 같은 비권력적 작용도 포함되며 단지 행정주체가 사경제주체로서 하는 활동만 제외된다.
⑤ 공무원이 직무수행 중 불법행위로 타인에게 손해를 입힌 경우에 국가 등이 국가배상책임을 부담하는 외에 공무원 개인도 고의 또는 중과실이 있는 경우에는 불법행위로 인한 손해배상책임을 진다고 할 것이지만, 공무원에게 경과실뿐인 경우에는 공무원 개인은 손해배상책임을 부담하지 아니한다고 해석하는 것이 헌법 제29조 제1항 본문과 단서 및 국가배상법 제2조의 입법취지에 조화되는 올바른 해석이다(95다38677 전원합의체).

05 국가배상에 관한 설명으로 옳지 않은 것은? (다툼이 있으면 판례에 따름) 2023년 제11회

① 인사업무담당 공무원이 다른 공무원의 공무원증을 위조한 행위는 직무집행행위에 해당한다.
② 행정처분이 후에 항고소송에서 취소되면 그 기판력에 의하여 당해 행정처분은 공무원의 고의·과실 여부와 관계없이 곧바로 불법행위를 구성한다.
③ 생명·신체의 침해로 인한 국가배상을 받을 권리는 양도하지 못한다.
④ 경찰관이 범죄수사를 함에 있어 법규상 또는 조리상의 한계를 위반하였다면 이는 법령을 위반한 경우에 해당한다.
⑤ 영조물 설치·관리상의 하자는 공공의 목적에 공여된 영조물이 그 용도에 따라 통상 갖추어야 할 안전성을 갖추지 못한 상태에 있음을 말한다.

[해설] ② 행정처분이 후에 항고소송에서 취소되었다고 할지라도 그 행정처분이 곧바로 공무원의 고의 또는 과실로 인한 것으로서 불법행위를 구성한다고 단정할 수는 없는 것이고, 그 행정처분의 담당공무원이 보통 일반의 공무원을 표준으로 하여 볼 때 객관적 주의의무를 결하여 그 행정처분이 객관적 정당성을 상실하였다고 인정될 정도에 이른 경우에 국가배상법 제2조 소정의 국가배상책임의 요건을 충족하였다고 봄이 상당할 것이다(99다70600).
③ 배상청구권 중 생명·신체의 침해로 인한 국가배상을 받을 권리는 양도하거나 압류하지 못한다. 다만, 배상청구권 중 재산의 침해로 인한 국가배상을 받을 권리는 양도하거나 압류할 수 있다.
⑤ 하자의 판단은 영조물이 통상 갖추어야 할 안전성을 갖추었는지 여부를 기준으로 판단한다. 따라서 공물에 자연력 기타 제3자의 과실이 결합된 경우에는 당해 결함을 제거할 방호조치의무가 인정되는지 여부와 그러한 방호조치를 취할 시간적 여유(예견가능성 및 회피가능성)가 있었는지를 고려하여 판단하여야 한다.

Answer　3. ②　4. ②　5. ②

06 국가배상에 관한 설명으로 옳지 않은 것은? (다툼이 있으면 판례에 따름) _{2020년 제8회}

① 국가가 국가배상책임을 이행한 경우 공무원에게 경과실이 있으면 국가는 그 공무원에게 구상할 수 없다.

② 국가배상법 제5조에는 점유자에게 과실이 없는 경우 점유자의 책임이 면책되는 규정이 없다.

③ 국가배상청구소송은 배상심의회에 배상신청을 하지 아니하고도 제기할 수 있다.

④ 부작위에 의한 국가배상책임은 조리상 작위의무를 위반한 경우에는 성립하지 않는다.

⑤ 공무원의 고의·중과실에 의한 불법행위로 국가배상책임이 성립하는 경우 가해 공무원 개인은 그로 인한 손해배상책임을 부담한다.

[해설] ① 국가 또는 지방자치단체가 공무원의 위법한 직무집행으로 발생한 손해에 대해 국가배상법에 따라 배상한 경우에는 당해 공무원에게 고의 또는 중과실이 인정될 경우 구상권을 행사할 수 있다(국가배상법 제2조 제2항).
② 국가배상법 제5조의 배상책임은 무과실책임이다.
③ 배상심의회의 심의를 거치지 않고 국가배상소송을 제기할 수 있다(국가배상법 제9조).
④ 법령에 의하여 일정한 행위를 해야 할 의무가 있는데도 이를 아니한 부작위에 대해서도 국가배상이 인정된다. 나아가 판례는 형식적 의미의 법령에 명시적으로 작위의무가 규정되어 있지 않더라도 조리에 의한 작위의무를 인정하고 있다(2003다69652).
⑤ 헌법 제29조 제1항 및 국가배상법 제2조를 각 입법취지에 비추어 합리적으로 해석하면 공무원이 공무집행상의 위법행위로 인하여 타인에게 손해를 입힌 경우에는 "공무원에게 고의 또는 중과실이 있는 때에는 공무원 개인도 불법행위로 인한 손해배상책임을 진다고 할 것이지만, 공무원에게 경과실뿐인 때에는 공무원 개인은 손해배상책임을 부담하지 아니한다(95다38677 전원합의체)"는 것이 올바른 해석이다.

07 국가배상에 관한 설명으로 옳지 않은 것은? (다툼이 있으면 판례에 따름) _{2022년 제10회}

① 공무를 위탁받은 사인의 직무집행행위에 대해서도 국가배상책임이 성립할 수 있다.

② 가해행위인 처분에 대해 취소판결이 확정된 경우에는 기판력에 의해 국가배상소송에서도 국가배상책임이 인정된다.

③ 생명·신체의 침해로 인한 국가배상을 받을 권리는 압류하지 못한다.

④ 피해자나 그 법정대리인이 손해 및 가해자를 알지 못한 경우 국가배상청구권의 소멸시효기간은 5년이다.

⑤ 외국인이 피해자인 경우에는 해당 국가와 상호 보증이 있을 때에만 국가배상법이 적용된다.

[해설] ① 공무원은 조직법상의 의미뿐만 아니라 기능적 의미까지 포함한다. 따라서 국가공무원법·지방공무원법상의 공무원뿐만 아니라 널리 공무를 위탁받아 그에 종사하는 모든 자를 포함한다.
② 행정처분이 후에 항고소송에서 취소되었다고 할지라도 그 행정처분이 곧바로 공무원의 고의 또는 과실로 인한 것으로서 불법행위를 구성한다고 단정할 수는 없다.
③ 배상청구권 중 생명·신체의 침해로 인한 국가배상을 받을 권리는 양도하거나 압류하지 못한다. 다만, 배상청구권 중 재산의 침해로 인한 국가배상을 받을 권리는 양도하거나 압류할 수 있다.
④ 손해 및 가해자를 안 경우에는 손해 및 가해자를 안 날로부터 3년간 행사하지 않으면 시효로 소멸한다. 피해자나 그 법정대리인이 손해 및 가해자를 알지 못한 경우 국가배상청구권의 소멸시효기간은 5년이다.
⑤ 외국인이 피해자인 경우에는 해당 국가와 상호 보증이 있을 때에만 국가배상법이 적용된다(국가배상법 제7조).

08 국가배상법 제2조 제1항 단서의 이중배상금지에 관한 설명으로 옳지 않은 것은? (다툼이 있으면 판례에 따름) 2021년 제9회

① 피해자가 군인·군무원·경찰공무원 또는 예비군대원이어야 한다.
② 병역법상 공익근무요원은 군인에 해당하여 이중배상이 금지되는 자에 속한다.
③ 전투·훈련 또는 이에 준하는 직무집행뿐만 아니라 일반 직무집행에 관하여도 적용된다.
④ 전투훈련 중 민간인이 군인과 공동불법행위를 한 경우 민간인은 자신의 부담 부분만을 피해 군인에게 배상하면 된다는 것이 대법원판례의 입장이다.
⑤ 전투·훈련 등 직무집행과 관련하여 전사·순직하거나 공상을 입은 손해에 한한다.

[해설] ①, ⑤ 국가나 지방자치단체는 공무원 또는 공무를 위탁받은 사인(이하 "공무원"이라 한다)이 직무를 집행하면서 고의 또는 과실로 법령을 위반하여 타인에게 손해를 입히거나, 자동차손해배상 보장법에 따라 손해배상의 책임이 있을 때에는 이 법에 따라 그 손해를 배상하여야 한다. 다만, 군인·군무원·경찰공무원 또는 예비군대원이 전투·훈련 등 직무 집행과 관련하여 전사(戰死)·순직(殉職)하거나 공상(公傷)을 입은 경우에 본인이나 그 유족이 다른 법령에 따라 재해보상금·유족연금·상이연금 등의 보상을 지급받을 수 있을 때에는 이 법 및 민법에 따른 손해배상을 청구할 수 없다(국가배상법 제2조 제1항).
② 공익근무요원이 국가배상법 제2조 제1항 단서의 규정에 의하여 국가배상법상 손해배상청구가 제한되는 군인·군무원·경찰공무원 또는 향토예비군대원에 해당한다고 할 수 없다(97다4036).
③ 국가배상법 제2조 제1항 단서의 면책조항은 전투·훈련 또는 이에 준하는 직무집행뿐만 아니라 '일반 직무집행'에 관하여도 적용된다(2010다85942).
④ 일반인과 군인 등의 과실이 경합하여 제3자인 군인에게 피해를 입힌 경우 가해자인 일반인은 자신의 과실 부분에 한하여 손해배상을 하면 된다.

09 국가배상법에 관한 설명으로 옳은 것은? (다툼이 있으면 판례에 따름) 2019년 제7회

① 국가배상법 제2조의 공무원이란 국가공무원법이나 지방공무원법에 의해 공무원으로서의 신분을 가진 자에 국한한다.

② 국가배상책임에 있어서 공무원에게 중과실이 있는 경우 국가나 지방자치단체는 그 공무원에게 구상할 수 없다.

③ 공공의 영조물의 설치·관리의 하자에는 물적 하자만이 아니라 기능적 하자 또는 이용상 하자도 포함된다.

④ 국가배상책임이 있는 경우에 공무원의 선임·감독을 맡은 자와 공무원의 봉급·급여를 부담하는 자가 동일하지 아니하면 선임·감독을 맡은 자만이 손해를 배상한다.

⑤ 생명·신체의 침해로 인한 국가배상을 받을 권리는 양도할 수 있지만, 압류할 수는 없다.

[해설] ① 공무원은 조직법상의 의미뿐만 아니라 기능적 의미까지 포함한다. 따라서 국가공무원법·지방공무원법상의 공무원뿐만 아니라 널리 공무를 위탁받아 그에 종사하는 모든 자를 포함한다.
② 국가배상책임에 있어서 공무원에게 중과실이 있는 경우 국가나 지방자치단체는 그 공무원에게 구상할 수 있다(국가배상법 제2조 제2항).
③ 영조물을 구성하는 물적 시설 그 자체에 있는 물리적·외형적 흠결이나 불비로 인하여 그 이용자에게 위해를 끼칠 위험성이 있는 경우뿐만 아니라, 그 영조물이 공공의 목적에 이용됨에 있어 그 이용 상태 및 정도가 일정한 한도를 초과하여 제3자에게 사회통념상 수인할 것이 기대되는 한도를 넘는 피해를 입히는 경우까지 포함된다(2003다49566).
④ 국가나 지방자치단체가 손해를 배상할 책임이 있는 경우에 공무원의 선임·감독 또는 영조물의 설치·관리를 맡은 자와 공무원의 봉급·급여, 그 밖의 비용 또는 영조물의 설치·관리 비용을 부담하는 자가 동일하지 아니하면 그 비용을 부담하는 자도 손해를 배상하여야 한다(국가배상법 제6조 제1항).
⑤ 배상청구권 중 생명·신체의 침해로 인한 국가배상을 받을 권리는 양도하거나 압류하지 못한다. 다만, 배상청구권 중 재산의 침해로 인한 국가배상을 받을 권리는 양도하거나 압류할 수 있다.

10 국가배상법 내지 국가배상책임에 관한 설명으로 옳지 않은 것은?

① 행정상 손해배상에 관하여는 국가배상법이 일반법적 지위를 갖는다고 본다.

② 국가배상법은 직무행위로 인한 행정상 손해배상에 대하여 과실책임을 명시하고 있다.

③ 국가배상법은 외국인이 피해자인 경우에는 해당 국가와 상호보증이 있을 때에만 적용한다.

④ 국가배상법 제75조가 정하는 상호보증은 반드시 당사국과의 조약이 체결되어 있을 필요는 없지만, 당해 외국에서 구체적으로 우리나라 국민에게 국가배상청구를 인정한 사례가 실제로 있어야 한다.

⑤ 행정입법부작위로 인하여 손해가 발생한 경우에 국가배상청구가 인정될 수 있다.

해설 ④ 외국에서 구체적으로 우리나라 국민에게 국가배상청구를 인정한 사례가 없더라도 실제로 인정될 것이라고 기대할 수 있는 상태이면 충분하다(2013다208388).

11 국가배상법에 대한 설명으로 옳지 않은 것은?

① 국가배상법은 국가배상책임의 주체를 국가 또는 공공단체로 규정하고 있다.

② 피해자가 손해를 입은 동시에 이익을 얻은 경우에는 손해배상액에서 그 이익에 상당하는 금액을 빼야 한다.

③ 국가배상소송은 배상심의회에 배상신청을 하지 아니하고도 제기할 수 있다.

④ 국가배상청구권은 피해자나 그 법정대리인이 그 손해 및 가해자를 안 날로부터 3년간 이를 행사하지 아니하면 시효로 인하여 소멸한다.

⑤ 공무를 위탁받은 사인도 국가배상법상 공무원이 될 수 있다.

해설 ① 헌법은 국가배상책임의 주체를 국가 또는 공공단체로 규정하고 있다. 그러나 국가배상법은 국가배상책임의 주체를 국가 또는 지방자치단체로 규정하고 있다.

Answer 9. ③ 10. ④ 11. ①

12 국가배상법 제2조에 따른 배상책임에 대한 설명으로 옳지 않은 것은? (다툼이 있는 경우 판례에 의함)

① 공무를 위탁받은 사인의 위법행위로 인한 손해도 국가배상법에 따라 배상하여야 한다.

② 국가에게 일정한 사항에 관하여 헌법에 의하여 부과되는 구체적인 입법의무 자체가 인정되지 아니하는 경우에는 애당초 입법부작위로 인한 불법행위가 성립할 여지가 없다.

③ 직무행위인지 여부는 당해 행위가 현실적으로 정당한 권한 내의 것인지를 묻지 않는다.

④ 헌법재판소 재판관의 위법한 직무집행의 결과 잘못된 각하결정을 함으로써 청구인으로 하여금 본안판단을 받을 기회를 상실하게 한 경우, 만약 본안판단을 하였더라도 어차피 청구가 기각되었을 것이라는 사정이 있다면 국가배상책임이 인정되지 아니한다.

⑤ 절차상의 위법도 국가배상법상 법령 위반에 해당한다.

[해설] ③ 직무행위인지 여부는 당해 행위가 외형상 직무행위로 보여진다면 성립하며, 현실적으로 정당한 권한 내의 것인지를 묻지 않는다.
④ 헌법재판소 재판관의 위법한 직무집행의 결과 잘못된 각하결정을 함으로써 청구인으로 하여금 본안판단을 받을 기회를 상실하게 한 이상, 설령 본안판단을 하였더라도 어차피 청구가 기각되었을 것이라는 사정이 있다고 하더라도 청구인의 합리적인 기대를 침해한 것이고, 그 침해로 인한 정신상의 고통에 대하여는 위자료를 지급할 의무가 있다(99다24218).

13 국가배상법에 대한 설명으로 옳지 않은 것은? (다툼이 있는 경우 판례에 의함)

① 가해공무원의 과실 여부는 당해 직무를 담당하는 평균적 공무원의 주의능력을 기준으로 판단한다.

② 가해공무원의 과실 여부에 대한 입증책임은 원고에게 있다.

③ 관계법령에 의하여 대집행권한을 부여받은 구 한국토지공사는 공무수탁사인으로서, 국가배상법상 공무원에 해당한다.

④ 국회가 헌법에 의해 부과되는 구체적인 입법의무를 부담하고 있음에도 불구하고 입법에 필요한 상당한 기간이 경과하도록 고의 또는 과실로 입법의무를 이행하지 아니하는 경우에는 국가배상책임이 인정된다.

⑤ 공무원의 가해행위에 대해 형사상 무죄판결이 있었더라도 그 가해행위를 이유로 국가배상책임이 인정될 수 있다.

[해설] ③ 관계법령에 의하여 대집행권한을 부여받은 구 한국토지공사는 공무수탁사인으로서 행정주체의 지위에 있다고 볼 수 있지만, 국가배상법상 공무원에 해당한다고 볼 수는 없다(2007다82950).

④

국회의 입법부작위	
헌법에 의해 부과되는 구체적인 입법의무를 부담하고 있음에도 불구하고 입법부작위	국가배상법상 배상책임 인정
헌법에 의해 부과되는 일반적인 입법의무를 부담하고 있음에도 불구하고 입법부작위	국가배상법상 배상책임 부정

⑤ 2006다6713

14 국가배상법에 대한 설명으로 옳은 것은? (다툼이 있는 경우 판례에 의함)

① 공무원이 관계법규를 알지 못하거나 법규의 해석을 그르쳐 행정처분을 한 경우라고 할지라도 법률전문가가 아닌 행정직공무원인 경우에는 과실을 인정할 수 없다.

② 행정소송에서 행정처분이 위법한 것으로 확정되었고 그 이유가 법령해석의 잘못이었다면 그 행정처분을 한 공무원의 과실은 당연히 인정된다.

③ 공무원의 직무에는 국가나 지방자치단체의 권력적 작용, 비권력적 작용, 단순한 사경제의 주체로서 하는 작용이 포함된다.

④ 공무원이 재량준칙에 따라 처분을 한 경우에는 시행규칙에 정하여진 행정처분의 기준에 따른 것인 이상 결과적으로 그 처분이 재량을 일탈·남용하여 위법하게 되었다고 하더라도 과실이 없다.

⑤ 법령의 규정을 따르지 아니한 법관의 재판상 직무행위는 곧바로 국가배상법 제2조 제1항에서 규정하고 있는 위법행위가 되어 국가의 손해배상책임이 발생한다.

[해설] ① 공무원이 관계법규를 알지 못하거나 법규의 해석을 그르쳐 행정처분을 하였다면 그가 법률전문가가 아닌 행정직공무원이라고 하더라도 과실이 인정될 수 있다(80다1598).
② 행정처분이 항고소송에서 위법한 것으로 취소되었다 하더라도 그로써 당해 행정처분이 공무원의 고의 또는 과실에 의한 불법행위를 구성한다고 단정할 수는 없다(2008다30703).
③ 단순한 사경제의 주체로서 하는 작용은 직무행위에 해당하지 않는다.
⑤ 법관의 재판행위가 위법행위로서 국가배상책임이 인정되려면 당해 법관이 위법 또는 부당한 목적을 가지고 재판하는 등 법관에게 부여된 권한의 취지에 명백히 어긋나게 이를 행사하였다고 인정할 특별한 사정이 있어야 한다.

Answer 12. ④ 13. ③ 14. ④

15 **국가배상법에 대한 설명으로 옳지 않은 것은? (다툼이 있는 경우 판례에 의함)**

① 형벌에 관한 법령이 헌법재판소의 위헌결정으로 소급하여 효력을 상실한 경우, 위헌 선언 전 그 법령에 기초하여 수사가 개시되어 공소가 제기되고 유죄판결이 선고되었 더라도, 그러한 사정만으로 국가의 손해배상책임이 발생한다고 볼 수 없다.

② 사인이 받은 손해란 생명·신체·재산상의 손해는 인정하지만, 정신상의 손해는 인정 하지 않는다.

③ 인사업무담당 공무원이 다른 공무원의 공무원증 등을 위조하여 대출받은 경우, 인사 업무담당 공무원의 직무집행 관련성을 인정한다.

④ 유흥주점의 화재로 여종업원들이 사망한 경우, 담당 공무원의 유흥주점의 용도변경, 무허가 영업 및 시설기준에 위배된 개축에 대하여 시정명령 등 식품위생법상 취하여 야 할 조치를 게을리한 직무상 의무 위반행위와 여종업원들의 사망 사이에는 상당인 과관계가 존재하지 아니한다.

⑤ 공직선거법이 후보자가 되고자 하는 자와 그 소속 정당에게 전과기록을 조회할 권리를 부여하고 수사기관에게 회보의무를 부과한 것은 공공의 이익만을 위한 것이 아니라 후 보자가 되고자 하는 자나 그 소속 정당의 개별적 이익까지 보호하기 위한 것이다.

[해설] ② 손해란 재산상의 손해뿐만 아니라 생명·신체·정신상의 손해까지 포함한다.

16 **국가배상법상 공무원의 책임과 관련한 설명으로 옳지 않은 것은? (다툼이 있는 경우 판례 에 의함)**

① 공무원이 직무수행 중 불법행위로 타인에게 손해를 입힌 경우에 국가 등이 국가배상 책임을 부담하는 외에 공무원 개인도 고의 또는 중과실이 있는 경우에는 불법행위로 인한 손해배상책임을 진다.

② 공무원에게 경과실이 있을 뿐인 경우에는 공무원 개인은 손해배상책임을 부담하지 아 니한다.

③ 경과실이 있는 공무원이 피해자에게 직접 손해를 배상하였다면 그것은 채무자 아닌 사람이 타인의 채무를 변제한 경우에 해당한다.

④ 피해자에게 손해를 직접 배상한 경과실이 있는 공무원이 국가에 대하여 국가의 손해 배상책임의 범위 내에서 자신이 변제한 금액에 관하여 구상권을 행사하는 것은 권리 남용으로 허용되지 아니한다.

⑤ 공무원책임에 대한 규정인 헌법 제29조 제1항 단서는 그 조항 자체로 공무원 개인의 구체적인 손해배상책임의 범위까지 규정한 것으로 보기는 어렵다.

[해설] ④ 피해자에게 손해를 직접 배상한 경과실이 있는 공무원이 국가에 대하여 국가의 손해배상책임의 범위 내에서 자신이 변제한 금액에 관하여 구상권을 취득하며, 이러한 구상권을 행사하는 것은 권리남용에 해당하지 아니한다.

⑤ 헌법 제29조 제1항(공무원의 직무상 불법행위로 손해를 받은 국민은 법률이 정하는 바에 의하여 국가 또는 공공단체에 정당한 배상을 청구할 수 있다. 이 경우 공무원 자신의 책임은 면제되지 아니한다)은 공무원의 책임이 면제되지 않는다는 일반 원칙을 규정한 것이다. 따라서 그 조항 자체가 공무원 개인의 구체적인 손해배상책임의 범위까지 규정한 것으로 보기는 어렵다(95다38677).

17 국가배상법에 대한 설명으로 옳지 않은 것은? (다툼이 있는 경우 판례에 의함)

① 공무원이 직무를 집행하면서 고의 또는 과실로 위법하게 타인에게 손해를 가하였어도 국가나 지방자치단체가 그 공무원의 선임 및 감독에 상당한 주의를 하였다면 국가나 지방자치단체는 국가배상책임을 면한다.

② 공무원이 직무를 수행하면서 그 근거가 되는 법령의 규정에 따라 구체적으로 의무를 부여받았어도 그것이 국민의 이익과 관계없이 순전히 행정기관 내부의 질서를 유지하기 위한 것이라면 그 의무에 위반하여 국민에게 손해를 가하여도 국가 등은 배상책임을 부담하지 않는다.

③ 군인이 교육훈련으로 공상을 입은 경우라도 군인연금법 또는 국가유공자 예우 등에 관한 법률에 의하여 재해보상금·유족연금·상이연금 등 별도의 보상을 받을 수 없는 경우에는 국가배상법 제2조 제1항 단서의 적용대상자에서 제외하여야 한다.

④ 훈련으로 공상을 입은 군인이 국가배상법에 따라 손해배상금을 지급받은 다음 보훈보상대상자 지원에 관한 법률이 정한 보훈급여금의 지급을 청구하는 경우, 국가는 국가배상법 제2조 제1항 단서에 따라 그 지급을 거부할 수 없다.

⑤ 국가배상법 제2조 제1항 단서에서 정한 '다른 법령의 규정'에 따른 보상금청구권이 모두 시효로 소멸된 경우라고 하더라도 국가배상법 제2조 제1항 단서 규정이 적용된다.

[해설] ① 국가배상법은 국가나 지방자치단체의 면책사유를 별도로 규정하고 있지 않다. 따라서 국가나 지방자치단체가 그 공무원의 선임 및 감독에 상당한 주의를 하였다고 하더라도 국가나 지방자치단체가 국가배상책임을 면하는 것은 아니다.

Answer 15. ② 16. ④ 17. ①

18 국가배상에 대한 설명으로 옳지 않은 것은? (다툼이 있는 경우 판례에 의함)

① 국가배상법 제5조 소정의 공공의 영조물이란 공유나 사유임을 불문하고 행정주체에 의하여 특정 공공의 목적에 공여된 유체물 또는 물적 설비를 의미한다.

② 국가배상법상 공무원의 직무행위는 객관적으로 직무행위로서의 외형을 갖추고 있다면 비록 그것이 실질적으로 직무행위가 아니거나 또는 주관적으로 공무집행의 의사가 없었다고 하더라도 성립한다.

③ 공익근무요원은 국가배상법 제2조 제1항 단서규정에 의한 손해배상청구가 제한되지 않는다.

④ 민간인과 직무집행 중인 군인의 공동불법행위로 인하여 직무집행 중인 다른 군인이 피해를 입은 경우 민간인이 피해군인에게 자신의 과실비율에 따라 내부적으로 부담할 부분을 초과하여 피해금액 전부를 배상한 경우에 대법원 판례에 따르면 민간인은 국가에 대해 가해군인의 과실비율에 대한 구상권을 행사할 수 있다.

⑤ 영조물의 설치·관리상 하자로 인한 국가배상에 관하여는 명문의 헌법상 근거가 없다.

[해설] ④ 대법원은 민간인이 내부적으로 부담할 부분을 초과하여 피해금액 전부를 배상한 경우에 국가에 대해 가해군인의 과실비율에 대한 구상권을 행사할 수 없다고 본다.

19 국가배상법에 대한 설명으로 옳지 않은 것은? (다툼이 있는 경우 판례에 의함)

① 지방자치단체가 권원 없이 사실상 관리하고 있는 도로는 국가배상책임의 대상이 되는 영조물에 해당하지 않는다.

② 공무원에게 부과된 직무상 의무가 단순히 공공일반의 이익만을 위한 경우라면 그러한 직무상 의무 위반에 대해서는 국가배상책임이 인정되지 않는다.

③ '영조물의 설치 또는 관리의 하자'란 공공의 목적에 제공된 영조물이 그 용도에 따라 통상 갖추어야 할 안전성을 갖추지 못한 상태에 있음을 말한다.

④ 예산부족 등 설치·관리자의 재정사정은 배상책임 판단에 있어 참작사유는 될 수 있으나 안전성을 결정지을 절대적 요건은 아니다.

⑤ 소음 등을 포함한 공해 등의 위험지역으로 이주하여 거주하는 것이 피해자가 위험의 존재를 인식하고 그로 인한 피해를 용인하면서 접근한 것이라고 볼 수 있는 경우 가해자의 면책이 인정될 수 있다.

[해설] ① '공공의 영조물'이란 국가 또는 지방자치단체가 소유권, 임차권 그 밖의 권한에 기하여 관리하고 있는 경우뿐만 아니라 그러한 권원 없이 사실상의 관리를 하고 있는 경우도 포함한다.
⑤ 소음등의 공해로 인한 법적 쟁송이 제기되거나 그 피해에 대한 보상이 실시되는 등 피해지역임이 구체적으로 드러나고 이러한 사실이 그 지역에 널리 알려진 이후에 이주하여 오는 경우에는 위와 같은 위험에의 접근에 따른 가해자의 면책 여부를 보다 적극적으로 인정할 여지가 있다(2007다74560).

20 **행정상 손해배상에 대한 설명으로 옳지 않은 것은? (다툼이 있는 경우 판례에 의함)**

① 일반공중이 사용하는 공공용물 외에 행정주체가 직접 사용하는 공용물이나 하천과 같은 자연공물도 국가배상법 제5조의 '공공의 영조물'에 포함된다.

② 국가배상청구소송에서 공공의 영조물에 하자가 있다는 입증책임은 피해자가 지지만, 관리주체에게 손해 발생의 예견가능성과 회피가능성이 없다는 입증책임은 관리주체가 진다.

③ 시·도경찰청장 또는 경찰서장이 지방자치단체의 장으로부터 권한을 위탁받아 설치·관리하는 신호기의 하자로 인해 손해가 발생한 경우 국가배상법 제5조 소정의 배상책임의 귀속주체는 국가뿐이다.

④ 국민이 법령에 정하여진 수질기준에 미달한 상수원수로 생산된 수돗물을 마심으로써 건강상의 위해 발생에 대한 염려 등에 따른 정신적 고통을 받았다고 하더라도, 이러한 사정만으로는 국가 또는 지방자치단체가 국민에게 손해배상책임을 부담하지 아니한다.

⑤ 군 복무 중 사망한 군인 등의 유족이 국가배상법에 따른 손해배상금을 지급받는 경우 그 손해배상금 상당금액에 대해서는 군인연금법에서 사망보상금을 지급받을 수 없다.

해설 ③ 국가배상법 제5조(관리 주체)의 배상책임의 귀속주체는 지방자치단체이며, 국가는 국가배상법 제6조 제1항(비용부담 주체)에 의해 손해배상책임을 진다. 즉 권한을 위임한 지방자치단체와 권한을 위임받은 시·도 경찰청장 또는 경찰서장이 속한 국가가 모두 손해배상책임을 진다.

④ 국민의 이익과 관련된 것이라도 직접 국민 개개인의 이익을 위한 것이 아니라 전체적으로 공공 일반의 이익을 도모하기 위한 것이라면 그 의무에 위반하여 국민에게 손해를 가하여도 국가 또는 지방자치단체는 배상책임을 부담하지 아니한다.

상수원수의 수질을 환경기준에 따라 유지하도록 규정하고 있는 관련 법령의 취지·목적·내용과 그 법령에 따라 국가 또는 지방자치단체가 부담하는 의무의 성질 등을 고려할 때, 국가 등에게 일정한 기준에 따라 상수원수의 수질을 유지하여야 할 의무를 부과하고 있는 법령의 규정은 국민에게 양질의 수돗물이 공급되게 함으로써 국민 일반의 건강을 보호하여 공공 일반의 전체적인 이익을 도모하기 위한 것이지, 국민 개개인의 안전과 이익을 직접적으로 보호하기 위한 규정이 아니다(99다36280).

⑤ 2018두36691

참고 국가배상법에 따른 손해배상금을 지급받는 경우에도 보훈보상자법에 따라 보상금 등 보훈급여금을 지급받을 수 있다(2015두60075).

Answer 18.④ 19.① 20.③

21 공익사업을 위한 토지 등의 취득 및 보상에 관한 법률상 손실보상의 원칙에 관한 설명으로 옳지 않은 것은? 2014년 제2회

① 공익사업에 필요한 토지 등의 취득 또는 사용으로 인하여 토지소유자나 관계인이 입은 손실은 사업시행자가 보상하여야 한다.

② 손실보상은 개인별로 보상액을 산정할 수 있는 경우에는 토지소유자나 관계인에게 개인별로 하여야 한다.

③ 사업시행자는 동일한 사업지역에 보상시기를 달리하는 동일인 소유의 토지 등이 여러 개 있는 경우 토지소유자나 관계인이 요구할 때에는 한꺼번에 보상금을 지급하도록 하여야 한다.

④ 보상액의 산정은 협의에 의한 경우에는 협의 성립 당시의 가격을, 재결에 의한 경우에는 수용 또는 사용의 재결 당시의 가격을 기준으로 한다.

⑤ 보상액을 산정할 경우에 해당 공익사업으로 인하여 토지 등의 가격이 변동되었을 때에는 이를 고려한다.

해설

토지보상법

제61조【사업시행자 보상】 공익사업에 필요한 토지등의 취득 또는 사용으로 인하여 토지소유자나 관계인이 입은 손실은 사업시행자가 보상하여야 한다.

제64조【개인별 보상】 손실보상은 토지소유자나 관계인에게 개인별로 하여야 한다. 다만, 개인별로 보상액을 산정할 수 없을 때에는 그러하지 아니하다.

제65조【일괄보상】 사업시행자는 동일한 사업지역에 보상시기를 달리하는 동일인 소유의 토지등이 여러 개 있는 경우 토지소유자나 관계인이 요구할 때에는 한꺼번에 보상금을 지급하도록 하여야 한다.

제67조【보상액의 가격시점 등】 ① 보상액의 산정은 협의에 의한 경우에는 협의 성립 당시의 가격을, 재결에 의한 경우에는 수용 또는 사용의 재결 당시의 가격을 기준으로 한다.
② 보상액을 산정할 경우에 해당 공익사업으로 인하여 토지등의 가격이 변동되었을 때에는 이를 고려하지 아니한다.

22 공익사업을 위한 토지 등의 취득 및 보상에 관한 법률에 관한 설명으로 옳지 않은 것은? (다툼이 있으면 판례에 따름) 2021년 제9회

① 사업인정처분이 당연무효이면 그것이 유효함을 전제로 이루어진 수용재결도 무효이다.

② 수용재결에 대한 이의신청은 행정소송을 하기 위한 필수적인 전심절차이다.

③ 수용재결에 대한 취소소송의 제기는 사업의 진행 및 토지의 수용 또는 사용을 정지시키지 아니한다.

④ 토지소유자가 보상금증액청구소송을 제기할 경우 사업시행자를 피고로 하여야 한다.

⑤ 보상금증감청구소송의 제기기간은 이의신청을 거친 경우 이의신청에 대한 재결서를 받은 날부터 60일 이내이다.

해설 ① 무효인 선행처분에 근거한 후행처분은 당연무효이다. 따라서 사업인정처분이 무효이면 그것이 유효함을 전제로 이루어진 수용재결도 당연무효이다.
② 이의신청을 거치지 않고 바로 수용재결에 대한 행정소송이 가능하다.
③, ④, ⑤

토지보상법
제85조【행정소송의 제기】 ① 사업시행자, 토지소유자 또는 관계인은 제34조에 따른 재결에 불복할 때에는 재결서를 받은 날부터 90일 이내에, 이의신청을 거쳤을 때에는 이의신청에 대한 재결서를 받은 날부터 60일 이내에 각각 행정소송을 제기할 수 있다. 이 경우 사업시행자는 행정소송을 제기하기 전에 제84조에 따라 늘어난 보상금을 공탁하여야 하며, 보상금을 받을 자는 공탁된 보상금을 소송이 종결될 때까지 수령할 수 없다.
② 제1항에 따라 제기하려는 행정소송이 보상금의 증감(增減)에 관한 소송인 경우 그 소송을 제기하는 자가 토지소유자 또는 관계인일 때에는 사업시행자를, 사업시행자일 때에는 토지소유자 또는 관계인을 각각 피고로 한다.

제88조【처분효력의 부정지】 제83조에 따른 이의의 신청이나 제85조에 따른 행정소송의 제기는 사업의 진행 및 토지의 수용 또는 사용을 정지시키지 아니한다.

23 공익사업을 위한 토지 등의 취득 및 보상에 관한 법률에 관한 내용이다. (   ) 안에 들어갈 것으로 옳은 것은? 2013년 제1회

> 토지수용위원회의 재결에서 정한 보상금에 대하여 사업시행자 또는 토지소유자가 그 증감을 다투는 행정소송을 제기하는 경우, 그 소송을 제기하는 자가 토지소유자일 때에는 (㉠)을/를, 사업시행자일 때에는 (㉡)을/를 피고로 한다.

① ㉠: 토지수용위원회   ㉡: 국토교통부장관
② ㉠: 국토교통부장관   ㉡: 토지수용위원회
③ ㉠: 토지수용위원회   ㉡: 토지소유자
④ ㉠: 사업시행자   ㉡: 토지소유자
⑤ ㉠: 사업시행자   ㉡: 토지수용위원회

해설 행정소송이 보상금의 증감에 관한 소송인 경우 그 소송을 제기하는 자가 토지소유자 또는 관계인일 때에는 사업시행자를, 사업시행자일 때에는 토지소유자 또는 관계인을 각각 피고로 한다(토지보상법 제85조 제2항).

Answer 21. ⑤   22. ②   23. ④

24 공익사업을 위한 토지 등의 취득 및 보상에 관한 법률에 따른 손실보상에 관한 설명으로 옳지 않은 것은? 2019년 제7회

① 손실보상은 다른 법률에 특별한 규정이 있는 경우를 제외하고는 현금지급을 원칙으로 한다.

② 토지소유자가 토지수용위원회의 재결에 불복하여 제기하려는 행정소송이 보상금의 증감(增減)에 관한 소송인 경우 토지수용위원회를 피고로 한다.

③ 공익사업에 필요한 토지 등의 취득으로 인하여 토지소유자가 입은 손실은 사업시행자가 보상하여야 한다.

④ 지방토지수용위원회의 재결에 이의가 있는 자는 해당 지방토지수용위원회를 거쳐 중앙토지수용위원회에 이의를 신청할 수 있다.

⑤ 보상액의 산정은 협의에 의한 경우에는 협의 성립 당시의 가격을, 재결에 의한 경우에는 수용 또는 사용의 재결 당시의 가격을 기준으로 한다.

해설 ① 손실보상은 다른 법률에 특별한 규정이 있는 경우를 제외하고는 현금으로 지급하여야 한다(토지보상법 제63조 제1항).
② 행정소송이 보상금의 증감에 관한 소송인 경우 그 소송을 제기하는 자가 토지소유자 또는 관계인일 때에는 사업시행자를, 사업시행자일 때에는 토지소유자 또는 관계인을 각각 피고로 한다(토지보상법 제85조 제2항).
③ 공익사업에 필요한 토지등의 취득 또는 사용으로 인하여 토지소유자나 관계인이 입은 손실은 사업시행자가 보상하여야 한다(토지보상법 제61조).
④ 지방토지수용위원회의 재결에 이의가 있는 자는 해당 지방토지수용위원회를 거쳐 중앙토지수용위원회에 이의를 신청할 수 있다(토지보상법 제83조 제2항).
⑤ 보상액의 산정은 협의에 의한 경우에는 협의 성립 당시의 가격을, 재결에 의한 경우에는 수용 또는 사용의 재결 당시의 가격을 기준으로 한다. 보상액을 산정할 경우에 해당 공익사업으로 인하여 토지등의 가격이 변동되었을 때에는 이를 고려하지 아니한다(토지보상법 제67조).

25 공익사업을 위한 토지 등의 취득 및 보상에 관한 법률의 내용에 관한 설명으로 옳은 것은? (다툼이 있으면 판례에 따름) 2020년 제8회

① 수용재결 신청 전 협의에 의한 취득은 사법상의 법률행위에 해당한다.

② 사업인정은 고시된 날부터 7일이 경과한 날에 효력을 발생한다.

③ 수용재결은 행정심판 재결의 일종으로서 행정심판법상 재결의 기속력 규정이 준용된다.

④ 수용재결에 대해 이의재결을 거쳐 취소소송을 제기하는 경우 이의재결을 소송의 대상으로 하여야 한다.

⑤ 보상금액에 불복하여 사업시행자가 제기하는 보상금감액청구소송은 민사소송에 해당하므로 토지소유자 또는 관계인을 피고로 한다.

해설 ① 사업시행자와 소유자 사이의 협의취득 또는 보상합의는 공공기관이 사경제주체로서 행하는 사법상 매매 내지 사법상 계약의 실질을 가진다(2002다68713).
② 사업인정은 고시한 날부터 그 효력이 발생한다(토지보상법 제22조 제3항).
③ 수용재결은 원처분이고, 수용재결에 대한 이의신청으로 인한 이의재결이 행정심판법상 재결에 해당한다.
④ 중앙토지수용위원회에 대한 이의신청을 임의적 절차로 규정하고 있는 점, 행정소송법 제19조 단서가 행정심판에 대한 재결은 재결 자체에 고유한 위법이 있음을 이유로 하는 경우에 한하여 취소소송의 대상으로 삼을 수 있도록 규정하고 있는 점 등을 종합하여 보면, 수용재결에 불복하여 취소소송을 제기하는 때에는 이의신청을 거친 경우에도 수용재결을 한 중앙토지수용위원회 또는 지방토지수용위원회를 피고로 하여 수용재결의 취소를 구하여야 하고, 다만 이의신청에 대한 재결 자체에 고유한 위법이 있음을 이유로 하는 경우에는 그 이의재결을 한 중앙토지수용위원회를 피고로 하여 이의재결의 취소를 구할 수 있다고 보아야 한다(2008두1504).
⑤ 이의재결에 대하여 불복하는 행정소송을 제기하는 경우, 이것이 보상금의 증감에 관한 소송인 때에는 이의재결에서 정한 보상금이 증액 변경될 것을 전제로 하여 사업시행자를 상대로 보상금의 지급을 구하는 공법상의 당사자소송을 규정한 것으로 볼 것이다(91누285).

26 공용부담 및 공용수용에 관한 설명으로 옳지 않은 것은? (다툼이 있으면 판례에 따름)

2015년 제3회

① 공용수용은 당사자와의 협력을 기반으로 하기 때문에 최소침해의 원칙이 적용되지 않는다.
② 공용부담이라 함은 일정한 공공복리를 적극적으로 증진하기 위하여 개인에게 부과되는 공법상의 경제적 부담을 말한다.
③ 판례는 공익사업을 위한 토지 등의 취득 및 보상에 관한 법령에 의한 협의취득을 사법상의 법률행위로 본다.
④ 공용수용에 있어서 사업인정고시가 된 후 권리의 변동이 있을 때에는 그 권리를 승계한 자가 보상금 또는 공탁금을 받는다.
⑤ 헌법재판소는 환매권을 헌법상의 재산권보장으로부터 도출되는 것으로 보고 있다.

해설 ① 공용수용도 최소침해의 원칙(비례의 원칙)이 적용된다.
④ 수용토지에 대하여 토지수용법 소정의 사업승인고시가 있은 후 소유권의 변동이 있었으나, 토지수용위원회가 소유권변동사실을 알지 못한 채 사업승인고시 당시의 소유자를 소유자로 보고 수용재결을 한 경우 위 토지의 소유권등을 승계한 수용 당시의 소유자가 위 토지수용에 의한 손실보상금이나, 또는 기업자가 위 보상금을 공탁하는 경우 그 공탁금의 수령권자가 된다(84다카2431).

27 공익사업을 위한 토지 등의 취득 및 보상에 관한 법률상 사업인정에 관한 설명으로 옳은 것은? (다툼이 있으면 판례에 따름) 2018년 제6회

① 사업인정은 해당 사업이 토지를 수용할 수 있는 공익사업임을 확인하는 행위일 뿐 형성행위로 볼 수는 없다.

② 사업인정에 대한 쟁송기간이 도과한 경우, 사업인정이 당연무효가 아닌 한 그 위법을 이유로 수용재결의 취소를 구할 수 없다.

③ 사업시행자에게 해당 공익사업을 수행할 의사와 능력이 있는지 여부는 사업인정의 요건이 아니다.

④ 사업인정은 고시한 다음 날부터 효력이 발생한다.

⑤ 사업인정 고시가 있은 후에는 다수의 이해관계인이 발생하므로 사업인정이 실효될 수 없다.

해설 ①, ②, ③ 사업인정은 사업시행자에게 해당 공익사업을 수행할 의사와 능력이 있는지 여부를 심사하여 해당 사업의 토지를 수용할 수 있도록 하는 형성행위로서 특허에 해당한다. 사업인정에 대한 쟁송기간이 도과한 경우에는 불가쟁력이 발생하므로, 사업인정이 당연무효가 아닌 한 그 위법을 이유로 수용재결의 취소를 구할 수 없다.
④ 사업인정은 고시한 날로부터 효력이 발생한다.
⑤ 사업시행자가 사업인정고시가 된 날부터 1년 이내에 재결신청을 하지 아니한 경우에는 사업인정고시가 된 날부터 1년이 되는 날의 다음 날에 사업인정은 그 효력을 상실한다(토지보상법 제23조 제1항).

28 공익사업을 위한 토지 등의 취득 및 보상에 관한 법률상 사업인정과 수용재결에 관한 설명으로 옳지 않은 것은? (다툼이 있으면 판례에 따름) 2024년 제12회

① 사업인정은 항고소송의 대상이 되는 처분에 해당한다.

② 사업인정에 불가쟁력이 발생한 경우 당연무효가 아닌 한 사업인정의 하자를 이유로 수용재결의 취소를 구할 수 없다.

③ 사업인정은 사업인정이 고시된 날부터 효력을 발생한다.

④ 수용재결은 행정심판의 재결의 성질을 갖는다.

⑤ 수용재결의 효과로서 수용에 의한 사업시행자의 토지소유권 취득은 법률의 규정에 의한 원시취득이다.

[해설] ① 사업인정은 일정한 절차를 거칠 것을 조건으로 하여 일정한 내용의 수용권을 설정해주는 행정처분의 성격을 띠는 것으로서 그 사업인정을 받음으로써 일종의 공법상의 권리로서의 효력을 발생시킨다(87누395).
② 사업인정단계에서의 하자를 다투지 아니하여 이미 쟁송기간이 도과한 수용재결단계에 있어서는 위 사업인정처분에 중대하고 명백한 하자가 있어 당연무효라고 볼만한 특단의 사정이 없다면 그 처분의 불가쟁력에 의하여 사업인정처분의 위법, 부당함을 이유로 수용재결처분의 취소를 구할 수 없다(87누395).
③ 토지보상법 제22조 제3항
④ 토지수용위원회의 수용재결은 행정심판의 재결이 아니라 최초의 처분에 해당한다.
⑤ 사업시행자의 소유권 취득은 원권리자의 소유권을 승계취득하는 것이 아니라 원시취득하는 것이다. 따라서 아무런 부담이나 하자가 없는 소유권을 취득한다.

29 공익사업을 위한 토지 등의 취득 및 보상에 관한 법령상 손실보상에 관한 설명으로 옳지 않은 것은? (다툼이 있으면 판례에 따름) 2022년 제10회

① 토지수용재결시 대상토지의 평가는 재결에서 정한 수용시기가 아닌 수용재결일을 기준으로 한다.

② 관할 토지수용위원회에 잔여지수용청구를 하려는 토지소유자는 사업완료일까지 그 수용청구를 하여야 한다.

③ 이주대책대상자는 사업시행자가 이주대책에 대한 구체적인 계획을 수립하여 공고한 때에 수분양권을 취득한다.

④ 공익사업시행지구 밖의 영업손실에 대해서도 일정한 요건하에 보상을 받을 수 있다.

⑤ 재결에서 정한 보상금액이 일부 보상항목은 과소하고 다른 보상항목은 과다할 경우 법원은 보상항목 상호 간의 유용을 허용하여 보상금을 결정할 수 있다.

[해설] ① 보상액의 산정은 협의에 의한 경우에는 협의 성립 당시의 가격을, 재결에 의한 경우에는 수용 또는 사용의 재결 당시의 가격을 기준으로 한다(토지보상법 제67조 제1항).
② 동일한 소유자에게 속하는 일단의 토지의 일부가 협의에 의하여 매수되거나 수용됨으로 인하여 잔여지를 종래의 목적에 사용하는 것이 현저히 곤란할 때에는 해당 토지소유자는 사업시행자에게 잔여지를 매수하여 줄 것을 청구할 수 있으며, 사업인정 이후에는 관할 토지수용위원회에 수용을 청구할 수 있다. 이 경우 수용의 청구는 매수에 관한 협의가 성립되지 아니한 경우에만 할 수 있으며, 그 사업의 공사완료일까지 하여야 한다(토지보상법 제74조 제1항).
③ 이주자는 이주대책계획수립공고에 따라 이주대책대상자 선정 신청을 하며, 사업시행자가 심사를 통해 이주대책대상자로 확인·결정을 하여야 비로소 구체적인 수분양권을 가진다. 따라서 사업시행자의 이주대책대상자 확인·결정은 항고소송의 대상이 되는 처분이다.
④ 토지보상법 시행규칙 제64조 제1항

30 공익사업을 위한 토지 등의 취득 및 보상에 관한 법률에 따른 토지수용에 대한 이의신청 및 행정소송에 관한 설명으로 옳지 않은 것은? (다툼이 있는 경우에는 판례에 의함) 2014년 제2회

① 이의신청은 행정심판으로서의 성질을 가지며, 이에 관한 규정은 행정심판법에 대한 특별규정이다.

② 수용재결에 불복하여 취소소송을 제기하는 때에는 이의신청을 거친 경우에도 수용재결의 취소를 구하여야 한다.

③ 보상금증감청구소송은 공법상 당사자소송에 해당한다.

④ 보상금증감청구소송을 제기하는 자가 토지소유자일 때에는 사업시행자를 피고로 한다.

⑤ 수용재결에 대한 행정소송이 제기되면 사업의 진행 및 토지의 수용 또는 사용은 정지된다.

[해설] ① 토지수용위원회의 수용재결에 대한 이의절차는 실질적으로 행정심판의 성질을 갖는 것이므로 토지수용법에 특별한 규정이 있는 것을 제외하고는 행정심판법의 규정이 적용된다.
② 수용재결에 불복하여 취소소송을 제기하는 때에는 이의신청을 거친 경우에도 수용재결을 한 중앙토지수용위원회 또는 지방토지수용위원회를 피고로 하여 수용재결의 취소를 구하여야 하고, 다만 이의신청에 대한 재결 자체에 고유한 위법이 있음을 이유로 하는 경우에는 그 이의재결을 한 중앙토지수용위원회를 피고로 하여 이의재결의 취소를 구할 수 있다고 보아야 한다(2008두1504).
③, ⑤ 수용재결에 불복하는 경우에는 취소소송을, 보상액결정에 불복하는 경우에는 보상액증감청구소송(형식적 당사자소송)을 제기할 수 있다. 그 자체로는 집행정지의 효력이 없으므로 사업의 진행 및 토지의 수용 · 사용을 정지하지 않는다.
④ 행정소송이 보상금의 증감에 관한 소송인 경우 그 소송을 제기하는 자가 토지소유자 또는 관계인일 때에는 사업시행자를, 사업시행자일 때에는 토지소유자 또는 관계인을 각각 피고로 한다(토지보상법 제85조 제2항).

31 손실보상에 대한 다음 설명 중 옳지 않은 것은? (다툼이 있는 경우 판례에 의함)

① 헌법 제23조 제3항이 헌법적 근거가 된다.

② 손실보상청구권을 발생시키는 침해는 재산권에 대한 것이면 족하며 재산권의 종류는 불문한다.

③ 피수용재산의 객관적인 재산가치를 완전하게 보상한다는 것은 불가능하므로 그 보상은 상당한 보상을 의미한다.

④ 잔여지에 현실적 이용 상황 변경 또는 사용가치 및 교환가치의 하락 등이 발생하였더라도 그 손실이 토지가 공익사업에 취득 · 사용됨으로써 발생한 것이 아닌 경우에는 손실보상의 대상이 되지 않는다.

⑤ 토지소유자와 사업시행자가 잔여지 매수에 관한 협의가 이루어지지 않은 경우 토지소유자는 잔여지수용의 청구를 관할 토지수용위원회에 요청할 수 있다.

[해설] ③ 헌법 제23조 제3항에서 규정한 정당한 보상은 완전보상을 의미한다.

32 손실보상에 대한 다음 설명 중 옳지 않은 것은? (다툼이 있는 경우 판례에 의함)

① 동일한 토지소유자에 속하는 일단의 토지의 일부가 취득됨으로써 잔여지의 가격이 감소한 때에는 잔여지를 종래의 목적으로 사용하는 것이 가능한 경우라도 그 잔여지는 손실보상의 대상이 된다.

② 잔여지수용청구는 사업완료일까지 하여야 하며, 토지소유자가 그 기간 내에 잔여지수용청구권을 행사하지 않는다면 그 권리는 소멸한다.

③ 공익사업을 위한 토지 등의 취득 및 보상에 관한 법률에 의한 잔여지수용청구를 받아들이지 않은 토지수용위원회의 재결에 대하여 토지소유자가 불복하여 제기하는 소송은 항고소송에 해당한다.

④ 헌법재판소는 생업의 근거를 상실하게 된 자에 대하여 일정규모의 상업용지 또는 상가분양권 등을 공급하는 생활대책이 헌법 제23조 제3항이 규정하는 정당한 보상에 포함되는 것은 아니라고 본다.

⑤ 공익사업을 위한 토지 등의 취득 및 보상에 관한 법률상 이주대책과 관련하여 도시개발사업의 사업시행자가 이주대책기준을 정하여 이주대책대상자 가운데 이주대책을 수립·실시하여야 할 자를 선정하여 그들에게 공급할 택지 등을 정할 때는 재량권을 갖는다.

해설 ③ 잔여지 수용청구권은 손실보상의 일환으로 토지소유자에게 부여되는 권리로서 그 요건을 구비한 때에는 잔여지를 수용하는 토지수용위원회의 재결이 없더라도 그 청구에 의하여 수용의 효과가 발생하는 형성권적 성질을 가지므로, 잔여지 수용청구를 받아들이지 않은 토지수용위원회의 재결에 대하여 토지소유자가 불복하여 제기하는 소송은 위 법 제85조 제2항에 규정되어 있는 '보상금의 증감에 관한 소송'에 해당하여 사업시행자를 피고로 하여야 한다(2008두822). 따라서 당사자소송에 해당한다.

33 손실보상에 대한 다음 설명 중 옳지 않은 것은? (다툼이 있는 경우 판례에 의함)

① 사업시행자가 이주대책에 관한 구체적인 계획을 수립하여 이를 해당자에게 통지 내지 공고하게 되면 이주대책대상자에게 구체적인 수분양권이 발생하게 된다.

② 이주대책은 이주자들에게 종전의 생활상태를 회복시키기 위한 생활보상의 일환으로서 국가의 정책적인 배려에 의하여 마련된 제도이므로, 이주대책의 실시 여부는 입법자의 입법정책적 재량의 영역에 속한다.

③ 당해 공익사업으로 인한 개발이익을 손실보상액 산정에서 배제하는 것은 헌법상 정당보상의 원칙에 위배되지 아니한다.

④ 공익사업을 위한 토지 등의 취득 및 보상에 관한 법률상 보상에 관한 협의가 성립되지 아니하거나 협의를 할 수 없을 때에는 사업시행자는 사업인정고시가 된 날부터 1년 이내에 대통령령으로 정하는 바에 따라 관할 토지수용위원회에 재결을 신청할 수 있다.

⑤ 공용수용은 공공필요에 부합하다면, 수용 등의 주체를 국가 등의 공적 기관에 한정할 필요는 없다.

[해설] ① 사업시행자에게 이주대책의 수립·실시의무를 부과하고 있다고 하여 그 규정 자체만에 의하여 이주자에게 사업시행자가 수립한 이주대책상의 택지분양권이나 아파트 입주권 등을 받을 수 있는 구체적인 권리(수분양권)가 직접 발생하는 것이라고는 도저히 볼 수 없으며, 사업시행자가 이주대책에 관한 구체적인 계획을 수립하여 이를 해당자에게 통지 내지 공고한 후, 이주자가 수분양권을 취득하기를 희망하여 이주대책에 정한 절차에 따라 사업시행자에게 이주대책대상자 선정신청을 하고 사업시행자가 이를 받아들여 이주대책대상자로 확인·결정하여야만 비로소 구체적인 수분양권이 발생하게 된다(92다35783).
⑤ 국가 등의 공적 기관이 직접 수용의 주체가 되는 것이든 그러한 공적 기관의 최종적인 판단과 승인 결정 하에 민간기업이 수용의 주체가 되는 것이든 양자 사이에 공공필요에 대한 판단과 수용의 범위에 있어서 본질적인 차이가 있는 것은 아니므로 수용 등의 주체를 국가 등의 공적 기관에 한정할 필요는 없다(2007헌바114).

34 甲의 토지는 공익사업의 대상지역으로 공익사업을 위한 토지 등의 취득 및 보상에 관한 법률에 따라 사업인정절차를 거쳐 甲의 토지에 대한 수용재결이 있었다. 이에 대한 설명으로 가장 옳은 것은? (다툼이 있는 경우 판례에 의함)

① 위 사업인정에 취소사유인 위법이 있는 경우 사업인정의 하자는 후행처분인 수용재결에 승계되지 않는다.

② 甲이 수용재결에서 정해진 보상금에 불복하여 보상금의 증액을 청구하려면 수용재결에 대한 취소소송을 제기하여야 한다.

③ 甲이 수용재결에 대해 항고소송으로 다투려면 우선적으로 이의재결을 거쳐야만 한다.

④ 토지수용위원회의 수용재결에 불복할 때에는 그 재결서를 받은 날부터 60일 이내에, 이의신청을 거쳤을 때에는 이의신청에 대한 재결서를 받은 날부터 30일 이내에 각각 행정소송을 제기하여야 한다.

⑤ 甲이 수용재결에 대해 이의재결을 거친 경우 항고소송의 대상은 이의재결이 된다.

해설 ② 수용재결에서 정해진 보상금에 불복하여 보상금의 증액을 청구하려면 사업시행자를 상대로 보상금증감청구소송(형식적 당사자소송)을 제기하여야 한다.
③ 이의신청은 임의적 절차이다.
④ 토지수용위원회의 수용재결에 불복할 때에는 그 재결서를 받은 날부터 <u>90일 이내</u>에, 이의신청을 거쳤을 때에는 이의신청에 대한 재결서를 받은 날부터 <u>60일 이내</u>에 각각 행정소송을 제기하여야 한다(토지보상법 제85조 제1항).
⑤ 수용재결에 대해 이의재결을 거친 경우에도 수용재결을 한 해당 토지수용위원회를 피고로 수용재결에 대해 항고소송을 제기하여야 한다. 즉 항고소송의 대상은 수용재결이다.

35 손실보상에 대한 다음 설명 중 옳지 않은 것은? (다툼이 있는 경우 판례에 의함)

① 공익사업을 위한 토지 등의 취득 및 보상에 관한 법률상 토지수용위원회의 수용재결에 대한 이의절차는 실질적으로 행정심판의 성질을 갖는 것이므로 동법에 특별한 규정이 있는 것을 제외하고는 행정심판법의 규정이 적용된다.

② 공익사업을 위한 토지 등의 취득 및 보상에 관한 법률상 수용재결이나 이의신청에 대한 재결에 불복하는 행정소송의 제기는 사업의 진행 및 토지수용 또는 사용을 정지시키지 아니한다.

③ 공익사업을 위한 토지 등의 취득 및 보상에 관한 법률상 잔여지수용청구권은 형성권적 성질을 가지므로, 잔여지수용청구를 받아들이지 않은 재결에 대하여 토지소유자가 불복하여 제기하는 소송은 보상금증감청구소송에 해당한다.

④ 토지수용으로 인한 보상액을 산정함에 있어서 당해 공공사업과 관계없는 다른 사업의 시행으로 인한 개발이익은 이를 배제하지 아니한 가격으로 평가하여야 한다.

⑤ 하나의 수용재결에서 여러 가지의 토지, 물건, 권리 또는 영업의 손실의 보상에 관하여 심리 · 판단이 이루어졌을 때, 피보상자는 재결 전부에 관하여 불복하여야 하고 여러 보상항목들 중 일부에 관해서만 개별적으로 불복할 수는 없다.

[해설] ⑤ 하나의 재결에서 피보상자별로 여러 가지의 토지, 물건, 권리 또는 영업의 손실에 관하여 심리 · 판단이 이루어졌을 때, 피보상자 또는 사업시행자가 반드시 재결 전부에 관하여 불복하여야 하는 것은 아니며, 여러 보상항목들 중 일부에 관해서만 불복하는 경우에는 그 부분에 관해서만 개별적으로 불복의 사유를 주장하여 행정소송을 제기할 수 있다. 이러한 보상금증감소송에서 법원의 심판범위는 하나의 재결 내에서 소송당사자가 구체적으로 불복신청을 한 보상항목들로 제한된다.

법원이 구체적인 불복신청이 있는 보상항목들에 관해서 감정을 실시하는 등 심리한 결과, 재결에서 정한 보상금액이 일부 보상항목의 경우 과소하고 다른 보상항목의 경우 과다한 것으로 판명되었다면, 법원은 보상항목 상호 간의 유용을 허용하여 항목별로 과다 부분과 과소 부분을 합산하여 보상금의 합계액을 정당한 보상금으로 결정할 수 있다(2017두41221).

36 공익사업을 위한 토지 등의 취득 및 보상에 관한 법률상 손실보상에 대한 설명으로 옳지 않은 것은? (다툼이 있는 경우 판례에 의함)

① 토지수용으로 인한 손실보상액은 당해 공공사업의 시행을 직접 목적으로 하는 계획의 승인·고시로 인한 가격변동을 고려함이 없이 수용재결 당시의 가격을 기준으로 하여 정하여야 한다.

② 손실보상은 현금보상이 원칙이나 일정한 경우에는 채권이나 현물로 보상할 수 있다.

③ 건물의 일부만 수용되어 잔여부분을 보수하여 사용할 수 있는 경우 그 건물 전체의 가격에서 수용된 부분의 비율에 해당하는 금액과 건물보수비를 손실보상액으로 평가하여 보상하면 되고, 잔여건물에 대한 가치하락까지 보상해야 하는 것은 아니다.

④ 토지소유자가 손실보상금의 증액을 구하는 행정소송을 제기하는 경우에는 토지수용위원회가 아니라 사업시행자를 피고로 하여야 한다.

⑤ 토지소유자가 수용재결을 받은 후, 수용 자체를 다투는 경우 관할 지방토지수용위원회를 상대로 수용재결에 대하여 취소소송을 제기할 수 있다.

해설} ③ 건물의 일부가 수용되면 토지의 일부가 수용되는 경우와 마찬가지로 또는 그 이상으로 건물의 효용을 일부 잃게 되는 것이 일반적이고, 수용에 따른 손실보상액 산정의 경우 헌법 제23조 제3항에 따른 정당한 보상이란 원칙적으로 피수용재산의 객관적인 재산가치를 완전하게 보상하여야 한다는 완전보상을 뜻하는 것이다. 건물의 일부만이 수용되고 그 건물의 잔여부분을 보수하여 사용할 수 있는 경우 그 건물 전체의 가격에서 편입비율만큼의 비율로 손실보상액을 산정하여 보상하는 한편 보수비를 손실보상액으로 평가하여 보상하는 데 그친다면 보수에 의하여 보전될 수 없는 잔여건물의 가치하락분에 대하여는 보상을 하지 않는 셈이어서 불완전한 보상이 되는 점 등에 비추어 볼 때, 잔여건물의 가치하락분에 대한 감가보상을 인정함이 상당하다(2000두2426).

행정쟁송

01 **행정기본법상 이의신청과 재심사에 관한 설명으로 옳지 않은 것은?**

① 이의신청에 대한 결과를 통지받은 후 행정심판 또는 행정소송을 제기하려는 자는 그 결과를 통지받은 날부터 90일 이내에 행정심판 또는 행정소송을 제기할 수 있다.

② 공무원 인사관계법령에 의한 징계 등 처분에 관한 사항에 대하여도 행정기본법상의 이의신청 규정이 적용된다.

③ 당사자는 처분에 대하여 법원의 확정판결이 있는 경우에는 처분의 근거가 된 사실관계 또는 법률관계가 추후에 당사자에게 유리하게 바뀐 경우에도 해당 처분을 한 행정청이 처분을 취소·철회하거나 변경하여 줄 것을 신청할 수는 없다.

④ 처분을 유지하는 재심사 결과에 대하여는 행정심판, 행정소송 및 그 밖의 쟁송수단을 통하여 불복할 수 없다.

⑤ 이의신청이 민원 처리에 관한 법률의 민원 이의신청과 같이 별도의 행정심판절차가 존재하고 행정심판과는 성질을 달리하는 경우에는 그 이의신청은 행정심판과는 다른 것으로 본다.

[해설]

행정기본법
제36조【처분에 대한 이의신청】 ① 행정청의 처분(「행정심판법」 제3조에 따라 같은 법에 따른 행정심판의 대상이 되는 처분을 말한다. 이하 이 조에서 같다)에 이의가 있는 당사자는 처분을 받은 날부터 30일 이내에 해당 행정청에 이의신청을 할 수 있다.
③ 제1항에 따라 이의신청을 한 경우에도 그 이의신청과 관계없이 「행정심판법」에 따른 행정심판 또는 「행정소송법」에 따른 행정소송을 제기할 수 있다.
④ 이의신청에 대한 결과를 통지받은 후 행정심판 또는 행정소송을 제기하려는 자는 <u>그 결과를 통지받은 날부터 90일 이내에 행정심판 또는 행정소송을 제기할 수 있다.</u>
⑦ 다음 각 호의 어느 하나에 <u>해당하는 사항에 관하여는 이 조를 적용하지 아니한다.</u>
  1. 공무원 인사 관계 법령에 따른 징계 등 처분에 관한 사항
  2. 「국가인권위원회법」 제30조에 따른 진정에 대한 국가인권위원회의 결정
  3. 「노동위원회법」 제2조의2에 따라 노동위원회의 의결을 거쳐 행하는 사항
  4. 형사, 행형 및 보안처분 관계 법령에 따라 행하는 사항
  5. 외국인의 출입국·난민인정·귀화·국적회복에 관한 사항
  6. 과태료 부과 및 징수에 관한 사항

제37조【처분의 재심사】 ① 당사자는 처분(제재처분 및 행정상 강제는 제외한다. 이하 이 조에서 같다)이 <u>행정심판, 행정소송 및 그 밖의 쟁송을 통하여 다툴 수 없게 된 경우(법원의 확정판결이 있는 경우는 제외한다)</u>라도 다음 각 호의 어느 하나에 해당하는 경우에는 해당 처분을 한 행정청에 처분을 취소·철회하거나 변경하여 줄 것을 신청할 수 있다.
  1. <u>처분의 근거가 된 사실관계 또는 법률관계가 추후에 당사자에게 유리하게 바뀐 경우</u>
  2. 당사자에게 유리한 결정을 가져다주었을 새로운 증거가 있는 경우
  3. 「민사소송법」 제451조에 따른 재심사유에 준하는 사유가 발생한 경우 등 대통령령으로 정하는 경우

② 제1항에 따른 신청은 해당 처분의 절차, 행정심판, 행정소송 및 그 밖의 쟁송에서 당사자가 중대한 과실 없이 제1항 각 호의 사유를 주장하지 못한 경우에만 할 수 있다.

③ 제1항에 따른 신청은 당사자가 제1항 각 호의 사유를 안 날부터 60일 이내에 하여야 한다. 다만, 처분이 있은 날부터 5년이 지나면 신청할 수 없다.

⑤ 제4항에 따른 처분의 재심사 결과 중 처분을 유지하는 결과에 대해서는 행정심판, 행정소송 및 그 밖의 쟁송수단을 통하여 불복할 수 없다.

⑥ 행정청의 제18조에 따른 취소와 제19조에 따른 철회는 처분의 재심사에 의하여 영향을 받지 아니한다.

⑧ 다음 각 호의 어느 하나에 해당하는 사항에 관하여는 이 조를 적용하지 아니한다.

1. 공무원 인사 관계 법령에 따른 징계 등 처분에 관한 사항
2. 「노동위원회법」 제2조의2에 따라 노동위원회의 의결을 거쳐 행하는 사항
3. 형사, 행형 및 보안처분 관계 법령에 따라 행하는 사항
4. 외국인의 출입국·난민인정·귀화·국적회복에 관한 사항
5. 과태료 부과 및 징수에 관한 사항
6. 개별 법률에서 그 적용을 배제하고 있는 경우

02 행정심판으로 적법하게 청구된 것을 모두 고른 것은? 2022년 제10회

㉠ 국세부과처분에 대해 국세청장에 심사청구
㉡ 국가공무원 면직처분에 대해 징계위원회에 재심사청구
㉢ 지방토지수용위원회의 수용재결에 대해 중앙토지수용위원회에 이의신청
㉣ 지방노동위원회의 구제명령 불이행에 대한 이행강제금부과처분에 대해 중앙노동위원회에 재심신청

① ㉠, ㉡
② ㉠, ㉢
③ ㉡, ㉢
④ ㉡, ㉣
⑤ ㉢, ㉣

해설

특별행정심판

① 국세부과처분에 대해 국세청장에 대한 심사청구 및 조세심판원에 대한 심판청구
② 토지수용재결에 대한 중앙토지수용위원회에 이의신청
③ 공정거래 관련 처분에 대한 공정거래위원회에 이의신청
④ 국가·지방공무원의 징계처분에 대한 소청심사위원회에 소청심사
⑤ 지방노동위원회의 구제명령에 대한 중앙노동위원회에 재심
⑥ 산재보험급여결정에 대한 산업재해보상보험재심사위원회에 재심사

㉣ 지방노동위원회의 구제명령에 대하여 중앙노동위원회에 재심신청을 할 수 있지만 지방노동위원회의 구제명령 불이행에 대한 이행강제금 부과처분은 중앙노동위원회의 재심신청대상이 아니다.

Answer 1.② 2.②

03 甲은 수형자로서 A교도소 내에서의 난동을 이유로 교도소장으로부터 10일간의 금치처분을 받았다. 甲은 교도소장을 상대로 난동 당시 담당 교도관의 근무보고서의 공개를 청구하였으나, 교도소장은 공공기관의 정보공개에 관한 법률 제9조 제1항 제4호에 근거하여 근무보고서의 공개가 교정업무의 수행을 현저히 곤란하게 할 우려가 있다는 사유로 공개를 거부하였다. 이에 관한 설명으로 옳지 않은 것은? (다툼이 있으면 판례에 따름) _{2018년 제6회}

① 甲은 취소심판뿐만 아니라 의무이행심판을 선택적으로 청구할 수 있다.

② 취소심판의 피청구인은 A교도소장이 된다.

③ 甲은 행정심판을 청구하지 않고 곧바로 취소소송을 제기할 수 있다.

④ 甲이 취소심판을 제기하여 인용재결을 받았음에도 교도소장이 재처분의무를 이행하지 않으면 행정심판위원회는 甲의 신청에 따라 간접강제 또는 직접처분을 할 수 있다.

⑤ 행정심판의 심리과정에서 교도소장은 당초의 처분사유를 사생활의 비밀을 침해할 우려가 있는 정보가 포함되어 있다는 사유로 변경할 수 없다.

[해설] ① 거부처분은 취소심판과 의무이행심판을 선택적으로 청구할 수 있다.

② 취소심판의 피청구인은 처분권자인 A교도소장이 된다.

③ 정보공개청구에 대한 비공개결정은 이의신청, 행정심판, 행정소송이 가능하며 각각 임의적 전치절차에 해당한다. 따라서 행정심판을 청구하지 않고 곧바로 취소소송을 제기할 수 있다.

④ 거부처분 취소심판은 인용재결을 받더라도 간접강제만 가능할 뿐 직접처분은 할 수 없다. 반면에 의무이행심판은 인용재결에 따른 재처분의무를 이행하지 않는다면 간접강제뿐만 아니라 직접처분의 대상이 된다.

> **행정심판법**
> **제49조【재결의 기속력 등】**③ 당사자의 신청을 거부하거나 부작위로 방치한 처분의 이행을 명하는 재결이 있으면 행정청은 지체 없이 이전의 신청에 대하여 재결의 취지에 따라 처분을 하여야 한다.
>
> **제50조【위원회의 직접 처분】**① 위원회는 피청구인이 제49조 제3항에도 불구하고 처분을 하지 아니하는 경우에는 당사자가 신청하면 기간을 정하여 서면으로 시정을 명하고 그 기간에 이행하지 아니하면 직접 처분을 할 수 있다. 다만, 그 처분의 성질이나 그 밖의 불가피한 사유로 위원회가 직접 처분을 할 수 없는 경우에는 그러하지 아니하다.
>
> **제50조의2【위원회의 간접강제】**① 위원회는 피청구인이 제49조 제2항(제49조 제4항에서 준용하는 경우를 포함한다) 또는 제3항에 따른 처분을 하지 아니하면 청구인의 신청에 의하여 결정으로 상당한 기간을 정하고 피청구인이 그 기간 내에 이행하지 아니하는 경우에는 그 지연기간에 따라 일정한 배상을 하도록 명하거나 즉시 배상을 할 것을 명할 수 있다.

⑤ 처분사유의 추가ㆍ변경은 당초 처분의 근거로 삼은 것과 기본적 사실관계의 동일성이 인정되는 범위에서 허용한다. 업무의 수행을 현저히 곤란하게 할 우려가 있다는 사유와 사생활의 비밀을 침해할 우려가 있는 정보가 포함되어 있다는 사유는 기본적 사실관계의 동일성이 인정되지 않는다.

04 **행정심판에 관한 설명으로 옳은 것은?** 2017년 제5회

① 청구인적격이 없는 자가 제기한 행정심판이라고 하더라도 본안심리를 거쳐서 기각하여야 한다.

② 행정심판의 대상은 행정청의 위법·부당한 처분에 한정되며, 부작위는 대상이 될 수 없다.

③ 대통령의 처분에 대하여는 다른 법률에서 행정심판을 청구할 수 있도록 정한 경우 외에는 행정심판을 청구할 수 없다.

④ 취소심판의 청구기간은 무효등확인심판청구에도 적용한다.

⑤ 법인이 아닌 사단은 대표자나 관리인이 정하여져 있는 경우에도 그 사단의 이름으로 심판청구를 할 수 없다.

[해설] ① 청구인적격이 없는 자가 제기한 행정심판은 요건심리 절차에서 각하한다.
② 행정심판은 행정청의 위법·부당한 처분과 부작위를 대상으로 한다(행정심판법 제3조 제1항).
③ 대통령의 처분 또는 부작위에 대하여는 행정심판을 청구할 수 없고, 직접 행정소송을 제기하여야 한다(행정심판법 제3조 제2항).
④ 심판청구의 기간의 규정은 무효등확인심판청구와 부작위에 대한 의무이행심판청구에는 적용하지 아니한다(행정심판법 제27조 제7항).
⑤ 법인이 아닌 사단 또는 재단으로서 대표자나 관리인이 정하여져 있는 경우에는 그 사단이나 재단의 이름으로 심판청구를 할 수 있다(행정심판법 제14조).

05 **행정심판법상 (   ) 안에 들어갈 용어로 옳은 것은?** 2017년 제5회

> 행정심판위원회는 처분 또는 부작위가 위법·부당하다고 상당히 의심되는 경우로서 처분 또는 부작위 때문에 당사자가 받을 우려가 있는 중대한 불이익이나 당사자에게 생길 급박한 위험을 막기 위하여 임시지위를 정하여야 할 필요가 있는 경우에는 직권으로 또는 당사자의 신청에 의하여 (   )을/를 결정할 수 있다.

① 집행정지   ② 직접강제   ③ 간접강제
④ 임시처분   ⑤ 의무이행청구

[해설] 위원회는 처분 또는 부작위가 위법·부당하다고 상당히 의심되는 경우로서 처분 또는 부작위 때문에 당사자가 받을 우려가 있는 중대한 불이익이나 당사자에게 생길 급박한 위험을 막기 위하여 임시지위를 정하여야 할 필요가 있는 경우에는 직권으로 또는 당사자의 신청에 의하여 임시처분을 결정할 수 있다(행정심판법 제31조).

Answer 3. ④ 4. ③ 5. ④

06 행정심판에 관한 설명으로 옳지 않은 것은? (다툼이 있으면 판례에 따름) 2016년 제4회

① 행정심판에서는 사정재결이 인정되고 있지 않다.

② 행정소송법에는 의무이행소송이 규정되어 있지 않은 반면, 행정심판법에는 의무이행심판이 규정되어 있다.

③ 서울특별시장과 서울특별시의회의 처분 또는 부작위에 대한 심판청구는 중앙행정심판위원회에서 심리·재결한다.

④ '새로운 처분의 처분사유'와 '종전 처분에 관하여 위법한 것으로 재결에서 판단된 사유'가 기본적 사실관계에 있어 동일성이 없다면 새로운 처분은 종전 처분에 대한 재결의 기속력에 저촉되지 않는다.

⑤ 심판청구에 대한 재결이 있으면 그 재결 및 같은 처분 또는 부작위에 대하여 다시 행정심판을 청구할 수 없다.

해설 ①, ②

구분	취소심판	무효등확인심판	의무이행심판
개념	행정청의 위법 또는 부당한 처분의 취소 또는 변경을 구하는 심판	행정청의 처분의 효력 유무 또는 존재 여부에 대한 확인을 구하는 심판	행정청의 위법 또는 부당한 거부처분 또는 부작위로 인하여 권익의 침해를 당한 자의 청구에 의하여 일정한 처분을 하도록 하는 심판
청구기간 제한	○	×	• 거부처분: ○ • 부작위: ×
사정재결	○	×	○
인용재결	• 취소재결 • 변경재결 • 변경명령재결	• 처분무효확인재결 • 처분유효확인재결 • 처분실효확인재결 • 처분부존재확인재결 • 처분존재확인재결	• 처분재결 • 처분명령재결
실효성 확보수단	간접강제	간접강제	• 직접처분 • 간접강제

③

중앙행정심판위원회	① 국가행정기관의 장 또는 그 소속 행정청 ② 특별시·광역시·특별자치시·도·특별자치도의 장, 교육감, 의회
시·도지사 소속 행정심판위원회	① 시·도 소속 행정청 ② 시·도의 관할구역에 있는 시·군·자치구의 장, 소속 행정청, 의회
해당 행정청의 소속	① 감사원, 국가정보원장 등 ② 국회사무총장·법원행정처장·헌법재판소사무처장, 중앙선거관리위원회사무총장 등 ③ 국가인권위원회 등
직근 상급행정기관	그 밖의 행정청
특별행정심판위원회	소청심사위원회, 조세심판원, 중앙토지수용위원회 등 (도로교통법상 행정심판 → 특별행정심판 ×)

④ 재결의 기속력은 재결의 주문 및 그 전제가 된 요건사실의 인정과 판단, 즉 처분 등의 구체적 위법사유에 관한 판단에만 미친다고 할 것이고, 종전 처분이 재결에 의하여 취소되었다 하더라도 종전 처분시와는 다른 사유를 들어서 처분을 하는 것은 기속력에 저촉되지 않는다(2003두7705).
⑤ 행정심판은 재심판청구가 금지된다.

07 행정심판법의 내용에 관한 설명으로 옳지 않은 것은? 2023년 제11회

① 부작위란 행정청이 당사자의 신청에 대하여 상당한 기간 내에 일정한 처분을 하여야 할 법률상 의무가 있는데도 처분을 하지 아니하는 것을 말한다.

② 행정심판은 처분이 있음을 알게 된 날부터 180일 이내에 청구하여야 한다.

③ 청구인이 경제적 능력으로 인해 대리인을 선임할 수 없는 경우에는 행정심판위원회에 국선대리인을 선임하여 줄 것을 신청할 수 있다.

④ 여러 명의 청구인이 공동으로 심판청구를 할 때에는 청구인들 중에서 3명 이하의 선정대표자를 선정할 수 있다.

⑤ 의무이행심판은 처분을 신청한 자로서 행정청의 거부처분 또는 부작위에 대하여 일정한 처분을 구할 법률상 이익이 있는 자가 청구할 수 있다.

해설 ① 부작위란 행정청이 당사자의 신청에 대하여 상당한 기간 내에 일정한 처분을 하여야 할 법률상 의무가 있는데도 처분을 하지 아니하는 것을 말한다(행정심판법 제2조 제2호).
② 행정심판은 처분이 있음을 알게 된 날부터 90일 이내에 청구하여야 한다(행정심판법 제27조 제1항).
③ 청구인이 경제적 능력으로 인해 대리인을 선임할 수 없는 경우에는 위원회에 국선대리인을 선임하여 줄 것을 신청할 수 있다(행정심판법 제18조의2 제1항).
④ 여러 명의 청구인이 공동으로 심판청구를 할 때에는 청구인들 중에서 3명 이하의 선정대표자를 선정할 수 있다(행정심판법 제15조 제1항).
⑤ 의무이행심판은 당사자의 신청에 대한 행정청의 위법 또는 부당한 거부처분이나 부작위에 대하여 일정한 처분을 하도록 하는 행정심판을 의미한다(행정심판법 제5조 제3호).

Answer 6.① 7.②

08 행정심판에 관한 설명으로 옳지 않은 것은? (다툼이 있으면 판례에 따름) 2015년 제3회

① 처분의 취소를 구하는 취지의 처분청에 대한 진정서 제출은 행정심판법 소정의 행정 심판청구가 될 수 있다.

② 고시 또는 공고에 의하여 행정처분을 하는 경우, 행정심판 청구기간의 기산일은 고시 또는 공고의 효력발생일이다.

③ 행정심판에 있어서 행정심판위원회는 재결 당시까지 제출된 모든 자료를 종합하여 행 정처분의 위법 · 부당 여부를 판단할 수 있다.

④ 형성적 재결이 있는 경우에는 그 대상이 된 행정처분은 재결 자체에 의하여 당연히 취소되어 소멸된다.

⑤ 행정심판법상 재결의 기속력은 당해 처분에 관하여 재결주문 및 그 전제가 된 요건사 실의 인정과 판단뿐만 아니라 이와 직접 관계가 없는 다른 처분에 대하여도 미친다.

[해설] ① 비록 제목이 '진정서'로 되어 있고, 재결청의 표시, 심판청구의 취지 및 이유, 처분을 한 행정청의 고지의 유무 및 그 내용 등 행정심판법 제19조 제2항 소정의 사항들을 구분하여 기재하고 있지 아니하여 행정 심판청구서로서의 형식을 다 갖추고 있다고 볼 수는 없으나, 피청구인인 처분청과 청구인의 이름과 주소가 기 재되어 있고, 청구인의 기명이 되어 있으며, 문서의 기재 내용에 의하여 심판청구의 대상이 되는 행정처분의 내용과 심판청구의 취지 및 이유, 처분이 있은 것을 안 날을 알 수 있는 경우, 위 문서에 기재되어 있지 않은 재결청, 처분을 한 행정청의 고지의 유무 등의 내용과 날인 등의 불비한 점은 보정이 가능하므로 위 문서를 행 정처분에 대한 행정심판청구로 보는 것이 옳다(98두2621).
② 통상 고시 또는 공고에 의하여 행정처분을 하는 경우에는 그 처분의 상대방이 불특정 다수인이고, 그 처분 의 효력이 불특정 다수인에게 일률적으로 적용되는 것이므로, 그 행정처분에 이해관계를 갖는 자는 고시 또는 공고가 있었다는 사실을 현실적으로 알았는지 여부에 관계없이 고시가 효력을 발생하는 날에 행정처분이 있음 을 알았다고 보아야 하고, 따라서 그에 대한 취소소송은 그 날로부터 90일 이내에 제기하여야 한다(2004두 3847).
③ 행정심판에 있어서 행정처분의 위법 · 부당 여부는 원칙적으로 처분시를 기준으로 판단하여야 할 것이나, 재결청은 처분 당시 존재하였거나 행정청에 제출되었던 자료뿐만 아니라, 재결 당시까지 제출된 모든 자료를 종합하여 처분 당시 존재하였던 객관적 사실을 확정하고 그 사실에 기초하여 처분의 위법 · 부당 여부를 판단 할 수 있다(99두5092).
④ 행정심판 재결의 내용이 처분청에게 처분의 취소를 명하는 것이 아니라 재결청이 스스로 처분을 취소하는 것일 때에는 그 재결의 형성력에 의하여 당해 처분은 별도의 행정처분을 기다릴 것 없이 당연히 취소되어 소 멸되는 것이다(97누17131).
⑤ 행정심판청구에 대한 재결이 행정청과 그 밖의 관계 행정청을 기속하는 효력은 당해 처분에 관하여 재결주 문 및 그 전제가 된 요건사실의 인정과 판단에만 미치고 이와 직접 관계가 없는 다른 처분에 대하여는 미치지 아니한다(96누13972).

09 행정심판법에 관한 설명으로 옳은 것은? 2021년 제9회

① 행정심판위원회는 당사자의 동의가 없더라도 심판청구의 신속하고 공정한 해결을 위하여 조정을 할 수 있다.

② 행정심판위원회는 사정재결시 그 재결의 주문에서 그 처분 또는 부작위가 위법하거나 부당하다는 것을 구체적으로 밝혀야 한다.

③ 집행정지로 목적을 달성할 수 있는 경우에도 임시처분이 허용된다.

④ 처분청이 심판청구기간을 법정기간보다 긴 기간으로 잘못 고지한 경우, 심판청구기간은 당해 처분이 있은 날부터 180일이 된다.

⑤ 행정심판위원회는 심판청구의 대상이 되는 처분보다 청구인에게 불리한 재결을 할 수 있다.

[해설] ① 위원회는 당사자의 권리 및 권한의 범위에서 당사자의 동의를 받아 심판청구의 신속하고 공정한 해결을 위하여 조정을 할 수 있다(행정심판법 제43조의2 제1항).

② 위원회는 심판청구가 이유가 있다고 인정하는 경우에도 이를 인용하는 것이 공공복리에 크게 위배된다고 인정하면 그 심판청구를 기각하는 재결을 할 수 있다. 이 경우 위원회는 재결의 주문에서 그 처분 또는 부작위가 위법하거나 부당하다는 것을 구체적으로 밝혀야 한다(행정심판법 제44조 제1항).

③ 임시처분은 집행정지로 목적을 달성할 수 있는 경우에는 허용되지 아니한다(행정심판법 제31조 제3항).

④ 행정청이 심판청구기간을 법정기간보다 긴 기간으로 잘못 알린 경우 그 잘못 알린 기간에 심판청구가 있으면 그 행정심판은 법정기간에 청구된 것으로 본다(행정심판법 제27조 제5항). 따라서 심판청구기간은 행정청이 잘못 알린 법정기간보다 긴 기간이 된다.

⑤ 위원회는 심판청구의 대상이 되는 처분보다 청구인에게 불리한 재결을 하지 못한다(행정심판법 제47조 제2항).

Answer 8. ⑤ 9. ②

10 행정심판법의 내용에 관한 설명으로 옳은 것은? 2013년 제1회

① 감사원의 처분에 대한 행정심판의 청구는 중앙행정심판위원회에서 심리·재결한다.
② 처분 등을 원인으로 하는 법률관계에 관한 다툼이 있는 경우 당사자는 당사자심판을 제기할 수 있다.
③ 무효확인심판에도 사정재결이 허용된다.
④ 행정심판위원회는 필요하면 당사자가 주장하지 아니한 사실에 대하여도 심리할 수 있다.
⑤ 시·도행정심판위원회의 재결에 불복하는 청구인은 중앙행정심판위원회에 행정심판을 재청구할 수 있다.

해설 } ① 감사원의 처분에 대한 행정심판의 청구는 감사원 소속 위원회에서 심리·재결한다.
② 행정심판법은 심판 종류로 취소심판, 무효등확인심판, 의무이행심판을 규정하고 있다. 당사자심판은 규정되어 있지 않다.
③ 사정재결은 취소심판 및 의무이행심판에만 인정되고, 무효등확인심판에는 인정되지 아니한다.
④ 위원회는 필요하면 당사자가 주장하지 아니한 사실에 대하여도 심리할 수 있다(행정심판법 제39조).
⑤ 심판청구에 대한 재결이 있으면 그 재결 및 같은 처분 또는 부작위에 대하여 다시 행정심판을 청구할 수 없다.

11 행정심판법상 재결에 해당하지 않는 것은? 2019년 제7회

① 취소심판에서의 처분취소명령재결
② 취소심판에서의 처분변경명령재결
③ 의무이행심판에서의 처분재결
④ 의무이행심판에서의 처분명령재결
⑤ 무효등확인심판에서의 무효등확인재결

해설 } ① 취소심판의 인용재결 중에 처분취소명령재결은 없다.

구분	취소심판	무효등확인심판	의무이행심판
인용재결	• 취소재결 • 변경재결 • 변경명령재결	• 처분무효확인재결 • 처분유효확인재결 • 처분실효확인재결 • 처분부존재확인재결 • 처분존재확인재결	• 처분재결 • 처분명령재결

12 행정심판법상 재결에 관한 설명으로 옳지 않은 것은? 2023년 제11회

① 재결은 서면으로 한다.

② 행정심판위원회는 사정재결을 할 수 없다.

③ 재결은 청구인에게 재결서의 정본이 송달되었을 때에 그 효력이 생긴다.

④ 행정심판위원회는 심판청구의 대상이 되는 처분보다 청구인에게 불리한 재결을 하지 못한다.

⑤ 행정심판위원회는 심판청구가 적법하지 아니하면 그 심판청구를 각하한다.

해설 ① 재결은 서면으로 한다(행정심판법 제46조 제1항).

② 위원회는 심판청구가 이유가 있다고 인정하는 경우에도 이를 인용하는 것이 공공복리에 크게 위배된다고 인정하면 그 심판청구를 기각하는 재결을 할 수 있다. 이 경우 위원회는 재결의 주문에서 그 처분 또는 부작위가 위법하거나 부당하다는 것을 구체적으로 밝혀야 한다(행정심판법 제44조 제1항).

③ 재결은 청구인에게 제1항 전단에 따라 송달되었을 때에 그 효력이 생긴다(행정심판법 제48조 제2항).

④ 위원회는 심판청구의 대상이 되는 처분보다 청구인에게 불리한 재결을 하지 못한다(행정심판법 제47조 제2항).

⑤

> **행정심판법 제43조【재결의 구분】** ① 위원회는 심판청구가 적법하지 아니하면 그 심판청구를 각하(却下)한다.
> ② 위원회는 심판청구가 이유가 없다고 인정하면 그 심판청구를 기각(棄却)한다.
> ③ 위원회는 취소심판의 청구가 이유가 있다고 인정하면 처분을 취소 또는 다른 처분으로 변경하거나 처분을 다른 처분으로 변경할 것을 피청구인에게 명한다.
> ④ 위원회는 무효등확인심판의 청구가 이유가 있다고 인정하면 처분의 효력 유무 또는 처분의 존재 여부를 확인한다.
> ⑤ 위원회는 의무이행심판의 청구가 이유가 있다고 인정하면 지체 없이 신청에 따른 처분을 하거나 처분을 할 것을 피청구인에게 명한다.

Answer 10. ④ 11. ① 12. ②

13 **행정심판법상 직접 처분과 간접강제에 관한 설명으로 옳은 것은?** 2024년 제12회

① 거부처분 취소심판의 경우 행정심판위원회는 직접 처분을 할 수 있다.

② 의무이행심판의 인용재결이 처분명령재결인 경우 행정심판위원회는 직접 처분을 할 수 없다.

③ 행정심판위원회는 사정의 변경이 있어 당사자가 신청하는 경우에도 간접강제 결정의 내용을 변경할 수 없다.

④ 행정심판의 청구인은 간접강제 결정에 불복하는 경우 그 결정에 대하여 행정소송을 제기할 수 있다.

⑤ 간접강제 결정에 기초한 강제집행에 관하여 행정심판법에 특별한 규정이 없는 사항에 대하여는 행정기본법의 규정을 준용한다.

[해설] ①, ② 위원회는 처분의 이행을 명하는 재결에도 불구하고 처분을 하지 아니하는 경우에는 당사자가 신청하면 기간을 정하여 서면으로 시정을 명하고 그 기간에 이행하지 아니하면 직접처분을 할 수 있다(행정심판법 제50조 제1항). 따라서 의무이행심판의 인용재결이 처분명령재결인 경우에만 행정심판위원회는 직접처분을 할 수 있다.
③ 위원회는 사정의 변경이 있는 경우에는 당사자의 신청에 의하여 간접강제 결정의 내용을 변경할 수 있다(행정심판법 제50조의2 제2항).
④ 행정심판법 제50조의2 제4항
⑤ 간접강제 결정에 기초한 강제집행에 관하여 이 법에 특별한 규정이 없는 사항에 대하여는 민사집행법의 규정을 준용한다(행정심판법 제50조의2 제6항).

14 **행정심판에 관한 설명으로 옳은 것은? (다툼이 있으면 판례에 따름)** 2020년 제8회

① 행정심판 재결에는 특별한 사유가 없는 한 불가변력이 발생하지 않는다.

② 취소심판에는 처분사유의 추가·변경이 허용되지 않는다.

③ 행정심판법은 무효등확인심판에서는 사정재결을 할 수 없음을 명문으로 규정하고 있다.

④ 청구인은 행정심판청구서를 피청구인인 행정청에 제출할 수 없다.

⑤ 행정심판법상 처분의 부존재확인심판은 허용되지 않는다.

[해설] ① 행정심판 재결은 행정심판위원회가 행하는 준사법적 작용이므로 불가변력과 불가쟁력이 인정된다. 다만, 기판력은 인정하지 않는다.
② 항고소송에서 행정청이 처분의 근거 사유를 추가하거나 변경하기 위한 요건인 기본적 사실관계의 동일성 유무의 판단 방법 및 이러한 법리는 행정심판 단계에서도 그대로 적용된다(2013두26118).
③ 사정재결은 취소심판과 의무이행심판에서 인정되며, 무효등확인심판에는 적용하지 아니한다(행정심판법 제44조 제3항).
④ 행정심판을 청구하려는 자는 심판청구서를 작성하여 피청구인이나 위원회에 제출하여야 한다(행정심판법 제23조 제1항).
⑤ 무효등확인심판은 행정청의 처분의 효력 유무 또는 존재 여부를 확인하는 행정심판이다(행정심판법 제5조 제2호).

15 **행정심판에 관한 설명으로 옳은 것은? (다툼이 있으면 판례에 따름)** 2022년 제10회

① 의무이행심판에서 청구가 이유 있으면 신청에 따른 처분을 하거나 처분을 할 것을 피청구인에게 명하는 재결을 한다.

② 심판청구기간을 법상 규정된 기간보다 긴 기간으로 잘못 고지한 경우에도 규정된 행정심판기간 내에 심판청구를 하여야 한다.

③ 시·도지사의 처분에 대한 심판청구는 시·도지사 소속으로 두는 행정심판위원회에서 심리·재결한다.

④ 심리는 구술심리나 서면심리로 하고, 당사자가 구술심리를 신청한 경우에는 서면심리는 할 수 없다.

⑤ 항고소송에서의 처분사유의 추가·변경의 법리는 행정심판에 적용되지 않는다.

해설 ① 위원회는 취소심판의 청구가 이유가 있다고 인정하면 처분을 취소 또는 다른 처분으로 변경하거나 처분을 다른 처분으로 변경할 것을 피청구인에게 명한다(행정심판법 제43조 제5항).
② 행정청이 심판청구기간을 법정기간보다 긴 기간으로 잘못 알린 경우 그 잘못 알린 기간에 심판청구가 있으면 그 행정심판은 법정기간에 청구된 것으로 본다(행정심판법 제27조 제5항). 따라서 심판청구기간은 행정청이 잘못 알린 법정기간보다 긴 기간이 된다.
③ 시·도지사의 처분에 대한 심판청구는 중앙행정심판위원회에서 심리·재결한다(행정심판법 제6조 제2항).
④ 행정심판의 심리는 구술심리나 서면심리로 한다. 다만, 당사자가 구술심리를 신청한 경우에는 서면심리만으로 결정할 수 있다고 인정되는 경우 외에는 구술심리를 하여야 한다(행정심판법 제40조 제1항).
⑤ 행정처분의 취소를 구하는 항고소송에서 처분청은 당초 처분의 근거로 삼은 사유와 기본적 사실관계가 동일성이 있다고 인정되는 한도 내에서만 다른 사유를 추가 또는 변경할 수 있고, 이러한 기본적 사실관계의 동일성 유무는 처분사유를 법률적으로 평가하기 이전의 구체적 사실에 착안하여 그 기초인 사회적 사실관계가 기본적인 점에서 동일한지에 따라 결정되므로, 추가 또는 변경된 사유가 처분 당시에 이미 존재하고 있었다거나 당사자가 그 사실을 알고 있었다고 하여 당초의 처분사유와 동일성이 있다고 할 수 없다. 그리고 이러한 법리는 행정심판 단계에서도 그대로 적용된다(2013두26118).

Answer 13. ④ 14. ③ 15. ①

16 행정심판법에 대한 설명으로 옳지 않은 것은? (다툼이 있는 경우 판례에 의함)

① 행정청의 부당한 처분을 변경하는 행정심판은 현행법상 허용된다.

② 당사자의 신청에 대한 행정청의 부당한 거부처분에 대하여 일정한 처분을 하도록 하는 행정심판은 현행법상 허용된다.

③ 당사자의 신청에 대한 행정청의 위법한 부작위에 대하여 행정청의 부작위가 위법하다는 것을 확인하는 행정심판은 현행법상 허용되지 않는다.

④ 당사자의 신청에 대한 행정청의 부당한 거부처분을 취소하는 행정심판은 현행법상 허용되지 않는다.

⑤ 의무이행심판에도 사정재결이 적용된다.

해설 ④ 거부처분에 대해서는 의무이행심판뿐만 아니라 취소심판도 가능하다.

17 행정심판법의 규정에 대한 설명으로 옳은 것은?

① 특별행정심판 또는 행정심판법에 따른 행정심판절차에 대한 특례를 신설하거나 변경하는 법령을 제정·개정할 때 중앙행정심판위원회와 사전에 협의하여야 하는 것은 아니다.

② 대통령의 처분 또는 부작위에 대하여는 다른 법률에서 행정심판을 청구할 수 있도록 정한 경우 외에는 행정심판을 청구할 수 없다.

③ 국가인권위원회의 처분 또는 부작위에 대한 행정심판의 청구는 국민권익위원회에 두는 중앙행정심판위원회에서 심리·재결한다.

④ 행정심판결과에 이해관계가 있는 제3자나 행정청은 신청에 의하여 행정심판에 참가할 수 있으나, 행정심판위원회가 직권으로 심판에 참가할 것을 요구할 수는 없다.

⑤ 행정심판위원회는 무효등확인심판의 청구가 이유가 있더라도 이를 인용하는 것이 공공복리에 크게 위배된다고 인정하면 그 청구를 기각하는 재결을 할 수 있다.

[해설] ① 관계 행정기관의 장이 특별행정심판 또는 이 법에 따른 행정심판 절차에 대한 특례를 신설하거나 변경하는 법령을 제정·개정할 때에는 미리 중앙행정심판위원회와 협의하여야 한다(행정심판법 제4조 제3항).
② 대통령의 처분 또는 부작위에 대하여는 다른 법률에서 행정심판을 청구할 수 있도록 정한 경우 외에는 행정심판을 청구할 수 없다(행정심판법 제3조 제2항).
③ 감사원, 국가정보원장, 국회사무총장·법원행정처장·헌법재판소사무처장 및 중앙선거관리위원회사무총장, 국가인권위원회 등의 처분 또는 부작위는 해당 행정청에 두는 행정심판위원회에서 심리·재결한다.
④ 위원회는 필요하다고 인정하면 그 행정심판 결과에 이해관계가 있는 제3자나 행정청에 그 사건 심판에 참가할 것을 요구할 수 있다(행정심판법 제21조 제1항).
⑤ 무효등확인심판에는 사정재결이 인정되지 않는다.

18 행정심판법에 대한 설명으로 옳지 않은 것은? (다툼이 있는 경우 판례에 의함)

① 처분청이 처분을 통지할 때 행정심판을 제기할 수 있다는 사실과 기타 청구절차 및 청구기간 등에 대한 고지를 하지 않았다고 하여 처분에 하자가 있다고 할 수 없다.

② 행정청이 행정심판청구기간 등을 고지하지 아니하였다고 하여도 처분의 상대방이 처분이 있었다는 사실을 알았을 경우에는 처분이 있은 날로부터 90일 이내에 심판청구를 하여야 한다.

③ 법인이 아닌 사단 또는 재단으로서 대표자나 관리인이 정하여져 있는 경우에는 그 사단이나 재단의 이름으로 심판청구를 할 수 있다.

④ 시·도의 관할구역에 있는 둘 이상의 시·군·자치구 등이 공동으로 설립한 행정청의 처분에 대하여는 시·도지사 소속 행정심판위원회에서 심리·재결한다.

⑤ 행정심판에 있어서 행정처분의 위법·부당 여부는 원칙적으로 처분시를 기준으로 판단하여야 할 것이나, 재결 당시까지 제출된 모든 자료를 종합하여 처분 당시 존재하였던 객관적 사실을 확정하고 그 사실에 기초하여 처분의 위법·부당 여부를 판단할 수 있다.

[해설] ② 행정청이 심판청구기간을 알리지 아니한 경우에는 처분이 있었던 날부터 180일 이내에 심판청구를 할 수 있다(행정심판법 제27조 제6항).
⑤ 99두5092

19 행정심판의 재결에 관한 설명으로 옳은 것은? (다툼이 있으면 판례에 따름)

① 재결의 기속력은 당해처분에 관한 재결주문에만 미친다.

② 행정심판위원회는 심판청구의 대상이 되는 처분 외의 다른 처분 또는 부작위에 대하여도 재결할 수 있다.

③ 심판청구에 대해 재결이 있는 경우에도 청구인은 재결 자체의 고유한 위법을 이유로 다시 행정심판을 청구할 수 있다.

④ 법령의 규정에 의하여 공고한 처분이 재결로써 취소된 때에는 처분청은 지체 없이 그 처분이 취소되었음을 공고하여야 한다.

⑤ 행정심판법은 행정심판의 재결의 효력으로 불가변력, 확정력, 공정력, 기속력, 기판력에 대한 규정을 두고 있다.

[해설] ① 재결의 기속력은 재결의 주문 및 그 전제가 된 요건사실의 인정과 판단, 즉 처분 등의 구체적 위법 사유에 관한 판단에만 미친다(2003두7705).
② 위원회는 심판청구의 대상이 되는 처분 또는 부작위 외의 사항에 대하여는 재결하지 못한다(행정심판법 제47조 제1항).
③ 심판청구에 대한 재결이 있으면 그 재결 및 같은 처분 또는 부작위에 대하여 다시 행정심판을 청구할 수 없다(행정심판법 제51조). 재결 자체의 고유한 위법을 이유로 행정소송을 제기할 수 있다.
⑤ 재결도 행정행위의 하나이므로, 그것이 당연무효인 경우 외에는 다른 행정행위와 마찬가지로 불가변력·불가쟁력·공정력·형성력 등을 가진다. 그러나 기판력이 인정되는 것은 아니다.

20 행정심판법에 대한 설명으로 옳지 않은 것은? (다툼이 있는 경우 판례에 의함)

① 심판청구기간의 기산점인 '처분이 있음을 안 날'이라 함은 당사자가 통지·공고 기타의 방법에 의하여 당해처분이 있었다는 사실을 현실적으로 안 날을 의미한다.

② 행정청의 부작위에 대한 의무이행심판은 심판청구기간 규정의 적용을 받지 않고, 사정재결이 인정되지 아니한다.

③ 당사자의 신청을 받아들이지 않은 거부처분이 재결에서 취소된 경우, 그 재결의 취지에 따라 이전의 신청에 대하여 다시 어떠한 처분을 하여야 할지는 처분을 할 때의 법령과 사실을 기준으로 판단하여야 하므로, 행정청은 종전 거부처분 또는 재결 후에 발생한 새로운 사유를 내세워 다시 거부처분을 할 수 있다.

④ 재결이 확정된 경우에도 당사자들이나 법원이 이에 기속되어 모순되는 주장이나 판단을 할 수 없게 되는 것은 아니다.

⑤ 고시 또는 공고에 의하여 행정처분을 하는 경우에는 고시 또는 공고의 효력발생일을 처분이 있음을 알게 된 날로 보아 그날로부터 90일 이내에 행정심판을 청구하여야 한다.

[해설] ② 행정청의 부작위에 대한 의무이행심판에도 사정재결이 인정된다.

21 행정심판법에 대한 설명으로 옳지 않은 것은? (다툼이 있는 경우 판례에 의함)

① 행정처분이 있음을 안 날부터 90일을 넘겨 행정심판을 청구하였다가 각하재결을 받은 후 그 재결서를 송달받은 날부터 90일 이내에 원래의 처분에 대하여 취소소송을 제기한 경우, 취소소송의 제소기간을 준수한 것으로 볼 수 없다.

② 행정청은 당초처분사유와 기본적 사실관계가 동일하지 아니한 처분사유를 행정소송 계속 중에는 추가·변경할 수 없으며, 이는 행정심판단계에서도 동일하게 적용된다.

③ 영업정지처분을 취소하는 재결을 할 경우, 처분청은 이 인용재결의 취소를 구하는 행정소송을 제기할 수 없다.

④ 처분청이 처분이행명령재결에 따른 처분을 하지 아니한 경우에는 행정심판위원회는 당사자의 신청 여부를 불문하고 직권으로 직접처분을 할 수 있다.

⑤ 취소심판의 재결로서 처분취소재결, 처분변경재결, 처분변경명령재결을 할 수 있으며, 처분취소명령재결은 할 수 없다.

[해설] ③ 처분행정청은 인용재결에 기속되므로(행정심판법 제49조 제1항), 이에 불복하여 행정소송을 제기할 수 없다.
④ 처분청이 처분이행명령재결에 따른 처분을 하지 아니한 경우 행정심판위원회는 당사자의 신청에 의해 직접처분을 할 수 있으며, 직권으로 직접처분을 할 수는 없다.

Answer 19. ④ 20. ② 21. ④

22 행정심판법상 행정심판에 관한 설명으로 가장 옳지 않은 것은?

① 당사자의 신청을 받아들이지 않은 거부처분이 재결에서 취소된 경우에 행정청은 재결 후에 발생한 새로운 사유를 내세워 다시 거부처분을 할 수 있다.

② 거부처분에 대한 취소심판이나 무효등확인심판청구에서 인용재결이 있었음에도 불구 하고 피청구인인 행정청이 재결의 취지에 따른 처분을 하지 아니한 경우에는 당사자 가 신청하면 행정심판위원회는 기간을 정하여 서면으로 시정을 명하고 그 기간에 이 행하지 아니하면 직접처분을 할 수 있다.

③ 행정청이 처분을 할 때에 처분의 상대방에게 심판청구기간을 알리지 아니한 경우에는 처분이 있었던 날부터 180일까지가 취소심판이나 의무이행심판의 청구기간이 된다.

④ 정보공개명령재결은 행정심판위원회에 의한 직접처분의 대상이 될 수 없다.

⑤ 행정심판위원회는 당사자의 신청에 의한 경우는 물론 직권으로도 임시처분을 결정할 수 있다.

[해설] ② 행정심판위원회의 직접처분이 가능한 재결은 의무이행심판의 인용재결인 처분명령재결이다. 따라서 거부처분에 대한 취소심판이나 무효등확인심판청구에서의 인용재결은 직접처분의 대상이 아니다.

23 행정심판과 행정소송에 대한 설명으로 옳지 않은 것은? (다툼이 있는 경우 판례에 의함)

① 행정심판을 청구하려는 자는 행정심판위원회뿐만 아니라 피청구인인 행정청에도 행 정심판 청구서를 제출할 수 있으나 행정소송을 제기하려는 자는 법원에 소장을 제출 하여야 한다.

② 행정심판에서는 행정청이 상대방에게 심판청구기간을 법정 심판청구기간보다 긴 기 간으로 잘못 알린 경우에 그 잘못 알린 기간 내에 심판청구가 있으면 그 심판청구는 법정 심판청구기간 내에 제기된 것으로 보나 행정소송에서는 그렇지 않다.

③ 행정심판법은 행정소송법과는 달리 집행정지뿐만 아니라 임시처분도 규정하고 있다.

④ 행정심판에서 행정심판위원회는 행정청의 부작위가 위법, 부당하다고 판단되면 직접 처분을 할 수 있으나 행정소송에서 법원은 행정청의 부작위가 위법한 경우에만 직접 처분을 할 수 있다.

⑤ 행정심판법에서는 의무이행심판제도를 두고 있지만, 행정소송법에서는 의무이행소송 제도를 두고 있지 않다.

[해설] ④ 행정소송에서 법원은 권력분립원리상 직접처분을 할 수 없다.

24 행정구제제도에 관한 설명으로 옳지 않은 것은? (다툼이 있으면 판례에 따름) 2016년 제4회

① 행정심판을 권리구제를 위한 필요적 전심절차로 규정하면서도 그 절차에 사법절차를 준용하지 않는 것은 헌법에 위반된다.

② 행정처분에 대해 행정소송으로는 위법성 통제만 가능한 데 반하여, 행정심판으로는 위법성뿐만 아니라 부당성 통제도 가능하다.

③ 처분의 효과가 기간의 경과로 인하여 소멸된 뒤에도 그 처분의 취소로 인하여 회복되는 법률상 이익이 있는 자의 경우에는 취소소송을 제기할 수 있다.

④ 행정소송법상의 당사자소송에는 민사집행법상의 가처분에 관한 규정이 준용된다.

⑤ 행정소송법은 행정소송에 대한 각급 판결에 의하여 명령·규칙이 헌법 또는 법률에 위반된다는 것이 확정된 경우에는 각급 법원은 지체 없이 그 사유를 행정안전부장관에게 통보하도록 규정하고 있다.

해설 ① 입법자가 행정심판을 전심절차가 아니라 종심절차로 규정함으로써 정식재판의 기회를 배제하거나, 어떤 행정심판을 필요적 전심절차로 규정하면서도 그 절차에 사법절차가 준용되지 않는다면 이는 헌법 제107조 제3항, 나아가 재판청구권을 보장하고 있는 헌법 제27조에도 위반된다(98헌바8).
② 행정심판은 행정청의 위법·부당한 처분이나 부작위로 인하여 법률상 이익이 침해된 자가 행정기관에 대해 시정을 구하는 일련의 쟁송절차이다.
③ 취소소송은 처분 등의 취소를 구할 법률상 이익이 있는 자가 제기할 수 있다. 처분 등의 효과가 기간의 경과, 처분 등의 집행 그 밖의 사유로 인하여 소멸된 뒤에도 그 처분 등의 취소로 인하여 회복되는 법률상 이익이 있는 자의 경우에는 또한 같다(행정소송법 제12조).
④ 당사자소송에 대하여는 집행정지에 관한 규정이 준용되지 아니하므로 민사집행법상 가처분에 관한 규정이 준용되어야 한다(2015무26).
⑤ 행정소송에 대한 대법원 판결에 의하여 명령·규칙이 헌법 또는 법률에 위반된다는 것이 확정된 경우에는 대법원은 지체 없이 그 사유를 행정안전부장관에게 통보하여야 한다. 통보를 받은 행정안전부장관은 지체 없이 이를 관보에 게재하여야 한다.

Answer 22. ② 23. ④ 24. ⑤

25 행정소송법에서 규정하고 있는 행정소송의 종류에 해당하지 않는 것은? 2019년 제7회

① 당사자소송
② 기관소송
③ 민중소송
④ 부작위위법확인소송
⑤ 예방적 금지소송

해설

> **행정소송법**
> **제3조【행정소송의 종류】** 행정소송은 다음의 네 가지로 구분한다.
> 1. 항고소송: 행정청의 처분등이나 부작위에 대하여 제기하는 소송
> 2. 당사자소송: 행정청의 처분등을 원인으로 하는 법률관계에 관한 소송 그 밖에 공법상의 법률관계에 관한 소송으로서 그 법률관계의 한쪽 당사자를 피고로 하는 소송
> 3. 민중소송: 국가 또는 공공단체의 기관이 법률에 위반되는 행위를 한 때에 직접 자기의 법률상 이익과 관계없이 그 시정을 구하기 위하여 제기하는 소송
> 4. 기관소송: 국가 또는 공공단체의 기관상호간에 있어서의 권한의 존부 또는 그 행사에 관한 다툼이 있을 때에 이에 대하여 제기하는 소송. 다만, 헌법재판소법 제2조의 규정에 의하여 헌법재판소의 관장사항으로 되는 소송은 제외한다.
>
> **제4조【항고소송】** 항고소송은 다음과 같이 구분한다.
> 1. 취소소송: 행정청의 위법한 처분등을 취소 또는 변경하는 소송
> 2. 무효등확인소송: 행정청의 처분등의 효력 유무 또는 존재여부를 확인하는 소송
> 3. 부작위위법확인소송: 행정청의 부작위가 위법하다는 것을 확인하는 소송

⑤ 행정소송법에 규정이 없는 의무이행소송, 예방적 금지소송(예방적 부작위소송) 그리고 작위의무확인소송 등은 권력분립원리상 인정하지 않는다.

26 甲의 건축허가 신청에 대하여 관할 군수 乙은 거부처분을 하였으나, 해당 거부처분에 무효사유에 해당하는 하자가 있어 甲이 행정쟁송으로 다투고자 한다. 이에 관한 설명으로 옳지 않은 것은? (다툼이 있으면 판례에 따름) 2024년 제12회

① 甲은 거부처분 무효확인심판을 제기할 수 있다.
② 甲은 의무이행심판을 제기할 수 있다.
③ 甲이 거부처분 무효확인소송을 제기한 경우 무효인 사유를 주장·증명할 책임은 甲에게 있다.
④ 甲이 거부처분 무효확인소송을 제기한 경우 행정소송법상 취소소송의 사정판결 규정은 준용되지 않는다.
⑤ 甲이 무효의 선언을 구하는 의미의 취소소송을 제기한 경우 제소기간의 제한이 없다.

해설 ④ 무효등확인소송, 당사자소송, 부작위위법확인소송에는 사정판결이 인정되지 않는다.
⑤ 무효선언적 의미의 취소소송을 제기한 경우에는 취소소송의 소송요건을 준수하여야 한다(84누175).

27 행정소송법상 취소소송에 관한 규정 중 무효등확인소송에 준용되지 않는 것은? 2018년 제6회

① 사정판결   ② 피고경정

③ 공동소송   ④ 행정청의 소송참가

⑤ 처분변경으로 인한 소의 변경

[해설] 행정소송법상 취소소송에 관한 규정 중 행정심판전치주의, 제소기간, 간접강제, 사정판결은 무효등확인 소송에 준용되지 않는다.

28 행정소송법상 허용되지 않는 것은? (다툼이 있으면 판례에 따름) 2018년 제6회

① 무효확인소송의 제기와 함께 행하는 집행정지신청

② 무효인 파면처분에 대하여 제기하는 공무원지위확인소송

③ 집행정지 기각결정에 대한 신청인의 즉시항고

④ 적법한 행정심판청구를 각하한 재결을 대상으로 한 취소소송

⑤ 소송참가를 하였지만 패소한 제3자가 제기하는 행정소송법 제31조에 따른 재심청구

[해설] ⑤ 처분등을 취소하는 판결에 의하여 권리 또는 이익의 침해를 받은 제3자는 자기에게 책임없는 사유로 소송에 참가하지 못함으로써 판결의 결과에 영향을 미칠 공격 또는 방어방법을 제출하지 못한 때에는 이를 이유로 확정된 종국판결에 대하여 재심의 청구를 할 수 있다(행정소송법 제31조 제1항).

Answer 25. ⑤   26. ⑤   27. ①   28. ⑤

PART 06

29 행정소송제도에 관한 설명 중 옳은 것은? (다툼이 있으면 판례에 따름) 2015년 제3회

① 판례는 예방적 부작위청구소송(예방적 금지소송)을 인정한다.

② 주민소송은 주관적 소송에 해당한다.

③ 현행 행정소송법은 취소소송 중심주의를 취하고 있다.

④ 행정처분에 대한 무효확인청구와 취소청구는 선택적 청구로서의 병합은 허용된다.

⑤ 당사자소송의 인정에 있어서는 개별법의 근거가 필요하다.

[해설] ① 행정소송법에 규정이 없는 의무이행소송, 예방적 금지소송(예방적 부작위청구소송) 그리고 작위의무 확인소송 등은 권력분립원리상 인정하지 않는다.
② 주민소송은 객관적 소송에 해당한다.
③ 현행 행정소송법은 취소소송 중심으로 규정하고 그 외의 소송은 취소소송 규정을 준용한다.
④ 행정처분에 대한 무효확인과 취소청구는 서로 양립할 수 없는 청구이기 때문에 예비적 병합은 가능하지만, 선택적 병합이나 단순 병합은 허용되지 아니한다.
⑤ 당사자소송은 행정소송법을 근거로 인정된다. 따라서 개별법의 근거가 없어도 당사자소송을 인정한다. 그러나 형식적 당사자소송은 개별법에서 인정하고 있을 때에 한하여 인정한다.

30 행정소송법상 항고소송에 관한 설명으로 옳은 것은? 2019년 제7회

① 취소소송은 처분 등의 취소를 구할 정당한 이익이 있는 자가 제기할 수 있다.

② 취소소송은 다른 법률에 특별한 규정이 없는 한 국가 · 공공단체 그 밖의 권리주체를 피고로 한다.

③ 행정소송법상 항고소송의 종류로는 취소소송, 무효등확인소송, 의무이행소송이 있다.

④ 처분 등을 취소하는 확정판결은 당사자 간에 효력이 있고, 제3자에 대하여는 효력이 미치지 아니한다.

⑤ 법원은 필요하다고 인정할 때에는 직권으로 증거조사를 할 수 있고, 당사자가 주장하지 아니한 사실에 대하여도 판단할 수 있다.

[해설] ① 취소소송은 처분등의 취소를 구할 법률상 이익이 있는 자가 제기할 수 있다(행정소송법 제12조).
② 취소소송은 다른 법률에 특별한 규정이 없는 한 그 처분등을 행한 행정청을 피고로 한다(행정소송법 제13조 제1항).
③ 의무이행소송은 인정하지 않는다.
④ 처분 등을 취소하는 확정판결은 제3자에 대하여도 효력이 있다.
⑤ 행정소송에서 심리의 기본원칙은 변론주의가 되지만 보충적으로 직권탐지주의가 적용된다. 따라서 법원은 필요하다고 인정할 때에는 직권으로 증거조사를 할 수 있고 당사자가 주장하지 아니한 사실에 대하여도 판단할 수 있다. 다만, 직권탐지주의는 소송기록에 나타난 사실에 한정하여 인정하고 있으며, 기본적 사실관계의 동일성이 없는 사실을 직권으로 심사하는 것은 허용되지 않는다.

31 취소소송에 관한 설명으로 옳은 것은? (다툼이 있으면 판례에 따름) ^{2023년 제11회}

① 제약회사는 보건복지부 고시인 '약제급여·비급여 목록 및 급여 상한금액표' 중 그 제약회사가 제조·공급하는 약제의 상한금액 인하 부분의 취소를 구할 원고적격이 있다.

② 처분의 효과가 소멸된 뒤에는 그 처분의 취소로 인하여 회복되는 법률상 이익이 있어도 그 처분에 대한 취소소송을 제기할 수 없다.

③ 지방법무사회가 법무사의 사무원 채용승인 신청을 거부한 경우 채용승인을 신청한 법무사가 아닌 자는 취소소송을 제기하지 못한다.

④ 기존의 시외버스운송사업자인 甲회사는 동일노선을 운행하는 乙회사에 대한 시외버스운송사업계획변경인가 처분으로 인하여 甲회사의 수익감소가 예상되는 경우라도 그 처분의 취소를 구할 법률상의 이익이 없다.

⑤ 주택법상 입주자는 건축물의 하자를 이유로 그 건축물에 대한 사용검사처분의 취소를 구할 법률상 이익이 있다.

[해설] ② 처분의 효과가 소멸된 뒤에도 그 처분의 취소로 인하여 회복되는 법률상 이익이 있는 자는 그 처분에 대한 취소소송을 제기할 수 있다(행정소송법 제12조).
③ 지방법무사회의 사무원 채용승인 거부처분 또는 채용승인 취소처분에 대해서는 처분 상대방인 법무사뿐만 아니라 그 때문에 사무원이 될 수 없게 된 사람도 이를 다툴 원고적격이 인정되어야 한다(2015다34444).
④ 갑 회사에 대한 시외버스운송사업계획변경인가 처분으로 기존의 시외버스운송사업자인 을 회사의 노선 및 운행계통과 갑 회사의 노선 및 운행계통이 일부 같고, 기점 혹은 종점이 같거나 인근에 위치한 을 회사의 수익감소가 예상되므로, 기존의 시외버스운송사업자인 을 회사에 위 처분의 취소를 구할 법률상의 이익이 있다(2009두10512).
⑤ 입주자나 입주예정자들은 사용검사처분의 무효확인을 받거나 처분을 취소하지 않고도 민사소송 등을 통하여 분양계약에 따른 법률관계 및 하자 등을 주장·증명함으로써 사업주체 등으로부터 하자의 제거·보완 등에 관한 권리구제를 받을 수 있으므로, 사용검사처분의 무효확인 또는 취소 여부에 의하여 법률적인 지위가 달라진다고 할 수 없으므로 입주자나 입주예정자는 사용검사처분의 무효확인 또는 취소를 구할 법률상 이익이 없다(2013두24976).

32 항고소송의 피고에 관한 설명으로 옳지 않은 것은? (다툼이 있으면 판례에 따름) 2020년 제8회

① 처분이 있은 뒤에 그 처분에 관계되는 권한이 다른 행정청에 승계된 때에는 이를 승계한 행정청을 피고로 한다.

② 공정거래위원회의 처분에 대한 항고소송의 피고는 공정거래위원회가 된다.

③ 조례에 대한 무효확인소송의 경우 해당 지방의회의 의장이 피고가 된다.

④ 원고가 피고를 잘못 지정한 때에는 법원은 원고의 신청에 의하여 결정으로써 피고의 경정을 허가할 수 있다.

⑤ 소의 종류의 변경 시에도 피고의 경정이 인정된다.

〔해설〕 ① 취소소송은 다른 법률에 특별한 규정이 없는 한 그 처분등을 행한 행정청을 피고로 한다. 다만, 처분등이 있은 뒤에 그 처분등에 관계되는 권한이 다른 행정청에 승계된 때에는 이를 승계한 행정청을 피고로 한다(행정소송법 제13조 제1항).

② 합의제 행정청이 처분청인 경우에는 합의제 행정청이 피고가 된다(공정거래위원회, 중앙토지수용위원회, 감사원 등). 다만, 중앙노동위원회의 처분에 대한 소송에서 피고는 중앙노동위원회위원장이다(노동위원회법 제27조 제1항).

③ 조례에 대한 항고소송에서 행정청은 행정주체인 지방자치단체 또는 지방자치단체의 내부적 의결기관으로서 지방자치단체의 의사를 외부에 표시한 권한이 없는 지방의회가 아니라, 지방자치단체의 집행기관으로서 조례로서의 효력을 발생시키는 공포권이 있는 지방자치단체의 장이다(95누8003).

④ 원고가 피고를 잘못 지정한 때에는 법원은 원고의 신청에 의하여 결정으로써 피고의 경정을 허가할 수 있다(행정소송법 제14조 제1항).

⑤ 소의 종류의 변경으로 당사자인 피고의 변경을 가져올 수 있다.

33 행정소송법상 집행정지에 관한 설명으로 옳은 것은? 2015년 제3회

① 집행정지의 결정 또는 기각의 결정에 대하여는 즉시항고할 수 없다.

② 집행정지는 공공복리에 중대한 영향을 미칠 우려가 있을 때에도 허용된다.

③ 취소소송의 제기는 처분 등의 효력이나 그 집행 또는 절차의 속행에 영향을 준다.

④ 처분의 효력정지는 처분 등의 집행 또는 절차의 속행을 정지함으로써 목적을 달성할 수 있는 경우에는 허용되지 않는다.

⑤ 긴급한 필요가 있다고 인정할 때에는 본안이 계속되고 있는 법원은 직권에 의하여 처분 등의 효력의 전부 또는 일부의 정지를 결정할 수 없다.

해설

> **행정소송법 제23조【집행정지】** ① 취소소송의 제기는 처분등의 효력이나 그 집행 또는 절차의 속행에 영향을 주지 아니한다.
> ② 취소소송이 제기된 경우에 처분등이나 그 집행 또는 절차의 속행으로 인하여 생길 회복하기 어려운 손해를 예방하기 위하여 긴급한 필요가 있다고 인정할 때에는 본안이 계속되고 있는 법원은 당사자의 신청 또는 직권에 의하여 처분등의 효력이나 그 집행 또는 절차의 속행의 전부 또는 일부의 정지(이하 "집행정지"라 한다)를 결정할 수 있다. 다만, 처분의 효력정지는 처분등의 집행 또는 절차의 속행을 정지함으로써 목적을 달성할 수 있는 경우에는 허용되지 아니한다.
> ③ 집행정지는 공공복리에 중대한 영향을 미칠 우려가 있을 때에는 허용되지 아니한다.
> ④ 제2항의 규정에 의한 집행정지의 결정을 신청함에 있어서는 그 이유에 대한 소명이 있어야 한다.
> ⑤ 제2항의 규정에 의한 집행정지의 결정 또는 기각의 결정에 대하여는 즉시항고할 수 있다. 이 경우 집행정지의 결정에 대한 즉시항고에는 결정의 집행을 정지하는 효력이 없다.

34 행정소송법상 가구제에 관한 설명으로 옳지 않은 것은? 2019년 제7회

① 행정심판법에서 인정되는 임시처분제도가 행정소송법에는 없다.
② 집행정지는 공공복리에 중대한 영향을 미칠 우려가 있을 때에는 허용되지 아니한다.
③ 집행정지신청이 인용되려면 취소소송이 제기된 경우에 처분 등이나 그 집행 또는 절차의 속행으로 인하여 생길 중대한 손해를 예방하기 위한 경우이어야 한다.
④ 집행정지의 결정을 신청함에 있어서는 그 이유에 대한 소명이 있어야 한다.
⑤ 처분의 효력정지는 처분 등의 집행 또는 절차의 속행을 정지함으로써 목적을 달성할 수 있는 경우에는 허용되지 아니한다.

해설 ② 행정소송법 제23조 제3항
③ 행정소송법은 회복하기 어려운 손해의 예방을 요건으로 한다. 행정심판법은 중대한 손해의 예방을 요건으로 하고 있다.
④ 행정소송법 제23조 제4항
⑤ 행정소송법 제23조 제2항

Answer 32. ③ 33. ④ 34. ③

35 신청에 대한 거부처분에 관한 설명으로 옳은 것은? (다툼이 있으면 판례에 따름) 2021년 제9회

① 거부처분은 당사자의 권익을 제한하는 처분에 해당하므로 원칙적으로 행정절차법상 사전통지의 대상이 된다.

② 거부처분에 대하여는 행정소송법상 집행정지를 구할 이익이 있어 집행정지가 허용된다.

③ 거부처분의 취소판결의 취지에 따라 행정청이 처분을 하지 않는 경우, 당사자는 수소법원에 직접강제를 신청할 수 있다.

④ 거부처분이 성립되려면 신청인에게 그 행위발동을 요구할 법규상 또는 조리상 신청권이 있어야 한다.

⑤ 거부처분에 대하여는 행정소송법상 명문의 규정으로 의무이행소송이 허용된다.

해설 } ① 거부처분은 당사자의 권익을 제한하는 처분이 아니므로 행정절차법상 사전통지의 대상이 아니다.
② 거부처분은 집행정지의 대상이 아니다(95두26).
③ 거부처분의 취소판결의 취지에 따라 행정청이 처분을 하지 않는 경우, 당사자는 수소법원에 간접강제를 신청할 수 있다.
⑤ 행정소송법에 규정이 없는 의무이행소송, 예방적 금지소송(예방적 부작위청구소송) 그리고 작위의무확인소송 등은 권력분립원리상 인정하지 않는다.

36 판례에 의할 때 항고소송의 대상이 아닌 것은? 2018년 제6회

① 국세환급금결정   ② 세무조사결정

③ 건축신고 반려행위   ④ 지방의회의원 징계의결

⑤ 폐기물처리사업계획 부적합통보

✦ 취소소송의 대상이 되는 처분(관련문제: 36번, 37번, 38번, 39번, 40번)

구분	처분성 긍정	처분성 부정
공공단체, 공무수탁사인의 행위	국방부장관(서울특별시장, 관악구청장)의 입찰참가제한처분	• 조세원천징수의무자의 원천징수행위 • 한국전력공사나 발전소 등의 대표자가 한 입찰참가자격 제한처분 • 한국토지개발공사 일정 기간 입찰참가자격을 제한하는 내용의 제재처분
지방의회	• 지방의회의 의원에 대한 징계의결 • 지방의회의 의장에 대한 불신임의결 • 지방의회의 의장선거	

행정입법·조례	• 두밀분교폐지조례 • 보건복지부 고시인 약제급여·비급여목록 및 급여상한금액표 • 항정신병 치료제의 요양급여 인정기준에 관한 보건복지부 고시 • 청소년유해매체물 결정·고시	의료기관 명칭표시판의 진료과목에 대한 글자크기 제한
행정계획	• 건설부장관의 도시계획결정(도시관리계획결정) • 도시재개발법상 재개발조합의 관리처분계획 • 환지예정지 지정, 환지처분 • 택지개발예정지구의 지정 • 토지거래허가구역지정	• 종합계획, 광역도시계획, 기본계획 • 환지계획
내부결정, 준비행위	• 세무조사결정 • 지방병무청장의 병역처분 • 상이등급 재분류 신청에 대한 지방보훈지청장의 거부행위 • 산업재해보상보험법상 장해보험금 결정의 기준이 되는 장해등급결정 • 표준지공시지가결정, 개별공시지가결정	• 과세표준결정 • 국세환급금 및 국세가산금 결정이나 환급 거부 결정 • 정부투자기관에 대한 예산편성지침통보 • 대학입시기본계획 내의 내신성적산정지침 • 공정거래위원회의 고발조치·의결 • 도지사가 도 내 특정시를 공공기관이 이전할 혁신도시 최종입지로 선정한 행위 • 성업공사(현 한국자산관리공사)의 공매(재공매)결정 • 군의관의 신체등위 판정 • 운전면허 행정처분처리대장상 벌점의 배점 • 한국마사회의 기수 면허 취소
행정지도	• 국가인권위원회의 성희롱결정 및 시정조치 권고 • 공정거래위원회의 표준약관 사용권장	
통지·통보	• 폐기물처리사업계획 부적합통보 • 과세관청의 원천징수의무자인 법인에 대한 소득금액변동통지 • 대학교원의 임용권자가 임용기간이 만료된 조교수에 대하여 재임용을 거부하는 취지로 한 임용기간만료의 통지	• 원천납세의무자인 소득귀속자에 대한 소득금액 변동통지 • 정년퇴직 발령 • 공무원임용결격사유자에 대한 공무원임용 취소 통보 • 당연퇴직의 통보 인사발령 • 한국자산공사가 당해 부동산을 인터넷을 통하여 재공매(입찰)하기로 한 결정 통지 • 원처분에 대한 형성적 취소재결이 확정된 후 처분청이 다시 원처분을 취소한 경우 • 재개발조합이 조합원들에게 한 '조합원 동·호수 추첨결과 통보 및 분양계약체결 안내'라는 제목의 통지 • 개별공시지가 경정결정신청에 대한 행정청의 정정불가결정 통지
기타	• 1차 철거명령 및 계고처분 • 반복된 거부처분 • 적법한 행정심판청구를 각하한 재결 • 건축신고 반려행위 • 건축주 명의변경신고 수리거부 • 지목변경신청 반려행위 • 건축물 용도변경신청 거부 • 국유재산의 무단점유자에 대한 변상금부과처분	• 통고처분 • 검사의 불기소처분과 공소제기 • 비송사건절차에 해당하는 과태료부과처분 • 농지법상 이행강제금 부과처분 • 부가가치세법상 사업자등록 직권말소 • 어업권 면허에 선행하는 우선순위결정

Answer 35. ④ 36. ①

37 행정소송법상 항고소송의 대상에 해당하지 않는 것을 모두 고른 것은? (다툼이 있으면 판례에 따름) 2017년 제5회

> ㉠ 도지사의 혁신도시 최종입지 선정 행위
> ㉡ 지방의회의장에 대한 불신임의결
> ㉢ 국가공무원법상의 당연퇴직인사발령
> ㉣ 병역법상 군의관의 신체등위 판정
> ㉤ 한국마사회의 기수 면허 취소

① ㉡, ㉢   ② ㉠, ㉣, ㉤

③ ㉡, ㉣, ㉤   ④ ㉠, ㉢, ㉣, ㉤

⑤ ㉠, ㉡, ㉢, ㉣, ㉤

38 판례에 의할 때 항고소송의 대상인 것을 모두 고른 것은? 2021년 제9회

> ㉠ 어업권 면허에 선행하는 우선순위결정
> ㉡ 농지법상 이행강제금 부과처분
> ㉢ 구 청소년보호법상 청소년유해매체물 결정 및 고시처분
> ㉣ 두밀분교를 폐교하는 경기도의 조례

① ㉠, ㉡   ② ㉠, ㉢

③ ㉡, ㉢   ④ ㉡, ㉣

⑤ ㉢, ㉣

39 판례에 의할 때 항고소송의 대상이 되는 처분에 해당하지 않는 것은? 2014년 제2회

① 과세관청의 부가가치세법상 사업자등록의 직권말소행위
② 거부처분 이후에 동일한 내용의 신청에 대해 다시 반복된 거부처분
③ 폐기물관리법령상 폐기물처리업허가 전의 사업계획에 대한 부적정통보
④ 국가인권위원회의 성희롱결정 및 시정조치권고
⑤ 건축주 명의변경신고 수리거부행위

해설 ① 부가가치세법상의 사업자등록은 과세관청으로 하여금 부가가치세의 납세의무자를 파악하고 그 과세자료를 확보케 하려는 데 입법취지가 있는 것으로서, 이는 단순한 사업사실의 신고로서 사업자가 소관 세무서장에게 소정의 사업자등록신청서를 제출함으로써 성립되는 것이고, 사업자등록증의 교부는 이와 같은 등록사실을 증명하는 증서의 교부행위에 불과한 것이며, 부가가치세법 제5조 제5항에 의하면 사업자가 폐업하거나 또는 신규로 사업을 개시하고자 하여 사업개시일 전에 등록한 후 사실상 사업을 개시하지 아니하게 되는 때에는 과세관청이 직권으로 이를 말소하도록 하고 있는데, 사업자등록의 말소 또한 폐업사실의 기재일 뿐 그에 의하여 사업자로서의 지위에 변동을 가져오는 것이 아니라는 점에서 과세관청의 사업자등록 직권말소행위는 불복의 대상이 되는 행정처분으로 볼 수가 없다(99두6903).

40 판례에 의할 때 항고소송의 대상이 아닌 것은? 2013년 제1회

① 독점규제 및 공정거래에 관한 법률에 의한 공정거래위원회의 고발조치
② 국유재산의 무단점유자에 대한 변상금부과처분
③ 지적공부 소관청의 지목변경신청 반려행위
④ 건축물대장 소관청의 건축물 용도변경신청 거부행위
⑤ 지방의회의장에 대한 지방의회의 불신임의결

해설 ① 공정거래위원회의 고발조치는 사직 당국에 대하여 형벌권 행사를 요구하는 행정기관 상호간의 행위에 불과하여 항고소송의 대상이 되는 행정처분이라 할 수 없으며, 더욱이 공정거래위원회의 고발 의결은 행정청 내부의 의사결정에 불과할 뿐 최종적인 처분은 아닌 것이므로 이 역시 항고소송의 대상이 되는 행정처분이 되지 못한다(94누13794).

41 관할 시장 A는 2024. 2. 5. 甲에 대하여 1,000만 원의 과징금부과처분을 하였고, 甲은 2024. 2. 6. 처분서를 수령하였다. 甲은 과징금부과처분 취소심판을 제기하였는데, 관할 행정심판위원회는 2024. 4. 23. 1,000만 원의 과징금부과처분을 700만 원으로 감액하는 일부취소재결을 하여, 해당 재결서의 정본이 2024. 4. 24. 甲에게 송달되었다. 이때 甲이 일부취소재결에도 아직 취소되지 않고 남아있는 부분이 위법하다고 보아 취소소송을 제기하는 경우 소의 대상과 제소기간의 기산일은? (일부취소재결 고유의 하자는 없으며, 다툼이 있으면 판례에 따름) 2024년 제12회

소의 대상	제소기간 기산일
① 700만 원으로 감액된 2024. 2. 5. 자 과징금부과처분	2024. 4. 24.
② 700만 원으로 감액된 2024. 2. 5. 자 과징금부과처분	2024. 2. 6.
③ 700만 원으로 감액한 2024. 4. 23. 자 일부취소재결	2024. 4. 24.
④ 700만 원으로 감액한 2024. 4. 23. 자 일부취소재결	2024. 2. 6.
⑤ 2024. 2. 5. 자 1,000만 원의 과징금부과처분	2024. 2. 6.

[해설] 행정청이 식품위생법령에 따라 영업자에게 행정제재처분을 한 후 그 처분을 영업자에게 유리하게 변경하는 처분을 한 경우, 변경처분에 의하여 당초 처분은 소멸하는 것이 아니고 당초부터 유리하게 변경된 내용의 처분으로 존재하는 것이므로, 변경처분에 의하여 유리하게 변경된 내용의 행정제재가 위법하다 하여 그 취소를 구하는 경우 그 취소소송의 대상은 변경된 내용의 당초 처분이지 변경처분은 아니고, 제소기간의 준수 여부도 변경처분이 아닌 변경된 내용의 당초 처분을 기준으로 판단하여야 한다(2004두9302).

42 행정소송의 심리에 관한 설명으로 옳은 것은? (다툼이 있으면 판례에 따름) 2018년 제6회

① 행정심판기록의 제출명령에 관한 규정은 당사자소송에는 준용되지 않는다.

② 행정소송의 심리에 있어서 직권탐지주의가 원칙이고, 당사자주의·변론주의는 보충적으로 적용된다.

③ 행정소송법 제16조에 따른 소송참가가 허용되지 않는 제3자라 하더라도 민사소송법에 따라 공동소송적 보조참가를 할 수 있다.

④ 관련청구소송을 취소소송에 병합한 경우, 법원은 취소소송이 부적법하더라도 관련청구소송에 대하여 본안판결을 내릴 수 있다.

⑤ 무효확인소송에서 처분의 무효사유에 대한 주장·입증책임은 피고인 행정청이 부담한다.

해설 ① 피고적격, 행정심판전치주의, 취소소송의 대상, 제소기간, 집행정지, 사정판결, 대세효(제3자효), 재심청구, 간접강제에 관한 규정은 당사자소송에는 준용되지 않는다. 그러나 행정심판기록의 제출명령에 관한 규정은 당사자소송에 준용된다.

② 행정소송에서 심리의 기본원칙은 변론주의가 되지만 보충적으로 직권탐지주의가 적용된다.

③ 행정소송 사건에서 참가인이 한 보조참가가 행정소송법 제16조가 규정한 제3자의 소송참가에 해당하지 않는 경우에도, 판결의 효력이 참가인에게까지 미치는 점 등 행정소송의 성질에 비추어 보면 그 참가는 민사소송법 제78조에 규정된 공동소송적 보조참가이다.

④ 관련청구소송을 취소소송에 병합하는 경우에 취소소송은 그 자체로 적법한 소송요건을 갖추고 있어야 한다. 따라서 법원은 취소소송이 부적법하다면 관련청구소송에 대하여 본안판결을 내릴 수 없다.

⑤ 무효확인소송에서 처분의 무효사유에 대한 주장·입증책임은 원고가 부담한다.

43 행정소송상 집행정지에 관한 설명으로 옳은 것을 모두 고른 것은? 2024년 제12회

> ㉠ 행정소송법상 집행정지는 부작위위법확인소송에는 인정되지 않는다.
> ㉡ 처분이 가분적이더라도 처분의 일부에 대한 집행정지는 허용되지 않는다.
> ㉢ 처분의 효력정지는 처분등의 집행을 정지함으로써 목적을 달성할 수 있는 경우에는 허용되지 않는다.
> ㉣ 집행정지의 결정에 대한 즉시항고에는 결정의 집행을 정지하는 효력이 인정된다.

① ㉠, ㉡
② ㉠, ㉢
③ ㉡, ㉣
④ ㉠, ㉢, ㉣
⑤ ㉡, ㉢, ㉣

해설 ㉡ 처분이 가분적이라면 처분의 일부에 대한 집행정지도 허용된다.

㉢ 처분의 효력정지는 처분등의 집행 또는 절차의 속행을 정지함으로써 목적을 달성할 수 있는 경우에는 허용되지 아니한다(행정소송법 제23조 제2항).

㉣ 집행정지의 결정 또는 기각의 결정에 대하여는 즉시항고할 수 있다. 이 경우 집행정지의 결정에 대한 즉시항고에는 결정의 집행을 정지하는 효력이 없다(행정소송법 제23조 제5항).

Answer 41. ① 42. ③ 43. ②

PART 06

44 **행정쟁송에 있어 가구제에 관한 설명으로 옳지 않은 것은? (다툼이 있으면 판례에 따름)**

2020년 제8회

① 행정심판법상 임시처분은 집행정지로 목적을 달성할 수 없는 경우에 허용된다.

② 행정심판법상 임시처분은 당사자의 신청이 있는 경우에만 할 수 있다.

③ 취소소송에서는 민사집행법상의 가처분이 인정되지 않는다.

④ 취소소송상 집행정지의 신청은 적법한 본안소송이 계속 중일 것을 요한다.

⑤ 당사자소송에서는 행정소송법상의 집행정지가 인정되지 않는다.

[해설] ① 임시처분은 집행정지와 보충관계에 있으므로 집행정지로 목적을 달성할 수 있는 경우에는 허용되지 아니한다(행정심판법 제31조 제3항).
② 행정심판법상 집행정지와 임시처분은 당사자의 신청에 의한 경우는 물론 직권에 의해서도 가능하다(행정심판법 제30조 제2항, 제31조 제1항).
③ 행정소송법은 가처분을 규정하고 있지 않으며 판례도 이를 부정한다.
④ 행정처분의 집행정지는 행정처분 집행부정지의 원칙에 대한 예외로서 인정되는 일시적인 응급처분이라 할 것이므로 집행정지결정을 하려면 이에 대한 본안소송이 법원에 제기되어 계속 중임을 요건으로 하는 것이므로, 집행정지결정을 한 후에라도 본안소송이 취하되어 소송이 계속하지 아니한 것으로 되면 집행정지결정은 당연히 그 효력이 소멸되는 것이고 별도의 취소조치를 필요로 하는 것이 아니다(2005무75).
⑤ 집행정지는 부작위위법확인소송과 당사자소송에서는 인정되지 않는다(행정소송법 제38조 제2항 및 제44조).

45 **행정소송법상 사정판결에 관한 설명으로 옳지 않은 것은?** 2017년 제5회

① 무효확인소송에서는 사정판결을 할 수 없다.

② 사정판결 시 법원은 그 판결의 주문에서 그 처분 등이 위법함을 명시하여야 한다.

③ 당사자의 주장이 없더라도 법원은 직권으로 사정판결을 할 수 있다.

④ 사정판결이 있으면 취소소송의 대상인 처분은 당해 처분이 위법함에도 그 효력이 유지된다.

⑤ 사정판결은 기각판결이므로 소송비용은 원고가 부담한다.

[해설] ① 무효등확인소송, 당사자소송, 부작위위법확인소송에는 사정판결이 인정되지 않는다.
② 사정판결을 함에 있어서는 그 판결의 주문에서 그 처분 등이 위법함을 명시하여야 한다.
③ 당사자의 명백한 주장이 없더라도 법원은 기록에 나타난 사실을 기초로 하여 직권으로 사정판결을 할 수 있다.
④ 사정판결은 위법성을 치유하는 것이 아니라 공익적 이유로 위법성을 지닌 채로 그 효력을 지속하는 것이다.
⑤ 사정판결은 기각판결에 해당하지만 소송비용은 피고가 부담한다(행정소송법 제32조).

46 행정소송법상 취소소송에 관한 설명으로 옳은 것은? (다툼이 있으면 판례에 따름) ^{2022년 제10회}

① 무효인 처분에 대하여는 무효확인청구소송을 제기하여야 하고 취소소송을 제기할 수는 없다.

② 신청에 대한 거부행위는 취소소송의 대상이 될 수 없다.

③ 처분 등을 할 정당한 권한을 가진 행정청만이 피고적격을 갖는다.

④ 처분이 위법한 것으로 인정되는 경우에도 공공복리를 위하여 원고의 청구가 기각될 수 있다.

⑤ 과세처분취소소송에서 적법하게 부과될 정당한 세액이 산출되더라도 법원은 정당한 세액을 초과하는 부분만 취소할 수는 없고 전부를 취소하여야 한다.

해설 ① 무효인 처분에 대하여는 취소소송을 제기한 경우에도 취소소송의 요건을 모두 갖추었다면 법원은 이를 판단한다.
② 신청에 대한 거부행위가 거부처분에 해당한다면 취소소송의 대상이 된다.
③ 처분 등을 할 정당한 권한을 가진 행정청이 아니라 처분 등을 행한 명의 행정청이 피고적격을 갖는다.
④ 사정판결이 가능하다.
⑤ 과세처분취소소송에서 적법하게 부과될 정당한 세액을 산출할 수 있다면 법원은 정당한 세액을 초과하는 부분만 취소할 수 있다.

47 행정소송법의 내용에 관한 설명으로 옳지 않은 것은? ^{2023년 제11회}

① 처분 등을 취소하는 확정판결은 당사자에 대해서만 효력이 있다.

② 처분 등이라 함은 행정청이 행하는 구체적 사실에 관한 법집행으로서의 공권력의 행사 또는 그 거부와 그 밖에 이에 준하는 행정작용 및 행정심판에 대한 재결을 말한다.

③ 행정소송의 종류로는 항고소송, 당사자소송, 민중소송, 기관소송이 규정되어 있다.

④ 무효등 확인소송은 처분 등의 효력 유무 또는 존재 여부의 확인을 구할 법률상 이익이 있는 자가 제기할 수 있다.

⑤ 행정청의 재량에 속하는 처분이라도 재량권의 한계를 넘거나 그 남용이 있는 때에는 법원은 이를 취소할 수 있다.

해설 ① 처분을 취소하는 판결이 확정되면 판결의 취지에 따라 법률관계가 소급하여 발생·변경·소멸한다. 처분 등을 취소하는 확정판결은 제3자에 대하여도 효력이 있다.
② 처분 등이라 함은 행정청이 행하는 구체적 사실에 관한 법집행으로서의 공권력의 행사 또는 그 거부와 그 밖에 이에 준하는 행정작용 및 행정심판에 대한 재결을 말한다(행정소송법 제2조 제1호).
⑤ 행정청의 재량에 기한 공익판단의 여지를 감안하여 법원은 독자의 결론을 도출함이 없이 당해 행위에 재량권의 일탈·남용이 있는지 여부만을 심사하게 되고, 이러한 재량권의 일탈·남용 여부에 대한 심사는 사실오인, 비례·평등의 원칙 위배, 당해 행위의 목적 위반이나 동기의 부정 유무 등을 그 판단 대상으로 한다(98두17593).

Answer 44. ② 45. ⑤ 46. ④ 47. ①

48 취소소송에 적용되는 행정소송법 규정 중 무효등확인소송에 준용되지 않는 것은? 2020년 제8회

① 행정심판기록의 제출명령
② 관련청구소송의 병합
③ 집행정지
④ 처분변경으로 인한 소의 변경
⑤ 간접강제

해설 행정소송법상 취소소송에 관한 규정 중 행정심판전치주의, 제소기간, 간접강제, 사정판결은 무효등확인소송에 준용되지 않는다.

49 甲의 도로점용허가 신청에 대하여 처분청 X는 거부처분을 하였다. 이에 관한 설명으로 옳은 것을 모두 고른 것은? (다툼이 있으면 판례에 따름) 2020년 제8회

> ㉠ 甲은 거부처분취소심판이나 의무이행심판을 제기할 수 있다.
> ㉡ 만약, X가 거부처분에 앞서 사전통지를 하지 않았다면 그 거부처분에는 절차상 하자가 있다.
> ㉢ 甲이 거부처분취소소송을 제기하여 인용판결이 확정되었다면 X는 도로점용허가를 발령하여야 한다.
> ㉣ 甲이 거부처분취소소송을 제기하여 인용판결이 상고심에서 확정되었음에도 X가 아무런 조치를 취하지 아니하면 상고심 법원은 甲의 신청에 의해 간접강제 결정을 할 수 있다.

① ㉠
② ㉠, ㉢
③ ㉠, ㉣
④ ㉡, ㉢
⑤ ㉡, ㉣

해설 ㉠ 신청에 대한 행정청의 거부처분에 대하여 당사자는 거부처분취소심판이나 의무이행심판을 제기할 수 있다.
㉡ 신청에 대한 거부처분은 행정절차법의 사전통지의 대상이 되는 당사자의 권익을 제한하는 처분에 해당하지 않는다(2003두674).
㉢ 거부처분이 취소된 경우 처분청은 재처분의무에 따른 처분을 하여야 하나, 반드시 원고가 신청한 대로 할 필요는 없다. 따라서 X는 도로점용허가를 발령할 수도 있지만, 甲의 도로점용허가 신청에 대하여 최초 거부처분과 다른 사유로 다시 거부처분을 할 수도 있다.
㉣ 간접강제결정은 상고심법원이 아닌 제1심 수소법원이 한다(행정소송법 제34조 제1항).

50 항고소송의 대상에 대한 설명으로 옳지 않은 것은? (다툼이 있는 경우 판례에 의함)

① 어떠한 처분에 법령상 근거가 있는지, 행정절차법에서 정한 처분절차를 준수하였는지는 소송요건 심사단계에서 고려하여야 한다.

② 병무청장이 병역법에 따라 병역의무 기피자의 인적사항 등을 인터넷 홈페이지에 게시하는 등의 방법으로 공개한 경우 병무청장의 공개결정은 항고소송의 대상이 되는 행정처분이다.

③ 국민건강보험공단이 행한 '직장가입자 자격상실 및 자격변동 안내' 통보는 가입자 자격의 변동 여부 및 시기를 확인하는 의미에서 한 사실상 통지행위에 불과할 뿐, 항고소송의 대상이 되는 행정처분에 해당하지 않는다.

④ 병역법상 신체등위판정은 행정청이라고 볼 수 없는 군의관이 하도록 되어 있으며, 그 자체만으로 권리·의무가 정하여지는 것이 아니라 그에 따라 지방병무청장이 병역처분을 함으로써 비로소 병역의무의 종류가 정하여지는 것이므로 항고소송의 대상이 되는 행정처분이라 보기 어렵다.

⑤ 행정청의 행위가 '처분'에 해당하는지가 불분명한 경우에는 그에 대한 불복방법 선택에 중대한 이해관계를 가지는 상대방의 인식가능성과 예측가능성을 중요하게 고려하여 규범적으로 판단하여야 한다.

해설 ① 행정청의 행위가 항고소송의 대상이 될 수 있는지는 추상적·일반적으로 결정할 수 없고, 구체적인 경우에 관련 법령의 내용과 취지, 행위의 주체·내용·형식·절차, 행위와 상대방 등 이해관계인이 입는 불이익 사이의 실질적 견련성, 법치행정의 원리와 행위에 관련된 행정청이나 이해관계인의 태도 등을 고려하여 개별적으로 결정하여야 한다. 또한 어떠한 처분에 법령상 근거가 있는지, 행정절차법에서 정한 처분절차를 준수하였는지는 본안에서 당해 처분이 적법한가를 판단하는 단계에서 고려할 요소이지, 소송요건 심사단계에서 고려할 요소가 아니다(2015다34444).

② 2018두49130

③ 2016두41729

④ 93누3356

⑤ 2019두61137

51 항고소송에 대한 설명으로 옳지 않은 것은? (다툼이 있는 경우 판례에 의함)

① 상대방의 권리를 제한하는 행위라 하더라도 행정청 또는 그 소속기관이나 권한을 위임받은 공공단체 등의 행위가 아닌 한 이를 행정처분이라고 할 수 없다.

② 국가가 국토이용계획과 관련한 지방자치단체의 장의 기관위임사무의 처리에 관하여 지방자치단체의 장을 상대로 취소소송을 제기하는 것은 허용되지 않는다.

③ 어떠한 처분의 근거가 행정규칙에 규정되어 있는 경우에도, 그 처분이 상대방의 권리·의무에 직접 영향을 미치는 행위라면 취소소송의 대상이 되는 행정처분에 해당한다.

④ 제소기간이 이미 도과하여 불가쟁력이 생긴 행정처분에 대하여는 개별법규에서 그 변경을 요구할 신청권을 규정하고 있거나 관계 법령의 해석상 그러한 신청권이 인정될 수 있는 등 특별한 사정이 없는 한 국민에게 그 행정처분의 변경을 구할 신청권이 있다 할 수 없다.

⑤ 병역법에 따라 관할 지방병무청장이 1차로 병역의무기피자 인적사항 공개대상자결정을 하고 그에 따라 병무청장이 같은 내용으로 최종적 공개결정을 하였더라도, 해당 공개대상자는 관할 지방병무청장의 공개대상자결정을 다툴 수 있다.

해설 ① 2005두8269

② 지방자치단체의 장의 기관위임사무는 국가의 사무이다. 즉 지방자치단체의 장의 기관위임사무를 처리하는 것은 행정조직 내부행위에 해당한다. 따라서 국가가 국토이용계획과 관련한 지방자치단체의 장의 기관위임사무의 처리에 관하여 지방자치단체의 장을 상대로 취소소송을 제기하는 것은 허용되지 않는다(2005두6935).

③ 2001두3532

④ 2005두11104

⑤ 관할 지방병무청장이 1차로 공개 대상자 결정을 하고, 그에 따라 병무청장이 같은 내용으로 최종적 공개결정을 하였다면, 공개 대상자는 병무청장의 최종적 공개결정만을 다투는 것으로 충분하고, 관할 지방병무청장의 공개 대상자 결정을 별도로 다툴 소의 이익은 없어진다(2018두49130).

52 항고소송에 대한 설명으로 옳지 않은 것은? (다툼이 있는 경우 판례에 의함)

① 증액경정처분이 있는 경우, 원칙적으로는 당초 신고나 결정에 대한 불복기간의 경과 여부 등에 관계없이 증액경정처분만이 항고소송의 대상이 되고 납세의무자는 그 항고소송에서 당초 신고나 결정에 대한 위법사유를 주장할 수 없다.

② 증액경정처분이 있는 경우, 당초처분은 증액경정처분에 흡수되어 소멸하고, 소멸한 당초처분의 절차적 하자는 존속하는 증액경정처분에 승계되지 아니한다.

③ 감액경정처분이 있는 경우, 항고소송의 대상은 당초의 부과처분 중 경정처분에 의하여 아직 취소되지 않고 남은 부분이고, 적법한 전심절차를 거쳤는지 여부도 당초처분을 기준으로 판단하여야 한다.

④ 제3자효를 수반하는 행정행위에 대한 행정심판청구에 있어서, 그 청구를 인용하는 내용의 재결로 인해 비로소 권리이익을 침해받게 되는 자는 인용재결에 대하여 항고소송을 제기할 수 있다.

⑤ 원처분주의에 반하여 재결에 대해 항고소송을 제기했으나 재결 자체에 고유한 위법이 없다면, 기각판결을 하여야 한다.

[해설] ①, ②, ③ 감액경정처분은 감액되고 남은 당초처분이 소송의 대상이다. 증액경정처분은 증액경정처분을 소송의 대상으로 한다. 증액경정처분을 대상으로 하는 소송에서 당초처분의 위법사유를 주장할 수 있다. 다만, 당초처분의 절차적 하자는 증액경정처분에 승계되지 않는다.
④ 99두10292
⑤ 재결 자체에 고유한 위법이 있는지 여부는 본안에서 심리할 사항이므로 기각판결을 하여야 한다.

Answer 51. ⑤ 52. ①

53 행정소송에 대한 설명으로 옳지 않은 것은? (다툼이 있는 경우 판례에 의함)

① 행정소송법상 행정청이 일정한 처분을 하지 못하도록 그 부작위를 구하는 청구는 허용되지 않는 부적법한 소송이다.

② 행정심판청구가 부적법하지 않음에도 각하한 재결은 심판청구인의 실체심리를 받을 권리를 박탈한 것으로서 원처분에 없는 고유한 하자가 있는 경우에 해당하므로 위 재결은 취소소송의 대상이 된다.

③ 행정청이 식품위생법령에 따라 영업자에게 행정제재처분을 한 후 당초처분을 영업자에게 유리하게 변경하는 처분을 한 경우, 취소소송의 대상 및 제소기간 판단기준이 되는 처분은 유리하게 변경된 처분이다.

④ 사립학교 교원에 대한 학교법인의 징계는 항고소송의 대상이 되는 처분이 아니다.

⑤ 사립학교 교원의 경우에는 소청심사위원회의 결정이 원처분이 된다.

〔해설〕 ① 행정소송에서 예방적 금지소송(예방적 부작위소송)은 인정되지 않는다.

③ 행정청이 식품위생법령에 따라 영업자에게 행정제재처분을 한 후 그 처분을 영업자에게 유리하게 변경하는 처분을 한 경우, 변경처분에 의하여 당초 처분은 소멸하는 것이 아니고 당초부터 유리하게 변경된 내용의 처분으로 존재하는 것이므로, 변경처분에 의하여 유리하게 변경된 내용의 행정제재가 위법하다 하여 그 취소를 구하는 경우 그 취소소송의 대상은 변경된 내용의 당초 처분이지 변경처분은 아니고, 제소기간의 준수 여부도 변경처분이 아닌 변경된 내용의 당초 처분을 기준으로 판단하여야 한다(2004두9302).

〔사례〕 행정청이 영업자에게 3월의 영업정지처분(당초처분 − A처분)을 하였고 후에 다시 행정청이 당초처분을 영업자에게 유리하게 변경하는 영업정지에 갈음하는 과징금처분(변경처분 − B처분)을 하였다. 영업자가 과징금처분(변경처분 − B처분)이 위법하다 하여 그 취소를 구하는 소송을 제기한다면 그 소송의 대상은 변경처분에 의하여 변경된 내용의 당초처분(A처분)이며, 제소기간도 당초처분(A처분)을 기준으로 판단한다.

④, ⑤ 사립학교 교원에 대한 징계처분의 경우에는 학교법인 등의 징계처분은 행정처분이 아니므로 그에 대한 소청심사청구에 따라 위원회가 한 결정이 행정처분이고, 행정소송에의 심판대상은 학교법인 등의 원징계처분이 아니라 위원회의 결정이 되며, 따라서 피고도 행정청인 위원회가 된다.

┃비교┃ 국·공립학교 교원에 대한 징계처분의 경우에는 원징계처분 자체가 행정처분이므로 그에 대하여 위원회에 소청심사를 청구하고 위원회의 기각결정이 있은 후 그에 불복하는 행정소송이 제기되더라도 그 심판대상은 원징계처분이 되는 것이 원칙이다.

54 판례상 항고소송의 원고적격이 인정되는 경우만을 모두 고르면?

> ㉠ 중국 국적자인 외국인이 사증발급 거부처분의 취소를 구하는 경우
> ㉡ 재외동포(외국국적동포)가 사증발급 거부처분의 취소를 구하는 경우
> ㉢ 지방법무사회가 법무사의 사무원 채용승인신청을 거부하여 사무원이 될 수 없게 된 자가 지방법무사회를 상대로 거부처분의 취소를 구하는 경우
> ㉣ 개발제한구역 중 일부 취락을 개발제한구역에서 해제하는 내용의 도시관리계획변경 결정에 대하여 개발제한구역 해제대상에서 누락된 토지의 소유자가 위 결정의 취소를 구하는 경우

① ㉠, ㉡
② ㉡, ㉢
③ ㉢, ㉣
④ ㉠, ㉢, ㉣
⑤ ㉠, ㉡, ㉣

해설 } ㉠ 2014두42506
㉡ 대한민국에서 출생하여 오랜 기간 대한민국 국적을 보유하면서 거주한 재외동포는 사증발급 거부처분의 취소를 구할 법률상 이익이 있다(2017두38874).
㉢ 지방법무사회의 법무사의 사무원 채용승인거부처분에 대하여는 처분의 상대방인 법무사뿐만 아니라 그 사무원이 될 수 없게 된 자도 원고적격이 인정된다(2015다34444).
㉣ 2007두10242

55 행정소송에 대한 설명으로 옳지 않은 것은? (다툼이 있는 경우 판례에 의함)

① 법인의 주주가 그 처분으로 인하여 궁극적으로 주식이 소각되거나 주주의 법인에 대한 권리가 소멸하는 등 주주의 지위에 중대한 영향을 초래하게 되는데도 그 처분의 성질상 당해 법인이 이를 다툴 것을 기대할 수 없고 달리 주주의 지위를 보전할 구제 방법이 없는 경우에는 주주도 그 처분에 관하여 직접적이고 구체적인 법률상 이해관계를 가진다고 보이므로 그 취소를 구할 원고적격이 있다.

② 행정처분을 행할 적법한 권한이 있는 상급행정청으로부터 내부위임을 받은 데 불과한 하급행정청이 권한 없이 자신의 이름으로 행정처분을 한 경우에는 하급행정청이 항고소송의 피고가 된다.

③ 중앙노동위원회의 처분에 대한 소송은 중앙노동위원회 위원장을 피고로 한다.

④ 조례가 항고소송의 대상이 되는 경우 피고는 지방자치단체의 의결기관으로서 조례를 제정한 지방의회이다.

⑤ 국가공무원법에 의한 처분, 기타 본인의 의사에 반한 불리한 처분이나 부작위에 관한 행정소송을 제기할 때에 대통령의 처분 또는 부작위의 경우에는 소속 장관을 피고로 한다.

해설 ④ 처분적 조례가 항고소송의 대상이 되는 경우 피고는 조례를 공포한 지방자치단체의 장이다.

56 다음 중 행정소송의 피고적격에 대한 설명으로 옳은 것만을 모두 고른 것은? (다툼이 있는 경우 판례에 의함)

> ㉠ 국회의장이 행한 처분의 경우 국회사무총장이 피고가 된다.
> ㉡ 당사자소송은 국가 · 공공단체 그 밖의 권리주체가 피고가 된다.
> ㉢ 처분 등이 있은 뒤에 그 처분 등에 관계되는 권한이 다른 행정청에 승계된 때에는 이를 승계한 행정청이 피고가 된다.
> ㉣ 국토교통부장관으로부터 권한을 내부위임받은 국토교통부차관이 처분을 한 경우에는 국토교통부차관이 피고가 된다.
> ㉤ 환경부장관의 권한을 위임받은 서울특별시장이 내린 처분에 대한 취소소송은 환경부장관이 피고가 된다.
> ㉥ 시 · 도의 교육 · 학예에 관한 조례가 항고소송의 대상이 되는 경우에는 지방자치단체 장이 피고가 된다.

① ㉠, ㉡, ㉢   ② ㉠, ㉤, ㉥
③ ㉡, ㉣, ㉤   ④ ㉢, ㉣, ㉥
⑤ ㉠, ㉡, ㉥

해설 ⓔ 내부위임이 있는 경우에는 위임기관인 국토교통부장관이 피고가 된다.

ⓓ 권한의 위임이 있는 경우에는 권한을 위임받은 수임청(서울특별시장)이 피고가 된다.

ⓗ 교육·학예에 관한 조례가 항고소송의 대상이 되는 경우에는 교육감이 피고가 된다.

57 행정소송에 대한 설명으로 옳지 않은 것은? (다툼이 있는 경우 판례에 의함)

① 법원은 다른 행정청을 취소소송에 참가시킬 필요가 있다고 인정할 때에는 당사자 또는 당해 행정청의 신청 또는 직권에 의하여 결정으로써 그 행정청을 소송에 참가시킬 수 있다.

② 소송참가할 수 있는 행정청이 자기에게 책임 없는 사유로 소송에 참가하지 못함으로써 판결의 결과에 영향을 미칠 공격방어방법을 제출하지 못한 때에는 이를 이유로 확정된 종국판결에 대하여 재심을 청구할 수 있다.

③ 행정소송의 결과에 따라 권리 또는 이익의 침해우려가 있는 제3자는 당해 행정소송에 참가할 수 있으며, 이때 참가인인 제3자는 실제로 소송에 참가하여 소송행위를 하였는지 여부를 불문하고 판결의 효력을 받는다.

④ 취임승인이 취소된 학교법인의 정식이사들에 대해 원래 정해져 있던 임기가 만료되었더라도 그 임원취임승인취소처분의 취소를 구할 소의 이익이 있다.

⑤ 지방의회의원의 제명의결 취소소송 계속 중 임기만료로 지방의원으로서의 지위를 회복할 수 없다고 하더라도 제명의결의 취소를 구할 소의 이익이 있다.

해설 ② 행정소송법은 제3자의 재심청구는 인정하지만, 행정청의 재심청구는 규정하고 있지 않다.

④ 2006두19297

⑤ 2007두13487

Answer 55. ④ 56. ① 57. ②

58 행정소송에 대한 설명으로 옳지 않은 것은? (다툼이 있는 경우 판례에 의함)

① 장래의 제재적 가중처분기준을 대통령령이 아닌 부령의 형식으로 정한 경우에는 이미 제재기간이 경과한 제재적 처분의 취소를 구할 법률상 이익이 인정되지 않는다.

② 가중요건이 법령에 규정되어 있는 경우, 업무정지처분을 받은 후 새로운 제재처분을 받음이 없이 법률이 정한 기간이 경과하여 실제로 가중된 제재처분을 받을 우려가 없어졌다면 특별한 사정이 없는 한 업무정지처분의 취소를 구할 법률상 이익이 인정되지 않는다.

③ 원자로 및 관계시설의 부지사전승인처분은 나중에 건설허가처분이 있게 되더라도 그 건설허가처분에 흡수되어 독립된 존재가치를 상실하므로, 부지사전승인처분의 취소를 구할 이익이 없다.

④ 건물철거대집행계고처분 취소소송 계속 중 건물철거대집행의 계고처분에 이어 대집행의 실행으로 건물에 대한 철거가 이미 사실행위로서 완료된 경우에는 원고로서는 계고처분의 취소를 구할 소의 이익이 없게 된다.

⑤ 조합설립추진위원회 구성승인처분을 다투는 소송 계속 중에 조합설립 인가처분이 이루어졌다면 조합설립추진위원회 구성승인처분의 취소를 구할 법률상 이익은 없다.

해설 ① 제재적 행정처분의 가중사유나 전제요건에 관한 규정이 법령이 아니라 규칙의 형식으로 되어 있다고 하더라도, 그러한 규칙이 법령에 근거를 두고 있는 이상 그 법적 성질이 대외적·일반적 구속력을 갖는 법규명령인지 여부와는 상관없이, 관할 행정청이나 담당공무원은 이를 준수할 의무가 있으므로 이들이 그 규칙에 정해진 바에 따라 행정작용을 할 것이 당연히 예견되고, 그 결과 행정작용의 상대방인 국민으로서는 그 규칙의 영향을 받을 수밖에 없다. 따라서 그러한 규칙이 정한 바에 따라 선행처분을 받은 상대방이 그 처분의 존재로 인하여 장래에 받을 불이익, 즉 후행처분의 위험은 구체적이고 현실적인 것이므로, 상대방에게는 선행처분의 취소소송을 통하여 그 불이익을 제거할 필요가 있다(2003두1684).

② 98두10080

③ 97누19588

④ 93누6164

⑤ 2011두11112 · 11129

59 행정소송에 대한 설명으로 옳지 않은 것은? (다툼이 있는 경우 판례에 의함)

① 원천납세의무자는 원천징수의무자에 대한 납세고지를 다툴 수 있는 원고적격이 없다.

② 허가를 받은 경업자에게는 원고적격이 인정되나, 특허사업의 경업자는 특별한 사정이 없는 한 원고적격이 부인된다.

③ 행정처분에 대한 행정심판의 재결에 이유모순의 위법이 있다는 사유는 재결처분의 취소를 구하는 소송에서 그 취소를 구할 위법사유로 주장할 수는 있지만, 원처분의 취소를 구하는 소송에서는 취소를 구할 위법사유로 주장할 수 없다.

④ 행정심판을 거친 경우의 제소기간은 행정심판 재결서 정본을 송달받은 날로부터 90일 이내이다.

⑤ 청구취지를 변경하여 종전의 소가 취하되고 새로운 소가 제기된 것으로 변경되었다면 새로운 소에 대한 제소기간 준수 여부는 원칙적으로 소의 변경이 있은 때를 기준으로 한다.

해설 ① 원천징수에 있어서 원천납세의무자는 과세권자가 직접 그에게 원천세액을 부과한 경우가 아닌 한 과세권자의 원천징수의무자에 대한 납세고지로 인하여 자기의 원천세납세의무의 존부나 범위에 아무런 영향을 받지 아니하므로 이에 대하여 항고소송을 제기할 수 없다(93누22234).
② 일반적으로 허가를 받은 경업자(반사적 이익)에게는 원고적격이 부정되나, 특허사업의 경업자(법률상 이익)는 특별한 사정이 없는 한 원고적격을 인정한다.
③ 95누8027
⑤ 2004두7023

Answer 58. ① 59. ②

60 행정소송에 대한 설명으로 옳은 것은? (다툼이 있는 경우 판례에 의함)

① 행정심판을 청구하였으나 심판청구기간을 도과하여 각하된 후 제기하는 취소소송은 재결서를 송달받은 날부터 90일 이내에 제기하면 된다.

② '처분이 있음을 안 날'은 처분이 있었다는 사실을 현실적으로 안 날을 의미하므로, 처분서를 송달받기 전 정보공개청구를 통하여 처분을 하는 내용의 일체의 서류를 교부받았다면 그 서류를 교부받은 날부터 제소기간이 기산된다.

③ 불특정 다수인에 대한 행정처분을 고시 또는 공고에 의하여 하는 경우에는 그 행정처분에 이해관계를 갖는 사람이 고시 또는 공고가 있었다는 사실을 현실적으로 알았는지 여부에 관계없이 고시 또는 공고가 효력을 발생한 날에 행정처분이 있음을 알았다고 보아야 한다.

④ 도로법상 도로구역의 결정·변경고시는 행정처분으로서 행정절차법 제21조 제1항의 사전통지나 제22조 제3항의 의견청취의 절차를 거쳐야 한다.

⑤ 취소소송이 제기된 후에 피고를 경정하는 경우 제소기간의 준수 여부는 피고를 경정한 때를 기준으로 판단한다.

[해설] ① 행정심판을 청구하였으나 심판청구기간을 도과하여 각하된 후 제기하는 취소소송은 재결서를 송달받은 날부터 90일 이내에 제기하여도 다시 제소기간이 준수되는 것이 아니므로 각하판결을 하여야 한다.
② 행정처분의 경우에는 특별한 규정이 없는 한 의사표시의 일반적 법리에 따라 행정처분이 상대방에게 고지되어야 효력을 발생하게 되므로, 행정처분이 상대방에게 고지되어 상대방이 이러한 사실을 인식함으로써 행정처분이 있다는 사실을 현실적으로 알았을 때 행정소송법 제20조 제1항이 정한 제소기간이 진행한다고 보아야 한다(2014두8254).
④ 불특정 다수인에 대한 행정처분을 고시 또는 공고에 의하여 하는 경우에는 상대방을 특정할 수 없는 처분이므로 행정절차법 제21조 제1항의 사전통지나 제22조 제3항의 의견청취의 대상이 아니다.
⑤ 제소기간의 준수 여부는 처음 소를 제기한 때를 기준으로 판단한다.
┃비교┃ 청구취지의 변경은 제소기간의 준수 여부를 소의 변경이 있은 때를 기준으로 판단한다.

61 행정소송과 행정심판의 관계에 대한 설명으로 옳지 않은 것은? (다툼이 있는 경우 판례에 의함)

① 필요적 행정심판전치주의가 적용되는 경우 처분의 집행 또는 절차의 속행으로 생길 중대한 손해를 예방하여야 할 긴급한 필요가 있는 때에는 재결을 거치지 아니하고 취소소송을 제기할 수 있으나, 이 경우에도 행정심판은 제기하여야 한다.

② 부가가치세법상 과세처분의 무효선언을 구하는 의미에서 그 취소를 구하는 소송은 전심절차를 거칠 필요가 없다.

③ 필요적 행정심판전치주의가 적용되는 경우 그 요건을 구비하였는지 여부는 법원의 직권조사사항이다.

④ 필요적 행정심판전치주의가 적용되는 경우 행정심판전치요건은 사실심 변론종결시까지 충족하면 된다.

⑤ 원고가 전심절차에서 주장하지 아니한 처분의 위법사유를 소송절차에서 새로이 주장할 수 있다.

[해설] ② 무효선언적 의미의 취소소송은 그 형식이 취소소송이므로 취소소송의 소송요건을 준수하여야 한다.

62 행정소송에 대한 설명으로 옳지 않은 것은? (다툼이 있는 경우 판례에 의함)

① 집행정지결정은 당사자의 신청이 있는 경우는 물론 법원의 직권에 의해서도 행해질 수 있다.

② 행정처분에 대한 무효확인과 취소청구는 서로 양립할 수 없는 청구로서 주위적·예비적 청구로서만 병합이 가능하고 선택적 청구로서의 병합은 허용되지 않는다.

③ 취소소송에 당해처분의 취소를 선결문제로 하는 부당이득반환청구가 병합된 경우 그 청구가 인용되면 소송절차에서 당해처분의 취소가 확정되어야 한다.

④ 원고의 신청이 없음에도 법원이 직권으로 소의 종류의 변경을 할 수 없다.

⑤ 항소심에서도 소의 종류의 변경은 가능하다.

[해설] ① 행정소송법 제23조 제2항
③ 2008두23153
④, ⑤ 법원은 취소소송을 당해 처분 등에 관계되는 사무가 귀속하는 국가 또는 공공단체에 대한 당사자소송 또는 취소소송 외의 항고소송으로 변경하는 것이 상당하다고 인정할 때에는 청구의 기초에 변경이 없는 한 사실심의 변론종결시까지 원고의 신청에 의하여 결정으로써 소의 변경을 허가할 수 있다(행정소송법 제21조 제1항).

Answer 60. ③ 61. ② 62. ③

63 취소소송에 있어 가구제에 관한 설명으로 옳지 않은 것은? (다툼이 있는 경우 판례에 의함)

① 현행 행정소송법은 적극적인 가구제수단으로서 임시처분을 명문으로 규정하고 있지 않다.

② 처분의 효력정지는 처분의 집행 또는 절차의 속행을 정지함으로써 목적을 달성할 수 있는 경우에는 허용되지 아니한다.

③ 집행정지결정이 있더라도 당사자인 행정청과 그 밖의 관계행정청에 대하여 법적 구속력은 발생하지 않는다.

④ 신청인의 본안청구의 이유 없음이 명백할 때는 집행정지가 인정되지 않는다.

⑤ 거부처분에 대하여는 집행정지가 인정되지 않는다.

[해설] ③ 집행정지결정은 당해 사건에 한하여 당사자인 행정청과 그 밖의 관계행정청을 기속한다.

64 갑은 관할 행정청에 여객자동차 운수사업법에 따른 개인택시운송사업면허를 신청하였다. 이에 대한 설명으로 옳은 것은? (다툼이 있는 경우 판례에 의함)

① 개인택시운송사업면허의 법적 성질은 강학상 허가에 해당한다.

② 관련법령에 법적 근거가 없더라도 개인택시운송사업면허를 하면서 부관을 붙일 수 있다.

③ 개인택시운송사업면허가 거부된 경우 거부처분에 대해 취소소송과 함께 제기된 갑의 집행정지신청은 법원에 의해 허용된다.

④ 갑이 개인택시운송사업면허를 받았다가 이를 을에게 양도하였고 운송사업의 양도·양수에 대한 인가를 받은 이후에는 양도·양수 이전에 있었던 갑의 운송사업면허 취소사유를 이유로 을의 운송사업면허를 취소할 수 없다.

⑤ 행정소송법은 다툼이 있는 법률관계에 대하여 임시의 지위를 정하기 위한 가처분신청의 경우 현저한 손해나 급박한 위험을 피할 것을 목적으로 한다고 규정하고 있다.

[해설] ① 강학상 특허에 해당한다.
② 재량행위의 경우 관련 법령에 법적 근거가 없더라도 부관을 붙일 수 있다.
③ 거부처분에 대하여는 집행정지가 인정되지 않는다.
④ 양수인은 양도인의 지위를 승계하는 것이므로, 양도인의 위법행위로 인한 취소사유도 양수인에게 이전된다.
⑤ 행정소송법은 가처분에 관한 명문규정이 없다.

65 행정소송에 대한 설명으로 옳은 것은? (다툼이 있는 경우 판례에 의함)

① 과세처분취소소송에서 과세처분의 위법성 판단시점은 처분시이므로 과세행정청은 처분 당시의 자료만으로 처분의 적법 여부를 판단하고 처분 당시의 처분사유만을 주장할 수 있다.

② 처분청은 원고의 권리방어가 침해되지 않는 한도 내에서 당해 취소소송의 대법원 확정판결이 있기 전까지 처분사유의 추가·변경을 할 수 있다.

③ 추가 또는 변경된 사유가 당초의 처분시 그 사유를 명기하지 않았을 뿐 처분시에 이미 존재하고 있었고 당사자도 그 사실을 알고 있었다면 당초의 처분사유와 동일성이 인정된다.

④ 행정청은 행정쟁송 단계에서 처분 이후에 발생한 새로운 사실적·법적 사유를 추가·변경하고자 하는 것은 허용될 수 없고 이러한 경우에는 계쟁처분을 직권취소하고 이를 대체하는 새로운 처분을 할 수 있다.

⑤ 외국인 갑(甲)이 법무부장관에게 귀화신청을 하였으나 법무부장관이 '품행 미단정'을 불허 사유로 국적법상의 요건을 갖추지 못하였다며 신청을 받아들이지 않는 처분을 하였는데, 법무부장관이 갑을 '품행 미단정'이라고 판단한 이유에 대하여 제1심 변론절차에서 자동차 관리법 위반죄로 기소유예를 받은 전력 등을 고려하였다고 주장한 후, 제2심 변론절차에서 불법체류 전력 등의 제반 사정을 추가로 주장할 수는 없다.

[해설] ① 법원은 행정처분 당시 행정청이 알고 있었던 자료뿐만 아니라 사실심변론종결 당시까지 제출된 모든 자료를 종합하여 처분 당시 존재하였던 객관적 사실을 확정하고 그 사실에 기초하여 처분의 위법 여부를 판단할 수 있다.
② 처분사유의 추가·변경은 사실심변론종결시까지만 허용된다.
③ 처분청은 당초 처분의 근거로 삼은 사유와 기본적 사실관계가 동일성이 있다고 인정되는 한도 내에서만 다른 사유를 추가하거나 변경할 수 있고, 여기서 기본적 사실관계의 동일성 유무는 처분사유를 법률적으로 평가하기 이전의 구체적인 사실에 착안하여 그 기초인 사회적 사실관계가 기본적인 점에서 동일한지 여부에 따라 결정되며, 추가 또는 변경된 사유가 당초의 처분시 그 사유를 명기하지 않았을 뿐 처분시에 이미 존재하고 있었고 당사자도 그 사실을 알고 있었다 하여 당초의 처분사유와 동일성이 있는 것이라 할 수 없다(2001두8827).
⑤ 외국인 甲이 법무부장관에게 귀화신청을 하였으나 법무부장관이 심사를 거쳐 '품행 미단정'을 불허사유로 국적법상의 요건을 갖추지 못하였다며 신청을 받아들이지 않는 처분을 하였는데, 법무부장관이 甲을 '품행 미단정'이라고 판단한 이유에 대하여 제1심 변론절차에서 자동차관리법위반죄로 기소유예를 받은 전력 등을 고려하였다고 주장하였다가 원심 변론절차에서 불법 체류한 전력이 있다는 추가적인 사정까지 고려하였다고 주장한 사안에서, 법무부장관이 처분 당시 甲의 전력 등을 고려하여 甲이 '품행 단정' 요건을 갖추지 못하였다고 판단하여 처분을 하였고, 그 처분서에 처분사유로 '품행 미단정'이라고 기재하였으므로, '품행 미단정'이라는 판단 결과를 위 처분의 처분사유로 보아야 하는데, 법무부장관이 원심에서 추가로 제시한 불법 체류 전력 등의 제반 사정은 불허가처분의 처분사유 자체가 아니라 그 근거가 되는 기초 사실 내지 평가요소에 지나지 않으므로, 법무부장관이 이러한 사정을 추가로 주장할 수 있다(2016두31616).

Answer 63. ③ 64. ② 65. ④

66 사정판결에 대한 설명으로 옳지 않은 것은? (다툼이 있는 경우 판례에 의함)

① 사정판결을 하는 경우 법원은 원고의 청구를 기각하는 판결을 하게 되나, 소송비용은 피고의 부담으로 한다.

② 처분의 위법 여부는 처분시를 기준으로, 처분을 취소하는 것이 현저히 공공복리에 적합하지 아니한지 여부는 변론종결시를 기준으로 판단하여야 한다.

③ 사정판결이 확정되면 사정판결의 대상이 된 행정처분이 위법하다는 점에 대하여 기판력이 발생한다.

④ 원고는 처분이 속하는 국가 또는 공공단체를 상대로 손해배상, 재해시설의 설치 그 밖에 적당한 구제방법의 청구를 당해 취소소송이 계속된 법원에 병합하여 제기할 수 있다.

⑤ 당연무효의 행정처분을 대상으로 하는 행정소송에서도 사정판결을 할 수 있다.

해설 ⑤ 무효등확인소송에는 사정판결이 준용되지 않는다.

67 판례에 의할 때 당사자소송으로 다툴 수 없는 것은? 2016년 제4회

① 국가에 대한 납세의무자의 부가가치세 환급세액 지급청구소송

② 도시 및 주거환경정비법상 관리처분계획에 대한 행정청의 인가·고시 후 관리처분계획안에 대한 조합총회결의의 효력을 다투는 소송

③ 지방자치단체가 보조금 지급결정을 하면서 일정 기한 내에 보조금을 반환하도록 하는 교부조건을 부가한 경우에 그 지방자치단체가 제기하는 보조금반환청구소송

④ 공익사업을 위한 토지 등의 취득 및 보상에 관한 법률상의 보상금증액청구소송과 보상금감액청구소송

⑤ 공익사업을 위한 토지 등의 취득 및 보상에 관한 법률상 세입자의 주거이전비 보상청구소송

해설

당사자소송	항고소송
• 광주민주화운동 관련 보상금 지급 • 급여지급결정 후에 공무원연금관리공단이 지급거부의 의사표시를 한 경우 미지급퇴직연금에 대한 지급 청구 • 명예퇴직한 법관의 미지급 명예퇴직수당의 지급 청구와 지급신청에 대한 법원행정처장의 거부 • 법령의 변경에 따라 감액된 퇴역연금수급자의 불복 • 주택재건축정비사업조합 관리처분계획안에 대한 조합총회결의 효력	• 민주화운동 보상금 지급대상자 결정 • 공무원연금관리공단의 급여 지급결정 • 퇴역연금에 대한 지급 청구에 대한 국방부장관의 거부 • 관리처분계획에 대한 인가가 있은 후 관리처분계획안에 대한 조합총회결의 효력

당사자소송	민사소송
• 조세채권존재 확인의 소 • 납세의무부존재확인 • 보상청구권의 소멸시효가 만료된 하천구역 편입토지에 관한 손실보상청구권 • 부가가치세 환급세액 지급 청구 • 재해위로금지급 청구 • 세입자의 주거이전비 보상청구 • 지방공무원의 초과근무수당 지급 • 지방전문직(공중보건의사) 채용계약 해지 • 공무원 지위확인 소송 • 한국전력공사의 TV방송수신료 징수권한 • 민간투자사업상 실시협약에 따른 재정지원금 지급 청구 • 보조사업자에 대한 지방자치단체의 보조금반환청구 • 재개발조합을 상대로 한 조합원지위확인	• 부당이득반환청구소송 • 조세과오납금 반환청구소송 • 국가배상청구소송 • 환매권 존부 확인 소송과 환매금액 증감 소송

④ 토지보상법상 토지소유자 또는 관계인이 보상금의 액수에 대하여 불복하는 경우에는 토지수용위원회의 재결에 대하여 재결취소소송을 제기하는 것이 아니라 바로 사업시행자를 피고로 보상금증감청구소송(당사자소송)을 제기하여야 한다.

68 당사자소송에 관한 설명으로 옳은 것은? (다툼이 있는 경우에는 판례에 의함) 2014년 제2회

① 당사자소송에는 행정청의 소송참가가 허용되지 않는다.
② 당사자소송의 피고는 원칙적으로 처분을 행한 행정청이 된다.
③ 지방소방공무원이 소속 지방자치단체를 상대로 초과근무수당의 지급을 구하는 소송은 당사자소송 절차에 따라야 한다.
④ 지방전문직공무원 채용계약의 해지에 대한 불복은 당사자소송이 아니라 항고소송으로 하여야 한다.
⑤ 당사자소송의 제소기간에 대해서는 취소소송의 제소기간에 관한 규정이 준용된다.

[해설] ① 당사자소송도 행정청 및 제3자의 소송참가가 허용된다.
② 당사자소송은 국가·공공단체 그 밖의 권리주체를 피고로 한다.
⑤ 당사자소송은 원칙적으로 제소기간의 제한이 없다.

Answer 66. ⑤ 67. ② 68. ③

행정사
이준희 행정법

행정법각론

01 정부조직법상 국무총리 소속 행정기관에 해당하는 것은? 2023년 제11회

① 법제처
② 특허청
③ 국세청
④ 통계청
⑤ 대통령경호처

해설 정부조직법상 국무총리 소속 행정기관으로는 인사혁신처, 법제처, 식품의약품안전처가 있다.

02 권한의 위임과 내부위임에 관한 설명으로 옳은 것은? (다툼이 있으면 판례에 따름) 2018년 제6회

① 내부위임에는 법적 근거가 필요하다.
② 권한이 위임된 경우 수임기관이 위임기관의 명의로 권한을 행사한다.
③ 내부위임의 경우 수임기관이 자신의 명의로 처분을 하였다면, 위임기관이 항고소송의 피고가 된다.
④ 내부위임의 경우 수임기관이 자신의 명의로 처분을 하였다면, 그 처분의 하자는 원칙적으로 취소사유에 해당한다.
⑤ 행정권한의 위임 및 위탁에 관한 규정에 따르면 수임사무의 처리에 관하여 위임기관은 수임기관에 대하여 사전승인을 받을 것을 요구할 수 없다.

해설 ① 내부위임은 내부적인 사무처리의 편의를 위한 것으로 보조기관 또는 하급기관에 의하여 위임자의 명의로 수임자가 위임자의 권한을 행사하는 것을 말한다. 내부위임은 권한의 위임과 달리 법적 근거를 요하지 않는다.
② 권한위임의 경우에는 수임관청이 자기의 이름으로 그 권한행사를 할 수 있지만 내부위임의 경우에는 수임관청은 위임관청의 이름으로만 그 권한을 행사할 수 있을 뿐 자기의 이름으로는 그 권한을 행사할 수 없다.
③ 내부위임의 경우 수임기관이 자신의 명의로 처분을 하였다면, 수임기관이 항고소송의 피고가 된다.
④ 내부위임의 경우에는 수임관청이 자기의 이름으로 그 권한을 행사하였다면 그 하자는 원칙적으로 무효사유에 해당한다.
⑤ 권한이 위임된 경우에는 위임기관 및 위탁기관은 당해 위임사항을 처리할 수 있는 권한을 잃게 되고, 그 사항은 수임기관의 권한으로 된다. 따라서 위임기관 및 위탁기관은 수임 및 수탁사무 처리에 있어서 수임기관 및 수탁기관에 대하여 사전승인을 받거나 협의할 것을 요구할 수 없다.

03 행정조직과 권한의 위임 등에 관한 설명으로 옳지 않은 것은? (다툼이 있으면 판례에 따름)

2023년 제11회

① 행정기관은 법령으로 정하는 바에 따라 그 소관사무의 일부를 하급행정기관에 위임할 수 있다.

② 행정기관 또는 소속기관을 설치하거나 공무원의 정원을 증원할 때에는 반드시 예산상의 조치가 병행되어야 한다.

③ 행정권한의 위임은 권한의 법적인 귀속을 변경하는 것이므로 법률이 위임을 허용하고 있는 경우에 한하여 인정된다.

④ 행정권한의 내부위임은 법률이 위임을 허용하고 있는 경우에 한하여 인정된다.

⑤ 헌법은 행정각부의 설치ㆍ조직과 직무범위는 법률로 정한다고 규정하고 있다.

해설 ① 행정기관은 법령으로 정하는 바에 따라 그 소관사무의 일부를 보조기관 또는 하급행정기관에 위임하거나 다른 행정기관ㆍ지방자치단체 또는 그 기관에 위탁 또는 위임할 수 있다(정부조직법 제6조 제1항).
② 행정기관 또는 소속기관을 설치하거나 공무원의 정원을 증원할 때에는 반드시 예산상의 조치가 병행되어야 한다(정부조직법 제9조).
③ 행정권한의 위임은 반드시 법적 근거를 요한다.
④ 법령에 정한 바에 따라 수임사무의 일부를 재위임할 수 있다. 또한 기관위임사무의 경우도 위임기관 장의 승인을 얻어 지방자치단체장이 제정한 규칙으로 재위임할 수 있다.
⑤ 행정각부의 설치ㆍ조직과 직무범위는 법률로 정한다(헌법 제96조).

PART 07

Answer 1.① 2.⑤ 3.④

04 권한의 위임에 관한 설명으로 옳지 않은 것은? (다툼이 있으면 판례에 따름) 2017년 제5회

① 권한의 위임은 법적 근거를 요하지 않는다.

② 권한의 위임은 위임청의 권한의 일부에 한하여 인정된다.

③ 권한의 위임이 기간의 도래에 의해 종료되면 위임된 권한은 다시 위임기관에 회복된다.

④ 보조기관에게 권한을 위임하는 경우 권한의 위임기관은 그 보조기관의 권한행사를 지휘·감독할 수 있다.

⑤ 권한을 위임받은 기관은 특히 필요한 경우에는 법령으로 정하는 바에 따라 위임받은 사무의 일부를 하급행정기관에게 재위임할 수 있다.

[해설] ① 권한의 위임은 반드시 법적 근거를 요한다. 법령상 규칙으로 행정권한을 위임해야 하는 사항을 조례에 의하여 행정권한을 위임받아 행한 처분은 위법(취소)하다(94누5694 전원합의체).
② 행정관청의 권한의 위임은 위임청의 권한의 일부에 대해서만 인정된다. 권한의 전부를 위임하거나 본질적인 부분을 위임하는 것은 허용되지 않는다.
④ 위임 및 위탁기관은 수임 및 수탁기관의 수임 및 수탁사무 처리에 대하여 지휘·감독하고, 그 처리가 위법하거나 부당하다고 인정될 때에는 이를 취소하거나 정지시킬 수 있다.
⑤ 행정기관은 법령으로 정하는 바에 따라 그 소관사무의 일부를 보조기관 또는 하급행정기관에 위임하거나 다른 행정기관·지방자치단체 또는 그 기관에 위탁 또는 위임할 수 있다. 이 경우 위임 또는 위탁을 받은 기관은 특히 필요한 경우에는 법령으로 정하는 바에 따라 위임 또는 위탁을 받은 사무의 일부를 보조기관 또는 하급행정기관에 재위임할 수 있다(정부조직법 제6조 제1항).

05 행정권한의 위임에 관한 설명으로 옳지 않은 것은? (다툼이 있는 경우에는 판례에 의함)
2013년 제1회

① 권한의 위임은 권한 자체가 수임자에게 이전된다는 점에서 권한 자체를 이전하지 않는 권한의 대리와 구별된다.

② 내부위임의 경우 수임관청은 위임관청의 이름으로만 그 권한을 행사할 수 있다는 점에서 권한의 위임과 구별된다.

③ 권한의 위임이 있는 경우에는 처분의 명의자가 수임기관으로 되어 있다 하더라도 그 처분에 대한 취소소송의 피고는 위임기관이 된다.

④ 소속 하급행정청에 대한 위임은 위임청의 일방적 위임행위에 의하여 성립하고, 수임기관의 동의를 요하지 않는다.

⑤ 도지사는 조례에 의해서도 그 권한에 속하는 자치사무의 일부를 소속 행정기관에 위임할 수 있다.

[해설] ① 대리는 권한의 이전을 가져오는 것은 아니므로 권한의 위임과는 달리 반드시 법적 근거를 요하는 것은 아니다.
② 권한의 위임은 수임기관이 자신의 명의와 책임으로 위임기관의 권한을 행사한 것이나, 내부위임은 내부적인 사무처리의 편의를 위한 것으로 보조기관 또는 하급기관에 의하여 위임자의 명의로 수임자가 위임자의 권한을 행사하는 것을 말한다. 내부위임은 권한의 위임과 달리 법적 근거를 요하지 않는다.
③ 권한의 위임의 경우 수임청이 피고가 된다. 내부위임의 경우 위임청의 이름으로 처분한 경우에는 위임청이 피고가 되나, 수임기관이 자신의 이름으로 처분한 경우에는 수임기관이 피고가 된다.

06 행정권한의 대리와 위임에 관한 설명으로 옳지 않은 것은? (다툼이 있으면 판례에 따름)
2020년 제8회

① 임의대리에서 대리관청이 대리관계를 밝히고 처분을 한 경우 피대리관청이 처분청으로서 항고소송의 피고가 된다.
② 법정대리는 특별한 규정이 없는 한 피대리관청의 권한 전부에 미친다.
③ 권한을 내부위임 받은 수임행정청은 위임행정청의 이름으로 권한을 행사하여야 한다.
④ 권한의 내부위임은 법률의 근거가 없어도 가능하다.
⑤ 권한의 일부에 대한 위임뿐만 아니라 권한 전부의 위임도 가능하다.

[해설] ① 권한의 대리나 내부위임의 경우에는 처분권한이 이전된 것이 아니므로 피대리청이나 원행정청이 피고가 된다.
② 임의대리의 범위는 피대리청의 권한의 일부에 한정되나, 법정대리에 있어서의 대리권은 피대리청의 권한 전부에 미친다.
③ 권한의 내부위임은 원행정청의 명의로 처분을 하여야 한다. 따라서 내부위임을 받은 행정기관이 자신의 명의로 처분을 행한 경우에는 무효이며, 이 무효확인소송의 피고는 예외적으로 내부위임을 받은 행정청이 피고가 된다.
④ 내부위임은 권한이 이전되지 않으므로, 권한이 이전되는 권한의 위임과 달리 법적 근거를 요하지 않는다.
⑤ 권한의 위임은 행정청이 그의 권한의 일부를 다른 행정기관에 위양하여 수임기관의 권한으로 행사하게 하는 것을 의미하므로 전부를 위임하는 것은 허용되지 않는다.

Answer 4.① 5.③ 6.⑤

07 **권한의 대리와 위임에 관한 설명으로 옳은 것은? (다툼이 있으면 판례에 의함)** 2024년 제12회

① 권한의 위임은 권한 자체를 수임자에게 이전하지 않는 점에서 권한 자체가 이전되는 권한의 대리와 구별된다.

② 국가사무가 도지사에게 기관위임된 경우 도지사가 이를 군수에게 재위임하기 위해서는 도 조례에 의하여야 한다.

③ 정부조직법에 따르면 권한의 위임은 위임기관의 권한의 일부에 한하여 인정된다.

④ 내부위임에 따라 수임관청이 자신의 이름으로 처분을 한 경우 그 처분에 대한 무효확인소송의 피고는 위임관청이 된다.

⑤ 행정권한의 위임 및 위탁에 관한 규정에 따르면 수임사무의 처리에 관하여 위임기관은 수임기관에 대하여 사전승인을 받을 것을 요구할 수 있다.

해설 ① 대리는 권한의 귀속 자체를 변경한 것이 아니므로 위임청의 권한이 소멸되는 것은 아니다. 반면에 위임은 법령상 정해진 자기의 권한의 일부를 다른 행정청의 권한으로 이전하므로 위임청의 권한이 소멸된다.
② 기관위임사무의 경우 위임기관의 장의 승인을 얻은 후 지방자치단체의 장이 제정한 규칙이 정하는 바에 따라 재위임할 수 있다.
④ 내부위임에 따라 수임관청이 자신의 이름으로 처분을 한 경우 그 처분에 대한 소송의 피고는 수임관청이다.
⑤ 위임기관 및 위탁기관은 수임 및 수탁사무 처리에 있어서 수임기관 및 수탁기관에 대하여 사전승인을 받거나 협의할 것을 요구할 수 없다.

08 **행정권한의 위임 등에 관한 설명으로 옳지 않은 것은? (다툼이 있으면 판례에 따름)**

2021년 제9회

① 행정권한의 위임은 법률에 규정된 행정기관의 장의 권한 중 일부를 그 보조기관 또는 하급행정기관의 장이나 지방자치단체의 장에게 맡겨 그의 권한과 책임 아래 행사하도록 하는 것이다.

② 행정권한의 내부위임은 법률이 위임을 허용하고 있지 아니한 경우에도 행정관청의 내부적인 사무처리의 편의를 도모하기 위하여 그의 보조기관 또는 하급행정관청으로 하여금 그의 권한을 사실상 행사하게 하는 것이다.

③ 위임기관은 수임기관의 수임사무 처리에 대하여 지휘·감독하고, 그 처리가 위법하거나 부당하다고 인정될 때에는 이를 취소하거나 정지시킬 수 있다.

④ 수임사무의 처리에 관하여 위임기관은 수임기관에 대하여 사전승인을 받거나 협의를 할 것을 요구할 수 없다.

⑤ 행정기관은 위임을 받은 사무의 전부 또는 일부를 보조기관 또는 하급행정기관에 재위임할 수 없다.

[해설] ③, ④ 권한이 위임된 경우에는 위임기관 및 위탁기관은 당해 위임사항을 처리할 수 있는 권한을 잃게 되고, 그 사항은 수임기관의 권한으로 된다. 따라서 위임기관 및 위탁기관은 수임 및 수탁사무 처리에 있어서 수임기관 및 수탁기관에 대하여 사전승인을 받거나 협의할 것을 요구할 수 없다. 위임기관 및 위탁기관은 수임 기관 및 수탁기관의 수임 및 수탁처리사무에 대하여 지휘·감독하고, 그 처리가 위법 또는 부당하다고 인정되는 때에는 이를 취소하거나 정지시킬 수 있다.
⑤ 정부조직법 제6조 등에 따라 수임사무의 일부를 재위임할 수 있다.

09 권한의 대리와 위임에 관한 설명으로 옳은 것을 모두 고른 것은? (다툼이 있으면 판례에 따름) 2022년 제10회

> ㉠ 지방자치단체의 장이 수임한 기관위임사무의 일부를 재위임하고자 하는 경우 위임자의 승인을 얻어 규칙으로 재위임할 수 있다.
> ㉡ 내부위임의 경우 수임관청이 자신의 명의로 행정처분을 하였더라도 항고소송에서의 피고는 위임관청이 된다.
> ㉢ 권한의 위임은 반드시 법적 근거를 요하는 것은 아니다.
> ㉣ 지정대리란 법정사실이 발생하면 법상 당연히 특정한 자에게 대리권이 부여되어 대리관계가 성립하는 것을 말한다.

① ㉠
② ㉡, ㉢
③ ㉠, ㉡, ㉢
④ ㉡, ㉢, ㉣
⑤ ㉠, ㉡, ㉢, ㉣

[해설] ㉡ 내부위임의 경우 수임관청이 자신의 명의로 행정처분을 하였다면 항고소송에서의 피고는 수임관청이 된다.
㉢ 권한의 위임은 반드시 법적 근거를 요한다.
㉣ 지정대리란 법정사실이 발생하면 일정한 자가 대리자를 지정함으로써 대리관계가 발생하는 경우이다.

Answer 7.③ 8.⑤ 9.①

10 행정조직에 관한 설명으로 옳지 않은 것은? (다툼이 있으면 판례에 따름) 2017년 제5회

① 기관위임사무는 법령에 별도의 위임이 없는 한 조례의 규율대상이 되지 않는다.

② 법령상 규칙으로 행정권한을 위임해야 함에도 조례에 의한 위임에 따라 행해진 수임 기관의 처분은 당연무효이다.

③ 행정권한의 내부위임임에도 불구하고 수임기관이 자기의 이름으로 처분을 한 경우 항 고소송의 피고는 실제로 처분을 한 수임기관이 된다.

④ 행정권한을 위탁받은 공공단체 또는 그 기관이나 사인은 행정절차법상의 행정청에 해 당한다.

⑤ 공법인의 경우도 사경제 주체로서 활동하는 경우에는 기본권의 주체가 될 수 있다.

해설 ① 지방자치단체가 조례를 제정할 수 있는 사항은 지방자치단체의 고유사무인 자치사무와 개별 법령에 의하여 지방자치단체에 위임된 단체위임사무에 한하고, 국가사무가 지방자치단체의 장에게 위임되거나 상위 지방자치단체의 사무가 하위 지방자치단체의 장에게 위임된 기관위임사무에 관한 사항은 원칙적으로 조례의 제 정범위에 속하지 않는다(2011두12153).
② 권한의 위임은 반드시 법적 근거를 요한다. 법령상 규칙으로 행정권한을 위임해야 하는 사항을 조례에 의 하여 행정권한을 위임받아 행한 처분은 위법(취소)하다(94누5694 전원합의체).
④ 행정청은 행정에 관한 의사를 결정하여 표시하는 국가 또는 지방자치단체의 기관과 그 밖에 법령 또는 자 치법규에 따라 행정권한을 가지고 있거나 위임 또는 위탁받은 공공단체 또는 그 기관이나 사인을 말한다(행정 절차법 제2조 제1호).
⑤ 공법인이라 하더라도 사경제주체로서 활동하는 경우에는 일반 사인처럼 기본권의 주체가 될 수 있다.

11 합의제행정기관에 관한 설명으로 옳은 것을 모두 고른 것은? 2018년 제6회

⊙ 행정기관에는 그 소관사무의 일부를 독립하여 수행할 필요가 있는 때에는 법률로 정 하는 바에 따라 행정위원회 등 합의제행정기관을 둘 수 있다.

ⓛ 지방자치단체는 그 소관사무의 일부를 독립하여 수행할 필요가 있으면 법령이나 그 지방자치단체의 조례로 정하는 바에 따라 합의제행정기관을 설치할 수 있다.

ⓒ 소청심사위원회는 심사·결정권과 함께 대외적 표시권한을 갖는 행정청이다.

② 중앙노동위원회의 처분에 대한 항고소송의 피고는 중앙노동위원회가 된다.

① ㉠, ㉡

② ㉠, ㉣

③ ㉡, ㉢

④ ㉠, ㉡, ㉢

⑤ ㉡, ㉢, ㉣

해설 ⑦ 행정기관에는 그 소관사무의 일부를 독립하여 수행할 필요가 있는 때에는 법률로 정하는 바에 따라 행정위원회 등 합의제행정기관을 둘 수 있다(정부조직법 제5조).

ⓛ 지방자치단체는 소관 사무의 일부를 독립하여 수행할 필요가 있으면 법령이나 그 지방자치단체의 조례로 정하는 바에 따라 합의제행정기관을 설치할 수 있다(지방자치법 제129조 제1항).

ⓒ 행정기관 소속 공무원의 징계처분, 그 밖에 그 의사에 반하는 불리한 처분이나 부작위에 대한 소청을 심사·결정하게 하기 위하여 인사혁신처에 소청심사위원회를 둔다(국가공무원법 제9조 제1항).

ⓓ 중앙노동위원회의 처분에 대한 소송은 중앙노동위원회 위원장을 피고로 하여 처분의 송달을 받은 날부터 15일 이내에 제기하여야 한다(노동위원회법 제27조 제1항).

12 행정기관 중 합의제 행정기관 혹은 위원회에 관한 설명으로 옳지 않은 것은? 2019년 제7회

① 중앙행정기관인 위원회의 설치와 직무범위는 법률로 정한다.

② 지방자치단체는 그 소관 사무의 범위에서 조례로 위원회 등의 자문기관을 설치·운영할 수 있다.

③ 심의기관의 결정에는 특별한 규정이 없는 한 법적 구속력이 없다.

④ 헌법에 따라 설치되는 위원회에 대하여는 행정기관 소속 위원회의 설치·운영에 관한 법률을 적용한다.

⑤ 의결권만을 갖는 의결기관인 위원회는 결정된 의사의 대외적 표시권한을 갖지 못한다.

해설 ② 지방자치단체는 소관 사무의 범위에서 법령이나 그 지방자치단체의 조례로 정하는 바에 따라 자문기관을 설치·운영할 수 있다(지방자치법 제130조 제1항).

④ 헌법에 따라 설치되는 위원회에 대하여는 행정기관 소속 위원회의 설치·운영에 관한 법률을 적용하지 않는다.

⑤ 의결기관은 행정에 관한 의사를 결정할 수 있는 권한을 가지는 합의제 행정기관으로 결정된 의사를 외부에 표시할 권한을 갖지는 않는다.

Answer 10. ② 11. ④ 12. ④

PART 07

13 **정부조직법상 행정청의 조직과 권한에 관한 설명으로 옳지 않은 것은?** 2016년 제4회

① 행정기관은 법령으로 정하는 바에 따라 그 소관사무의 일부를 보조기관 또는 하급행 정기관에 위임할 수 있다.

② 상급행정기관으로부터 사무를 위임받은 하급행정기관은 특히 필요한 경우 법령으로 정하는 바에 따라 위임받은 사무의 일부를 보조기관에 재위임할 수 있다.

③ 행정기관은 법령으로 정하는 바에 따라 그 소관사무 중 조사·검사·검정·관리 업무 등 국민의 권리·의무와 직접 관계되지 아니하는 사무를 지방자치단체가 아닌 단체 또는 개인에게 위탁할 수 있다.

④ 부·처의 장은 그 소관사무의 효율적 추진을 위하여 필요한 경우에는 국무총리에게 소관사무와 관련되는 다른 행정기관의 사무에 대한 조정을 요청할 수 있다.

⑤ 행정기관 또는 소속기관을 설치하거나 공무원의 정원을 증원할 때에는 반드시 예산상 의 조치가 병행될 필요는 없다.

해설 } ①, ② 행정기관은 법령으로 정하는 바에 따라 그 소관사무의 일부를 보조기관 또는 하급행정기관에 위임하거나 다른 행정기관·지방자치단체 또는 그 기관에 위탁 또는 위임할 수 있다. 이 경우 위임 또는 위탁 을 받은 기관은 특히 필요한 경우에는 법령으로 정하는 바에 따라 위임 또는 위탁을 받은 사무의 일부를 보조 기관 또는 하급행정기관에 재위임할 수 있다(정부조직법 제6조 제1항).
③ 행정기관은 법령으로 정하는 바에 따라 그 소관사무 중 조사·검사·검정·관리 업무 등 국민의 권리·의 무와 직접 관계되지 아니하는 사무를 지방자치단체가 아닌 법인·단체 또는 그 기관이나 개인에게 위탁할 수 있다(정부조직법 제6조 제3항).
④ 부·처의 장은 그 소관사무의 효율적 추진을 위하여 필요한 경우에는 국무총리에게 소관사무와 관련되는 다른 행정기관의 사무에 대한 조정을 요청할 수 있다(정부조직법 제7조 제5항).
⑤ 행정기관 또는 소속기관을 설치하거나 공무원의 정원을 증원할 때에는 반드시 예산상의 조치가 병행되어야 한다(정부조직법 제9조).

14 행정조직에 관한 설명으로 옳지 않은 것은? 2013년 제1회

① 현행 헌법은 행정조직법정주의를 채택하고 있다.

② 행정 각부의 장관과 지방자치단체의 장은 행정청에 해당한다.

③ 보조기관도 행정청으로부터 위임된 권한을 행사하는 경우에는 그 한도에서 행정청의 지위를 가진다.

④ 행정기관에는 그 소관사무의 일부를 독립하여 수행할 필요가 있는 때에는 법률로 정하는 바에 따라 행정위원회 등 합의제행정기관을 둘 수 있다.

⑤ 각종 징계위원회나 지방의회와 같은 부속기관의 설치에는 법령의 근거를 요하지 않는다.

[해설] ① 행정각부의 설치·조직과 직무범위는 법률로 정한다(헌법 제96조).
③ 보조기관은 위임받은 사항에 대하여는 그 범위에서 행정기관으로서 그 사무를 수행한다(정부조직법 제6조 제2항).
④ 행정기관에는 그 소관사무의 일부를 독립하여 수행할 필요가 있는 때에는 법률로 정하는 바에 따라 행정위원회 등 합의제행정기관을 둘 수 있다(정부조직법 제5조).
⑤ 부속기관의 설치에도 법령의 근거를 요한다. 정부조직법 제4조(부속기관의 설치)에도 행정기관에는 그 소관 사무의 범위에서 필요한 때에는 대통령령으로 정하는 바에 따라 시험연구기관·교육훈련기관·문화기관·의료기관·제조기관 및 자문기관 등을 둘 수 있다고 규정하고 있다.

15 행정기관에 관한 설명으로 옳지 않은 것은? (다툼이 있으면 판례에 따름) 2021년 제9회

① 법령에 따라 행정권한을 위탁받은 사인은 행정청이 될 수 없다.

② 행정에 관한 의사를 결정하여 표시하는 국가 또는 지방자치단체의 기관은 행정청이다.

③ 지방자치단체는 그 소관 사무의 일부를 독립하여 수행할 필요가 있으면 법령이나 그 지방자치단체의 조례로 정하는 바에 따라 합의제행정기관을 설치할 수 있다.

④ 행정기관의 장은 소관사무를 통할하고 소속공무원을 지휘·감독한다.

⑤ 정부조직법은 합의제행정기관의 설치에 관한 법적 근거를 두고 있다.

[해설] ①, ② 행정청은 행정에 관한 의사를 결정하여 표시하는 국가 또는 지방자치단체의 기관과 그 밖에 법령 또는 자치법규에 따라 행정권한을 가지고 있거나 위임 또는 위탁받은 공공단체 또는 그 기관이나 사인을 말한다(행정절차법 제2조 제1호).
③ 지방자치단체는 소관 사무의 일부를 독립하여 수행할 필요가 있으면 법령이나 그 지방자치단체의 조례로 정하는 바에 따라 합의제행정기관을 설치할 수 있다(지방자치법 제129조 제1항).
④ 각 행정기관의 장은 소관사무를 통할하고 소속공무원을 지휘·감독한다(정부조직법 제7조 제1항).
⑤ 행정기관에는 그 소관사무의 일부를 독립하여 수행할 필요가 있는 때에는 법률로 정하는 바에 따라 행정위원회 등 합의제행정기관을 둘 수 있다(정부조직법 제5조).

PART 07

Answer 13.⑤ 14.⑤ 15.①

16 행정관청 간의 관계에 관한 설명으로 옳은 것은? (다툼이 있으면 판례에 따름) 2019년 제7회

① 상급관청의 훈령권에는 법령상 근거가 요구된다.

② 대외적 구속력이 없는 훈령을 위반한 조치는 위법하다.

③ 하급행정관청의 권한행사에 대한 상급행정관청의 내부적인 승인·인가는 행정처분이 아니다.

④ '동의'를 의미하는 관계기관의 '협의' 의견은 주무관청을 구속하지 않는다.

⑤ 상급관청의 하급관청에 대한 감시권에는 개별적인 법령상 근거를 요한다.

[해설] ①, ② 훈령은 행정규칙에 해당하며 법규로서의 성질을 가지지 않는다. 따라서 개별적인 법적 근거는 필요가 없으며, 하급행정청이 이를 위반하더라도 내부적 징계사유는 될 수 있으나 위법한 것은 아니다.
③ 상급행정기관의 하급행정기관에 대한 승인·동의·지시 등은 행정기관 상호 간의 내부행위로서, 국민의 권리의무에 직접 영향을 미치는 것이 아니므로 행정처분이 아니다.
④ 관계행정청의 협의 의견은 주행정청의 의사결정을 구속하지 않는다. 반면에 동의 의견은 주행정청의 의사결정을 구속한다. 동의를 의미하는 관계기관의 협의 의견의 경우 실질이 동의에 해당하므로 주무관청을 구속한다.
⑤ 감시는 상급행정청이 하급행정청의 사무처리상황을 파악하기 위하여 보고를 받고 서류장부를 검사하는 등 실제로 사무감사를 하는 것을 의미한다. 개별적인 법적 근거는 필요 없다.

17 행정조직에 관한 설명으로 옳지 않은 것은? 2022년 제10회

① 훈령이란 상급관청이 하급관청의 권한행사를 지휘하기 위해 발하는 명령이다.

② 공무원이 대외적 구속력이 없는 훈령에 위반한 경우에도 위법은 아니며 징계책임이 부과될 수 있을 뿐이다.

③ 상급관청은 직권에 의해 하급관청의 위법·부당한 행위의 취소를 명할 수 있다.

④ 징계위원회 같은 의결기관으로서의 위원회는 의결권은 물론이고 정해진 의사를 대외적으로 표시할 권한을 갖는다.

⑤ 주관쟁의결정권이란 하급관청 사이에 권한의 분쟁이 있는 경우, 상급관청이 그 분쟁을 해결하고 결정하는 권한을 말한다.

[해설] ①, ② 상급행정청이 하급행정청의 권한행사를 일반적으로 지휘하기 위하여 내리는 명령이다. 하급행정청이 이를 위반하더라도 내부적 징계사유는 될 수 있으나 위법한 것은 아니다.
③ 직권취소는 감독청인 상급관청도 가능하다.
④ 의결기관은 행정에 관한 의사를 결정할 수 있는 권한을 가지는 합의제 행정기관으로 결정된 의사를 외부에 표시할 권한을 갖지는 않는다.
⑤ 주관쟁의결정권이란 상급관청이 그 소속 하급관청 간에 권한에 대한 다툼이 있는 경우에 이를 결정할 수 있는 권한이다. 행정관청 간에 권한에 대한 다툼이 있는 경우 공통의 상급관청이 없는 때에는 각각의 상급관청이 협의하여 결정하고, 협의가 이루어지지 않을 때에는 행정각부 간의 권한은 국무회의의 심의를 거쳐 대통령이 결정한다.

18 지방자치단체의 관할 구역 경계변경에 관한 지방자치법 조문의 일부이다. (   )에 들어갈 내용으로 옳은 것은? 2023년 제11회

> 지방자치단체의 장은 관할 구역과 생활권과의 불일치 등으로 인하여 주민생활에 불편이 큰 경우 등 대통령령으로 정하는 사유가 있는 경우에는 행정안전부장관에게 경계변경이 필요한 지역 등을 명시하여 경계변경에 대한 조정을 신청할 수 있다. 이 경우 지방자치단체의 장은 지방의회 재적의원 (㉠)의 출석과 출석의원 (㉡) 이상의 동의를 받아야 한다.

① ㉠: 3분의 1 이상, ㉡: 2분의 1   ② ㉠: 과반수,   ㉡: 2분의 1
③ ㉠: 과반수,   ㉡: 3분의 2   ④ ㉠: 3분의 2 이상, ㉡: 2분의 1
⑤ ㉠: 3분의 2 이상, ㉡: 3분의 2

[해설] 지방자치단체의 장은 관할 구역과 생활권과의 불일치 등으로 인하여 주민생활에 불편이 큰 경우 등 대통령령으로 정하는 사유가 있는 경우에는 행정안전부장관에게 경계변경이 필요한 지역 등을 명시하여 경계변경에 대한 조정을 신청할 수 있다. 이 경우 지방자치단체의 장은 지방의회 재적의원 과반수의 출석과 출석의원 3분의 2 이상의 동의를 받아야 한다(지방자치법 제6조 제1항).

Answer   16. ③   17. ④   18. ③

19 지방자치단체의 사무에 관한 설명으로 옳지 않은 것은? (다툼이 있으면 판례에 따름)

2019년 제7회

① 자치사무에 대한 국가의 감독은 적법성 통제에 그친다.

② 조례안으로 지방자치단체 사무의 민간위탁에 관하여 지방의회의 사전 동의를 받도록 하는 것은 위법하지 않다.

③ 자치사무에 있어서 시·도와 시·군·자치구의 사무가 경합하는 경우 시·군·자치구가 먼저 처리한다.

④ 호적사무는 사법적(司法的) 성격이 강한 국가의 사무이다.

⑤ 개별법령에서 조례로 정하도록 위임한 경우 기관위임사무에 대해서도 조례를 정할 수 있다.

해설 ③ 시·도와 시·군 및 자치구는 사무를 처리할 때 서로 겹치지 아니하도록 하여야 하며, 사무가 서로 겹치면 시·군 및 자치구에서 먼저 처리한다(지방자치법 제14조 제3항).
④ 호적사무는 국가의 사무로서 국가의 기관위임에 의하여 수행되는 사무가 아니고 지방자치법 제9조가 정하는 지방자치단체의 사무라 할 것이고, 단지 일반 행정사무와는 달리 사법적 성질이 강하여 법원의 감독을 받게 하는 데 지나지 아니한다(94다45654).
⑤ 지방자치단체가 조례를 제정할 수 있는 사항은 지방자치단체의 고유사무인 자치사무와 개별 법령에 의하여 지방자치단체에 위임된 단체위임사무에 한하고, 기관위임사무에 관한 사항은 원칙적으로 조례의 제정범위에 속하지 않는다. 그러나 개별법령에서 조례로 정하도록 위임한 경우 기관위임사무에 대해서도 조례를 정할 수 있다.

20 A장관을 주무부장관으로 하는 국가사무인 X사무가 법령에 의해 B지방자치단체의 장에게 위임되었다. X사무의 처리에 관한 설명으로 옳은 것은? (다툼이 있으면 판례에 따름) 2020년 제8회

① 법령이 X사무에 대해 조례에 위임하는 경우 포괄적 위임도 가능하다.

② A장관은 X사무의 처리가 위법한 경우에 한하여 B지방자치단체의 장을 감독할 수 있다.

③ A장관이 X사무의 처리에 관하여 시정명령을 발한 경우 B지방자치단체의 장은 이에 대해 대법원에 제소할 수 있다.

④ B지방자치단체의 장이 X사무를 처리하면서 불법행위를 하여 국가배상책임이 성립하는 경우 B지방자치단체도 배상책임이 있다.

⑤ A장관이 X사무의 해태를 이유로 직무이행명령을 발한 경우 B지방자치단체의 장은 이에 대해 대법원에 제소할 수 없다.

[해설] 사안의 경우에는 국가사무가 지방자치단체장에게 위임된 것이므로 기관위임사무에 해당한다.
① 조례는 주민의 대표기관인 지방의회의 의결로 제정되므로 포괄위임이 가능하다. 다만 기관위임사무에 관한 조례는 포괄위임이 허용되지 않으며 구체적 수권이 필요하다.
② 국가는 위법한 기관위임사무뿐만 아니라 부당한 기관위임사무에 대하여도 감독할 수 있다.
③ 기관위임사무는 시정명령의 대상이 될 수 없으며, 시정명령에 대해 법원에 소를 제기할 수도 없다.
④ 지방자치단체의 장이 기관위임사무를 처리하면서 불법행위를 하여 국가배상책임이 성립하는 경우 국가와 지방자치단체 모두 국가배상책임을 진다.
⑤ 지방자치단체의 장은 이행명령에 이의가 있으면 이행명령서를 접수한 날로부터 15일 이내에 대법원에 소를 제기할 수 있다. 이 경우 지방자치단체의 장은 이행명령의 집행을 정지하게 하는 집행정지결정을 신청할 수 있다(지방자치법 제189조 제6항).

21 지방자치단체의 주민에 관한 설명으로 옳지 않은 것은? (다툼이 있으면 판례에 따름)

2018년 제6회

① 감사청구한 주민이라면 1인이라도 지방자치법상 주민소송을 제기할 수 있다.
② 주민소환제는 지방자치의 본질적인 내용이라 할 수 없다.
③ 주민투표권은 헌법이 보장하는 참정권이라 할 수 없다.
④ 주민이라 하더라도 공공시설의 설치를 반대하는 사항에 대해서는 조례제정을 청구할 수 없다.
⑤ 주민이 지방의회 본회의의 안건 심의 중 방청인으로서 안건에 관하여 발언하는 것은 선거제도를 통한 대표제 원리에 위반되지 않는다.

[해설] ① 감사를 청구한 주민(1명의 청구도 가능)이 해당 지방자치단체의 장(비위를 저지른 공무원 ×)을 상대로 소송을 제기한다. 감사청구는 필요적 전치주의에 해당한다.
② 주민은 당해 지방자치단체의 장 및 지방의회의원(비례대표 지방의회의원은 제외)을 소환할 권리를 가진다. 주민소환제는 지방자치의 본질적인 내용은 아니다.
③ 주민투표권은 지방자치법에 의한 제도이다. 따라서 헌법상 권리가 아닌 법률에 의해 인정되는 권리이다.
④ 공공시설의 설치를 반대하는 사항은 조례제정·개폐청구권의 대상에서 제외된다.
⑤ 지방자치법상의 의회대표제하에서 의회의원과 주민은 엄연히 다른 지위를 지니는 것으로서 의원과는 달리 정치적, 법적으로 아무런 책임을 지지 아니하는 주민이 본회의 또는 위원회의 안건 심의 중 안건에 관하여 발언한다는 것은 선거제도를 통한 대표제원리에 정면으로 위반되는 것으로서 허용될 수 없고, 다만 간접민주제를 보완하기 위하여 의회대표제의 본질을 해하지 않고 의회의 기능수행을 저해하지 아니하는 범위 내에서 주민이 의회의 기능수행에 참여하는 것(예컨대 공청회에서 발언하거나 본회의, 위원회에서 참고인, 증인, 청원인의 자격으로 발언하는 것)은 허용된다(92추109).

Answer 19. ④ 20. ④ 21. ⑤

22 **지방자치법령의 내용으로 옳은 것은?** 2017년 제5회

① 조례의 제정청구권은 지방자치단체의 주민의 권리에 해당하지 않는다.

② 비례대표 지방의회의원은 주민소환의 대상자가 된다.

③ 주민소환에 관한 법률은 주민소환사유를 제한하고 있지 않다.

④ 감사청구를 하지 않은 주민도 주민소송의 원고가 될 수 있다.

⑤ 주민소송과 관련한 세부사항은 주민소송법에서 별도로 정하고 있다.

[해설] ① 주민은 지방자치단체의 조례를 제정하거나 개정하거나 폐지할 것을 청구할 수 있다(지방자치법 제
19조 제1항).
② 주민은 그 지방자치단체의 장 및 지방의회의원(비례대표 지방의회의원은 제외한다)을 소환할 권리를 가진다
(지방자치법 제25조 제1항).
③ 주민소환은 주민의 의사에 의하여 공직자를 공직에서 해임시키는 것으로서 직접민주제 원리에 충실한 제도
이다. 이러한 주민소환은 주민이 지방의원·지방자치단체장 기타 지방자치단체의 공무원을 임기 중에 주민의
청원과 투표로써 해임하는 제도이고, 이는 주민에 의한 지방행정 통제의 가장 강력한 수단으로서 주민의 참정
기회를 확대하고 주민대표의 정책이나 행정처리가 주민의사에 반하지 않도록 주민대표자기관이나 행정기관을
통제하여 주민에 대한 책임성을 확보하는 데 그 목적이 있다. 주민소환법에 주민소환의 청구사유를 두지 않은
것은 입법자가 주민소환을 기본적으로 정치적인 절차로 설정한 것으로 볼 수 있다(2007헌마843).
④ 감사를 청구한 주민(1명의 청구도 가능)이 해당 지방자치단체의 장(비위를 저지른 공무원 ×)을 상대로 소송
을 제기한다. 감사청구는 필요적 전치주의에 해당한다.
⑤ 소송에 관하여 이 법에 규정된 것 외에는 행정소송법에 따른다(지방자치법 제22조 제18항).

23 **지방자치단체의 주민의 권리에 관한 설명으로 옳은 것을 모두 고른 것은? (다툼이 있으면
판례에 따름)** 2016년 제4회

> ㉠ 주민투표권은 헌법이 보장하는 기본권 또는 헌법상 제도적으로 보장되는 주관적 공
> 권이다.
> ㉡ 주민소환에 관한 법률에 따르면 전체 주민소환투표자의 수가 주민소환투표권자 총수
> 의 3분의 1에 미달하는 때에는 개표를 하지 않는다.
> ㉢ 부담금의 부과·징수 또는 감면에 관한 사항은 조례의 개폐 청구의 대상이 아니다.
> ㉣ 주민의 감사청구와는 달리 주민소송은 지방자치법상 인정되고 있지 않다.

① ㉠, ㉡   ② ㉠, ㉢

③ ㉠, ㉣   ④ ㉡, ㉢

⑤ ㉡, ㉣

[해설] ㉠ 주민투표권은 지방자치법에 의한 제도이다. 따라서 헌법상 권리가 아닌 법률에 의해 인정되는 권리이다.

㉡ 주민소환투표권자 총수의 3분의 1 이상의 투표와 유효투표 총수 과반수의 찬성으로 확정된다. 다만 전체 주민소환투표자의 수가 주민소환투표권자 총수의 3분의 1에 미달하는 때에는 개표를 하지 아니한다.

㉢

> **주민조례발안에 관한 법률 제4조 【주민조례청구 제외 대상】** 다음 각 호의 사항은 주민조례청구 대상에서 제외한다.
> 1. 법령을 위반하는 사항
> 2. 지방세·사용료·수수료·부담금을 부과·징수 또는 감면하는 사항
> 3. 행정기구를 설치하거나 변경하는 사항
> 4. 공공시설의 설치를 반대하는 사항

㉣ 감사청구한 주민은 그 감사청구한 사항과 관련이 있는 위법한 행위나 업무를 게을리한 사실에 대하여 해당 지방자치단체의 장을 상대방으로 하여 소송을 제기할 수 있다(지방자치법 제22조 제1항).

24 지방자치법상 주민소송에 관한 설명으로 옳지 않은 것은? 2014년 제2회

① 감사청구전치주의를 취하고 있다.
② 행정소송법상 민중소송에 해당한다.
③ 법인 등 단체는 주민소송을 제기할 당사자적격이 없다.
④ 피고는 비위를 저지른 공무원이다.
⑤ 원고는 감사청구를 한 주민이면 1명이라도 가능하다.

[해설] 주민소송은 주민이 지방자치단체의 위법한 재무회계행위를 시정하기 위하여 법원에 제기하는 소송으로 주민의 감사청구권을 실효성 있게 해주는 기능을 가진다. 감사를 청구한 주민(1명의 청구도 가능)이 해당 지방자치단체의 장(비위를 저지른 공무원×)을 상대로 소송을 제기한다. 감사청구는 필요적 전치주의에 해당한다. 이때 주민소송은 구체적 권리침해가 없어도 주민이 적법성 통제를 목적으로 제기하는 객관적 소송이며, 공익목적으로 제기하는 민중소송에 해당한다.

25 지방자치법상 주민소송에 관한 설명으로 옳지 않은 것은? (다툼이 있으면 판례에 따름)

2021년 제9회

① 주민소송을 제기하기 전에 주민감사청구를 거쳐야 한다.
② 지방의회의원에게 손해배상청구를 할 것을 요구하는 주민소송은 인정되지 않는다.
③ 공금의 부과·징수 업무를 게을리한 사실의 위법 확인을 요구하는 주민소송은 인정된다.
④ 행정처분인 해당 행위의 취소를 요구하는 주민소송은 인정된다.
⑤ 주민소송의 대상이 되는 위법한 행위나 해태사실은 감사청구한 사항과 동일할 필요는 없고 관련성이 있으면 된다.

[해설] ② 지방자치법은 해당 지방자치단체의 장 및 직원, 지방의회의원, 해당 행위와 관련이 있는 상대방에게 손해배상청구 또는 부당이득반환청구를 할 것을 요구하는 주민소송을 인정한다(지방자치법 제22조 제2항 제4호).

26 지방의회에 관한 설명으로 옳지 않은 것은? (다툼이 있으면 판례에 따름) 2015년 제3회
① 지방의회는 지방자치단체의 구성부분으로 헌법이 인정하는 기관이다.
② 지방의회는 그 의결로 소속 지방의회의원의 사직을 허가할 수 있다. 다만, 폐회 중에는 사직할 수 없다.
③ 지방의회의 회의는 공개가 원칙이지만 의원 3명 이상의 발의로 출석의원 3분의 2 이상이 찬성한 경우에는 공개하지 않을 수 있다.
④ 체포 또는 구금된 지방의회의원이 있으면 관계 수사기관의 장은 지체 없이 해당 의장에게 영장의 사본을 첨부하여 그 사실을 알려야 한다.
⑤ 지방의회는 그 지방자치단체의 사무에 대하여 행정사무감사권 및 조사권을 갖는다.

[해설] ① 헌법 제118조 제1항
② 지방의회는 그 의결로 소속 지방의회의원의 사직을 허가할 수 있다. 다만, 폐회 중에는 지방의회의 의장이 허가할 수 있다(지방자치법 제89조).
③ 지방자치법 제75조 제1항
④ 지방자치법 제113조 제1항
⑤ 지방자치법 제49조 제1항

27 지방자치제도에 관한 설명으로 옳지 않은 것은? (다툼이 있으면 판례에 따름) ^{2020년 제8회}

① 제주특별자치도와 세종특별자치시는 지방자치법상 특별지방자치단체에 해당한다.

② 외국인도 지방자치단체의 주민의 지위를 가질 수 있다.

③ 지방자치법상 주민소송은 객관적 소송으로서 민중소송에 해당한다.

④ 비례대표 지방의회의원에 대해서는 주민소환을 할 수 없다.

⑤ 이행강제금의 부과·징수를 게을리한 행위는 주민소송의 대상이 되는 공금의 부과·징수를 게을리한 행위에 해당한다.

[해설] ① 지방자치단체는 보통지방자치단체(특별시·광역시·특별자치시·도·특별자치도와 시·군·자치구)와 특별지방자치단체(지방자치단체조합)로 구분된다. 따라서 제주특별자치도와 세종특별자치시는 보통지방자치단체에 해당한다.

② 지방자치단체의 구역에 주소를 가진 자는 그 지방자치단체의 주민이 된다(지방자치법 제16조).

⑤ 공금의 지출에 관한 사항, 재산의 취득·관리·처분에 관한 사항, 해당 지방자치단체를 당사자로 하는 매매·임차·도급 계약이나 그 밖의 계약의 체결·이행에 관한 사항 또는 지방세·사용료·수수료·과태료 등 공금의 부과·징수를 게을리한 사항을 감사청구한 주민은 그 감사청구한 사항과 관련이 있는 위법한 행위나 업무를 게을리한 사실에 대하여 해당 지방자치단체의 장을 상대방으로 하여 소송을 제기할 수 있다(지방자치법 제22조 제1항).

Answer 25. ② 26. ② 27. ①

28 지방자치단체의 사무에 관한 설명으로 옳은 것을 모두 고른 것은? (다툼이 있으면 판례에 따름) 2015년 제3회

> ㉠ 지방의회는 집행기관의 고유권한에 속하는 사항의 행사에 관하여 견제의 범위 내에서 소극적·사후적으로 개입할 수 있을 뿐만 아니라 사전에 적극적으로 개입할 수 있다.
>
> ㉡ 지방의회는 자치사무에 관하여 법률에 특별한 규정이 없는 한 조례로써 위와 같은 지방자치단체장의 고유권한을 침해하지 않는 범위 내에서 조례를 제정할 수 있다.
>
> ㉢ 지방의회는 지방자치단체 및 그 장이 위임받아 처리하는 국가사무와 시·도의 사무에 대하여 국회와 시·도 의회가 직접 감사하기로 한 사무도 감사할 수 있다.
>
> ㉣ 국가사무가 지방자치단체의 장에게 위임된 기관위임사무는 원칙적으로 자치 조례의 제정범위에 속하지 않는다.

① ㉠, ㉢
② ㉠, ㉣
③ ㉡, ㉢
④ ㉡, ㉣
⑤ ㉢, ㉣

해설 ㉠ 지방의회는 집행기관의 고유권한에 속하는 사항의 행사에 관하여 견제의 범위 내에서 소극적·사후적으로 개입할 수만 있을 뿐 사전에 적극적으로 개입할 수는 없다.
㉡ 지방의회는 자치사무에 관하여 법률에 특별한 규정이 없는 한 조례로써 위와 같은 지방자치단체장의 고유권한을 침해하지 않는 범위 내에서 조례를 제정할 수 있다.
㉢ 지방의회는 지방자치단체 및 그 장이 위임받아 처리하는 국가사무와 시·도의 사무에 대하여 국회와 시·도 의회가 직접 감사하기로 한 사무를 제외하고 감사할 수 있다(지방자치법 제49조 제3항).
㉣ 국가사무가 지방자치단체의 장에게 위임된 기관위임사무는 원칙적으로 자치조례의 제정범위에 속하지 않는다.

29 지방자치법상 지방의회의 권한에 해당하지 않는 것은? 2024년 제12회

① 청원의 수리와 처리에 관한 의결권
② 결산과 관련한 검사위원 선임권
③ 주민투표 회부권
④ 지방의회의원의 자격상실에 대한 의결권
⑤ 기금의 설치·운용에 관한 의결권

해설 ③ 지방자치단체의 장은 주민에게 과도한 부담을 주거나 중대한 영향을 미치는 지방자치단체의 주요 결정사항 등에 대하여 주민투표에 부칠 수 있다(지방자치법 제18조 제1항). 따라서 주민투표 회부권은 지방자치단체의 장의 권한이다.

30 지방자치단체의 조례에 관한 설명으로 옳지 않은 것은? (다툼이 있는 경우에는 판례에 의함)

2013년 제1회

① 주민의 권리제한 또는 의무부과에 관한 사항이나 벌칙을 조례로 정할 때에는 법률의 위임이 있어야 한다.

② 지방자치단체의 장은 조례안에 대하여 이의가 있는 경우 조례안의 일부에 대하여 또는 조례안을 수정하여 지방의회에 재의를 요구할 수 있다.

③ 조례가 집행행위의 개입 없이도 그 자체로서 직접 국민의 구체적인 권리의무나 법적 이익에 영향을 미치는 등의 법률상 효과를 발생하는 경우 그 조례는 항고소송의 대상이 되는 행정처분에 해당한다.

④ 기관위임사무는 원칙적으로 조례의 제정범위에 속하지 않지만, 그에 관한 개별법령에서 일정한 사항을 조례로 정하도록 위임하고 있는 경우에는 위임받은 사항에 관하여 개별법령의 취지에 부합하는 범위 내에서 위임조례를 정할 수 있다.

⑤ 조례는 특별한 규정이 없으면 공포한 날부터 20일이 지나면 효력을 발생한다.

해설 ① 조례는 법령의 범위 안에서 자치에 관한 규정을 정할 수 있다. 따라서 조례의 제정은 법령의 위임이 반드시 필요한 것은 아니다. 다만, 주민의 권리제한 또는 의무부과에 관한 사항이나 벌칙을 정할 때에는 법률의 위임이 있어야 한다. 질서위반행위에 대하여 조례로써 1천만 원 이하의 과태료를 정할 수 있다(지방자치법 제34조 제1항).
② 지방자치단체의 장은 이송받은 조례안에 대하여 이의가 있으면 20일 이내에 이유를 붙여 지방의회로 환부(還付)하고, 재의(再議)를 요구할 수 있다. 이 경우 지방자치단체의 장은 조례안의 일부에 대하여 또는 조례안을 수정하여 재의를 요구할 수 없다(지방자치법 제32조 제3항).
④ 조례제정사무는 자치사무와 단체위임사무이며, 기관위임사무는 원칙적으로 조례제정사무에서 제외된다. 다만 기관위임사무도 법령의 위임이 있는 경우에는 예외적으로 조례제정이 가능하다.
⑤ 조례는 특별한 규정이 없으면 공포한 날부터 20일이 지나면 효력을 발생한다(지방자치법 제32조 제8항).

> **지방자치법 제32조 【조례와 규칙의 제정 절차 등】** ① 조례안이 지방의회에서 의결되면 지방의회의 의장은 의결된 날부터 5일 이내에 그 지방자치단체의 장에게 이송하여야 한다.
> ② 지방자치단체의 장은 제1항의 조례안을 이송받으면 20일 이내에 공포하여야 한다.
> ③ 지방자치단체의 장은 이송받은 조례안에 대하여 이의가 있으면 20일 이내에 이유를 붙여 지방의회로 환부(還付)하고, 재의(再議)를 요구할 수 있다. 이 경우 지방자치단체의 장은 조례안의 일부에 대하여 또는 조례안을 수정하여 재의를 요구할 수 없다.
> ④ 지방의회는 제3항에 따라 재의 요구를 받으면 조례안을 재의에 부치고 재적의원 과반수의 출석과 출석의원 3분의 2 이상의 찬성으로 전(前)과 같은 의결을 하면 그 조례안은 조례로서 확정된다.
> ⑤ 지방자치단체의 장이 제2항의 기간에 공포하지 아니하거나 재의 요구를 하지 아니하더라도 그 조례안은 조례로서 확정된다.
> ⑥ 지방자치단체의 장은 제4항 또는 제5항에 따라 확정된 조례를 지체 없이 공포하여야 한다. 이 경우 제5항에 따라 조례가 확정된 후 또는 제4항에 따라 확정된 조례가 지방자치단체의 장에게 이송된 후 5일 이내에 지방자치단체의 장이 공포하지 아니하면 지방의회의 의장이 공포한다.
> ⑦ 제2항 및 제6항 전단에 따라 지방자치단체의 장이 조례를 공포하였을 때에는 즉시 해당 지방의회의 의장에게 통지하여야 하며, 제6항 후단에 따라 지방의회의 의장이 조례를 공포하였을 때에는 그 사실을 즉시 해당 지방자치단체의 장에게 통지하여야 한다.
> ⑧ 조례와 규칙은 특별한 규정이 없으면 공포한 날부터 20일이 지나면 효력을 발생한다.

Answer 28. ④ 29. ③ 30. ②

31 **지방자치법상 주민소송에 관한 설명으로 옳지 않은 것은?** 2022년 제10회

① 주민소송은 민중소송이며 객관소송이다.

② 해당 행위를 계속하면 회복하기 곤란한 손해가 발생할 우려가 있는 경우에 그 행위의 전부나 일부를 중지할 것을 요구하는 소송을 주민소송으로 제기할 수 있다.

③ 주민소송을 제기하기 위해서는 그에 앞서 당해 사안에 대해 주민감사청구를 하여야 한다.

④ 소송의 계속(繫屬) 중에 소송을 제기한 주민이 사망하면 소송절차는 중단된다.

⑤ 주민소송이 진행 중이라도 다른 주민은 같은 사항에 대하여 별도의 소송을 제기할 수 있다.

해설 주민소송은 주민이 지방자치단체의 위법한 재무회계행위를 시정하기 위하여 법원에 제기하는 소송으로 주민의 감사청구권을 실효성 있게 해주는 기능을 가진다. 주민소송은 구체적 권리침해가 없어도 주민이 적법성 통제를 목적으로 제기하는 객관적 소송이며, 공익 목적으로 제기하는 민중소송에 해당한다.

감사청구 사유	① 공금의 지출에 관한 사항 ② 재산의 취득·관리·처분에 관한 사항 ③ 해당 지방자치단체를 당사자로 하는 매매·임차·도급 계약이나 그 밖의 계약의 체결·이행에 관한 사항 ④ 지방세·사용료·수수료·과태료 등 공금의 부과·징수를 게을리한 사항으로 감사청구를 한 사항
원고적격	① 감사청구한 주민(1명의 청구도 가능, 감사청구 필요적 전치주의) ② 소송의 계속 중에 소송을 제기한 주민이 사망하거나 주민의 자격을 잃으면 소송절차는 중단된다. ③ 소송이 진행 중이면 다른 주민은 같은 사항에 대하여 별도의 소송을 제기할 수 없다.
피고적격	해당 지방자치단체의 장
제소사유	① 주무부장관이나 시·도지사가 감사청구를 수리한 날부터 60일이 지나도 감사를 끝내지 아니한 경우 ② 감독청의 감사결과 또는 조치요구에 불복하는 경우 ③ 주무부장관이나 시·도지사의 조치요구를 지방자치단체의 장이 이행하지 아니한 경우 ④ 지방자치단체의 장의 이행조치에 불복하는 경우
소송유형	① 해당 행위를 계속하면 회복하기 어려운 손해를 발생시킬 우려가 있는 경우에는 그 행위의 전부나 일부를 중지할 것을 요구하는 소송 ② 행정처분인 해당 행위의 취소 또는 변경을 요구하거나 그 행위의 효력 유무 또는 존재 여부의 확인을 요구하는 소송 ③ 게을리한 사실의 위법확인을 요구하는 소송 ④ 해당 지방자치단체의 장 및 직원, 지방의회의원, 해당 행위와 관련이 있는 상대방에게 손해배상청구 또는 부당이득반환청구를 할 것을 요구하는 소송
제소기간	제소사유가 발생한 날로부터 90일 이내

32 **지방자치법상 지방자치단체에 해당하지 않는 것은?** 2013년 제1회

① 광역시   ② 특별자치시   ③ 특별자치도

④ 군(郡)   ⑤ 읍(邑)

해설

> **지방자치법 제2조【지방자치단체의 종류】** ① 지방자치단체는 다음의 두 가지 종류로 구분한다.
> 1. 특별시, 광역시, 특별자치시, 도, 특별자치도
> 2. 시, 군, 구
> ② 지방자치단체인 구(이하 "자치구"라 한다)는 특별시와 광역시의 관할 구역의 구만을 말하며, 자치구의 자치권의 범위는 법령으로 정하는 바에 따라 시·군과 다르게 할 수 있다.
> ③ 제1항의 지방자치단체 외에 특정한 목적을 수행하기 위하여 필요하면 따로 특별지방자치단체를 설치할 수 있다.

33 **공무원관계에 관한 판례의 태도로 옳은 것은?** 2022년 제10회

① 공무원임용결격사유가 있는지의 여부는 임용 당시가 아닌 채용후보자 명부에 등록한 때에 시행되던 법률을 기준으로 하여 판단하여야 한다.

② 임용 당시 공무원임용결격사유가 있었다면 비록 국가의 과실에 의하여 임용결격자임을 밝혀내지 못하였다 하더라도 그 임용행위는 당연무효이다.

③ 국가가 공무원임용결격사유가 있는 자에 대해 결격사유가 있음을 알지 못하고 임용하였다가 사후에 결격사유가 있는 자임을 발견하고 임용행위를 취소하는 경우, 그 취소권은 시효의 제한을 받는다.

④ 시험승진후보자명부에서의 삭제행위는 행정처분이다.

⑤ 직위해제는 징계처분에 해당한다.

해설 ① 임용결격사유 여부는 임용 당시에 시행되는 법률을 기준으로 판단한다.
③ 국가가 공무원임용결격사유가 있는 자에 대해 결격사유가 있음을 알지 못하고 임용하였다가 사후에 결격사유가 있는 자임을 발견하고 임용행위를 취소하는 경우, 그 취소권은 무효를 확인하는 것에 해당하므로 시효의 제한을 받지 않는다.
④ 시험승진후보자명부에서의 삭제행위는 행정청의 내부 준비과정에 불과하므로 행정처분이 아니다.
⑤ 직위해제는 잠정적인 조치로서 징벌적 제재로서의 징계와는 성질이 다르다. 따라서 직위해제 중인 자에 대해 동일한 사유로 직권면직이나 징계처분을 하여도 이중처벌에 해당하는 것이 아니다. 또한 직위해제 중인 자에 대해 파면처분이 있으면 직위해제처분은 효력을 상실한다.

Answer 31. ⑤   32. ⑤   33. ②

34 국가공무원에 관한 설명으로 옳지 않은 것은? (다툼이 있으면 판례에 따름) 2023년 제11회

① 공무원의 신분과 지위의 특수성상 공무원에 대해서는 일반 국민에 비해 보다 넓고 강한 기본권 제한이 가능하다.

② 공무원이 그 직무를 수행함에 있어 소속 상관의 명백한 위법 내지 불법한 명령에 따라야 할 의무는 없다.

③ 법관, 검사, 외무공무원은 일반직공무원에 해당한다.

④ 모든 공무원은 법령을 준수하며 성실히 직무를 수행하여야 한다.

⑤ 국가기관의 장은 소속 공무원을 임용할 때 합리적인 이유 없이 사회적 신분을 이유로 차별해서는 아니 된다.

해설

✦ 공무원의 종류

경력직 공무원	일반직	기술·연구·행정 등의 일반 업무를 담당하는 공무원
	특정직	법관, 검사, 외무공무원, 경찰공무원, 소방공무원, 교육공무원, 군인, 군무원, 헌법재판소 헌법연구관, 국가정보원의 직원, 경호공무원과 특수 분야의 업무를 담당하는 공무원으로서 다른 법률에서 특정직공무원으로 지정하는 공무원
특수경력직 공무원	정무직	• 선거로 취임하거나 임명할 때 국회의 동의가 필요한 공무원 • 고도의 정책결정 업무를 담당하거나 이러한 업무를 보조하는 공무원으로서 법률이나 대통령령(대통령비서실 및 국가안보실의 조직에 관한 대통령령만 해당한다)에서 정무직으로 지정하는 공무원
	별정직	비서관·비서 등 보좌업무 등을 수행하거나 특정한 업무 수행을 위하여 법령에서 별정직으로 지정하는 공무원

35 국가공무원법령상 공무원의 징계와 관련된 설명으로 옳은 것은? 2017년 제5회

① 형벌과 징계벌 사이에는 일사부재리의 원칙이 적용된다.

② 징계 중 파면, 해임, 강등을 중징계라 하고, 정직, 감봉, 견책을 경징계라 한다.

③ 금전의 수수행위에 대한 징계의결 등의 요구는 징계 등의 사유가 발생한 날부터 3년이 지나면 하지 못한다.

④ 징계처분에 대한 행정소송은 소청심사위원회의 심사·결정을 거치지 아니하고도 제기할 수 있다.

⑤ 수사기관에서 수사 중인 사건에 대하여는 수사개시의 통보를 받은 날로부터 징계절차를 진행하지 아니할 수 있다.

(해설) ① 징계벌과 형벌은 병과가 가능하며, 일사부재리의 원칙을 적용하지 않는다.

② 국가공무원법상 징계는 파면·해임·강등·정직·감봉·견책으로 구분한다. 징계 중 파면·해임·강등·정직을 중징계라 하고, 감봉·견책을 경징계라 한다.

③

국가공무원법

제83조의2【징계 및 징계부가금 부과 사유의 시효】 ① 징계의결등의 요구는 징계 등 사유가 발생한 날부터 다음 각 호의 구분에 따른 기간이 지나면 하지 못한다.

 1. 징계 등 사유가 다음 각 목의 어느 하나에 해당하는 경우: 10년

  가. 「성매매알선 등 행위의 처벌에 관한 법률」 제4조에 따른 금지행위

  나. 「성폭력범죄의 처벌 등에 관한 특례법」 제2조에 따른 성폭력범죄

  다. 「아동·청소년의 성보호에 관한 법률」 제2조 제2호에 따른 아동·청소년대상 성범죄

  라. 「양성평등기본법」 제3조 제2호에 따른 성희롱

 2. 징계 등 사유가 제78조의2 제1항 각 호의 어느 하나에 해당하는 경우: 5년

 3. 그 밖의 징계 등 사유에 해당하는 경우: 3년

제78조의2【징계부가금】 ① 제78조에 따라 공무원의 징계 의결을 요구하는 경우 그 징계 사유가 다음 각 호의 어느 하나에 해당하는 경우에는 해당 징계 외에 다음 각 호의 행위로 취득하거나 제공한 금전 또는 재산상 이득(금전이 아닌 재산상 이득의 경우에는 금전으로 환산한 금액을 말한다)의 5배 내의 징계부가금 부과 의결을 징계위원회에 요구하여야 한다.

 1. 금전, 물품, 부동산, 향응 또는 그 밖에 대통령령으로 정하는 재산상 이익을 취득하거나 제공한 경우

 2. 다음 각 목에 해당하는 것을 횡령(橫領), 배임(背任), 절도, 사기 또는 유용(流用)한 경우

  가. 「국가재정법」에 따른 예산 및 기금

  나. 「지방재정법」에 따른 예산 및 「지방자치단체 기금관리기본법」에 따른 기금

  다. 「국고금 관리법」 제2조 제1호에 따른 국고금

  라. 「보조금 관리에 관한 법률」 제2조 제1호에 따른 보조금

  마. 「국유재산법」 제2조 제1호에 따른 국유재산 및 「물품관리법」 제2조 제1항에 따른 물품

  바. 「공유재산 및 물품 관리법」 제2조 제1호 및 제2호에 따른 공유재산 및 물품

  사. 그 밖에 가목부터 바목까지에 준하는 것으로서 대통령령으로 정하는 것

---

④ 징계처분, 그 밖에 본인의 의사에 반한 불리한 처분이나 부작위에 관한 행정소송은 소청심사위원회의 심사·결정을 거치지 아니하면 제기할 수 없다(국가공무원법 제16조 제1항).

⑤ 검찰·경찰, 그 밖의 수사기관에서 수사 중인 사건에 대하여는 수사개시 통보를 받은 날부터 징계의결의 요구나 그 밖의 징계 절차를 진행하지 아니할 수 있다(국가공무원법 제83조 제2항).

Answer 34. ③   35. ⑤

36 공무원의 신분관계에 관한 설명으로 옳은 것은? (다툼이 있으면 판례에 따름) 2016년 제4회

① 국가공무원법상 임용결격사유는 모두 당연퇴직사유에 해당된다.

② 지방공무원법상 정규공무원 임용행위와 시보임용행위는 별도의 임용행위이므로 그 요건과 효력은 개별적으로 판단해야 한다.

③ 직위해제처분이 있은 후 동일한 사유에 대해 다시 해임처분이 있다면 일사부재리의 법리에 어긋난다.

④ 징계의 종류로서 파면과 해임은 둘 다 공무원 신분을 박탈시키며 공직취임 제한기간이 동일하다는 점에 있어서는 차이가 없다.

⑤ 공무원 임용결격사유가 있는지의 여부는 임용 당시가 아니라 채용후보자 명부에 등록한 때의 법률을 기준으로 판단해야 한다.

[해설] ①, ⑤ 결격사유자에 대한 공무원의 임용행위는 당연무효이며, 임용결격자가 공무원으로 임용되어 사실상 근무하였다 하더라도 공무원연금법이나 근로기준법 소정의 퇴직금청구를 할 수 없다. 임용결격사유 여부는 임용 당시에 시행되는 법률을 기준으로 판단한다. 이때 국가공무원법상 임용결격사유 중에서 성적요건이 결여된 자에 대한 임용은 취소할 수 있는 행위로 된다.

③ 직위해제 중인 자에 대해 동일한 사유로 직권면직이나 징계처분을 하여도 이중처벌에 해당하는 것이 아니다. 또한 직위해제 중인 자에 대해 파면처분이 있으면 직위해제처분은 효력을 상실한다.

④ 파면: 공무원의 신분을 박탈하는 것으로 공직에의 취임제한(5년), 공무원연금법상 연금의 제한이 있다.

해임: 공무원의 신분을 박탈하는 것으로 공직에의 취임제한(3년)이 있다(연금제한은 없다).

37 판례에 의할 때 공무원의 신분관계에 관한 설명으로 옳은 것은? 2024년 제12회

① 임용 당시 공무원임용 결격사유가 있었다면 비록 국가의 과실에 의하여 임용결격자임을 밝혀내지 못하였다 하더라도 그 임용행위는 당연 무효이다.

② 공무원에 대한 직위해제처분이 있은 후 동일한 사유로 다시 해임처분을 하는 것은 일사부재리의 법리에 어긋난다.

③ 국가공무원법상 당연퇴직의 인사발령은 항고소송의 대상이 되는 처분에 해당한다.

④ 국가공무원법상의 직위해제처분에는 의견청취에 관한 행정절차법 규정이 적용된다.

⑤ 임용행위의 하자로 임용행위가 취소되어 소급적으로 공무원의 지위를 상실한 자도 공무원연금법에서 정한 퇴직급여를 청구할 수 있다.

해설 ② 직위해제 중인 자에 대해 동일한 사유로 직권면직이나 징계처분을 하여도 이중처벌에 해당하는 것이 아니다.

③ 단순한 사실행위로서 이루어지는 통지·통보(예 정년퇴직 발령, 공무원임용결격사유자에 대한 공무원임용취소 통보, 당연퇴직의 인사발령 통보 등)는 처분성이 부정된다.

④ 국가공무원법상의 직위해제처분은 구 행정절차법 제3조 제2항 제9호, 동법 시행령 제2조 제3호에 의하여 당해 행정작용의 성질상 행정절차를 거치기 곤란하거나 불필요하다고 인정되는 사항 또는 행정절차에 준하는 절차를 거친 사항에 해당하므로, 처분의 사전통지 및 의견청취 등에 관한 행정절차법의 규정이 별도로 적용되지 아니한다고 봄이 상당하다(2012두26180).

⑤ 임용결격사유자에 대한 공무원의 임용행위는 당연무효이며, 임용결격자가 공무원으로 임용되어 사실상 근무하였다 하더라도 공무원연금법이나 근로기준법 소정의 퇴직금청구를 할 수 없다.

38 공무원의 권리와 의무에 관한 설명으로 옳지 않은 것은? (다툼이 있으면 판례에 따름)

2019년 제7회

① 지방공무원법에 따라 공무원은 직무수행 시 소속상사의 직무상 명령에 복종하여야 하지만, 이에 대한 의견을 진술할 수 있다.

② 공무원이 보수에 해당하는 금원지급을 구할 경우 해당 보수항목이 국가예산에 계상되어 있어야만 하는 것은 아니다.

③ 지방공무원법에 따른 고충심사의 결정은 행정처분이 아니다.

④ 지급결정된 연금의 지급청구소송은 공법상 당사자소송으로 제기되어야 한다.

⑤ 공무원연금법상 연금수급권은 사회보장수급권과 재산권의 성격을 함께 가진다.

해설 ① 공무원은 직무를 수행할 때 소속 상사의 직무상 명령에 복종하여야 한다. 다만, 이에 대한 의견을 진술할 수 있다(지방공무원법 제49조).

② 공무원이 국가를 상대로 실질이 보수에 해당하는 금원의 지급을 구하려면 공무원의 '근무조건 법정주의'에 따라 국가공무원법령 등 공무원의 보수에 관한 법률에 그 지급근거가 되는 명시적 규정이 존재하여야 하고, 나아가 해당 보수 항목이 국가예산에도 계상되어 있어야만 한다(2017두64606).

③ 고충심사제도는 공무원으로서의 권익을 보장하고 적정한 근무환경을 조성하여 주기 위하여 근무조건 또는 인사관리 기타 신상문제에 대하여 법률적인 쟁송의 절차에 의하여서가 아니라 사실상의 절차에 의하여 그 시정과 개선책을 청구하여 줄 것을 임용권자에게 청구할 수 있도록 한 제도로서, 고충심사결정 자체에 의하여는 어떠한 법률관계의 변동이나 이익의 침해가 직접적으로 생기는 것은 아니므로 고충심사의 결정은 행정상 쟁송의 대상이 되는 행정처분이라고 할 수 없다(87누657·658).

39 국가공무원법상 소청에 관한 설명으로 옳은 것은? 2020년 제8회

① 소청을 통해 위법한 거부처분에 대하여 의무이행을 구하는 심사청구를 할 수 없다.

② 징계처분에 대해 소청심사위원회의 심사·결정을 거치지 아니하면 행정소송을 제기할 수 없다.

③ 소청심사위원회가 소청인에게 진술 기회를 주지 아니하고 내린 결정은 취소사유의 하자가 있다.

④ 징계처분에 대한 소청에 대하여는 불이익변경금지원칙이 적용되지 아니한다.

⑤ 행정기관 소속 공무원의 소청을 심사하는 소청심사위원회는 법제처에 둔다.

[해설] ① 위법한 거부처분이나 부작위에 대하여 의무이행을 구하는 심사청구가 이유 있다고 인정되면 지체 없이 청구에 따른 처분을 하거나 이를 할 것을 명한다(국가공무원법 제14조 제6항 제5호).
② 징계처분, 그 밖에 본인의 의사에 반한 불리한 처분이나 부작위에 관한 행정소송은 소청심사위원회의 심사·결정을 거치지 아니하면 제기할 수 없다(국가공무원법 제16조 제1항).
③ 소청심사위원회가 소청 사건을 심사할 때에는 소청인 또는 그의 대리인에게 진술 기회를 주어야 하며, 진술 기회를 주지 아니한 결정은 무효로 한다(국가공무원법 제13조).
④ 소청심사위원회가 징계처분 또는 징계부가금 부과처분을 받은 자의 청구에 따라 소청을 심사할 경우에는 원징계처분보다 무거운 징계 또는 원징계부가금 부과처분보다 무거운 징계부가금을 부과하는 결정을 하지 못한다(국가공무원법 제14조 제8항).
⑤ 소청심사위원회는 인사혁신처에 둔다(국가공무원법 제9조 제1항).

40 국가공무원법상 징계처분과 소청 등에 관한 설명으로 옳지 않은 것은? (다툼이 있으면 판례에 따름) 2021년 제9회

① 공무원에 대한 직위해제처분은 징계처분이다.

② 직위해제처분과 그 후속 직권면직처분은 별개 독립의 처분으로 일사부재리원칙에 위배되지 않는다.

③ 소청심사위원회가 소청 사건을 심사할 때 소청인에게 진술 기회를 주지 아니한 결정은 무효이다.

④ 소청심사위원회의 결정은 처분 행정청을 기속한다.

⑤ 소청심사위원회의 결정은 그 이유를 구체적으로 밝힌 결정서로 하여야 한다.

[해설] ①, ② 직위해제는 잠정적인 조치로서 징벌적 제재로서의 징계와는 성질이 다르다. 따라서 직위해제 중인 자에 대해 동일한 사유로 직권면직이나 징계처분을 하여도 이중처벌에 해당하는 것이 아니다. 또한 직위해제 중인 자에 대해 파면처분이 있으면 직위해제처분은 효력을 상실한다.
③ 소청심사위원회가 소청 사건을 심사할 때에는 소청인 또는 그의 대리인에게 진술 기회를 주어야 하며, 진술 기회를 주지 아니한 결정은 무효로 한다(국가공무원법 제13조).
④ 소청심사위원회의 결정은 처분 행정청을 기속한다(국가공무원법 제15조).
⑤ 소청심사위원회의 결정은 그 이유를 구체적으로 밝힌 결정서로 하여야 한다(국가공무원법 제14조 제9항).

41 공무원관계에 관한 내용으로 옳지 않은 것은? (다툼이 있는 경우에는 판례에 의함) 2014년 제2회

① 임용 당시 공무원임용결격사유가 있었다면 비록 국가의 과실에 의하여 임용결격자임을 밝혀내지 못하였다 하더라도 그 임용행위는 당연무효이다.

② 직위해제는 국가공무원법상 징계에 해당한다.

③ 공무원은 소속 상관이 종교중립에 위배되는 직무상 명령을 한 경우에는 따르지 아니할 수 있다.

④ 공무원이 한 사직의 의사표시는 의원면직처분이 있고 난 이후에는 철회나 취소를 할 수 없다.

⑤ 임용결격자가 공무원으로 임용되어 사실상 근무하였다 하더라도 공무원연금법이나 근로기준법 소정의 퇴직금청구를 할 수 없다.

[해설] ①, ⑤ 결격사유자에 대한 공무원의 임용행위는 당연무효이며, 임용결격자가 공무원으로 임용되어 사실상 근무하였다 하더라도 공무원연금법이나 근로기준법 소정의 퇴직금청구를 할 수 없다. 임용결격사유 여부는 임용 당시에 시행되는 법률을 기준으로 판단한다.

② 직위해제는 잠정적인 조치로서 징벌적 제재로서의 징계와는 성질이 다르다.

③ 공무원은 종교에 따른 차별 없이 직무를 수행하여야 한다. 공무원은 소속 상관이 종교중립에 위배되는 직무상 명령을 한 경우에는 따르지 아니할 수 있다(국가공무원법 제59조의2).

④ 1980년의 공직자숙정계획의 일환으로 일괄사표의 제출과 선별수리의 형식으로 공무원에 대한 의원면직처분이 이루어진 경우, 사직원 제출행위가 강압에 의하여 의사결정의 자유를 박탈당한 상태에서 이루어진 것이라고 할 수 없고 민법상 비진의 의사표시의 무효에 관한 규정은 사인의 공법행위에 적용되지 않는다는 등의 이유로 그 의원면직처분을 당연무효라고 할 수 없다. 공무원이 한 사직 의사표시의 철회나 취소는 그에 터잡은 의원면직처분이 있을 때까지 할 수 있는 것이고, 일단 면직처분이 있고 난 이후에는 철회나 취소할 여지가 없다(99두9971).

PART 07

Answer 39. ② 40. ① 41. ②

42 국가공무원의 법률관계에 관한 설명으로 옳지 않은 것은? (다툼이 있으면 판례에 따름)

2020년 제8회

① 공무원임용에 결격사유가 있는지의 여부는 임용 당시에 시행되던 법률을 기준으로 판단하여야 한다.

② 공무원은 임용장이나 임용통지서에 적힌 날짜에 임용된 것으로 본다.

③ 공무원임용결격사유가 있는 자를 공무원에 임명하는 행위는 당연무효이다.

④ 국가공무원법상의 직위해제처분에는 사전통지에 관한 행정절차법 규정이 적용된다.

⑤ 당연퇴직의 사실을 알리는 통지행위는 행정소송법상 처분에 해당하지 않는다.

[해설] ① 공무원임용결격사유가 있는지의 여부는 채용후보자 명부에 등록한 때가 아닌 임용 당시에 시행되던 법률을 기준으로 하여 판단하여야 한다.

② 공무원은 임용장이나 임용통지서에 적힌 날짜에 임용된 것으로 보며, 임용일자를 소급해서는 아니 된다(공무원임용령 제6조 제1항).

③ 임용 당시 공무원임용결격사유가 있었다면 비록 국가의 과실에 의하여 임용결격자임을 밝혀내지 못하였다 하더라도 그 임용행위는 당연무효이다.

④ 국가공무원법상 직위해제처분의 경우에는 처분의 사전통지 및 의견청취 등에 관한 행정절차법의 규정이 별도로 적용되지 않는다. 국가공무원법상 직위해제처분은 행정절차법에 의하여 당해 행정작용의 성질상 행정절차를 거치기 곤란하거나 불필요하다고 인정되는 사항 또는 행정절차에 준하는 절차를 거친 사항에 해당하므로, 처분의 사전통지 및 의견청취 등에 관한 행정절차법의 규정이 별도로 적용되지 않는다(2012두26180).

⑤ 당연퇴직의 인사발령은 법률상 당연히 발생하는 퇴직 사실에 대한 관념의 통지로서 발생하는 것이고 당연퇴직이라는 별도의 행정처분이 있는 것이 아니다(79누65).

43 경찰관 직무집행법상 사실의 확인을 위하여 경찰관이 출석 요구서를 보내 경찰관서에 출석할 것을 요구할 수 있는 직무수행으로 명시되어 있지 않은 것은? 2023년 제11회

① 미아를 인수할 보호자 확인

② 유실물을 인수할 권리자 확인

③ 사고로 인한 사상자 확인

④ 긴급구호를 요청받은 보건의료기관에 대한 요청사실의 확인

⑤ 행정처분을 위한 교통사고 조사에 필요한 사실 확인

해설

경찰관 직무직행법 제8조【사실의 확인 등】 ② 경찰관은 다음 각 호의 직무를 수행하기 위하여 필요하면 관계인에게 출석하여야 하는 사유·일시 및 장소를 명확히 적은 출석 요구서를 보내 경찰관서에 출석할 것을 요구할 수 있다.
1. 미아를 인수할 보호자 확인
2. 유실물을 인수할 권리자 확인
3. 사고로 인한 사상자(死傷者) 확인
4. 행정처분을 위한 교통사고 조사에 필요한 사실 확인

44 경찰권발동의 조리상의 한계에 해당하지 않는 것은? 2015년 제3회

① 사주소불가침의 원칙　　② 경찰비례의 원칙
③ 경찰공공의 원칙　　④ 경찰평등의 원칙
⑤ 경찰적극목적의 원칙

해설 ①, ③ 경찰공공의 원칙: 경찰권의 행사는 사회공공의 안녕·질서의 유지에만 발동하며, 사회공공의 안녕·질서의 유지와 관계없이 1) 사생활 침해, 2) 사주소 침해, 3) 민사관계 침해의 경찰권의 행사는 금지된다.
② 경찰비례의 원칙: 경찰권의 발동에는 과잉금지의 원칙이 적용된다.
④ 경찰평등의 원칙: 경찰권의 발동은 불합리한 차별이 있어서는 아니 된다.
⑤ 경찰소극목적의 원칙: 경찰권의 행사는 사회공공의 안녕·질서에 대한 위해의 방지·제거라는 소극적 목적을 위해서만 가능하다.
그 외에도 경찰책임의 원칙(경찰권은 사회공공의 안녕·질서에 대한 위해가 발생하거나 발생할 우려가 있는 경우에 그에 대한 책임이 있는 자에 대해서만 발동되어야 한다)이 있다.

PART 07

Answer 42.④ 43.④ 44.⑤

45 ( )에 들어갈 수 있는 것으로 옳은 것을 모두 고른 것은? 2018년 제6회

> 경찰관 직무집행법에 따르면, 경찰관은 주위 사정을 합리적으로 판단해 볼 때 ( )에 해당하는 것이 명백하고 응급구호가 필요하다고 믿을 만한 상당한 이유가 있는 사람을 발견하였을 때에는 보건의료기관에 긴급구호를 요청하거나 경찰관서에 보호하는 등 적절한 조치를 할 수 있다.

> ㉠ 자살을 시도하는 사람
> ㉡ 정신착란을 일으켜 타인의 신체에 위해를 끼칠 우려가 있는 사람
> ㉢ 술에 취하여 자신의 재산에 위해를 끼칠 우려가 있는 사람
> ㉣ 부상자로서 적당한 보호자가 없음에도 구호를 거절하는 사람

① ㉠, ㉡   ② ㉢, ㉣

③ ㉠, ㉡, ㉢   ④ ㉡, ㉢, ㉣

⑤ ㉠, ㉡, ㉢, ㉣

해설

경찰관 직무집행법 제4조【보호조치 등】 ① 경찰관은 수상한 행동이나 그 밖의 주위 사정을 합리적으로 판단해 볼 때 다음 각 호의 어느 하나에 해당하는 것이 명백하고 응급구호가 필요하다고 믿을 만한 상당한 이유가 있는 사람(이하 "구호대상자"라 한다)을 발견하였을 때에는 보건의료기관이나 공공구호기관에 긴급구호를 요청하거나 경찰관서에 보호하는 등 적절한 조치를 할 수 있다.

1. 정신착란을 일으키거나 술에 취하여 자신 또는 다른 사람의 생명·신체·재산에 위해를 끼칠 우려가 있는 사람
2. 자살을 시도하는 사람
3. 미아, 병자, 부상자 등으로서 적당한 보호자가 없으며 응급구호가 필요하다고 인정되는 사람. 다만, 본인이 구호를 거절하는 경우는 제외한다.

46 경찰관직무집행법의 내용으로 옳지 않은 것은? 2017년 제5회

① 경찰관은 어떠한 죄를 범하려 하고 있다고 의심할 만한 상당한 이유가 있는 사람에 대하여 정지시켜 질문할 수 있다.

② 경찰관이 불심검문 장소에서 질문하는 것이 교통에 방해가 된다고 인정하여 가까운 경찰서로 동행을 요구한 경우, 동행을 요구받은 사람은 이를 거절할 수 없다.

③ 외국 정부기관 및 국제기구와의 국제협력은 경찰관의 직무에 해당한다.

④ 경찰관은 대테러 작전 등 국가안전에 관련되는 작전을 수행할 때에는 개인화기 외에 공용화기를 사용할 수 있다.

⑤ 경찰장구란 경찰관이 휴대하여 범인 검거와 범죄 진압 등의 직무수행에 사용하는 수갑, 포승 등을 말한다.

해설

경찰관 직무집행법 제3조 【불심검문】 ① 경찰관은 다음 각 호의 어느 하나에 해당하는 사람을 정지시켜 질문할 수 있다.
1. 수상한 행동이나 그 밖의 주위 사정을 합리적으로 판단하여 볼 때 어떠한 죄를 범하였거나 범하려 하고 있다고 의심할 만한 상당한 이유가 있는 사람
2. 이미 행하여진 범죄나 행하여지려고 하는 범죄행위에 관한 사실을 안다고 인정되는 사람
② 경찰관은 제1항에 따라 같은 항 각 호의 사람을 정지시킨 장소에서 질문을 하는 것이 그 사람에게 불리하거나 교통에 방해가 된다고 인정될 때에는 질문을 하기 위하여 가까운 경찰서·지구대·파출소 또는 출장소로 동행할 것을 요구할 수 있다. 이 경우 동행을 요구받은 사람은 그 요구를 거절할 수 있다.

③ 경찰관 직무집행법 제2조
④ 경찰관 직무집행법 제10조의4 제3항
⑤ 경찰관 직무집행법 제10조의2 제2항

Answer 45. ③ 46. ②

47 **경찰관 직무집행법의 내용으로 옳지 않은 것은?** 2024년 제12회

① 불심검문과정에서 경찰관으로부터 가까운 경찰서로 동행할 것을 요구받은 사람은 그 요구를 거절할 수 있다.

② 불심검문과정에서 경찰관은 그 대상이 되는 사람에게 질문을 할 때에 흉기를 가지고 있는지를 조사할 수 있다.

③ 불심검문과정에서 경찰관으로부터 질문을 받은 사람은 그 의사에 반하여 답변을 강요당하지 아니한다.

④ 경찰관은 재산에 중대한 손해를 끼칠 우려가 있는 인공구조물의 파손이 있을 때에는 그 장소에 있는 사람에게 위해를 방지하기 위하여 필요하다고 인정되는 조치를 하게 할 수 있다.

⑤ 경찰관의 적법한 직무집행으로 인하여 손실을 입은 자는 그 손실발생의 원인에 대하여 책임이 있는 경우라도 그 손실 전부에 대하여 보상을 받을 수 있다.

해설 ① 경찰관 직무집행법 제3조 제2항
② 경찰관 직무집행법 제3조 제3항
③ 경찰관 직무집행법 제3조 제7항
④ 경찰관 직무집행법 제5조 제1항
⑤ 손실발생의 원인에 대하여 책임이 있는 경우에 해당하면 자신의 책임에 상응하는 정도를 초과하는 손실에 대하여 정당한 보상을 하여야 한다(경찰관 직무집행법 제11조의2 제1항 제2호).

48 **경찰관 직무집행법의 내용으로 옳지 않은 것은?** 2016년 제4회

① 경찰장구란 경찰관이 휴대하여 범인 검거와 범죄 진압 등의 직무 수행에 사용하는 수갑, 포승, 경찰봉, 방패 등을 말한다.

② 경찰관이 보호조치를 하는 경우에 구호대상자가 휴대하고 있는 무기 등 위험을 일으킬 수 있는 물건을 경찰관서에 임시로 영치하여 놓을 수 있다.

③ 경찰관이 불심검문 과정에서 경찰서에 동행할 것을 요구한 경우, 동행을 요구받은 사람은 이를 거절할 수 없다.

④ 경찰관은 불심검문과 관련하여 동행요구에 응해 경찰서로 동행한 사람을 6시간을 초과하여 경찰관서에 머물게 할 수 없다.

⑤ 경찰관의 적법한 직무집행으로 인하여 손실을 입은 경우에 대한 보상은 경찰관 직무집행법에 명문화되어 있다.

해설

①

> **경찰관 직무집행법 제10조의2【경찰장구의 사용】** ① 경찰관은 다음 각 호의 직무를 수행하기 위하여 필요하다고 인정되는 상당한 이유가 있을 때에는 그 사태를 합리적으로 판단하여 필요한 한도에서 경찰장구를 사용할 수 있다.
>   1. 현행범이나 사형·무기 또는 장기 3년 이상의 징역이나 금고에 해당하는 죄를 범한 범인의 체포 또는 도주 방지
>   2. 자신이나 다른 사람의 생명·신체의 방어 및 보호
>   3. 공무집행에 대한 항거(抗拒) 제지
> ② 제1항에서 "경찰장구"란 경찰관이 휴대하여 범인 검거와 범죄 진압 등의 직무 수행에 사용하는 수갑, 포승(捕繩), 경찰봉, 방패 등을 말한다.

② 경찰관 직무집행법 제4조 제3항
③ 동행을 요구받은 사람은 그 요구를 거절할 수 있다(경찰관 직무집행법 제3조 제2항).
④ 경찰관 직무집행법 제3조 제6항
⑤ 경찰관 직무집행법 제11조의2 제1항

49 경찰책임에 관한 설명으로 옳은 것은? 2019년 제7회

① 경찰위험에 책임이 없는 제3자에게 경찰권을 발동하려면 경찰긴급상태의 요건을 갖추어야 한다.
② 물건으로 인한 위험이나 장해로부터 발생하는 경찰책임을 행위책임이라고 한다.
③ 행위책임은 공법적 책임이므로 고의나 과실을 요한다.
④ 사법상 법인은 경찰책임을 부담하지 아니한다.
⑤ 외국인은 경찰책임을 부담하지 아니한다.

해설 ① 1) 이미 경찰상 장해가 발생하였거나 급박한 위험이 존재하여 경찰권 발동이 불가피하고, 2) 경찰책임자에 대한 경찰권의 발동이나 경찰 스스로는 위해의 제거가 불가능해야 하며, 3) 제3자의 조력이 불가피한 경우에는 4) 비례의 원칙에 따라 제3자에 대한 경찰권의 발동이 가능하다. 이러한 경우 제3자의 손실에 대해서는 보상이 이루어져야 한다.
②, ③, ④, ⑤ 행위책임(자기책임)은 자신의 행위 또는 자신의 보호·감독하에 있는 자의 행위로 인하여 공공의 안녕과 질서에 대한 위해가 발생한 경우에 발생하는 책임이다. 행위책임은 고의·과실 여부를 묻지 않으며, 행위능력 여부를 불문하고, 자연인·법인, 성년·미성년자 및 내국인·외국인 여부를 불문한다. 또한 행위에는 작위뿐만 아니라 부작위도 포함한다.

Answer 47. ⑤ 48. ③ 49. ①

PART 07

50 **경찰책임에 관한 설명으로 옳지 않은 것은?** 2022년 제10회

① 행위능력이 없는 자도 경찰책임자가 될 수 있다.

② 경찰책임자에 대한 경찰권의 발동이 어려운 경우에는 예외적으로 경찰책임이 없는 자에게도 경찰권이 발동될 수 있다.

③ 물건에 대한 권원의 유무와 관계없이 물건을 현실적으로 지배하고 있는 자에게도 상태책임이 인정된다.

④ 행위책임의 행위에는 부작위를 포함한다.

⑤ 타인을 감독하는 자가 타인의 행위에 대하여 지는 경찰책임은 자기책임이 아니라 타인의 책임을 대신하여 지는 것이다.

해설 ③ 상태책임은 사회공공의 안녕·질서에 대한 위해가 물건·동물로부터 발생된 경우 그 물건·동물의 소유자 또는 현실적인 지배권을 가지고 있는 재(권원의 유무와 관계없이 부담)에게 그 부담이 귀속되는 책임을 의미한다.
⑤ 자신의 보호·감독하에 있는 자의 행위로 인한 경찰책임은 그 타인에 대한 선임·감독상의 의무에서 발생하는 자기책임이다.

51 **공물에 관한 설명으로 옳은 것은?** 2022년 제10회

① 공공용물은 직접 행정주체 자신의 사용에 제공된 공물을 말한다.

② 국가 또는 지방자치단체가 소유권자인 공물을 국유공물이라 한다.

③ 공물의 관리주체와 공물의 귀속주체가 다른 공물을 자유공물(自有公物)이라고 한다.

④ 경찰견은 동산공물에 해당한다.

⑤ 도로, 공원 등은 자연공물에 해당한다.

해설

행정목적	**공공용물**	일반공중의 공동사용을 위해 제공된 물건(도로, 공원, 하천 등)
	공용물	행정주체가 직접 사용하기 위해 제공된 물건(행정기관의 청사, 관공서의 각종 비품)
	보존공물	공적 목적을 위해 보존을 목적으로 하는 물건(문화재)
성립과정	**인공공물**	도로·공원
	자연공물	하천·해변·갯벌
소유권귀속	**국유공물**	국가가 소유권자
	공유공물	지방자치단체가 소유권자
	사유공물	사인이 소유권자
소유주체와 관리주체	**자유공물**	관리주체와 소유주체가 일치
	타유공물	관리주체와 소유주체가 불일치
물건의 성질	**부동산공물**	행정기관의 청사
	동산공물	관공서의 각종 비품, 경찰견

52 **공물과 관련한 설명으로 옳지 않은 것은? (다툼이 있으면 판례에 따름)** 2017년 제5회

① 도로의 지하는 도로법상의 도로점용의 대상이 아니다.

② 공용폐지의 의사표시는 묵시적으로 할 수 있으나 적법한 의사표시이어야 한다.

③ 국유재산법상 행정재산은 시효취득에 관한 민법의 규정에도 불구하고 시효취득의 대상이 되지 않는다.

④ 원래의 행정재산이 공용폐지되어 시효취득의 대상이 된다는 입증책임은 시효취득을 주장하는 자에게 있다.

⑤ 국가배상법상 공공의 영조물은 국가 또는 지방자치단체에 의하여 특정 공공목적에 공여된 유체물 내지 물적 설비를 의미한다.

해설 ① 도로법 제40조에 규정된 도로의 점용이라 함은 일반 공중의 교통에 공용되는 도로에 대하여 이러한 일반사용과는 별도로 도로의 지표뿐만 아니라 그 지하나 지상 공간의 특정 부분을 유형적, 고정적으로 특정한 목적을 위하여 사용하는 이른바 특별사용을 뜻하는 것이므로, 허가 없이 도로를 점용하는 행위의 내용이 위와 같은 특별사용에 해당할 경우에 한하여 도로법 제80조의2의 규정에 따라 도로점용료 상당의 부당이득금을 징수할 수 있다(96누7342).

② 행정목적을 위하여 공용되는 행정재산은 공용폐지가 되지 않는 한 사법상 거래의 대상이 될 수 없으므로 취득시효의 대상도 되지 않는 것인바, 공물의 용도폐지 의사표시는 명시적이든, 묵시적이든 불문하나 적법한 의사표시이어야 하고 단지 사실상 공물로서의 용도에 사용되지 아니하고 있다는 사실만으로 용도폐지의 의사표시가 있다고 볼 수는 없는 것이다(83다카181).

③ 행정재산은 시효취득의 대상이 되지 않는다는 규정을 두고 있다. 다만 일반재산(구 잡종재산)에 대해서는 시효취득을 인정한다.

⑤ 공공의 영조물이란 행정주체에 의하여 행정목적으로 제공된 유체물 내지 물적 설비, 즉 공물을 말한다. 이에는 동산, 부동산, 인공공물, 자연공물 및 동물 등이 포함된다. 또한, 국가 또는 지방자치단체가 소유권, 임차권 그 밖의 권한에 기하여 관리하고 있는 경우뿐만 아니라 사실상의 관리를 하고 있는 경우도 포함한다. 따라서 사적 소유물이라도 국가 또는 지방자치단체가 관리하고 있는 경우 영조물에 해당한다.

Answer 50. ⑤ 51. ④ 52. ①

53 공물에 관한 설명으로 옳은 것은? (다툼이 있으면 판례에 따름) 2015년 제3회

① 지방자치단체가 법령상의 의무에 위반하여 국가가 관리하는 자연공물인 바닷가를 매립함과 동시에 준공인가신청 및 준공인가를 하여 지방자치단체에 귀속시키더라도 불법이 아니다.

② 도로점용의 허가는 특정인에게 일정한 내용의 공물사용권을 설정하는 설권행위에 해당하지 않는다.

③ 공유수면의 일부가 사실상 매립되어 대지화되었다 하더라도 공용폐지를 하지 아니하였다면 법률상으로는 여전히 공유수면으로서의 성질을 보유하고 있다고 볼 수 있다.

④ 행정재산은 사법상 거래의 대상이 되지 아니하는 불융통물이지만 관재 당국이 이를 모르고 매각하였다면 그 매매는 유효하다.

⑤ 하천의 점용허가권은 특허에 의한 공물사용권의 일종으로 일정한 특별사용을 청구할 수 있는 대세적 효력이 있는 물권이다.

해설 ① 공유수면매립사업의 시행자로서 바닷가를 매립한 지방자치단체가 국가에 귀속될 바닷가 매립지에 관한 내용을 누락한 채 준공인가를 받음으로써 국가로 하여금 바닷가 매립지에 관한 소유권을 취득하지 못하게 한 경우, 국가에 대한 불법행위가 성립한다(2011다35258).
② 도로점용의 허가는 특정인에게 공물사용권을 설정하는 설권행위(특허)에 해당한다.
③, ④ 원래 공공용에 제공된 행정재산인 공유수면이 그 이후 매립에 의하여 사실상 공유수면으로서의 성질을 상실하였더라도 당시 시행되던 국유재산법령에 의한 용도폐지를 하지 않은 이상 당연히 일반재산으로 된다고는 할 수 없다. 행정재산은 사법상 거래의 대상이 되지 아니하는 불융통물이므로 비록 관재 당국이 이를 모르고 매각하였다 하더라도 그 매매는 당연무효라 아니할 수 없으며, 사인간의 매매계약 역시 불융통물에 대한 매매로서 무효임을 면할 수 없다(94다50922).
⑤ 특허에 의한 공물사용권은 일정한 특별사용을 청구할 수 있는 공법상 채권에 해당하며, 대세적 효력이 있는 물권은 아니다(89다카23022).

54 공물의 사용관계에 관한 내용으로 옳지 않은 것은? (다툼이 있는 경우에는 판례에 의함)

2014년 제2회

① 공공용물에 관하여 적법한 개발행위가 이루어짐으로써 일정 범위의 사람들의 일반사용이 종전에 비하여 제한받게 되었다면 그로 인한 불이익은 일반적으로 손실보상의 대상이 되는 특별한 손실에 해당한다.

② 구체적으로 공물을 사용하지 않고 있는 이상 그 공물의 인접주민이라는 사정만으로는 공물에 대한 고양된 일반사용권이 인정될 수 없다.

③ 하천부지에 대한 점용허가 여부는 관리청의 자유재량에 속하므로 이에 대해서 부관을 붙여 허가할 수 있다.

④ 하천부지의 점용허가를 받은 사람은 그 하천부지를 권원 없이 점유·사용하는 자에 대하여 직접 부당이득의 반환을 구할 수 있다.

⑤ 국유재산의 관리청이 행정재산의 사용·수익 허가를 받은 자에 대하여 하는 사용료 부과는 행정처분이다.

해설 } ① 일반 공중의 이용에 제공되는 공공용물에 대하여 특허 또는 허가를 받지 않고 하는 일반사용은 다른 개인의 자유이용과 국가 또는 지방자치단체 등의 공공목적을 위한 개발 또는 관리·보존행위를 방해하지 않는 범위 내에서만 허용된다 할 것이므로, 공공용물에 관하여 적법한 개발행위 등이 이루어짐으로 말미암아 이에 대한 일정범위의 사람들의 일반사용이 종전에 비하여 제한받게 되었다 하더라도 특별한 사정이 없는 한 그로 인한 불이익은 손실보상의 대상이 되는 특별한 손실에 해당한다고 할 수 없다(99다35300).

② 2004다68311

③ 하천부지 점용허가 여부는 관리청의 재량에 속하고 재량행위에 있어서는 법령상의 근거가 없어도 부관을 붙일 것인가의 여부는 당해 행정청의 재량에 속하며, 또한 구 하천법 제33조 단서가 하천의 점용허가에는 하천의 오염으로 인한 공해 기타 보건위생상 위해를 방지함에 필요한 부관을 붙이도록 규정하고 있으므로, 하천부지 점용허가의 성질의 면으로 보나 법 규정으로 보나 부관을 붙일 수 있음은 명백하다(2007두25930·25947·25954).

④ 94다4592

⑤ 95누11023

55 공물에 관한 설명으로 옳지 않은 것은? (다툼이 있는 경우에는 판례에 의함) 2013년 제1회

① 국유재산법상 행정재산은 민법의 규정에 의한 시효취득의 대상이 된다.

② 공용물은 직접 행정주체 자신의 사용에 제공된 공물을 말한다.

③ 국가배상법 제5조에 의한 공공의 영조물은 강학상 공물을 의미한다.

④ 국유 하천부지는 명시적·묵시적 공용폐지가 없는 한 공물로서의 성질을 유지한다.

⑤ 행정재산의 목적 외 사용·수익에 대한 허가는 강학상 특허에 해당한다.

[해설] ① 행정재산은 시효취득의 대상이 되지 아니한다(국유재산법 제7조 제2항).
③ 국가배상법 제5조 제1항 소정의 "공공의 영조물"이라 함은 국가 또는 지방자치단체에 의하여 특정 공공의 목적에 공여된 유체물 내지 물적 설비를 지칭하며, 특정 공공의 목적에 공여된 물이라 함은 일반공중의 자유로운 사용에 직접적으로 제공되는 공공용물에 한하지 아니하고, 행정주체 자신의 사용에 제공되는 공용물도 포함하며 국가 또는 지방자치단체가 소유권, 임차권 그 밖의 권한에 기하여 관리하고 있는 경우뿐만 아니라 사실상의 관리를 하고 있는 경우도 포함한다(94다45302).
④ 행정목적을 위하여 공용되는 행정재산은 공용폐지가 되지 않는 한 사법상 거래의 대상이 될 수 없으므로 취득시효의 대상도 되지 않는 것인바, 공물의 용도폐지 의사표시는 명시적이든, 묵시적이든 불문하나 적법한 의사표시이어야 하고 단지 사실상 공물로서의 용도에 사용되지 아니하고 있다는 사실만으로 용도폐지의 의사표시가 있다고 볼 수는 없는 것이다(83다카181).
⑤ 특허란 특정 상대방을 위하여 새로운 권리를 설정하는 행위, 능력을 설정하는 행위 및 법적 지위를 설정하는 행위를 말한다. 행정재산의 목적 외 사용·수익에 대한 허가는 특정 상대방을 위하여 행정재산을 사용할 권리를 설정하는 행위로서 특허에 해당한다.

56 공물에 관한 설명으로 옳은 것은? (다툼이 있으면 판례에 따름) 2020년 제8회

① 어떤 토지의 지목이 도로이고 국유재산대장에 등재되어 있다면 그 토지는 도로로서 행정재산에 해당한다고 보아야 한다.

② 공용폐지의 의사표시는 묵시적인 방법으로도 가능하므로 행정재산이 본래의 용도에 제공되지 않는 상태에 있다면 묵시적인 공용폐지가 있다고 보아야 한다.

③ 행정재산은 사법상 거래의 대상이 되지 아니하는 불융통물이므로 관재 당국이 이를 모르고 매각하였더라도 그 매매는 당연무효이다.

④ 적법한 개발행위로 인하여 공공용물의 일반사용이 종전에 비하여 제한을 받게 되었다면 특별한 사정이 없는 한 그로 인한 불이익은 손실보상의 대상이 된다.

⑤ 특허에 의한 공물사용권은 공물의 관리주체에 대해 특별사용을 청구할 수 있는 채권에 그치는 것이 아니라 대세적 효력이 있는 물권이다.

[해설] ① 국유재산법상의 행정재산이란 국가가 소유하는 재산으로서 직접 공용, 공공용 또는 기업용으로 사용하거나 사용하기로 결정한 재산을 말하고(국유재산법 제6조 제2항 참조), 그중 도로와 같은 인공적 공공용재산은 법령에 의하여 지정되거나 행정처분으로써 공공용으로 사용하기로 결정한 경우 또는 행정재산으로 실제로 사용하는 경우의 어느 하나에 해당하여야 비로소 행정재산이 되는데, 특히 도로는 도로로서의 형태를 갖추고 도로법에 따른 노선의 지정 또는 인정의 공고 및 도로구역 결정·고시를 한 때 또는 도시계획법 또는 도시재개발법에서 정한 절차를 거쳐 도로를 설치하였을 때에 공공용물로서 공용개시행위가 있으므로, 토지의 지목이 도로이고 국유재산대장에 등재되어 있다는 사정만으로 바로 토지가 도로로서 행정재산에 해당한다고 할 수는 없다. 이는 국유재산대장에 행정재산으로 등재되어 있다가 용도폐지된 바가 있더라도 마찬가지이다(2015다255524).
② 공용폐지의 의사표시는 명시적 의사표시뿐 아니라 묵시적 의사표시이어도 무방하나 적법한 의사표시이어야 하고, 행정재산이 본래의 용도에 제공되지 않는 상태에 놓여 있다는 사실만으로 관리청의 이에 대한 공용폐지의 의사표시가 있었다고 볼 수 없으며, 행정재산에 관하여 체결된 것이기 때문에 무효인 매매계약을 가지고 적법한 공용폐지의 의사표시가 있었다고 볼 수도 없다(95다52383).
③ 행정재산은 사법상 거래의 대상이 되지 아니하는 불융통물이므로 비록 관재 당국이 이를 모르고 매각하였다 하더라도 그 매매는 당연무효라 아니할 수 없으며, 사인간의 매매계약 역시 불융통물에 대한 매매로서 무효임을 면할 수 없다(94다50922).
④ 99다35300
⑤ 특허에 의한 공물사용권은 일정한 특별사용을 청구할 수 있는 공법상 채권에 해당하며, 대세적 효력이 있는 물권은 아니다(89다카23022).

57 공물에 관한 설명으로 옳은 것은? (다툼이 있으면 판례에 따름) 2024년 제12회
① 공공용물의 일반사용의 경우에는 사용료를 납부하여야 한다.
② 공물의 인접주민에게는 구체적으로 공물을 사용하지 않고 있더라도 공물에 대한 고양된 일반사용권이 인정된다.
③ 행정재산이 공용폐지되어 시효취득의 대상이 된다는 증명책임은 시효취득을 주장하는 자에게 있다.
④ 하천법상 하천의 점용허가권은 대세적 효력이 있는 물권이다.
⑤ 중앙관서의 장은 특별한 제한 없이 행정재산의 사용허가를 할 수 있다.

[해설] ① 공공용물은 일반인이 행정청의 특별한 허락을 받지 않고도 본래의 목적에 따라 자유로이 사용한다.
② 공용물은 예외적으로 공용물 본래의 목적에 방해받지 않는 한도 내에서는 일반사용이 허용된다.
④ 하천법상 하천의 점용허가권은 공법상 채권이다.
⑤ 행정재산은 그 용도와 목적에 장애가 되지 아니하는 범위 안에서 그 사용 또는 수익을 허가할 수 있다.

Answer 55. ① 56. ③ 57. ③

58 공물에 관한 설명으로 옳은 것은? (다툼이 있으면 판례에 따름) 2019년 제7회

① 행정재산은 시효취득의 대상이 된다.

② 국유재산법상 행정재산의 사용허가는 사법상 계약의 성질을 가진다.

③ 국유공물은 민사집행법에 의한 강제집행의 대상이 될 수 있다.

④ 국유재산의 무단점유에 대한 변상금의 징수는 재량행위이다.

⑤ 도로부지에는 저당권을 설정할 수 있다.

해설 ① 행정재산은 시효취득의 대상이 아니다.

② 국유재산법상 행정재산의 사용허가는 특허(공법관계)에 해당한다.

③ 국유공물은 민사집행법에 의한 강제집행의 대상이 될 수 없다.

④ 국유재산법에 의하여 국유재산의 무단점유자에게 변상금을 부과하는 것은 행정주체의 재량이 허용되지 않는 기속행위로서, 행정주체의 선택에 의하여 부과 여부가 결정될 수 있는 성질의 것도 아니다.

⑤ 도로를 구성하는 부지, 옹벽, 그 밖의 시설물에 대해서는 사권을 행사할 수 없다. 다만, 소유권을 이전하거나 저당권을 설정하는 경우에는 사권을 행사할 수 있다(도로법 제4조).

59 국유재산법에 관한 설명으로 옳지 않은 것은? (다툼이 있으면 판례에 따름) 2021년 제9회

① 행정재산의 사용허가기간은 원칙상 5년 이내로 한다.

② 일반재산은 민법상 시효취득의 대상이 되지 아니한다.

③ 행정재산에는 사권을 설정하지 못한다.

④ 보존용재산은 법령이나 그 밖의 필요에 따라 국가가 보존하는 재산이다.

⑤ 중앙관서의 장은 사용허가한 행정재산을 국가가 직접 공용으로 사용하기 위하여 필요하게 된 경우에는 사용허가를 철회할 수 있다.

해설 ① 일반적으로 행정재산의 사용허가기간은 5년 이내로 하며, 5년을 초과하지 않는 범위에서 허가기간을 갱신할 수 있다.

② 일반재산은 민법상 시효취득의 대상이 된다.

⑤ 중앙관서의 장은 공용 또는 공공용으로 사용할 필요가 있는 경우 사용허가의 철회가 가능하다.

60 부동산 가격공시에 관한 법률상 공시지가에 관한 설명으로 옳지 않은 것은? (다툼이 있으면 판례에 따름) 2016년 제4회

① 개별공시지가는 개발이익환수에 관한 법률에 의한 개발부담금의 부과 그 밖의 다른 법령이 정하는 목적을 위한 지가산정에 사용한다.

② 개별공시지가에 이의가 있는 자는 개별공시지가의 결정·공시일부터 30일 이내에 서면으로 시장·군수 또는 지방자치단체인 구의 구청장에게 이의를 신청할 수 있다.

③ 표준지공시지가는 토지수용에 대한 보상금 산정의 기준이 된다.

④ 표준지공시지가의 결정은 항고소송의 대상인 처분으로 볼 수 없다.

⑤ 표준지공시지가에 이의가 있는 자는 표준지공시지가의 공시일부터 30일 이내에 서면으로 국토교통부장관에게 이의를 신청할 수 있다.

[해설] ① 부동산 가격공시에 관한 법률 제10조 제1항
② 부동산 가격공시에 관한 법률 제11조 제1항
③ 부동산 가격공시에 관한 법률 제8조
④ 표준지공시지가결정이 위법한 경우에는 그 자체를 행정소송의 대상이 되는 행정처분으로 보아 그 위법 여부를 다툴 수 있음은 물론, 수용보상금의 증액을 구하는 소송에서도 선행처분으로서 그 수용대상 토지 가격 산정의 기초가 된 비교표준지공시지가결정의 위법을 독립한 사유로 주장할 수 있다(2007두13845).
⑤ 부동산 가격공시에 관한 법률 제7조 제1항

Answer 58. ⑤ 59. ② 60. ④

61 국유재산법에서 사용하는 용어의 설명으로 옳은 것은? 2018년 제6회

① "총괄청"이란 국무총리를 말한다.

② "일반재산"이란 행정재산 외의 모든 국유재산을 말한다.

③ "사용허가"란 행정재산을 국가 외의 자가 일정 기간 유상(무상인 경우는 제외한다)으로 사용·수익할 수 있도록 허용하는 것을 말한다.

④ "대부계약"이란 행정재산을 국가 외의 자가 일정 기간 유상이나 무상으로 사용·수익할 수 있도록 체결하는 계약을 말한다.

⑤ "과징금"이란 사용허가나 대부계약 없이 국유재산을 사용·수익하거나 점유한 자에게 부과하는 금액을 말한다.

해설

국유재산법
제2조【정의】 이 법에서 사용하는 용어의 뜻은 다음과 같다.
1. "국유재산"이란 국가의 부담, 기부채납이나 법령 또는 조약에 따라 국가 소유로 된 제5조 제1항 각 호의 재산을 말한다.
2. "기부채납"이란 국가 외의 자가 제5조 제1항 각 호에 해당하는 재산의 소유권을 무상으로 국가에 이전하여 국가가 이를 취득하는 것을 말한다.
3. "관리"란 국유재산의 취득·운용과 유지·보존을 위한 모든 행위를 말한다.
4. "처분"이란 매각, 교환, 양여, 신탁, 현물출자 등의 방법으로 국유재산의 소유권이 국가 외의 자에게 이전되는 것을 말한다.
5. "관리전환"이란 일반회계와 특별회계·기금 간 또는 서로 다른 특별회계·기금 간에 국유재산의 관리권을 넘기는 것을 말한다.
6. "정부출자기업체"란 정부가 출자하였거나 출자할 기업체로서 대통령령으로 정하는 기업체를 말한다.
7. "사용허가"란 행정재산을 국가 외의 자가 일정 기간 유상이나 무상으로 사용·수익할 수 있도록 허용하는 것을 말한다.
8. "대부계약"이란 일반재산을 국가 외의 자가 일정 기간 유상이나 무상으로 사용·수익할 수 있도록 체결하는 계약을 말한다.
9. "변상금"이란 사용허가나 대부계약 없이 국유재산을 사용·수익하거나 점유한 자(사용허가나 대부계약 기간이 끝난 후 다시 사용허가나 대부계약 없이 국유재산을 계속 사용·수익하거나 점유한 자를 포함한다. 이하 "무단점유자"라 한다)에게 부과하는 금액을 말한다.
10. "총괄청"이란 기획재정부장관을 말한다.
11. "중앙관서의 장등"이란 「국가재정법」 제6조에 따른 중앙관서의 장(이하 "중앙관서의 장"이라 한다)과 제42조 제1항에 따라 일반재산의 관리·처분에 관한 사무를 위임·위탁받은 자를 말한다.

제3조【국유재산 관리·처분의 기본원칙】 국가는 국유재산을 관리·처분할 때에는 다음 각 호의 원칙을 지켜야 한다.
1. 국가전체의 이익에 부합되도록 할 것
2. 취득과 처분이 균형을 이룰 것
3. 공공가치와 활용가치를 고려할 것
3의2. 경제적 비용을 고려할 것
4. 투명하고 효율적인 절차를 따를 것

62 국유재산법상 (　　)에 들어갈 용어는? 2024년 제12회

> (　　)(이)란 사용허가나 대부계약 없이 국유재산을 사용·수익하거나 점유한 자(사용허가나 대부계약 기간이 끝난 후 다시 사용허가나 대부계약 없이 국유재산을 계속 사용·수익하거나 점유한 자를 포함한다)에게 부과하는 금액을 말한다.

① 과징금　　　　　　　　② 이행강제금
③ 과태료　　　　　　　　④ 부담금
⑤ 변상금

[해설] 변상금이란 사용허가나 대부계약 없이 국유재산을 사용·수익하거나 점유한 자(사용허가나 대부계약 기간이 끝난 후 다시 사용허가나 대부계약 없이 국유재산을 계속 사용·수익하거나 점유한 자를 포함한다)에게 부과하는 금액을 의미한다(국유재산법 제2조 제9호).

63 국유재산법상 국유재산의 구분과 종류에 관한 다음 설명에서 (　　) 안에 들어갈 용어가 옳게 연결된 것은? 2017년 제5회

> 국유재산 중 국가가 직접 사무용으로 사용하는 관공서의 청사는 (㉠)에 해당하고, 행정주체에 의해 일반 공중의 사용에 제공된 도로는 (㉡)에 해당한다.

① ㉠: 공용재산　　　㉡: 공공용재산
② ㉠: 공용재산　　　㉡: 일반재산
③ ㉠: 공공용재산　　㉡: 공용재산
④ ㉠: 공공용재산　　㉡: 일반재산
⑤ ㉠: 일반재산　　　㉡: 공공용재산

[해설]

✦ 국유재산의 구분과 종류(국유재산법 제6조)

행정재산	공용재산	국가가 직접 사무용·사업용 또는 공무원의 주거용(직무수행을 위하여 필요한 경우)으로 사용하거나 대통령령으로 정하는 기한까지 사용하기로 결정한 재산
	공공용재산	국가가 직접 공공용으로 사용하거나 대통령령으로 정하는 기한까지 사용하기로 결정한 재산
	기업용재산	정부기업이 직접 사무용·사업용 또는 그 기업에 종사하는 직원의 주거용(직무수행을 위하여 필요한 경우)으로 사용하거나 대통령령으로 정하는 기한까지 사용하기로 결정한 재산
	보존용재산	법령이나 그 밖의 필요에 따라 국가가 보존하는 재산
일반재산	행정재산 외의 모든 국유재산	

Answer　61. ②　62. ⑤　63. ①

64 국유재산 중 시효취득의 대상이 되는 것은? 2016년 제4회

① 공용재산

② 일반재산

③ 기업용재산

④ 보존용재산

⑤ 공공용재산

[해설] 행정재산은 시효취득의 대상이 되지 않는다. 다만 일반재산(구 잡종재산)에 대해서는 시효취득을 인정한다.

65 국유재산법상 행정재산에 해당하지 않는 것은? 2014년 제2회

① 공용재산

② 일반재산

③ 공공용재산

④ 기업용재산

⑤ 보존용재산

[해설] 일반재산은 행정재산 외의 모든 국유재산을 말한다.

66 국유재산법상 행정재산의 종류 중 법령이나 그 밖의 필요에 따라 국가가 보존하는 재산은?

2023년 제11회

① 공용재산

② 공공용재산

③ 기업용재산

④ 보존용재산

⑤ 일반재산

[해설] 법령이나 그 밖의 필요에 따라 국가가 보존하는 재산은 보존용재산이다.

67 국가재정법의 내용에 관한 설명으로 옳지 않은 것은? 2023년 제11회

① 정부는 재정건전성의 확보를 위하여 최선을 다하여야 한다.

② 정부는 성별영향평가법에 따른 성별영향평가의 결과를 포함하여 예산이 여성과 남성에게 미치는 효과를 평가하고, 그 결과를 정부의 예산편성에 반영하기 위하여 노력하여야 한다.

③ 한 회계연도의 모든 수입을 세입으로 하고, 모든 지출을 세출로 한다.

④ 예산은 예산총칙 · 세입세출예산 · 계속비 · 명시이월비 및 국고채무부담행위를 총칭한다.

⑤ 정부는 예측할 수 없는 예산 외의 지출에 충당하기 위하여 일반회계 예산총액의 100분의 10 이내의 금액을 예비비로 세입세출예산에 계상하여야 한다.

[해설] 정부는 예측할 수 없는 예산 외의 지출 또는 예산초과지출에 충당하기 위하여 일반회계 예산총액의 100분의 1 이내의 금액을 예비비로 세입세출예산에 계상할 수 있다(국가재정법 제22조 제1항).

PART 07

Answer 64. ② 64. ② 66. ④ 67. ⑤

2025 박문각 행정사 1차
이준희 행정법 문제집

초판인쇄 | 2024. 9. 13.   **초판발행** | 2024. 9. 20.   **편저자** | 이준희

발행인 | 박 용   **발행처** | (주)박문각출판   **등록** | 2015년 4월 29일 제2019-000137호

주소 | 06654 서울시 서초구 효령로 283 서경 B/D 4층   **팩스** | (02)584-2927

전화 | 교재 문의 (02)6466-7202

저자와의
협의하에
인지생략

정가 21,000원

ISBN 979-11-7262-213-8